U0741971

走向学者之路

陈文忠◎著

安徽师范大学出版社

·芜湖·

责任编辑：李克非

装帧设计：丁奕奕

图书在版编目（CIP）数据

走向学者之路 / 陈文忠著.—芜湖：安徽师范大学出版社，2016.9

ISBN 978-7-5676-2436-8

Ⅰ.①走… Ⅱ.①陈… Ⅲ.①人文科学－学术研究Ⅳ.①C3

中国版本图书馆CIP数据核字(2016)第038688号

本书由安徽高校省级学科建设重大项目资助出版

走向学者之路
ZOUXIANG XUEZHEZHILU

陈文忠　著

出版发行：安徽师范大学出版社
　　　　　芜湖市九华南路189号安徽师范大学花津校区　邮政编码：241002
网　　址：http://www.ahnupress.com
发 行 部：0553-3883578 5910327 5910310（传真）E-mail：asdcbsfxb@126.com
印　　刷：虎彩印艺股份有限公司
版　　次：2016年9月第1版
印　　次：2016年9月第1次印刷
规　　格：700mm×1000mm 1 / 16
印　　张：20.5
字　　数：350千字
书　　号：ISBN 978-7-5676-2436-8
定　　价：52.00元

目　录

绪 言 "大学之道"

　　大学何为？大学之道何在？大学是学者的摇篮，"大学之道"是走向学者之道；大学是心灵的圣地，"大学之道"是走向至善之道！

　　生命意义的阐释和人文理想的守护，是人文学的出发点和归宿点；而"无限完善"是人文学者的使命，更是每一个真正的人的使命。因此，"走向学者之路"，只是"大学之道"的第一步；"走向至善之路"，才是"大学之道"的终极目标。这是我四十年大学教学生涯对"大学之道"的理解，也是作为一个人文学者对人文学本质的认识。

　　中国现代大学教育，是向西方学习的产物。西方的大学，渊源于中世纪的修道院。当时的大学，是一种远离尘嚣的、修道院式的小型学院，被喻为"僧侣的村庄"。西方现代意义的"大学理念"，产生于欧美三国的四大名校，即英国的牛津大学和剑桥大学，德国的柏林大学，美国的哈佛大学；并由此逐渐形成了三种不同的大学理念和大学模式。

　　英国的传统大学，崇尚"博雅教育"和"绅士教育"的古典人文精神，大学要培养的不仅仅是有知识的人，更是有教养的人。早期西方大学在摆脱了教会的附庸地位之后，逐渐成为学者自给自足的学术机构，在高高的围墙后面，静悄悄地从事学术研究和知识传授的活动，是一座名副其实的"象牙之塔"。1852年，牛津大学神学家、教育家纽曼，写下了人类历史上第一部专门探讨大学理念的专著《大学的理想》。纽曼所坚守的"大学的理念"，正是这种欧洲古典大学的传统，一种"自由教育"的传统，它也是那个时代人文学者关于大学教育的主流观念。纽曼在《大学的理想》的"前言"中，开宗明义：

　　　　我对大学的看法如下：它是一个传授普遍知识的地方。这意味着，一方面，大学的目的是理智的而非道德的；另一方面，它以传播和推广知识而非增扩知识为目的。①

纽曼把整个论述的逻辑起点建立在他对大学性质所做的解释,以及他所谓所有知识构成一个完整的整体的基础之上。他从辞源学的角度认为,大学(university)②是传授普遍(universal)知识的地方,而非狭隘的专业知识,主张"知识本身即为目的"。大学教育的目的是理智训练,发展人的理性。换言之,纽曼的"大学理想"是自由教育的理想,重在对古典文化的传承,教育之目的在于人格的培养,最终养成集智慧、勇敢、宽容、修养于一身的"绅士"。

然而,从19世纪开始,欧洲的大学已经不再是古典人文主义的一统天下。在工业革命强劲势力的推动下,科学功利主义的涓涓细流逐渐汹涌澎湃,与源远流长的古典人文主义形成二水分流之势。英国传统大学的理想逐渐黯淡,德国的研究型大学成为新的潮流。研究型大学的传统是由洪堡创立的德国柏林大学奠定的。1809—1810年间,洪堡在《论柏林高等学术机构》这篇著名的未完稿中,阐述了他的"大学理想":

> 所谓高等学术机构,乃是民族道德文化荟萃之所,其立身之根本在于探究深邃博大之学术,并使之用于精神和道德的教育。③

洪堡理想中的大学应当是"高等学术机构",大学教师的首要任务是自由地从事于"创造性的学问"。每个学生应该至少在日益增大的"知识金字塔"上放置一块砖石。洪堡所阐述的现代大学的功能和使命、学术自治和学术自由的边界、政府和国家力量干预的限度、大学参与社会的程度和方式等问题,则成为高等教育哲学的基本主题。

美国大学是对英、德大学理念的综合性的创造发挥。但美国的大学更注重与社会和市场的结合,注重为社会和市场培养专门人才。客观地说,以哈佛为代表的美国著名大学,一方面承继德国大学重研究之传统,一方面也承继英国大学重教育之传统。发表于1945年的《哈佛通识教育红皮书》(又称《自由社会中的通识教育》),推动了现代意义上的大学通识教育的蓬勃发展。就一般而言,美国大

① 约翰·亨利·纽曼:《大学的理想》,徐辉、顾建新、何曙荣译,浙江教育出版社2001年版,第1页。

② 纽曼在回答"何谓大学"时说:"如果有人请我尽量简单通俗地描述大学的面貌,我应该从中世纪大学之堂的古老命名汲取我的回答,或曰'普遍学问的学堂'。"(杨自伍编译:《教育:让人成为人》,北京大学出版社2010年版,第18页。)大学一词从辞源来看,即拉丁语"universitas",是谓"合为一体"之意。

③ 杨东平编:《大学二十讲》,天津人民出版社2009年版,第30页。

学的研究院采取德国的模式,大学的本科部则多少受英国的影响。但是,当更多的美国大学注重与社会结合,注重学术与市场结合,狂热地求新,求适应社会之变,求赶上时代,大学已经彻底地参与到社会中去。大学已不再是传统的"象牙塔",而是自觉不自觉地成为社会的"服务站";"教授之用心着力所在多系研究,教学则越来越被忽视。教授的忠诚对象已不是大学,毋宁是支持他研究的福特基金会、西屋公司或华盛顿。"①

从英国、德国到美国,现代大学越来越大,也越来越功利化。二百年的现代大学"进化史",在规模和功能上,经历了从"乡村"—"市镇"—"城市"、从"象牙之塔"—"研究中心"—"知识工厂"的双重三部曲。然而,文化不同于物质;文化的进步不同于物质的进化。美国学者安东尼·克龙曼在《教育的终结》中失望地指出:作为这种发展的代价,大学最终放弃了对人生意义的追求,从而导致了传统的人文主义的大学教育的终结!②

人类大学教育的历史实践,提出了多种多样的大学理念,创造了多种多样的大学模式。但是,大学之所以为大学,自有其根本的"大学之道",自有其永恒而普遍的"大学之道",那就是研究高深学问,培育至善心灵。大学不仅是传播知识的场所,更是探讨人生奥秘和生命意义的圣地。1946年,德国哲学家雅斯贝尔斯在《什么是教育》中,把"大学的任务"归纳为四项,并逐一作了深入阐述。其要义如下:

第一是研究、教学和传授专业知识课程:"大学是研究和传授科学的殿堂";

第二是教育与培养:"大学是教育新人成长的世界";

第三是生命的精神交往:"大学任务的完成还要依靠交往的工作";

第四是学术:"大学是学术勃发的世界"。

雅斯贝尔斯进而强调:"大学的四项任务是一个整体。它构成了大学的理想:大学是研究和传授科学的殿堂,是教育新人成长的世界,是个体之间富有生命的交往,是学术勃发的世界。每一任务借助参与其他任务,而变得更有意义和更加清晰。按大学的理想,这四项任务缺一不可,否则大学的质量就会降低。每

---

① 金耀基:《大学之理念》(增订版),生活·读书·新知三联书店2008年版,第7页。

② 参阅安东尼·克龙曼:《教育的终结——大学何以放弃了对人生意义的追求》,诸惠芳译,北京大学出版社2013年版。

一项任务都是大学理想的生命整体的一部分。"①

雅斯贝尔斯的"大学的任务",综合了古典人文主义和现代科学主义的大学理念,是颇为圆融全面的见解。

其一,学术是大学的生命,研究是大学的灵魂。清华大学校长罗家伦说得好:"研究是大学的灵魂。专教书而不研究,那所教的必定毫无进步。不但无进步,而且会退步。"②大学是学者的家园,也是学者的摇篮。潜心思考,不断探索,成为一个有创见的学者,是大学教师基本的学术品格;法乎其上,孜孜以求,成为一个未来有成就的学者,也是每一个大学生应有的学术追求!无论什么时代、无论什么潮流,无论走到哪里,对于一个大学生来说,你未来可以不当学者,但你必须具有学者的境界。

其二,大学是新人成长的世界,大学也是人格完善的世界。古老的《大学》说得好:"大学之道,在明明德,在亲民,在止于至善。"科学是中性的,科学的价值是人赋予的。没有灵魂的科学教育是危险的。科学家沦落为纳粹的帮凶,是沉痛的历史教训;一些大学生成为精致的利己主义者,是悲哀的当下现实。"文哲是人类心灵"③。没有人文学科的大学是不完整的大学,没有人文教育的大学是不合格的大学。大学教育的首要目标,应当是发展独立思考和理性判断的能力,应当是塑造性情纯正而智慧高超的人格,所谓"依理性而思,依理性而行"④,而不应当把获得专业知识放在首位。最终目标,当如爱因斯坦所期望的那样:"青年在离开学校时,是作为一个和谐的人,而不是作为一个专家。"⑤

概而言之,大学是学者的摇篮,大学之道是走向学者之道;大学是心灵的圣地,大学之道是走向至善之道!

最后,用十六字概括我的"大学观":"一堵围墙,一种氛围,一部经典,一片宁静":

> 一堵围墙,是精神的围墙,隔离尘世喧嚣,筑起心灵家园;
> 一种氛围,是文化的氛围,洋溢青春诗意,氤氲求知渴望;
> 一部经典,是人类的智慧,探索科学知识,形成文化人格;

---

① 杨东平编:《大学二十讲》,天津人民出版社2009年版,第142—143页。
② 罗家伦:《中国人的品格》,中国工人出版社2010年版,第152页。
③ 罗家伦:《中国人的品格》,中国工人出版社2010年版,第151页。
④ 王财贵:《读经二十年》,中华书局2014年版,第34页。
⑤ 杨东平编:《大学二十讲》,天津人民出版社2009年版,第136页。

一片宁静,是内心的宁静,潜入学问海洋,攀登至善之境。

　　收入本书的文章,是我对"大学之道"理解思考的点滴成果;而从"走向学者之路"到"走向至善之路",则是贯穿全书诸文的内在线索。第一部"走向学者之路",是我作为大学专业教师对人文学和文艺学的学术思考,可分两个层次:前六章是关于人文学者的使命和人文学科的性质方法的一般探讨,后六章是对文艺学主要分支的学科性质和学术方法的具体论述;第二部"走向至善之路",是我作为相对于学生的年长者反思生命历程的人生思考,也可分两个层次:前两章是关于生命真相和人的使命的一般思考,后六章是对学生的生命困惑和人生提问的思考与回答。最后一章关于"课堂教学的艺术",是我近40年课堂教学的一点心得,或可供未来的教师做一点参考。

第一部
走向学者之路

第一章　人文学者的使命

"君乃学者乎？然。何谓学者？彼即居厄困而不改其德之人。学者之本性则如何？彼勤于向学，从善如流。"

——中世纪·佚名

一、"君乃学者乎？"

何谓"学者"？顾名思义，是指"求学的人"、"做学问的人"，进而指"有一定学术造诣的人"、"有学术成就的人"等等。其实，"学者"一词，在中西方都经历了由"学习的人"到"有学术造诣的人"的演化。

在中国，"学者"一词最初是指"学习的人"或"求学的人"。《论语·宪问》曰："古之学者为己，今之学者为人。"这可能是"学者"二字的最早连用，也是最早使用"学者"一词的文献，意谓"求学的人"或"做学问的人"。《礼记·学记》论"学者有四失"曰："学者有四失，教者必知之。人之学也，或失则多，或失则寡，或失则易，或失则止。此四者，心之莫同也。知其心，然后能救其失也。"这里"学者"和"教者"对举，就是指"学生"和"教师"。"学者"的这层含义一直延续到后代。唐代薛存诚《太学创置石经》诗曰："儒林道益广，学者心弥锐。""学者"即指"太学"的学生。

"学者"的第二层含义便是指"在学术上有一定造诣的人"。《庄子·刻意》开篇，分析六种不同的修养态度。论第二种人曰："语仁义忠信，恭俭推让，为修而已矣；此平世之士，教诲之人，游居学者之所好也。"成玄英疏曰："此乃平时治世之士，施教诲物之人，斯乃子夏之在西河，宣尼之居洙泗，或游行而议论，或安居而讲说，盖是学人之所好。"成疏对先秦学者的生活作了生动的描述。此后，"学者"一词更多地在这一意义上使用。《史记·伯夷列传》开篇所谓"夫学者载籍极博,犹考信于六艺",鲁迅《读书杂谈》所谓:"研究文章的历史或理论的,是文学家,是学者;做做诗,或戏曲小说的,是做文章的人,就是古时所谓文人"①,都是指博学的人,有学术专长的人,有学术成就的人。

《荀子·大略》有曰:"学者非必为仕,而仕者必如学。""如"者,"去"也。在荀子看来,理想的"仕者"首先应当是个饱学的"学者",只有具有真才实学的"学者",才可能成为恪尽职守的"仕者"。而成为一个"仕者",也是中国传统"学者"的最终归宿。

英国著名古典学家约翰·埃德温·桑兹在《西方古典学术史》"导言"中,对英语"学者"词义的演变作了渊博的介绍,极具价值,不妨引录,可与汉语"学者"相互照明。其曰:

> "学者"scholar之称谓,本义为"学习的人"learner,继而引出第二层含义,凡熟练修习全部由"学校"the school所授者,或是通过早年的练习以及持久的自我修养而在准确无误的知识上臻于完备者,俱可当之。莎士比亚如此评议沃西主教Cardinal Wolsey:"他是一个学者,老练而良善。"此称谓特别用以指称才能足以驾驭语言者,即如拉斯金Ruskin在《芝麻与百合》*Sesame and lilies*中说的:"音调,或表达一简单句式的口吻,立可标识出一名学者。"然而此名常常进而限于指称一类人等,彼"通晓所有最出色的希腊拉丁作家","不仅熟记彼辈的语言与思想,且已形成识鉴,好与古哲为友"。真正的学者,虽须几近活在过去中,然当志于继存旧者,以益而今而后。其人将遵从乔治·赫柏特George Herbert的嘱令:"你若勤学,请将时间所混淆者传抄完善吧。"纵令他已经位居人师,仍将不辍于学;他的箴言将是"discendo docebis, docendo disces"【教学相长】;即若乔叟《序言》(译按,指《坎特伯雷故事集》的序言)里的教士——"他既乐于学习,又乐于教授";待他积年以进阶,仍孜孜奉行梭伦的话——"γηράσκω δ' αἰεί πολλά διδασκόμενος"【余虽老矣,尚能不辍学问】;及殁时,他或许会非常满足,假若他的同好或门人赞许他时就如罗伯特·布朗宁Robert Browning所说的,"向虔心于学问者致敬",并且认为死者无愧于"一个语法学家的葬仪"。②

在英语中,"学者"一词,不仅同汉语一样,指称"学习的人"、"有学术造诣的

---

① 《鲁迅全集》,第3卷,人民文学出版社2005年版,第459页。

② 约翰·埃德温·桑兹:《西方古典学术史》,第1卷(上册),张治译,上海人民出版社2010年版,第27页。

人"、"有学术专长的人"；而且，似乎还特别强调真正的学者应具有"活到老学到老"的学习精神："及殁时，他或许会非常满足，假若他的同好或门人赞许他时就如罗伯特•布朗宁所说的，'向虔心于学问者致敬'"。此种精神真可谓"学而不已，盖棺乃定"。

人类社会中的每一个阶层都是不可或缺的，每个阶层的工作都有不可替代的价值而值得人们尊重。然而，"以学术为业"、"以学问为生"的"学者"，毕竟是一个特殊的阶层。对于"学者"独特的生存状态、精神追求和工作方式，中西哲人作过精彩的阐释。

在西方，学者被视为"忙碌的闲人"。在外人看来，大学教师轻松而悠闲，教师自身则时时感到忙忙碌碌。在希腊语中，"学者"一词的意思，正好是"忙碌的闲人"；既要"忙"，思维要忙碌，又要"闲"，闲暇出智慧。亚里士多德说得好："知识最先出现于人们开始有闲暇的地方。"[1]一个真正的学者既要神定气闲，又要思想敏锐，不停地思考和探索，才可能有所发现、有所创造。

在中国，学者被视为"快乐的学人"。古代哲人认为，学者的生活是一种愉快的生活。君不闻："子曰：'学而时习之，不亦说乎？有朋自远方来，不亦乐乎？人不知而不愠，不亦君子乎？'"，"学而时习之"是快乐而愉悦的事，在不断的温习中，会有新的认识、新的体会、新的收获。明代学者王心斋有一首《乐学歌》，把"学而时习之，不也说乎"作了诗化演绎：

> 乐是乐此学，学是学此乐；
> 不乐不是学，不学不是乐。

在《乐学歌》中，"学"和"乐"，完全融成了一体。

"君乃学者乎？然。何谓学者？彼即居厄困而不改其德之人。学者之本性则如何？彼勤于向学，从善如流。"[2]古今中外"真学者"，居厄困而不改其德，处卑位而不忘其志，勤于向学，从善如流。因此，即使在"众神狂欢"、"娱乐至死"的今天，谈到"学者"，依然不免令人心生敬意。然而，成为一个真正的学者，并不容易，成为一个有成就、有使命感的学者，更非易事。

---

[1] 亚里士多德：《形而上学》，吴寿彭译，商务印书馆1959年版，第3页。

[2] 转引约翰•埃德温•桑兹：《西方古典学术史》，第1卷（上册），张治译，上海人民出版社2010年版，第26页。

二、人文学者的现代诞生

现代人文学者是伴随着人文学科的现代重建而诞生的。因此,在探讨现代人文学者的文化使命之前,有必要回顾一下人文学科现代重建的历史背景和历史过程。现代人文学科的重建史,也是现代人文学者的诞生史。

现代学术分类,把人类的学问分为三大领域,即自然科学、社会科学和人文学科,在这三大学科群中,凝聚着人类迄今从有关自然物质世界、社会群体生活和人类精神文化三大领域中获取的全部知识和智慧。

所谓人文学科,就是指以主体性的人为内在目的,对主体性的人进行教化活动的诸学科体系;西方的文、史、哲、宗,中国的经、史、子、集,是传统人文学科最主要的分支。这一定义概括了"人文学科"区别于其他学科的三大特点:

第一,人文学科的对象是"主体性的人",即合乎人的本性、具有独特文化生命而不同于动物的普遍人性的人,是承担着守护万物和看牧万物的责任的人;

第二,人文学科的手段是"人文教化",即人的身心的全面教化,包括人的身心感觉和思想观念的全面发展和升华;

第三,人文学科的态度是"人文评价",即人文学科是评价性活动,蕴涵"应当是什么"的人格典范,提供足以安身立命的价值意义和终极目的。

换言之,人文学科是以人道主义为思想基础,以具有文化生命的主体性的人为观照对象,以培育全面发展的人和塑造理想人格为目的的诸教育性学科体系。

从人类学术史看,传统学术就是以人文教化为宗旨的"人文学",传统学者即是承担人文教育使命的"人文学者"。前文中西方所说的"学者",无不是指人文学者。近代以来,随着自然科学的兴盛、工业革命的爆发和资本主义的发展,人文学科迅速被边缘化。科学成为取代传统人文学术的新宗教。但是,几乎与此同时,唯科学主义造成的人性危机和精神危机,使人们重新呼唤人文主义,强调人文精神,重建现代人文学科。

回顾人文学科的嬗变史,对于认识现代人文学科重建的意义,认识现代人文学者担负的文化使命,是极为必要的。

西方的人文学科,萌发于古希腊古典人文教育的"七艺"。"七艺"是"七种自由的艺术"(拉丁文:Septem artes liberals)的简称,又称"自由七艺"。"七艺"包括:语法、修辞、逻辑、算术、几何、天文和音乐。其中,语法、修辞、逻辑又单称为"三艺",是古希腊智者学派所讲授的内容。后四项为柏拉图所提出,称作"四艺"。
"认识你自己!"这是古希腊德尔斐的阿波罗神庙上用金子镌刻的一句神谕。"七
艺"正是从不同角度指向自由人性的完整教育,就是为了"认识你自己"。首先,
"三艺"在"七艺"中占据重要位置。语法、修辞、逻辑直接关乎语言的运用。而
"人是能言思辨的动物",语言是存在的家。因此,语言在以哲学家和演说家为范
型的古希腊自由人性的培育中占据基石地位。其次,柏拉图的"四艺",则各有侧
重。算术是人思维分析与综合能力的操演训练,几何是人知觉形式结构的直觉
能力与建构形式的能力;因此,整个数学在古希腊教育中占据着特殊的位置。与
数学密切相关,天文学攸关古希腊自然哲学的本体论;直至今天,天文学的宏大
视野与巨大时空观仍然具有重要的人文哲学意义。至于音乐,无论东西方都处
于诗歌、神话与广义语言起源的位置。在古希腊毕达哥拉斯学派,音乐成为数的
本体王国的直觉可感的形态。学习音乐所获得的节奏感和和谐感,诗人可以内
在地与天地大道合拍,成为一个既合道德又合规律的自由人性。最后应当看到,
"七艺"的主导精神是自由人性的完整教育,因此尚未出现近代以来的文理分科;
被现代人视为理科的算术、几何和天文学,不能在工具理性下理解,而应归于人
文学科。①

　　中国的人文学科,萌发于春秋儒家古典人文教育的"六艺"。"六艺"有二:一
为《周官》之礼、乐、射、御、书、数,一为孔门之《诗》、《书》、《礼》、《乐》、《易》、《春
秋》;前者为小学及乡校之六艺,后者为大学之六艺②,后者是前者的必然发展,经
孔子删订而成定本。中国的人文学科则萌发于孔门之"六艺"或《六经》。子曰:
"古之学者为己,今之学者为人。"孔子所崇尚的"为己之学",与古希腊的"认识你
自己",可谓异曲同工。孔门"仁学"之"仁",并非抽象的"仁义"教条,而是指身心
合一、情理合一的生命整体。孔子以《六经》为内容的"为己之学",同样是指向生
命整体和人格精神的修养与塑造。《礼记·经解》引用孔子的话,论六经塑造人的
精神世界的功能,有一段经典概括。首先,揭示了六经的精神品性:"入其国,其
教可知也。其为人也,温柔敦厚,《诗》教也;疏通知远,《书》教也;广博易良,《乐》
教也;絜静精微,《易》教也;恭俭庄敬,《礼》教也;属辞比事,《春秋》教也。"其次,
强调必须深于六经,得其精髓,并作为整体,相互为用,相互补充,才能去其偏执,

---

　　① 此节"七艺"介绍,参阅阿伦·布洛克:《西方人文主义传统》,董乐山译,群言出版社2012年版;尤西
林:《古典人文教育》,载《人文科学与现代性》,新星出版社2013年版。

　　② 参阅吕思勉:《先秦学术概论》,东方出版社1985年版,第65—66页。

塑造完美人性，所谓："其为人也，温柔敦厚而不愚，则深于《诗》者也；疏通知远而不诬，则深于《书》者也；广博易良而不奢，则深于《乐》者也；絜静精微而不贼，则深于《易》者也；恭俭庄敬而不烦，则深于《礼》者也；属辞比事而不乱，则深于《春秋》者也。"总之，《六经》修行的中心目标，是指向拥有"恭、宽、信、敏、惠"（《论语·阳货》）素质，体现仁、义、礼、智、信伦理原则的士君子。可见，《六经》本质上是"人文学"，是中国传统的"人生教育学"[①]。

18世纪是人类从传统走向现代的分水岭。中国的《四库全书》（1773—1781）和法国的《百科全书》（1751—1772），同是完成于18世纪中后期、总结中西方文化成就的伟大作品。分析这两部"众书之书"的结构体例和知识体系，可以更清楚地认识中西传统学术的文化品格[②]。

从多方面看，《四库全书》与《百科全书》是迥然不同的两种书籍。然而，《四库全书》和《百科全书》的编纂者们有一个共同的宏伟的理想，即力图囊括前人的全部知识成果。两部书以不同的形式对繁复的人类知识体系进行探讨和分类，其结构体例和知识体系是极为相似的。中国的《四库全书》继承了《中经新簿》和《隋书·经籍志》的传统，把全部书籍分成经、史、子、集四大部，四部之下分44类；在四部和类目之下又写成序录，论述每类书籍的内容、体例的演变，使全书包罗宏富而次序井然，形成一个有机的知识整体。《百科全书》继承了培根的知识分类体系，把人类知识分为来源于记忆的历史，来源于理性的哲学和神学，来源于想象的诗。历史之下有圣贤史、民众史和自然史，哲学之下有人文科学和自然科学，诗之下有诗歌、音乐、绘画、建筑、雕刻和戏剧。[③]

从上述内容可见，《四库全书》和《百科全书》的分类原则和具体细类有所不同，但大的类别却是基本一致的：四库中的经部与子部，相当于百科中的宗教和哲学类；四库中的史部相当于百科中的历史类；四库中的集部相当于百科中的诗类。而《四库全书》中的经、史、子、集是人文学科，《百科全书》中的宗教、哲学、历史、诗歌同样是人文学科。由此可见，一直到18世纪，中西方传统学术都是人文学，准确地说，中西方传统学术的主体都是人文学科。

---

① 本田成之：《中国经学史》，孙俍工译，漓江出版社2013年版，第2页。

② 以下对《四库全书》和《百科全书》的比较分析，参考戴逸《中国的〈四库全书〉和法国的〈百科全书〉》（《当代学者自选文库·戴逸卷》，安徽教育出版社1999年版，第560—578页）。

③ 达朗贝尔《百科全书·绪论》："这三种能力奠定了我们这个体系的三个总的类别，以及人类知识的三个总的对象，即：与记忆相关的历史，作为推理成果的哲学，以及借想象力创造而成的美术。"见斯·坚吉尔编译《丹尼·狄德罗的〈百科全书〉》（梁从诫中译），辽宁人民出版社1992年版，第58页。

18世纪之后，伴随启蒙理性的东风，自然科学得到高速发展。科学知识的积累凝成技术力量，技术力量的广泛运用，极大地提高了物质生产和物质生活的水平。到了19世纪中叶，欧洲一切领域都有迹象表明："在理性计算主导下的世界观，个人才能的无限发挥能够在知识、技术、财富、福利和文明等方面创造出空前的增长；而在一定时间以后，这种增长不仅在物质上，而且在道德上也能够将人类提升到一个前所未有的新高度。"①

此时，科学已经取代了哲学和备受争议的宗教，它不仅为人们提供了精神上的保障，更令人兴奋的是提供了对自然的掌握。人类似乎不仅拥有世界，而且能够利用世界，甚至可以随心所欲地改变世界了。科学成了新宗教。科学技术的成功，导致了"唯科学主义"的出现。唯科学主义认为，宇宙万物的所有方面都可以通过科学方法来认识。于是，将自然科学方法运用于道德、审美以及社会现象的研究之中，以发现社会的、人性的和审美的规律，成为知识学和方法论的主流。法国实证主义美学家丹纳就是典型一例。在《艺术哲学》的开篇，丹纳开宗明义，主张"精神科学采用自然科学的原则"，并把美学视为"实用植物学"：

> 美学本身便是一种实用植物学，不过对象不是植物，而是人的作品。因此，美学跟着目前精神科学与自然科学日益接近的潮流前进。精神科学采用了自然科学的原则，方向与谨严的态度，就能有同样稳固的基础，同样的进步。②

五四前后，在民主、科学的口号下，唯科学主义也影响到中国思想界。20世纪20年代，胡适倡导以"科学方法"整理国故以及随后开展的"科学"与"玄学"的大论战，都显示了唯科学主义在中国思想史上的胜利③。

然而，科学不是万能的。在社会生活的领域，科学是一把双刃剑，它一方面极大地提高了生产生活水平，另一方面又引发了自然生态的危机；在人的精神生活领域，科学不涉及终极关怀。对于这个唯一重要的问题："我们应当作什么？我们应当如何生活？"科学无法给我们任何答案。科学无法使我们获得生命和生活的终极意义，从而引发了社会伦理危机和人性危机；在学术研究领域，自然科学不能取代精神科学，自然科学的原则不能取代人文学科的方法。人文科学有

---

① 阿伦·布洛克：《西方人文主义传统》，董乐山译，群言出版社2012年版，第98页。

② 丹纳：《艺术哲学》，傅雷译，人民文学出版社1981年版，第11页。

③ 参阅郭颖颐：《中国现代思想中的唯科学主义(1900—1950)》，雷颐译，江苏人民出版社2010年版。

自己的独特对象、独特方法、独特使命和独特价值。企图把人文学科的问题纳入自然科学的方法论体系,必将窒息人文学科的灵魂和生命。

19世纪40年代,美国思想家爱默生在著名的《历史》一文中,面对物质发展和物欲泛滥,沉痛地写道:

> 紧随改革之后的总是一个放荡淫乱的时代。世界史上不知有多少次连当时的路德都不得不慨叹自己家庭里的虔诚也都减退了![1]

20世纪初,德国社会学家马克斯·韦伯在著名的《新教伦理与资本主义精神》的结尾,更为无望地写道:

> 没人知道将来会是谁在这铁笼里生活,没人知道在这惊人的大发展的终点会不会又有全新的先知出现;没人知道会不会有一个老观念和新理想的伟大再生;如果不会,那么会不会在某种骤发的妄自尊大情绪的掩饰下产生一种机械的麻木僵化呢,也没人知道。因为完全可以,而且是不无道理地,这样来评说这个文化的发展的最后阶段:"专家没有灵魂,纵欲者没有心肝;这个废物幻想着它自己已达到了前所未有的文明程度。"[2]

正是在唯科学主义和工具理性所造成的多重危机的情势下,在科学方法和理智主义的冲击下,人们重新呼唤人文主义,强调人文精神,重建现代人文学科。在西方,这一过程大致经历了三个阶段:首先,18世纪初,意大利人文主义思想家维柯,在那不勒斯大学发表了一系列以"人文教育"为宗旨的讲演,对笛卡尔理性主义的科学"方法论"作了深刻的反思和批判,并在《新科学》中对人文科学的对象、性质和逻辑方法提出了独到的看法[3]。针对笛卡尔"我思故我在"的理性主义哲学,维柯指出:"人文教育"的最高目标是培育人的"智慧",而"一切智慧都包含在这三件最卓越的事之中——去确实地知,正当地行,高贵地说"[4];继而,19世纪的浪漫主义者,站在"回到中世纪"的原始的平等博爱的立场,对科学主义和工具理性导致的功利主义、拜金主义和道德沦丧的社会现象予以否定和批判。施莱格尔对"功利"的剖析,发人深省:"所谓功利,是指以促进身体的幸福为目

---

① 爱默生:《爱默生演讲录》,孙宜学译,中国人民大学出版社2004年版,第57页。
② 马克斯·韦伯:《新教伦理与资本主义精神》,于晓、陈维纲等译,陕西师范大学出版社2006年版,第106页。
③ 恩斯特·卡西尔:《人文科学的逻辑》,沈晖、海平、叶舟译,中国人民大学出版社2004年版,第46—49页。
④ 维柯:《论人文教育》,王楠译,上海三联书店2007年版,第126页。

的,我们已经给这种追求排定了很高的座次。谁竟把功利奉为圭臬,必将看到功利由此的结果是感官享受,说得再清楚、再前后一贯些,它必然是极端享乐主义的信徒,崇尚感官享乐的神化。"①在人文主义和浪漫主义者的持续呼唤下,被边缘化的传统人文学科的现代重建,已成为一个紧迫的时代课题。最后,19世纪末至20世纪初,在欧洲学术界出现的"科学方法大辩论"、即关于自然科学及其方法的正当性和适用范围的大论辩中,经过德国一批历史学家和哲学家的努力,终于为人文学科的现代重建奠定了理论基础。其中,文德尔班的著名论文《历史与自然科学》、李凯尔特的《文化科学与自然科学》、狄尔泰的《精神科学引论》、卡西尔的《人论:人类文化哲学导论》和《人文科学的逻辑》以及伽达默尔的《真理与方法》等等,已成为现代人文学科的经典著作。这些论著从不同角度,对人文学科不同于自然科学的对象、方法、功能和价值作了深入论述,为现代人文学科理论体系的建构提供了丰富的思想资源。

狄尔泰被誉为"人文科学领域里的牛顿"。他的《精神科学引论》是其所创立的"精神科学"的理论和方法的代表作,标志着现代人文学科真正诞生。19世纪末,"以社会和历史实在作为研究主题的各种科学,都在比以往更加深入细致地寻求它们相互之间的体系性联系、寻求它们与它们的基础的体系性联系";狄尔泰表示:"这部《精神科学引论》的目的在于,为所有那些把毕生精力奉献给社会的人提供帮助,帮助他们着手认识引导他们的各种原理和规则。"②那么,"以社会和历史实在为研究主题的各种科学",它们之间的"体系性联系"表现在哪些方面呢?首先,狄尔泰作为一个经验主义的生命哲学家,认为生命不仅是哲学的研究对象,而且是它唯一的对象,在生命的后面不存在任何东西;而知识的主体乃是生活或生命的一部分,因此只能从内在的生命世界中体验生命。其次,从生命哲学出发,狄尔泰区分了精神科学与自然科学的对象和目的的不同。自然科学研究的是自然事件的进程及其如何影响人的状况,作为自然科学研究对象的物理事实,只能间接地被我们认识。精神科学或人文科学的主题是人、人的活动和人的创造。人,是人文科学的对象,也是它的灵魂。人的生命和活动是我们意识的事实、精神的事实。因此,人文科学的研究来自我们内在的经验,来自人对自己、对他人和对人与人之间关系的直接观察和体验。再次,狄尔泰强调人文科学研

---

① 施莱格尔:《启蒙运动批判》,李伯杰译,转引自孙凤城编选:《德国浪漫主义作品选》,人民文学出版社1997年版,第376页。

② 威廉·狄尔泰:《精神科学引论》,艾彦译,译林出版社2014年版,第11—12页。

究对象的特殊性,即精神性,由此引出了人文科学研究方法的特殊性。狄尔泰的著名结论是:自然需要"说明",而人则需要阐释性的"理解"。在其《对他人及其生命表现的理解》的重要论文中,狄尔泰写道:"理解和解释是各门精神科学所普遍使用的方法。在这种方法中汇集了各种功能,包含了所有精神科学的真理。在每一点上,理解都打开一个世界。"①

1944年问世的卡西尔的《人论》,则是一部内容更为系统、体系更为完整、影响更为广泛的人文学科导论。《人论》开篇,面对"人类自我认识的危机",重申阿波罗神庙的神谕:"认识自我乃是哲学探究的最高目标——这看来是总所公认的。在各种不同哲学流派之间的一切争论中,这个目标始终未被改变和动摇过:它已被证明是阿基米德点,是一切思潮的牢固而不可动摇的中心。"进而分上下篇,对人作为"符号的动物"的本质和运用符号创造文化的活动过程作了系统论述。最后对全书内容总结道:"作为一个整体的人类文化,可以被称之为人不断自我解放的历程。语言、艺术、宗教、科学,是这一历程中的不同阶段。在所有这些阶段中,人都发现并且证实了一种新的力量——建设一个人自己的世界、一个'理想'世界的力量。"②总之,在卡西尔看来,人类文化的每一种功能都开启了一个新的地平线,并且向我们展示了人性的一个新方面。如果说狄尔泰的《精神科学引论》,从生命哲学出发,深刻阐述了人文科学不同于自然科学的对象和方法的特点;那么卡西尔的《人论》,则从符号哲学的角度,系统描述了人类文化符号体系,完成了人文学科知识体系的现代建构。

人文学者是人文学科的主体。伴随着人文学科的现代重建,肩负着文化使命的现代人文学者,也应运而生了。

三、人文学者的使命

人文学科的学术活动,有其不同于自然科学和社会科学的特性:即,它是人文学者、运用人文方法、通过人文著述、来传播人文精神的文化创造活动。与之相联系,人文学者、人文方法、人文精神、人文著述,通常被认为是人文学科的四大要素③;人文学者是主体,人文方法是中介,人文精神是灵魂,人文著述是载体。

---

① 洪汉鼎主编:《理解与解释——诠释学经典文选》,东方出版社2001年版,第93页。

② 恩斯特·卡西尔:《人论》,甘阳译,上海译文出版社1985年版,第3、288页。

③ 李维武:《人文科学概论》,人民出版社2007年版,第32页。

"人"和"物"，是构成世界的两大基本元素。人类的学问，因此也可以分为"人的学问"和"物的学问"两大类；所谓"天文"与"人文"、"天道"与"人道"。作为"阐释并守护世界意义的人"，所谓人文学者，就是专门从事"人的学问"研究的学者，专门从事人的文化生命的存在及其活动的研究的学者。西方最伟大的人文学者是谁？是苏格拉底，是柏拉图，是但丁，是莎士比亚，是托尔斯泰，是罗曼·罗兰；中国最伟大的人文学者是谁？是孔子，是孟子，是韩愈，是朱熹，是蔡元培，是鲁迅。

处于主体地位的人文学者，在人文学术活动中具有无可置疑的重要性；失去人文主体，人文学术活动就无以存在。不过，人文学者的重要性，应当从微观和宏观两方面考察：从微观的人文活动看，人文学者处于不可或缺的人文主体地位；而从宏观的人类社会看，人文学者则是肩负着崇高使命的特殊人群或特殊阶层。

那么，"学者的使命是什么？学者同整个人类及其各个阶层的关系怎样？他用什么手段才能最稳妥地完成自己崇高的使命？"[1]这些问题，曾是德国哲学家费希特，在19世纪初关于"学者的本质和使命"的著名系列讲演中，着力阐释的问题。这些问题，今天依然严肃地摆在我们面前，需要我们在新的历史背景下，回首传统，面对现实，深入思考，郑重回答。

首先，"学者的使命是什么？"对于一个学者来说，这是最为重要、最为核心的问题。回答这一问题，可以有两种方式，即历史的探讨和逻辑的探讨；前者是观念史的考察，后者是逻辑内涵的规定。就二者关系而言，前者是后者的基础，后者是前者的提炼，历史探讨是逻辑提炼的基础。对于任何问题的研究，观念史的考察是最为基本的，它有助于拓展学术视野，启发学术思维，进而达到对问题更为全面深入的把握。因此，这里将改变通常的直接作逻辑规定的做法，对中西学术史上关于"学者的使命是什么"的观念史作一简要回顾，在重温先哲思想，进入先贤心灵的过程中，发展我们自己的使命意识和使命精神。

中国先贤对"学者的使命"的论述，有三句名言，前后相续，一以贯之，不断具体化，也不断升华，由此构成了中国传统的"学者的使命"的观念史。

第一，孔子："士志于道"。

春秋战国时代，"道术为天下裂"，"哲学的突破"造成了王官之学散为百家的局面。"士"——中国的知识分子或人文学者——便以"道"的承担者自居，官与

---

[1]　费希特：《论学者的使命　人的使命》，梁志学、沈真译，商务印书馆2003年版，第5页。

师、治与教从此分为二途。

以道自任的使命精神和使命感，在儒家表现得最为强烈。孔子首先反复强调："笃信好学，守死善道。危邦不入，乱邦不居。天下有道则见，无道则隐。"（《论语·泰伯》）"士志于道，而耻恶衣恶食者，未足与议也。"（《论语·里仁》）"君子谋道不谋食。耕也，馁在其中矣；学也，禄在其中矣。君子忧道不忧贫。"（《论语·卫灵公》）中国知识分子阶层刚刚登上历史舞台，孔子便给他们灌注一种理想主义的使命精神："士志于道"，即要求这个群体中的每一个分子都超越个体和群体的利害得失，发展一种对整个社会的人道关怀。这种以道自任的使命精神，是一种近乎宗教信仰的精神。

"士志于道"的使命感，在孟子的手上获得进一步的发展。孟子把士与道的关系扣得更紧密。孟子说："天下有道，以道殉身；天下无道，以身殉道。未闻以道殉乎人者也。"（《孟子·尽心》上）孟子此语比之孔子"天下有道则见，无道则隐"似更为积极。孟子又说："无恒产而有恒心者，惟士为能。"（《梁惠王》上）可见，孟子是一个乐观而积极的人，他对士阶层的理想使命抱有更大的信心。恰如余英时所说：近代社会学家曾指出，由于知识阶层不属于任何一个特定的经济阶级，因此它始能独持其"思想上的信念"；而这一"思想上的信念"之说，正好是孟子所谓"恒心"的现代诠释。

"道"的特点何在？从比较文化史的角度可以发现，以孔孟为代表的儒家知识分子所强调的"道"，有两大特点：一是"历史性"或"传统性"，即重视所志之"道"与以往的文化传统之间的密切联系。孔子所谓："周监于二代，郁郁乎文哉！吾从周。"二是"人间性"或"人文性"，即所志之"道"能够摆脱宗教和宇宙论的影响，着眼于人间秩序和人间事务的安排。司马谈《论六家要旨》一言以蔽之："夫阴阳、儒、墨、名、法、道德，此务为治者也。"概而言之，儒家所志之"道"，是人文之道，而志道之"士"，则是人文之士。

第二，韩愈："传道、受业、解惑"。

韩愈《师说》曰："古之学者必有师。师者，传道、受业、解惑也。人非生而知之者，孰能无惑？惑而不从师，其为惑也，终不解矣。"

"师者，传道、受业、解惑也。"韩愈的"师道六字诀"，把"士志于道"的职责，作了"一分为三"的明确划分。这一划分至少有三重意义：一是"夫子自道"，规定了自己"为师"的具体职责；二是具有学理价值，对所有"为师"者的职责范围作了明确规定；三是具有超时代意义，它同时也划定了现代人文学者的职责和任务。

现代人文学理论，对作为"大众教师"的人文学者职责使命的阐述，大致可以概括为三个方面：探讨人的本质，建立价值体系，批判世俗主义。这与韩愈的师道"六字诀"，颇有内在一致之处，也可以说是韩愈"六字诀"的现代转化。

"传道"：传正统之道："斯吾所谓道也，非向所谓老与佛之道也。尧以是传之舜，舜以是传之禹，禹以是传之汤，汤以是传之文武周公，文武周公传之孔子，孔子传之孟轲，轲之死，不得其传焉。"面对不得其传的道统，韩愈挺身而出，承上启下，传之后世。当今，人文学者的首要使命依然是"传道"，这便是探讨人的本质，阐释生命意义，传授生命之道。正如卡西尔所说："认识自我"乃是哲学探究的最高目标，也是文史哲人文学科诸分支学科的终极主题。

"受业"：授专门学业。韩愈当年给"收召后学"传授何种专门学业，已难以确知，但根据韩愈作为古文运动领袖的身份，可以推测其所授之业，除"修齐治平"，不外"文章之道"与"举子之业"。以大学人文学科教师为主体的现代人文学者，他们各有自己的专业领域，因此无不以专业知识为载体，为建构价值体系做出自己的特殊贡献。在论述人文学者的不同专业职能时，费希特曾写道："学者（指哲学家）是培养理智的，民众道德教师（指教会神职人员）是培养意志的，文学艺术家处于这两者之间，是培养审美感的，而审美感有助于将人的理智和意志统一起来。"[1]立足各自的专业特长，参与人间事务，传达人间情怀，正是现代人文学者践履自己文化使命的基本特点。

"解惑"：解心灵困惑。韩愈所处的时代是崇佛老而贬儒道的时代，所谓"其言道德仁义者，不入于杨，则入于墨；不入于老，则入于佛"，道统不传，思想混乱。韩愈倡导古文运动，作"五原"（《原道》、《原性》、《原毁》、《原人》、《原鬼》）及《师说》诸文，就是为了弘扬儒家道统，舒解世人困惑。身处改革开放后"物质至上，心灵迷茫"的时代，现代人文学者更需要坚守古典传统，批判世俗主义，以鲜明的立场和坚韧的精神，反痞气，反媚俗。"痞子文化"渗透中国朝野生活几千年，它的危害在于对任何价值体系的消解与否弃；"媚俗文化"[2]是市场的规律，是资本的规律，它使人失去超越的激情和对意义的追求。因此，对玩世不恭的"痞子

---

① 费希特：《伦理学体系》，梁志学、李理译，商务印书馆2010年版，第360页。

② 关于"媚俗"的本质与表现，米兰·昆德拉有经典的论述："'媚俗'一词指不惜一切代价想讨好，而且要讨最大多数人好的一种态度。为了讨好，就必须确定什么是大家都想听的，必须为固有观念服务。所谓'媚俗'，就是用美丽、动人的语言表达固有观念的愚蠢。……大众媒体的美学不可避免地是一种媚俗美学，随着大众媒体包围、渗入我们的整个生活，媚俗就成了我们日常的美学与道德。"（《小说的艺术》，董强译，上海译文出版社2004年版，第205—206页。）

文化"和世俗主义的"媚俗文化"的批判,是当今人文学者为世人解惑的首要任务。

第三,张载:"横渠四句教"。

> 为天地立心,
> 为生民立命,
> 为往圣继绝学,
> 为万世开太平。[①]

南宋迄今,从朱熹到冯友兰,对"横渠四句教"的理解,构成了一部众说纷纭的阐释史。我认为,"横渠四句教"与"师道六字诀"一样,实质都是对"士志于道",即人文学者使命的诠释,只是角度有所不同。如果说"师道六字诀"明确了人文学者的具体职责,那么"横渠四句教"则是提出了人文学者的使命境界。在《〈中国哲学史新编〉总结》中,冯友兰便是以"横渠四句教"为例,论证其"从中国哲学史的传统看哲学的性质及其作用"这一大问题的。诚如冯友兰所说:这四句话,首先简要说出了人的特点,即"人之所以为人"的标准,亦即"人之所以异于禽兽者";其次,这四句中的四个"为"字的主词,可能是哲学家,也可能是哲学,当然也可能是人文学者;再次,人的精神境界可能有四种,即自然境界,功利境界,道德境界,天地境界。天地境界最高。最合于"人之所以为人"标准的人,儒家称为"圣人",也就是达到天地境界的人。最后,一个人要达到天地境界,"非经过哲学这条路不可"[②],即"在达到哲学的单纯之前,需先穿过复杂的哲学思辨的丛林"[③]。而"张载"、"哲学家"、"人文学者",就是那些帮助人们"穿过哲学思辨的丛林",达到"哲学的单纯",达到"天地境界"的人。

在西方,古希腊"认识你自己"的神谕,既是对人的使命,也是对学者的使命的最早表述。从此,"认识自我"成为哲学探讨的最高目标,也成为哲学家的基本职责。

近代以来,西方明确提出"学者的使命"的是费希特,论述最为深入系统的也是费希特。从18世纪末开始,费希特发表了一系列关于"学者的本质和使命"的讲演,如《论学者的使命》(1794)、《伦理学体系·论学者的职责》(1798)、《关于学者的本质及其在自由领域的表现》(1805)、《关于学者的本质的演讲》(1812)等

[①] 这四句话有异文,对异文的说明,参阅冯友兰的《中国现代哲学史》(广东人民出版社1999年版,第246页)。

[②] 冯友兰:《中国现代哲学史》,广东人民出版社1999年版,第240页。

[③] 冯友兰:《中国哲学简史》,赵复三译,新世界出版社2004年版,第302页。

等。其中，1805年的讲演篇幅最长，共十讲；而1794年的讲演最具代表性，影响也最大。

1794年5月，32岁的费希特在耶拿大学作了《论学者的使命》的公开讲演。这次讲演以其崭新的内容和独创的精神，以及演讲者滔滔不绝的辩才，对自由事业的高度热忱，以极大的魅力吸引了大学的全部年轻人，并迅速传遍了整个德国知识界，得到公众的广泛支持。费希特毫不含糊的指出："就学者的使命来说，学者就是人类的教师"。费希特对"学者的使命"的具体阐述，从其"自由的体系"出发，又可以分为三个层次，即社会使命、真理使命、道德使命。

首先是社会使命："学者的使命主要是为社会服务，因为他是学者，所以他比任何一个阶层都更能真正通过社会而存在，为社会而存在。因此，学者特别担负着这样一个职责：优先地、充分地发展他本身的社会才能、敏感性和传授技能。"

其次是真理使命："所有的人都有真理感，当然，仅仅有真理感还不够，它还必须予于阐明、检验和澄清，而这正是学者的任务。对于非学者来说，给他指明他所必需的一切真理，这是不够的；但是……经过别人指点，他承认真理，即使没有深刻的根据，也往往就够了。学者同样也可以指望这种真理感。因此，就我们迄今所阐明的学者概念来说，就学者的使命来说，学者就是人类的教师。"

再次是道德使命："提高整个人类道德风尚是每一个人的最终目标，不仅是整个社会的最终目标，而且也是学者在社会中全部工作的最终目标。学者的职责就是永远树立这个最终目标，当他在社会上做一切事情时都首先想到这个目标"；总之，"学者只能用道德手段影响社会"[①]。

在学者的三大使命中，"阐明、检验和澄清"知识的真理使命是最根本、最重要的。费希特因此认为，学者应当既是"知识保管者"，又是"知识创造者"：首先，"学者犹如时代的文库，首先是知识的保管者"，即学者应当从历史的角度懂得科学直到他的时代为止的发展进程，懂得科学应用的各项原则；其次，"学者应该进一步发展共同体的这种精神"：或者是修正错误的知识，或者是进一步从迄今已知的东西作出推论。[②]总之，学者的使命是关心人类不断进步而不要停顿和倒退；从这个意义上说，"学者就是人类的教养员"[③]。

如果说，19世纪的费希特从传统知识论角度论述"学者的使命"；那么，20世

---

① 费希特：《论学者的使命 人的使命》，梁志学、沈真译，商务印书馆2003年版，第42—44页。

② 费希特：《伦理学体系》，梁志学、李理译，商务印书馆2010年版，第362页。

③ 费希特：《论学者的使命 人的使命》，梁志学、沈真译，商务印书馆2003年版，第44页。

纪的胡塞尔则从现象学出发,重申人文学科的意义和人文学者使命。20世纪以来,工具理性的泛滥导致了欧洲的重重危机。经历和身处"欧洲科学的危机"的胡塞尔,在晚年的集大成之作《欧洲科学的危机与超越论的现象学》中对此作了深刻的反思。首先,胡塞尔认为,科学面对的是两个不同的世界,因此可以分为两类:一类是"自然科学",另一类是"精神科学"或"人文科学";前者面对的是"死"的客观世界或"物理世界",后者面对的则是"活"的人的自由的精神世界或"生活世界"。其次,胡塞尔进而指出,欧洲文明目前所面临的问题,就在于以"物"取代了"人",以自然科学态度取代了人文科学的态度,以实证的、自然的、物理的方法取代了哲学的、人的、心理的方法,从而混淆了两类科学的特点,抹杀了人文科学的独特性,使人不能真正认识自己,不能发现自己的存在、意义和价值。人的困境和危机,最终导致了欧洲文明的危机。最后,胡塞尔强调,超越论的现象学哲学和哲学家,正承担着阐释和守护人的生活世界意义的任务,承担着帮助欧洲走出危机的哲学使命。他写道:

> 在我们的哲学思维中,我们是"人类的父母官",对此我们是不能忽视的。作为一个哲学家,在我们个人的内在使命中,对于我们自己作为哲学家的真正存在来说完全是个人的责任,同时也承担着对人类的真正的存在的责任。人类真正的存在是追求理想目标。从根本上说,它只有通过哲学——通过我们,如果严格地说我们还是哲学家的话,才能被实现。①

胡塞尔晚年对哲学和哲学家的信念和期许,使我们想起冯友兰晚年颇为相似的一段话:"天地境界最高,但达到这种境界,非经过哲学这条路不可。……蔡元培提倡以美育代宗教,其实,真能代宗教的是哲学。"②中西两位哲学家同是晚年而又不谋而合的"哲学信念"或"哲学赠言",是值得我们这个娱乐化时代的人们深长思之的。

古希腊的神谕是"认识你自己"。如何才能"认识自己"?那就是"反省"或"反思"。苏格拉底的名言是:"未被反省的生活是无意义的";中国圣哲的名言是:"吾日三省吾身"。而哲学的本质就是"反省"和"反思"。冯友兰说:"哲学是人类精神的反思。所谓反思就是人类精神反过来以自己为对象而思之","反思

---

① 胡塞尔:《欧洲科学危机和超验现象学》,张庆熊译,上海译文出版社1988年版,第19页。
② 冯友兰:《中国现代哲学史》,广东人民出版社1999年版,第240、247页。

底思想是人生中底光的回光返照"①。胡塞尔所谓"人类追求理想目标只有通过哲学才能被实现",冯友兰所谓"达到天地境界非经过哲学这条路不可",其真谛就在于此。从这个意义上说,哲学和哲学家的使命,不是给人具体的知识,而是通过思辨的逻辑和"概念的游戏",把人引导上反省和反思之路。

最后,再看一下俄国思想家关于"学者的使命"的论述。19世纪俄国的"知识分子",在西方知识分子史上具有特殊意义,他们被视为近代"知识分子"的原型。与西方通常把学者、作家、艺术家、教授、教育家等视为"知识分子"不同,俄国的知识分子完全是由另一些人构成的。俄国思想家别尔嘉耶夫指出:

> 他们如同僧团或者宗教流派,有自己独特又偏执的道德标准,有乐善好施的人生观,有特殊的行为准则与生活习惯,甚至有其特殊的外貌。凭外貌便可以认出他们并与其它社会团体区别开来。我们俄国的知识分子是一种思想体系上的而非职业和经济上的群体。它来自社会各阶级:最初多为贵族中的较有文化者,随后又有了神父、助祭子弟,也有出身于小官吏、市民乃至解放了的农奴。这就是完全被思想并且是社会性思想联合起来的平民知识分子。19世纪下半叶被称作文化阶层的人们转变为新型的人,得名"知识分子"。……知识分子总是迷恋于某些思想,主要是社会思想,并无私地献身于这些思想。他们能够完全为思想而活。②

别尔嘉耶夫所谓"我们俄国的知识分子是一种思想体系上的而非职业和经济上的群体"、他们"总是迷恋于思想而能够完全为思想而活",这是一个对于知识分子当代观念具有基石意义的命题。不过,从人类知识分子的总体历史来看,这种纯思想性、无依托性、持价值立场和具有献身精神的人并非俄国独有。古希腊不事任何职业的苏格拉底、中国先秦"无恒产而有恒心"的"志道之士",都属于这类"为思想而活"的知识分子。

作为现代知识分子的原型,19世纪俄国知识分子自有其鲜明的特性。这主要是在其身上所体现出来的,具有强烈社会实践品格的使命感。这种具有鲜明实践品格的使命感,被现代学者概括为五个方面:

第一,深切关怀一切有关公共利益之事;

---

① 冯友兰:《中国现代哲学史》,广东人民出版社1999年版,第238页。

② 别尔嘉耶夫:《俄国共产主义的起源与涵义》,转引自尤西林:《阐释并守护世界意义的人》,陕西人民出版社2006年版,第27—28页。

第二,将公共利益视为自身之事;

第三,将政治与社会问题视为道德问题;

第四,有一种义务感,不顾一切代价地追求终极结论;

第五,深信事物不合理,须努力加以改变。①

当然,人文知识分子虽有中外古今之异,但未尝不具备相通性。即以上述五项而言,其中第四项的求真精神,乃是西方知识分子和人文学者的一般特性;其余四项则在以天下国家为己任的中国传统知识分子身上同样有鲜明的体现。范仲淹"先天下之忧而忧,后天下之乐而乐"的情怀,既是古代的,也是现代的,既是中国的,也是世界的。

从孔子的"士志于道",到韩愈的"师道六字诀",再到张载的"横渠四句教";从费希特的"学者的使命",到胡塞尔的"哲学家的使命",再到俄国知识分子的"五大职责",中西思想家对人文学者的使命,从本质、职责和境界等方面作了深入阐释。作为今天的人文学者,重温先哲的深刻思想和崇高志趣,可以获得智慧的启迪,汲取精神的力量,从而形成自己的使命意识和使命感。

现在,再来回答费希特提出的第二个问题,即:"学者同整个人类及其各个阶层的关系怎样?"换言之,"学者的使命"与"人的使命"的关系怎样?这对认识"学者"与"非学者"的关系,认识"学者的使命"的本质意义,是极为重要的。

在1794年系列讲演中,费希特对此问题便作了明确的回答。开篇第一讲,费希特把论题分为两个层次,即"最初的课题"和"最后的课题"。他说:

> 学者的使命是什么,或者说,最高尚、最真诚的人的使命是什么——将来会表明这二者是同一个意思——这个我想在我的公开演讲中回答的问题是全部哲学研究的最后的课题;反之,一般人的使命是什么,这个我想在我的私人演讲中加以论证,而今天只想简单提示一下的问题则是全部哲学研究的最初的课题。

首先,两个课题的任务不同。"最初的课题"回答"人的使命"或"自在人的使命"、"一般人的使命","最后的课题"则回答"学者的使命"或"最高尚、最真诚的人的使命"。其次,两个课题有先后之分。学者的概念是通过比较,通过他同社会的关系而产生的。因此,学者的使命只有在社会里才是可以理解的,要回答学者的使命,必须先回答社会人的使命和自在人的使命。那么,二者的关系是怎样

---

① 转引自余英时:《士与中国文化》,上海人民出版社1987年版,第3页。

的呢？

其一，二者的使命是完全的一致的。"一般人的使命是什么？"费希特指出："人的最终和最高目标是人的完全自相一致"，而这种"自相一致"就是康德称为"至善"的东西。因此，"无限完善是人的使命"①，人的生存目的，就在于道德的日益自我完善。"学者的使命是什么？"费希特同样指出："无限完善"不仅是每一个人的使命，"而且也是学者在社会中全部工作的最终目标。学者的职责就是永远树立这个最终目标，当他在社会上做一切事情时都要首先想到这个目标。"②

费希特的"两个使命"及其一致性的观点，极为重要，它深刻揭示了"无限完善"的普遍性：这既是学者的使命，也是"每一个人"的自身使命，是每一个人天生的、无可推卸的职责。认识"两个使命"的一致性，对于"一般的人"来说，应把"无限完善"作为自觉的人生目标，积极对待人生，为实现自我的"无限完善"的而不懈努力；对于学者来说，清醒意识学者没有属于纯粹个人的使命，"学者的使命"就是"人的使命"，学者应以"无限完善的人的使命"作为自己最终的奋斗目标。

其二，二者的职责又是有差异的。在费希特看来，要真正实现"无限完善的人的使命"，一个人必须"掌握全部人类知识"，包括"哲学方面、历史哲学方面以及单纯历史方面"。然而，尽管"一切社会成员都完全平等"，但社会成员的分工是不同的，因而"学者"与"非学者"的职责也是不同的。为了借助"全部人类知识"，以保障人类的全部天资得到同等的、持续而有进步的发展，"由此，就产生了学者阶层的真正使命：高度注视人类一般的实际发展进程，并经常促进这种发展进程"③。

费希特基于"学者阶层的真正使命"，对"学者阶层"的知识学养和精神品质提出了特殊要求：学者有理由成为最有学问的人，学者有理由成为最真诚的人，学者有理由成为最谦虚的人，等等。学者精神是学者使命的基础；人文学者应具有的精神品质，必须作进一步探讨。

四、人文学者的精神

人是要有一点精神的，学者更要有一点学者的精神。在精神贬值的物质主

① 费希特：《论学者的使命 人的使命》，梁志学、沈真译，商务印书馆2003年版，第12页。

② 费希特：《论学者的使命 人的使命》，梁志学、沈真译，商务印书馆2003年版，第44页。

③ 费希特：《论学者的使命 人的使命》，梁志学、沈真译，商务印书馆2003年版，第40页。

义时代，人文学者缺乏应有的精神品质，是难以肩负起自己的文化使命的。

人文学者的精神品质，曾是20世纪中国学者的核心话题之一。而"学者之精神"，尤其成为20世纪20年代中国学界的一个关键词。

1920年，青年宗白华发表了《学者的态度和精神》一文，拉开了20年代"学者之精神"讨论的序幕。宗白华开宗明义："我向来最佩服的，是古印度学者的态度，最敬仰的，是欧洲中古学者的精神。古印度学者的态度怎么样？他们的态度就是：绝对的服从真理，猛烈的牺牲成见。欧洲中古学者的精神又怎么样呢？他们的精神是：宁愿牺牲生命，不愿牺牲真理。"①宗白华所敬仰的"学者的态度和精神"，一言以蔽之："唯真理是从"！

1922年初，时任东南大学校长的刘伯明，在《学衡》杂志一、二期相继发表了《学者之精神》和《再论学者之精神》。五四之后，学界趋新成风，"渴慕新知"而"饥不择食"，遂至弊端丛生："或于新知之来不加别择，贸然信之；又或剽窃新知，未经同化，即以问世，冀获名利。其他弊端，时有所闻"。作者目击此状，心焉忧之，而救弊之道，唯有申明"学者之精神"。刘伯明指出："学者之精神，究其实际，实为一体。但若不得已而强分之，其中所涵，可分五端。"简言之，一曰应具自信之精神；二曰应注重自得之见；三曰应具知识的贞操；四曰应具求真之精神；五曰必持审慎之态度。最后强调，"以上所述，皆学者精神中之荦荦大者。其他诸德，如谦虚等，皆可概括其中。"②此文可谓20世纪中国学界最早系统阐释"学者之精神"的文章；而所论诸端，既有现实针对性，也有普遍永恒性。

1922年3月，朱光潜在《时事新报》上发表了《怎样改造学术界？》一文，认为改造中国学术界，有三件事是当务之急：一，改造精神；二，改造环境；三，培养改造环境的领袖人才。朱光潜排在第一位的，是"学术界的精神改造"。因为在朱光潜看来，中国学术界的精神，有五大"最危险的通病"：一，无爱真理的精神；二，无评判的精神；三，无忠实的精神；四，无独立创造的精神；五，无实验的精神。③论学者之精神，刘伯明的"立"，与朱光潜的"破"，真可谓相视而笑，莫逆于心。

1929年，陈寅恪在《清华大学消夏周刊》第1期发表了《清华大学王观堂先生纪念碑铭》。这是一首王国维学术精神的赞歌，是一曲独立自由学术精神的颂歌，也是20世纪诠释学术之精神最荡气回肠的伟大辞章。其词曰：

---

① 《宗白华全集》，第1卷，安徽教育出版社1994年版，第130页。

② 刘伯明：《学者之精神》，《学衡》第1期，1922年1月。

③ 《朱光潜全集》，第8卷，安徽教育出版社1993年版，第30页。

　　士之读书治学,盖将以脱心志于俗谛之桎梏,真理因得以发扬。思想而不自由,毋宁死耳。斯古今仁圣所同殉之精义,夫岂庸鄙之敢望。先生以一死见其独立自由之意志,非所论于一人之恩怨,一姓之兴亡。呜呼!树兹石于讲舍,系哀思而不忘。表哲人之奇节,诉真宰之茫茫。来世不可知者也。先生之著述,或有时而不彰。先生之学说,或有时而可商。惟此独立之精神,自由之思想,历千万祀,与天壤而同久,共三光而永光。[①]

　　"独立之精神,自由之思想",是王国维学术精神的集中表现,是陈寅恪学术精神的夫子自道,也是20世纪中国学术人格的最高境界。

　　崇高的学术精神形成高贵的学术人格,高贵的学术人格创造不朽的学术成就。因此,对学术精神的诠释和强调,是学术史和学术界永恒的话题。由于学术传统、学术环境和学术问题的差异,不同时代、不同民族对学术精神具体内涵的诠释与强调是有所不同的。但是,崇高的学术精神具有人类的共同性。从为人敬仰的"古印度学者"和"欧洲中古学者",再到为人敬仰的20世纪中国学者王国维和陈寅恪,我们可以发现,求真、独立、谦虚、固穷,是崇高的学者之精神整体不可或缺的重要内容。

　　第一,求真精神。

　　不同的人生内容形成不同的人生境界,不同的人生境界具有不同的精神品格。如宗白华所说,因人群共存,互助互爱,而有伦理境界;因穷研物理,追求智慧,而有学术境界;因欲返本归真,冥合天人,而有宗教境界。伦理境界主于善,宗教境界主于神,学术境界则主于真[②]。求真是学术的基本品格,求真精神是学者的基本精神。

　　学者的求真精神,既表现为求真过程中的慎思明辨和不畏劳苦,也表现为对待真理的牺牲成见和唯真是从。

　　首先是求真过程中的慎思明辨和不畏劳苦。常人对于事理,往往满足于仅得形似,或仅知概略,有所不明,则忽略过去,以为无关紧要。学者则须有"打破砂锅问到底"的精神,须有穷究事理,探明根底,"唯真是求"的精神。为此,学者须有超乎常人的意志,"博学之,审问之,慎思之,明辨之,笃行之";亦应不畏劳苦,"上穷碧落下黄泉,动手动脚找材料"。学者追求真理的过程,既是复杂的脑

----

① 陈寅恪:《金明馆丛稿二编》,生活·读书·新知三联书店2001年版,第246页。

② 《宗白华全集》,第2卷,安徽教育出版社1994年版,第361页。

力劳动，也是艰苦的体力劳动。马克思说："在科学上没有平坦的大道，只有不畏劳苦，沿着陡峭山路攀登的人，才有希望达到光辉的顶点。"这句至理名言，是求真过程最生动的写照。

其次是对待真理的牺牲成见和唯真是从。宗白华所敬仰的"古印度学者"和"欧洲中古学者"，所谓"绝对的服从真理，猛烈的牺牲成见；宁愿牺牲生命，不愿牺牲真理"的态度，是面对真理，牺牲成见，唯真是从，最感人的典范。古印度学者"唯真是从"的态度，确实令人敬佩！在龙树、提婆时代，印度学说的派别将近百种。学派之间互相争辩的激烈，可想而知。但他们争辩时的态度却令人敬佩。在争辩之前，辩论者往往宣言："若辩论败了，就自杀以报，或归依做弟子。"辩论之后，辩论失败者绝不强辩，立刻兑现诺言，不是立刻自杀，就立刻归依为弟子。如果面对真理，或刻意强辩，或巧作遁词，甚或无礼谩骂、节外生枝，即已失去求真的诚意，更无以获得真理的成果。

当年，针对"国中时髦学者"对待学问的轻率与主观，梅光迪阐述培根的求真精神，特别拈出"审慎与客观"二者。他写道："其自道生平有言曰：喜于研究，忍于怀疑，乐于深思，缓于论断，勤于覆议，慎于著作。细玩其意，盖为真理之法，在审慎与客观二者。审慎则考察事物，务统观其全体，是非利害之真相，皆折中至当，而后发为定论，非潦草塞责，卤莽灭裂者，所能为役也。客观则不参成见，不忍感情，而以冷静之头脑，公平之眼光，以推测事理。"[①]上文所说的求真精神的双重表现，与梅光迪所强调的"审慎与客观"是完全一致的。

第二，独立精神。

求真是学术的最终目标，独立则是求真的基本保证。王国维指出："学术之发达，存其独立而已。"[②]短短一语，深刻揭示了学术发展与学术独立之间的内在联系。陈独秀则从反面立论，在《学术独立》中认为："中国学术不发达之最大原因，莫如学者自身不知学术独立之神圣。……学者不自尊其所学，欲其发达，岂可得乎？"[③]正因为如此，陈寅恪反复致意的"独立之精神，自由之思想"，成为20世纪中国学者所信奉的最高精神品质。熊十力曾为之大声疾呼："今日所急需者，思想独立，学术独立，精神独立。一切依自不依他，高视阔步，而游于广天博

---

① 梅光迪：《论今日吾国学术界之需要》，孙尚扬、郭兰芳编：《国故新知论——学衡派文化论著辑要》，中国广播电视出版社1995年版，第141页。

② 刘刚强编：《王国维美论文选》，湖南人民出版社1987年版，第76页。

③ 《独秀文存》，安徽人民出版社1987年版，第552页。

地之间,空诸依傍,自诚自明,以此自树,将为世界文化开辟新生命,岂为自救而已哉。"①这段话可视为对"独立之精神,自由之思想"十字真言的发挥诠释。

独立的精神品质,是古今中外真学者的基本品质。缺乏独立精神,不可能有高视阔步的气概,更不可能有空诸依傍的创新。《荀子·性恶》把"勇者"分为上勇、中勇、下勇三等。其论"上勇"曰:

> 天下有中,敢直其身;先王有道,敢行其意;上不循于乱世之君,下不俗于乱世之民;仁之所在无贫穷,仁之所亡无富贵;天下知之,则欲与天下同苦乐之;天下不知之,则傀然独立天地之间而不畏:是上勇也。

荀子心目中的"上勇",集儒家士君子高贵品质于一身;而"上不循于乱世之君,下不俗于乱世之民",既不媚上,也不媚俗,则是古之士君子、今之真学者共具的独立品格。

中国现代学人心中的"学术独立",从大的方面说至少包含两层涵义:即包括学者个人的学术独立,也包括一国学术之独立②。作为学者的精神品质,我们所说的"独立精神"主要是指学者个人的学术独立,即以学术为目的,不以学术为工具。从这个意义上说,学者的"独立精神",似可析而为三。

一是坚守学术独立,以学术自身为目的。所谓学术独立,其本意就是尊重学术,认同学术具有自身价值,不滥用它作为达到其他目的的手段。对学术独立的这一本意,亚里士多德在《形而上学》开篇即作了精辟的阐释:"古今来人们开始哲理探索,都应起于对自然万物的惊异;他们先是惊异于种种迷惑的现象,逐渐积累一点一滴的解释……他们探索哲理只是为想脱出愚蠢,显然,他们为求知而从事学术,并无任何实用的目的。……我们不为任何其他利益而找寻智慧;只因人本自由,为自己的生存而生存,不为别人的生存而生存,所以我们认取哲学为唯一的自由学术而深加探索,这正是为学术自身而成立的唯一学术。"③这是两千多年前人类关于学术独立的最早的宣言书,也是最终使得西方学术走在人类前列的重要原因。

二是坚守学术独立,不为政治之工具。王国维认为,康有为在学术上的"失败",根源就在于"以学术为政治上之手段":"其震人耳目之处,在脱数千年思想

---

① 参见蔡仁厚:《熊十力先生行年表》,台湾明文书局1987年版,第121页。
② 参阅陈以爱:《中国现代学术研究机构的兴起》,江西教育出版社2002年版,第69、141页。
③ 亚里士多德:《形而上学》,吴寿彭译,商务印书馆1997年版,第5页。

之束缚,而易之以西洋已失势力之迷信,此其学问上之事业不得不与其政治上之企图同归于失败者也。然康氏之于学术,非有固有之兴味,不过以之为政治上之手段"①。梁启超认为,晚清"新学家"所以失败,其"总根源"同样是"不以学问为目的而以为手段";由此指出:"殊不知凡学问之为物,实应离'致用'之意味而独立生存,真所谓'正其谊不谋其利,明其道不计其功'。质言之,则有'书呆子',然后有学问也。"②

三是坚守学术独立,不为名利的工具。著名中国文化史家、学衡派主将柳诒徵,对当年某些"新文化派"学者,以术为学、有术无学、假手功名的行为,作了严厉的批评。他写道:"学者产生地有二种,实验室、图书馆一也,官厅、会场、报纸、专电、火车、汽车二也;前者有学而无术,后者有术而无学,潮流所趋,视线所集,则惟后者为归。故在今日号称不为官吏,不为政客,不为武人,不为商贾,自居于最高最纯洁之地位之学者,其实乃一种变相之官吏,特殊之政客,无枪炮之武人,无资本之商贾,而绝非真正之学者。……此等学者愈多,教育愈坏,学术愈晦,中国愈乱,乱而学者之术愈进步。"③这篇愤激之辞,仍似为今日写照。大众传媒时代的知识社会学,有精英学者与大众学者、书斋学者与媒体学者之分。流风所及,潮流所趋,学者们若以上媒体、成明星、进入排行榜为荣,这无论如何不是学术之福。

第三,谦虚精神。

费希特说:"学者有理由成为最谦虚的人。"为什么?这绝不是学者的学问高明而高人一等,而是使命崇高而任重道远:"因为摆在他们面前的目标往往是遥远的,因为他应该达到一个很崇高的理想境界,而这种理想境界他通常仅仅是经过一条漫长的道路逐渐接近的。"④

谦虚是一种美德。学者的谦虚尤为学者精神不可或缺。晚年章太炎告诫他的学生:"余常谓学问之道,当以愚自处,不可自以为智;偶有所得,似为智矣,犹须自视若愚。古人谓既学矣,患其不习也;既习矣,患其不博也;既博也,患其不精也。此古人进学之方也。大氐治学之士,当如童蒙,务于所习,熟读背诵。愚三次,智三次,学乃有成。"⑤西哲埃德温·薛定谔在《自然与希腊人》中也说过大致

---

① 刘刚强编:《王国维美论文选》,湖南人民出版社1987年版,第73页。

② 梁启超:《清代学术概论》,上海古籍出版社1998年版,第98页。

③ 柳诒徵:《学者之术》,《学衡》第33期,1924年9月。

④ 费希特:《论学者的使命 人的使命》,梁志学、沈真译,商务印书馆2003年版,第37页。

⑤ 陈平原、杜玲玲编:《追忆章太炎》(修订本),生活·读书·新知三联书店2009年版,第69页。

相同的话："在真诚地追求知识时,你往往必须在一段时间内接受无知。"①然而,今人与古人是如此之不同。过去,每一代人是如此谦卑,面对先贤,无不表示:高山仰止,景行行止;虽不能至,心向往之。如今,每一代人是如此自信,面对世人,无不以为:既比上一代人更聪明,也比下一代人更睿智。在这个人人自以为是的时代,身负崇高使命的学者,尤其需要提醒自己,永远做一个"最谦虚的人"。

一是对前辈的谦恭。自然科学是范式的创新,人文学科是温故而知新。何谓"温故而知新"? 杨树达释曰:"夫曰温故而知新者,先温故而后知新也。优游涵泳于故业之中,而新知忽涌焉,其新出乎故,故为可信也,此非揠苗助长者所能有也。"②近代以来,人文学科受到进化论的影响,反传统,骂古人,成一时风气。然而,人文学科的本质是"薪火相传"。人文学者是传统的保守者,文化的守护者,是人类智慧的"温故而知新"者;离开了历史,抛弃了传统,我们将一无所有。因此,一个真学者应当始终保有一颗谦恭之心,保持对前辈的谦虚,对先贤的恭敬。

二是对同辈的谦虚。"文人相轻,自古而然";文人如此,学人亦然:或各以所长,相轻所短;或以一得之见,便自谓握灵蛇之珠,抱荆山之玉。然而,由于专业的分工和生命的有限,现代学术必须以"相互权威性"③为前提,即为了帮助自己研究的进展,必须承认别人的理论经由鉴定以后的有效性和权威性。同时,学术的灵感往往来源于心灵的碰撞,思想的交锋。在学术的论辩场上,没有空手而归者,真理是论辩双方共同的收获。因此,一个真正的学者无不以谦恭之心,对待你的同辈,对待你的诤友,对待你的论辩对手。

三是对后辈的谦虚。韩愈曰;"孔子曰:'三人行,则必有我师。'是故弟子不必不如师,师不必贤于弟子,闻道有先后,术业有专攻,如是而已。"《师说》的这段名言,已把"对后辈的谦虚"之道阐释得淋漓尽致。韩愈因"好为人师"而得"狂名"。然而这位文坛"狂者",对弟子如此谦恭,对"教学相长"之道诠释得如此透辟,是令人钦佩的。

在我的心目中,以《四库提要辨证》闻名学界、嘉惠学林的余嘉锡,诚可谓是一个"最谦虚的人"。先生的《四库提要辨证》"序录"结语,每读一过,心灵便得到一次净化:

---

① 埃德温·薛定谔:《自然与希腊人·科学与人文主义》,张卜天译,商务印书馆2015年版,第7页。

② 杨树达:《积微居小学述林全编》,上海古籍出版社2007年版,第329页。

③ 林毓生:《中国传统的创造性转化》(增订本),生活·读书·新知三联书店2011年版,第89页。

余治此有年，每读一书，未尝不小心以玩其辞意，平情以察其是非，至于搜集证据，推勘事实，虽细如牛毛，密若秋荼，所不敢忽，必权衡审慎，而后笔之于书，一得之愚，或有足为纪氏诤友者。然而纪氏之为《提要》也难，而余之为辨证也易，何者？无期限之促迫，无考成之顾忌故也。且纪氏于其所未读，不能置之不言，而余则惟吾之所趋避。譬之射然，纪氏控弦引满，下云中之飞鸟，余则树之鹄而后放矢耳。易地以处，纪氏必优于作《辨证》，而余之不能为《提要》决也。……余之略知学问门径，实受《提要》之赐，逮至用力之久，遂揣摭利病而为书，习惯使然，无足怪者。然往往草创未就，旋觉其误，《传》曰："三折肱，然后知为良医。"余之为医弗良，而其折肱也屡矣，尚望世之读者，勿徒以诋诃古人为余罪，而能入我室操我矛以伐我，使我得有所启牖，则余之厚幸也。[①]

《四库提要辨证》与《四库全书总目提要》可以同垂不朽。然而，余嘉锡的这段文字，跌宕起伏，衷情曲达。一方面，作为五十年心血的结晶，作者真实记录了撰著《辨证》的艰辛过程；另一方面，作为"纪氏诤友"，对纪氏的成就充满了由衷的敬意，对纪氏的失误充满了同情的理解，对自己的"一得之愚"完全归功于前辈的启迪。从先生身上可见，一个真正的学者，无不具有一颗谦恭的心。

第四，固穷精神。在金钱至上的时代，学者是贫困的；在娱乐至死的时代，学者是寂寞的；在一夜成名的时代，学者是无闻的。现代社会的"志道之士"，尤为需要"君子固穷"的精神。《论语·卫灵公》有曰：

> 在陈绝粮，从者病，莫能兴。子路愠见曰："君子亦有穷乎？"子曰："君子固穷，小人穷斯滥矣。"

程子释"固穷"："固穷者，固守其穷。"君子自甘贫穷，以穷为乐；如颜回，"一箪食，一瓢饮，在陋巷，人不堪其忧，回也不改其乐"。朱熹曰："愚谓圣人当行而行，无所顾虑，处困而亨，无所怨悔。于此可见，学者宜深味之。"更进一解，把"固穷"精神直接与"学者"相联系。

在金钱至上、娱乐至死、人人渴望一夜成名的今天，学者的"固穷"精神至少包含三重品质。

一是耐得住清贫。在任何社会和时代，知识分子都是一种思想体系上的而

---

① 余嘉锡：《四库提要辨证》(一)，中华书局2012年版，第52页。

非经济上的群体，都应是"无恒产而有恒心"、为思想而活着的志道之士。这是"君子固穷"的本义，也是"固穷"精神的首要品质。欧阳修有"诗穷而后工"之说，学问何尝不是"穷而后工"？在全民经商的时代，曾有一些人文知识分子也"下海"经商，打算挣一笔钱之后再进书房"安心做学问"。然而，迄今少有如愿以偿者，一番商海搏击之后，人文意境已荡涤一空，昨日志愿恍如隔世。①只有耐得住清贫，才可能做得成学问；而穷困忧患的体验和经历，反过来有助于对生命本质和生命价值的理解。

二是耐得住寂寞。"青灯摊书，实在是一种难以言喻的快乐。"这是一种多么令人神往的境界！当年，我在罗宗强《魏晋玄学与士人心态》"后记"中读到的这句话，从此一直成为我坚守宁静书房的精神力量。在我看来，所谓耐得住寂寞，至少包含两层意思：一是长久苦读的寂寞。所谓"板凳要坐十年冷，文章不著一字空"，这两句话既是并列结构，更是因果关系。二是坚守专业的寂寞。现代学术，专业分工越来越细。一个学者必须不随风，不趋时，不赶时髦，专心致志于自己的专业，方能有所成就。钱锺书所谓："大抵学问是荒江野老屋中二三素心人商量培养之事，朝市之显学必成俗学。"其真意也在于此。

三是耐得住无闻。子曰："人不知而不愠，不亦君子乎？"虽说"无限完善是人的使命"，知不知在人，何愠之有？然而，真要做到满腹经纶而"人不知而不愠"，在这个人人期望一夜成名的时代，谈何容易！朱熹说得好："惟成德者能之。"人文学者"耐得住无闻"，尚有更为积极的意义，那就是为了使思维主体的心灵保持独立自主性，主动的"隐于市朝"，疏离日常感性，与喧嚣的社会保持距离。从这个意义上说，"隐逸是人文知识分子在世生存方式的本质特性之一，隐逸性成为人文知识分子普遍的内在精神气质，那就是：对社会主流与中心保持一种自觉的间距化或边缘化。"②

在20世纪的学问大家中，如果说余嘉锡是"最谦虚的人"的典范，那么杨树达则是"君子固穷"的象征。陈寅恪在《杨树达积微居小学金石论丛续稿序》中，写下了一段动人心脾的深情之言，对被称为"今日赤县神州训诂小学第一人"的杨树达先生，耐得住清贫，耐得住寂寞，耐得住无闻的品格，作了传神写照：

> 先生少日即已肄业于时务学堂，后复游学外国，其同时辈流，颇有遭际世

---

① 尤西林：《阐释并守护世界意义的人》，陕西人民出版社2006年版，第217页。

② 尤西林：《阐释并守护世界意义的人》，陕西人民出版社2006年版，第223页。

变,以功名显者,独先生讲授于南北诸学校,寂寞勤苦,逾三十年,不少间辍。持短笔,照孤灯,先后著书高数尺,传诵于海内外学术之林,始终未尝一藉时会毫末之助,自致于立言不朽之域。与彼假手功名,因得表见者,肥瘠荣悴,固不相同,而孰难孰易,孰得孰失,天下后世当有能辨之者。①

"持短笔,照孤灯,先后著书高数尺,传诵于海内外学术之林……",每当读到这段话,便不禁想起孔子赞颜回之语:"一箪食,一瓢饮,在陋巷,人不堪其忧,回也不改其乐"。圣者的境界都是一样的!今天的人文学者,依然要有这种"圣者的境界",才可能执着地追求"无限完善",坚定地承担"志道"使命!

五、"人文主义有前途吗?"

"人文主义有前途吗?"这个严峻的问题,是英国著名历史学家阿伦·布洛克在1985年出版的《西方人文主义传统》最后一章中提出来的。18世纪末,席勒在《审美教育书简》中说:"科学的界限越扩张,艺术的界限越狭窄。"②20世纪初,马克斯·韦伯在《新教伦理与资本主义精神》中认为:"'工具理性'愈发达,'价值理性'愈萎缩。"③

20世纪以来,以弘扬人文主义为使命的人文学科,在人文危机中重建,又在重重挑战中前行。在对文艺复兴以来西方人文主义传统进行一番回顾之后,面对现代物质主义的重重挑战,在唯科学主义和工具理性统治世界的今天,是否意味着人文主义传统行将终结?或者说,人文学科与人文主义在今天以及未来是否还能够发挥作用?对于这个问题,阿伦·布洛克的回答,不免令人沮丧:

> 如果我扪心自问,我一生所从事的历史与人文学研究可以让我从中得出什么结论?我只能回答四个字:前途未卜——天知道明天将会发生些什么。④

事实上,20世纪以来,对人文主义和人文学科感到"前途未卜"的,绝非仅仅只有英国的阿伦·布洛克一人;进入21世纪以后,中国人文学者的心中,更是产生

---

① 陈寅恪:《金明馆丛稿二编》,生活·读书·新知三联书店2001年版,第260—261页。
② 席勒:《审美教育书简》,冯至·范大灿译,北京大学出版社1985年版,第13页。
③ 参阅林毓生:《中国传统的创造性转化》(增订版),生活·读书·新知三联书店2011年版,第471—472页。
④ 阿伦·布洛克:《西方人文主义传统》,董乐山译,群言出版社2012年版,第215页。

一种普遍的迷茫之情。

2005年是个寻常的年头。不过,就在这一年的年头年尾,两位属于两代人的中国学者,对人文主义和人文学科在中国的"前途"和"作用",不约而同地流露出极为"悲观"、甚至"绝望"的情绪。

2005年3月,已入耄耋之年的王元化,在给海外友人林毓生的一封信中,对当今文明的物质化、庸俗化和异化以及国民人文素养的迅速滑坡,流露出"难堪此劫"而极为痛心之情。他写道:"……大约是十年前,我被出版社邀请到新华书店签名售书。我意外地发现,那些读者都是在人生、文化上有着追求的,他们的求知欲很强,品位也比较高,绝不像展览会①留言簿上所反映的那么无知、低级、庸俗。仅仅前后不过十年,这里的文化衰败和人的素质下降就这样迅速……每一想及此事,真是令人悲从中来。我已入耄耋之年,一无所求,但是想到我们的后代,想到我们悠久的文化传统,倘听其毁于一旦,实在是于心难堪此劫。"②

2005年12月,在为探讨"人文知识分子的起源与使命"的专著、《阐释并守护世界意义的人》所写的"增订版后记"中,中年学者尤西林,把自己为之献身的事业,哀伤的形容为"绝望的进行中的悲剧"。他写道:"值此天崩地解动荡时世,天下事、国事、家事何等艰难沉重! 与90年代开始流行的嘲讽伪崇高意识形态的喜剧感有别,我同时还感受着一种几乎绝望的进行中的悲剧。列维坦式的社会进程置人文精神于不顾,一如后者恝然于前者。……中国转型期最沉重深远的代价并非经济政治,而恰恰是不逼迫的软性领域的环境破坏与道德沦丧,才是几代人也难以恢复重建的。……身心疲惫的我日益痛切地感受到自己的无力渺小。虽曾激情投身近三十年学术思想活动,但在今天作为一名阐释并守护世界意义的人文知识分子,我已愧难担当。十年前撰写《阐释并守护世界意义的人》末章末节'隐逸的人文意义'的意象,近年来卜兆般不时浮现心头。"③

从布洛克的"前途未卜",到王元化的"难堪此劫",再到尤西林的"绝望的悲

---

① "展览会",是指2004年12月中旬在上海美术馆举办的"清园书屋笔札展"。王元化在信中说:"我放了留言簿在展览会上,希望来参观的人都能留下几句话。留言簿倒是写了不少,说好话的也很多,但也有不少人只是写下'某某某及某女友某某某到此一游',或画上一颗心,'某某某及某女友共同签名'……翻了几次留言簿,真是啼笑皆非,使我感到一种莫名的悲哀袭上心来。"林毓生的回信同样地以令人乐观:"在这'排他性物质主义的宗教'日益猖獗,将逐渐席卷世界的时候,个人所能为力的,实在相当有限。我看只能把分内的事情尽量做好,友朋之间相互慰藉而已。"(林毓生:《中国传统的创造性转化》(增订版),生活·读书·新知三联书店2011年版,第473—474页。)

② 见林毓生:《中国传统的创造性转化》(增订版),生活·读书·新知三联书店2011年版,第469页。

③ 尤西林:《阐释并守护世界意义的人》,陕西人民出版社2006年版,第272—273页。

剧",21世纪的今天,人文主义似乎真的已经日暮途穷,已经成为明日黄花。

　　那么,曾经在"神权时代"发现了世界发现了人的人文主义,在当今的"物质主义宗教时代",对这个世界、对这个世界的人,真的没有前途、毫无作用了吗?"告诸往而知来者",过去为我们启示未来的结构。历史学家是面向过去的预言家。如果布洛克真的认为人文主义已"毫无前途",他就不会费尽心力写这本书了;他之所以研究西方的人文主义传统,就是为了总结人文主义的历史功绩,坚定现代人文主义者的信心,并为迷茫的今人和后人提供可能的借鉴。

　　人文主义是否具有现实意义,是否具有前途和作用? 布洛克认为,首先可以联系西方世界的情况来加以回答。答案是肯定的:"我们拥有较高的生活水平和稳定完善的制度,例如代议制、责任政府、自由选举、法治社会、国内和平、公共教育、言论自由和福利国家等,而所有这些都源于人文主义传统。如果我们这些深深受益于这一传统的人都对其现实意义失去信心的话,那么也就不要指望去说服世界上其他地方的人了。"①

　　其次,人文学在今天青年教育中的作用同样是无可置疑的,只是必须以今天年轻人的人文需求作为出发点。布洛克指出:"当人文学在教育中的地位受到质疑的时候,年轻人寻求他们自己所想要遵循的价值的行为,在我看来恰好证明了人文学所可能起到的作用。这需要历史学、文学和艺术在表现方式上的一场革命与之相配合——不再是以过去的成就,而是以今天年轻人的人文需求作为出发点";因为,人文主义是一个历史的范畴,不同时代有不同的价值内涵:"一个被老年人不断抱怨世风日下、人心不古的世界,其实正是一个年轻人对新的价值理念,以及自己的行为准则、良知观念和所珍视的品质进行探索的世界。"②人文主义不是面向过去的保守主义,而是面向未来的理想主义。

　　再次,人文学研究的最大意义还在于使我们永远保持一种对未来的开放意识。十四世纪发生在意大利的情况就是如此:当年的人文主义者毫无征兆地感到了一种重现古人世界的冲动,并由此产生了创造自己新世界的信心。"这也正是人文主义传统在它传承的600年间所代表的价值——拒绝接受关于人类的决定论与还原论观点,并坚持认为即使人类无法实现完全意义上的自由,也仍然在一定程度上拥有选择的自由。"③只要我们还有勇气与意志尚存,那么我们的手中

---

① 阿伦·布洛克:《西方人文主义传统》,董乐山译,群言出版社2012年版,第202页。
② 阿伦·布洛克:《西方人文主义传统》,董乐山译,群言出版社2012年版,第204页。
③ 阿伦·布洛克:《西方人文主义传统》,董乐山译,群言出版社2012年版,第216页。

就仍然握有选择的机会。这也是人文主义的文化精神对今人与后人具有持续吸引力的根源所在。

西方人文主义的现实意义,虽然基于欧洲的文明传统和社会现实,但对世界其他地方的人无疑是有说服力的,对中国的人文学者同样不乏启示和鼓励。记得当代一位女作家曾经说过这样一句话:

> 森林,也许你们一辈子都不会见到,但它却实实在在改善着你的呼吸。

这不是高蹈之言,而是智慧之语。全球化的经济,一方面给人们带来了生活的改善和便利;另一方面,又使得整个世界变成了市场,一切以赚钱为目的,精神、境界、格调、品味,荡然无存。然而,人是意义的动物。每个人都有追求终极意义的内在冲动。而人的精神和呈现道德与美的品质的境界与格调,必须与超越性的人文主义相联系才有源头活水。人文学术所传播的人文主义,正是这样一座"精神森林",虽然看不见、摸不着,但它却实实在在地改善着人们的心灵呼吸,滋养着人们的心灵世界,提升着人们的精神境界,使人们永葆一种对未来的开放心态。

1794年5月,费希特在耶拿大学讲演的最后,对听讲的青年学生提出了一个希望,希望这些未来的学者,能以"大丈夫"的精神献身真理,献身自己的事业:

> 当你们离开这个地方,分散到各地去的时候,不管你们生活在什么地方,我都总有一天会听说你们是大丈夫,这些大丈夫选中的意中人就是真理;他们至死忠于真理;即使全世界都抛弃她,他们也一定采纳她;如果有人诽谤她,污蔑她,他们也定会公开保护她;为了她,他们将愉快地忍受大人物狡猾地隐藏起来的仇恨,愚蠢人发出的无谓微笑和短见人耸肩表示怜悯的举动。[①]

"伦理世界绝不是被给予的,而是永远在制造之中。"[②]在这个放逐精神,追求物质的时代,人文精神的培育,人文心灵的塑造,人文主义传统的薪火相传,更需要一批具有"大丈夫"的无畏精神的人,需要一批勇于承担人文使命的人,需要一批阐释并守护世界意义的人!

---

① 费希特:《论学者的使命 人的使命》,梁志学、沈真译,商务印书馆2003年版,第46页。

② 恩斯特·卡西尔:《人论》,甘阳译,上海译文出版社1985年版,第77页。

第二章　走向学者之路

引言:"学术五步曲"

何谓人文学者?一言以蔽之,即以崇高的人文情怀,自觉的人文使命,传承人文传统,传播人文理想,把塑造民族的人文性格和升华时代的人文精神作为终身使命的知识分子。古圣有曰:"士志于道"。什么"道"?"大学之道"也,"至善之道"也。《大学》有曰:"大学之道,在明明德,在亲民,在止于至善。"人文学者就是追求至善之道,传播至善之道,献身至善之道的人,就是"阐释并守护世界意义"的人;就是以自己的识见和智慧,保障每一个人实现"无限完善"的"人的使命","保障人类的全部天资得到同等的、持续而又进步的发展"的人。正是在这个意义上,费希特阐述"学者的使命"时,自豪地写道:

> 学者的使命主要是为社会服务,因为他是学者,所以他比任何一个阶层都更能真正通过社会而存在,为社会而存在。……因此,就我们迄今所阐明的学者概念来说,就学者的使命来说,学者就是人类的教师。……他不仅看到眼前,同时也看到将来;他不仅看到当前的立脚点,也看到人类现在就应当向哪里前进。……从这个意义上说,学者就是人类的教养员。①

作为"人类的教师"或"人类的教养员",每一个真正的人文学者,无不具有独立的精神、崇高的理想、自觉的社会责任感和庄严的文化使命感,奉献出具有深厚学养、精深思想、隽永智慧和诚挚人文情怀的作品,赢得社会的尊重和学者的荣誉。而成为一个具有学术创新力和文化影响力的人文学者,正是每一个有志

---

① 费希特:《论学者的使命 人的使命》,商务印书馆1984年版,第42—44页。

向的人文学科研究生的内心愿望和终生追求,也是导师们的殷切期望和人文学者培养的最终目标。

然而,从学生到学者,从一般学者到有成就的学者,谈何容易!走向学者之路,注定是一条崎岖曲折的人生之路。不过,如果说艺术家更多地凭先天禀赋,那么学者则主要靠后天学养。因此,走向学者之路,又不是一条无章可循的神秘之路。每一个成功学者的学术自述,都昭示了一条独特而富于启示意义的"学者之路"。从王国维的《三十自序》到顾颉刚的《古史辩自序》,从王元化的《读黑格尔的思想历程》到傅伟勋的《哲学探求的荆棘之路》,从夏志清的《〈中国现代小说史〉中译本序》到孙康宜的《叩问经典的学旅》,凡是在史学、哲学、文学诸领域富有成就的学者的学术自述,无不以生动的学术经历,展示出他们一步步走向学者的心路历程,一步步地达到学术创造的艰难旅程。

"研究旁人的创造发明方法是成为成功的创造者的前提。"[①]这是莱布尼兹总结的一条学术原则。确实,如果一个成功的学者,如实地告诉了我们他们学术研究的历史,真诚地告诉了我们他们是如何一步步取得自己的学术成就的,我们就能够从中把这些步骤探求出来。

那么,走向学者之路的学术途径究竟是怎样的?从中外著名学者的学术经历和他们取得学术成就的历史看,大都要经历五个阶段或五个步骤,不妨称为走向学者之路的"学术五步曲":

第一步:进入一个领域;

第二步:抓住一位大家;

第三步:精读一部经典;

第四步:钻透一个问题;

第五步:形成双重能力。

上述五步,环环相扣,互为前提,循序渐进,层层深入。一个有志向的人文学科研究生,如果能严格遵循上述步骤,坚持不懈地进行学术训练,那么一个创造性的学术课题完成之日,便是一个个性鲜明的人文学者诞生之时。

---

① 转引维柯:《新科学》,朱光潜译,人民文学出版社1987年版,第610页。

一、进入一个领域：确立学术基地，获得学者身份

请从老年歌德对一位青年学人的忠告说起。1824年12月3日，爱克曼兴冲冲地告诉歌德，他准备接受一个邀约，替一家英国期刊撰写德国散文的每月短评，条件很优厚。歌德听后却并不赞成，明确要他"拒绝接受这项任务"。为什么呢？歌德说：

> 你现在应该做的事是积累取之不尽的资本。你现在已开始学习英文和英国文学，你从这里就可以获得所需要的资本。……你现在应该在像英国文学那样卓越的文学中抓住一个牢固的据点。……在英国文学中打下坚实基础，把精力集中在有价值的东西上面，把一切对你没有好处和对你不相宜的东西都抛开。①

爱克曼因自己能引发歌德说出这番话，感到很高兴，也很庆幸，并决心遵照歌德的教诲去做。

所谓"在卓越的文学中抓住一个牢固的据点"，就是"进入一个领域"，这对人文学科的研究者具有普遍意义。揣摩歌德的精神，所谓"在卓越的文学中抓住一个牢固的据点"，就是在自己从事的学科中，进入一个更为具体的历史领域，这一历史领域应当独立完整、长度适中、具有学术史上的重要性或"卓越性"。在人类学术文化史上，像亚里士多德、黑格尔、朱熹、王国维这样的集大成者，留下"包罗万象"著作体系的哲人和学人，可谓绝无仅有。现代学者无不都有自己的学术领域，以此建立学术基地，获得独特的学术身份。

（一）为什么要进入"一个领域"？

首先，这是"不得已之事"。学海无涯而人生有限。每一个现代学者只能在某一学科的某一领域发挥才智，做出贡献。钱锺书曾这样感慨："由于人类生命和智力的严峻局限，我们为方便起见，只能把研究领域圈得愈来愈窄，把专门学科分得愈来愈细。此外没有办法。所以，成为某一门学问的专家，虽在主观上是得意的事，而在客观上是不得已的事。"②如果读书时没有一定要达到的目地，也

---

① 爱克曼辑录：《歌德谈话录》，朱光潜译，人民文学出版社1978年版，第48—49页。
② 钱锺书：《七缀集》，上海古籍出版社1985年版，第133页。

没有一个方向和立足点,等于一个流浪的人,钱到手就花掉,纵然经手的钱不少,到头来还是两手空空,一无所获。

其次,为了更有效地进行学术探索。凡是值得思考的事情,前人都已经思考过了,我们必须做的是试图重新加以再思考而已。人文学科的每一个领域无不如此。面对前人留下的浩瀚文献和丰富积累,只有"进入一个领域",进入某一学科的某一领域,才可能从容梳理,系统研究,深入地再思考,从而贡献出自己的一得之见。

再次,与现代的学术专业化密切相关。"全才"的时代过去了,现代是一个"专家"的时代。马克斯•韦伯对有志"以学术为业"的人作过这样的告诫:"学术已达到了空前专业化的阶段,而且这种局面会一直延续下去。……只有严格的专业化能使学者在某一时刻,大概也是他一生中唯一的时刻,相信自己取得了一项真正能够传之久远的成就。今天,任何真正明确而有价值的成就,肯定也是一项专业成就。"①确如马克斯•韦伯所说,在这个高度专业化的时代,个人的研究无论怎么说,必定是极其不完美的。个人只有通过最彻底的专业化,才可能具备信心在知识领域取得一项真正完美的成就。

我国20世纪有杰出成就的人文学者,除极少数像王国维这样的学术通才,大都在"一个领域"中确立学术基地,获得学者身份,做出学术贡献。郭沫若是先秦古代史家,陈寅恪是隋唐史家,鲁迅是小说史家,吴梅是戏曲史家,冯友兰、劳思光是中国哲学史家,郭绍虞、罗根泽是中国批评史家,胡适、俞平伯是新红学家,夏承焘、唐奎璋是词学家。尽管许多学者"一专多能",但真正做出重大学术贡献,在学术史上占有一席之地的,无不是其进入而又深入的那个"专业领域"。中国古人说:"泛览无归,终身无得。得门而入,事半功倍";西方哲人说:"每个地方都去,等于哪里也不去。"其理如一。

(二)为什么要进入一个"历史领域"?

首先,"论从史出"。历史是理论的基础,理论是历史的诠释。缺乏系统深厚的历史素养,绝不可能产生创造性的理论洞见。关于历史与理论的辩证关系,车尔尼雪夫斯基曾有精辟阐述:"艺术史可以作为艺术理论的基础;……没有事物的历史也就没有事物的理论"②。虽然车尔尼雪夫斯基对黑格尔的美学观持批评

① 马克斯•韦伯:《学术与政治》,冯克利译,生活•读书•新知三联书店1998年版,第23页。

② 车尔尼雪夫斯基:《论亚理斯多德的〈诗学〉》,载《车尔尼雪夫斯基论文学》(中卷),辛未艾译,上海译文出版社1979年版,第181—182页。

态度,但他的这一看法,与黑格尔的"哲学就是哲学史"[①]的思想是完全一致的;中国现代美学家邓以蛰所谓"画史即画学"[②]的说法,则是黑格尔思想的另一种表述。概言之,只有先成为思想史家,才可能成为思想家。

美国学者厄尔·迈纳"原创诗学基于基础文类"的观点,与"论从史出",可谓异曲同工而更进一解。他在《比较诗学》一书中写道:

> 当一个或几个有洞察力的批评家根据当时最崇尚的文类来定义文学的本质和地位时,一种原创诗学就发展起来了。……揭开一个不甚大的秘密,西方诗学是亚里士多德根据戏剧定义文学而建立起来的,如果他当年是以荷马史诗和希腊抒情诗为基础,那么他的诗学可能就完全是另一番模样了。[③]

厄尔·迈纳的命题蕴涵丰富的学术意义。在此他明确告诉我们,一种诗学基于一种诗体,只有深入一种诗史,才可能理解一种诗学,也才可能创立一种诗学。

其次,历史蕴藏着未来。历史曾是无数前辈的"未来"的结晶,今人的未来潜藏在历史之中。西塞罗曾说:"如果你对你出生之前的事情一无所知,这就意味着,你永远是幼稚的人。"为什么?人类追求未来,为未来而奋斗。然而,"未来"者,尚未来到也,所以只能去询问历史。《管子·形势》曰:"疑今者察之古,不知来者视之往。万事之生也,异趣而同归,古今一也。"这段话深刻阐述了历史的"未来性"。确实,历史是无数"未来"的结晶:它是无数前辈理想的浓缩,是无数前辈智慧的结晶,是代代相传的文明的升华。割断了传统,失去了历史,我们将一无所有。因此,"历史是教育的核心",学习历史是人文学术的基础。"论从史出"的更深层的根源,正蕴藏于"历史的未来性"之中。

(三)怎样进入一个历史领域?

所谓"进入一个历史领域",就是在你从事的学科中,"抓住一个牢固的据点",建立一个学术基地。那么怎样进入一个历史领域?如何才算"抓住一个牢固的据点"?建立自己学术基地的要求和条件是什么?简言之,既要细读历史著作,达到"面"的把握;又要阅读学术原典,做到"点"的深入。张世英当年关于

---

① 黑格尔:"哲学史的研究就是哲学本身的研究,不会是别的。"(《哲学史讲演录》,第1卷,贺麟、王太庆译,商务印书馆1959年版,第34页。)

② 邓以蛰:"我们的理论,照我们前面所讲的那样,永远是和艺术发展相配合的;画史即画学,决无一句'无的放矢'的话。"(《邓以蛰全集》,安徽教育出版社1998年版,第360页。)

③ 厄尔·迈纳:《比较诗学》,王宇根、宋伟杰等译,中央编译出版社1998年版,第7-8页。

西哲史研究生"先打点基础"的建议,对人文学科研究生具有普遍的教益。①

关于学术入门者如何建立据点打好基础,有两种不同的看法:一种认为既要细读标准的历史著作,又要阅读序列的学术原典;一种则认为可以直接从阅读原典开始,历史著作无不带有史家的见解,会影响自己的看法。英国哲学家罗素就说,哲学史无用,研究哲学最好读哲学原著。当年我研修西方美学,正阅读朱光潜的《西方美学史》,我的老师就要我直接阅读朱光潜开列的"重要美学名著"。

其实,"面"与"点"是一个铜板的两面。"面"是"点"的前提,没有"面"就找不到"点",也难以达到对"点"的深入。因此,进入一个历史领域,首先应当细读几部历史,形成一个开阔的历史视野。罗素自己就写了一部影响很大的《西方哲学史》,而在写这部哲学史之前,他同样"读过一些标准的哲学史"②。据此,张世英当时给西哲史研究生开了两部哲学史。一部是美国学者弗兰克•梯利的《哲学史》,这部书文字浅显易懂,涉及的人物、学派比较全面,对各种思想流派的论述简明扼要。另一部是美国学者赫尔巴特•E.库西曼的《哲学史》,这部书的特点如作者所说,是"一本以地理与文学史和政治史为根据的哲学史",对许多哲学思想的来龙去脉都有论述,而且条理清楚,讲解通俗。

由于我们进入的历史领域各不相同,在阅读通史的基础上,还应进一步阅读第二个层次的历史,即断代史、学派史、分体史等等。这第二个层次的历史,更适宜作为我们的学术据点和学术基地。

在"面"的把握基础上,还须做到"点"的深入,即要系统阅读这一领域的学术原典。只读史著而不读原典,难以获得真切的历史感,难以领略学术真谛,也难以建立学术据点。这也是当年徐复观治学的"经验教训",他为此告诫后学:"我现在知道,不彻底读通并读熟几部大部头的古典,仅靠泛观博览,在学问上是不会立下根基的。"③张世英曾为西哲史研究生开列了10本"基本书目",包括柏拉图的《理想国》、亚里士多德的《形而上学》、笛卡尔的《哲学原理》、斯宾诺莎的《伦理学》、洛克的《人类理解论》、贝克莱的《人类知识原理》、休谟的《人类理解研究》、康德的《纯粹理性批判》和黑格尔的《小逻辑》。朱光潜《西方美学史》的"简要书目",开列了18位作者的20种著作,作为西方美学史研究的"基本训练",其中又

---

① 张世英:《谈谈哲学史的研究和论文写作》,载《怎样写学术论文》,北京大学出版社1981年版,第54页。

② 罗素:《西方哲学史》(上卷),何兆武、李约瑟译,商务印书馆1963年版,第6页。

③ 徐复观:《我的读书生活》,载《无惭尺布裹头归•生平》,九州出版社2014年版,第47页。

圈出4种最重要的书,即柏拉图《文艺对话集》、亚里士多德《诗学》、康德《判断力批判》和黑格尔《美学》。同样,中国哲学史和中国美学史、中国文学批评史和西方文艺理论史,以及中国史学和外国史学等等,各有各的作为基本训练的基本书目。这些著作已成为学界公认的学术通行证,是进入一个领域不可不读的经典。

此外,"进入一个领域"可以有两种方式:一是根据既定的专业,确定一个领域,点面结合,打下扎实的根基;二是以兴趣点为中心,由点及面,拓展成一个领域。对于刚刚起步、尚无学术准备的人,不妨采用前一种方式;对于有学术兴趣点和学术积累的人,则可以采用后一种方式。

二、抓住一位大家:突出学术重心,形成学术专长

所谓"抓住一位大家",就是在你进入的学术领域中,集中精力抓住一位学术大家,研究一位大家,从而突出学术重心,形成学术专长。这对哲学、美学、文艺学等理论性学科而言,尤为重要。在这些学科中,一部优秀的博士论文,往往是一家思想的研究;而对一家思想的研究,也是形成思想个性和学术个性的开端。

(一)为什么要抓住一位大家?

冯友兰所提出的"接着讲"的方法论原则,对于理解这一问题有极大的启示意义。关于"接着讲"问题,冯友兰在《论民族哲学》(1937)一文中作了具体的阐述。细绎原著,冯先生所谓"接着讲"的学术思想,至少包含三层意思。

首先,讲哲学都是接着"哲学史"讲的,即使一个哲学家完全不赞同以前的哲学,即使他所讲的哲学完全与以前的哲学不同,但他也不能离开哲学史来讲哲学。他的哲学对于以前的哲学必有批评,必有反对。

其次,他的哲学不能接着空泛的哲学史,而必须接着某一"民族的哲学史",他的哲学如接着某一民族的哲学史,他的哲学即可以是某一民族的民族哲学。

再次,所谓接着某民族的哲学史讲哲学,事实上即是接着某民族以前的"大哲学家"的哲学讲哲学。因为,某民族的大哲学家,往往是某民族的精神方面底领导者。"一个哲学家,接着以前底大哲学家的哲学讲哲学,其工作是旧日所谓'上继往圣,下开来学'。"[①]

简言之,哲学家的"接着讲",首先是接着哲学史讲,其次是接着民族的哲学

---

① 冯友兰:《论民族哲学》,载《南渡集》,生活·读书·新知三联书店,2007年版,第44—51页。

史讲,最终是接着民族的大哲学家讲。其实,哲学研究是如此,文学研究、史学研究、美学研究,一切人文学科的理论研究,何尝不是如此? 这也就是"为什么要抓住一位大家"的原因所在。

除了"接着讲"最终是"接着大家讲"这一基本原因之外,"抓住一位大家"尚有其他意义,概而言之,略有三点:一是向大家学习治学方法,掌握学术门径;二是从大家身上发现自我,形成学术个性;三是在大家身上体验学问境界,确立学术使命感。严羽曰:"学其上,仅得其中;学其中,斯为下矣。"学诗如此,学术同样如此。只有抓住一位大家,向一流大家看齐,才可能具有大家的眼光,确立大家的境界,做出一流的学问。

(二)如何选择一位大家?

英国诗人柯尔律治有句名言:"我们生来不是柏拉图派,就是亚里士多德派";英国哲学家怀特海也有句名言:"对欧洲哲学传统的最保险的一般定性莫过于:它不过是对柏拉图学说的一系列的注释。"这两句话前后相续而交相辉映,同时又深刻揭示了人文学术抓住一位大家的奥秘之所在。

美国思想家爱默生在著名的《哲学家柏拉图》一文的开篇,热情洋溢地写道:

> 在现世的著作中,只有柏拉图配得上欧玛尔对《古兰经》的狂热赞美:"把图书馆统统烧掉,因为它们的价值都在这一本书里。"柏拉图的著作包含了世界各国文化,它们是各个学派的基石,是各种文学的源泉。它们是逻辑、算术、趣味、对称、诗歌、语言、修辞、本体论、道德或者实用智慧方面的一种戒律。从来没有这样一种思辨范围。思想家们现在仍在撰写、争论的一切事物,都来自柏拉图。他给我们的创造性造成了极大的混乱。我们已经到了一座山前,所有这些碎石巨岩都是从那儿来的。两千二百年来,他的著作始终是学术界的"圣经",那些对每一代的难以驾驭的人循循善诱的活跃年轻人——波伊提乌、拉伯雷、伊拉斯谟、布鲁诺、洛克、卢梭、阿尔菲耶里、柯尔律治——都多少读过柏拉图,同时又十分聪明地把他书中的精华部分译成了本国语言。甚至更优秀的人物也由于追赶这位令人筋疲力尽的概括家而造成了自身的不幸,因此他们的伟大也不得不打一定的折扣。圣·奥古斯丁、哥白尼、牛顿、伯麦、斯维登堡、歌德,都同时受惠于他,同时也必须跟着他鹦鹉学舌,因为他们相信:这位最广阔的概括家所拥有的从他的论题中可推知的一

切细节都是合理的。①

柏拉图堪称西方文化史上的"第一大家",爱默生对其伟大成就和深远影响的激情叙述,又是对柯尔律治和怀特海两句名言的生动"注释"。

如果说在西方,人们生来不是柏拉图派,就是亚里士多德派;那么在中国,我们生来不是孔孟派,就是老庄派。近代以来,随着西学全面东进,康德、黑格尔、克罗齐、海德格尔等等,一直成为中国学者首要的研读对象。以20世纪中国哲学与美学为例,王国维、宗白华、李泽厚的学术生涯是从研读康德开始的;贺麟、邓以蛰、张世英的学术研究则更多地受到黑格尔的影响或从黑格尔起步的。

今天我们如何选择入门大家?人文学科的分支是多种多样的,文学、史学、哲学、美学、伦理学、宗教学等等。每个学科各有自己的学术传统和学术大家。因此,不同学科所选择的大家是各不相同的。不过,人文学科的各个领域又是彼此系连,交互映发,相互关联的。因此,衡量和选择学术大家的标准具有某种相通性。

大致说来,以下两点可供参考:一是具有学术原创性的"轴心期"思想家;二是具有学术集大成性的"终结期"的思想家。如果说德国哲学家雅斯贝尔斯的建议侧重于前者,那么台湾思想家韦政通的经验则侧重于后者。

雅斯贝尔斯倡导人们过一种"哲学式生活方式":"不要遗忘,而要在内心有所吸取;不要回避,而要在内心持之以恒;不要得过且过,而要自我澄明,这就是哲学式生活方式。"②一个青年要获得"哲学式生活方式",就需要进行系统的哲学训练,哲学训练则需要从研究大哲学家开始。针对选择的困惑,雅斯贝尔斯提出了这样的"建议":

> 青年人想必希望得到一个建议,即他应当选择哪位哲学家。但这种选择必须由每个人自己来做。人们只能向他做示范,提醒他注意。选择是本质性的抉择,它可能是经过摸索性尝试后做出的,也可能是经过多年后扩大了选择的范围之后做出的。尽管如此,建议还是有的。有一个由来已久的建议是,应当研究柏拉图与康德,以便认识所有实质性的东西。我同意这一建议。③

① 爱默生:《爱默生演讲录》,孙宜学译,中国人民大学出版社2004年版,第86页。

② 雅斯贝尔斯:《哲学导论》,载《哲学与信仰——雅斯贝尔斯哲学研究》,鲁路译,人民出版社2010年版,第349页。

③ 雅斯贝尔斯:《哲学导论》"附录",载《哲学与信仰——雅斯贝尔斯哲学研究》,鲁路译,人民出版社2010年版,第384页。

雅斯贝尔斯的"建议"有两点值得注意：一是强调自我选择的重要性。"选择是本质性的抉择"，与"吸引"有本质的区别："被有魅力的读物所吸引，则不是在做选择，如在叔本华与尼采那里就会这样。选择意味着调动一切可支配的手段来做研究。这意味着从哲学史的一次伟大现象中深入到全部哲学史中去。"①这对"选择"的本质性作了精辟阐释；二是从"轴心时代"的学说出发，特别强调具有学术原创性的"轴心期"思想家的重要性。在他看来，柏拉图达到了思想的顶峰，人们无法在思维中超过他。"研究柏拉图，就同研究康德一样，人们不是在学习固定不变的东西，而是在做亲身的哲学沉思。后来的思想家如何，就表现在他如何理解柏拉图之中。"②上述两点，对我们认识选择的意义和选择入门大家，极富启示意义。伟大的哲学家的著作传递着过去的问题和答案，因此始终保持着知识的有效性，也一再成为新一代哲学家反思的出发点。

韦政通是著名中国思想史家③，他的学术生涯是从荀子研究起家的，《荀子与古代哲学》是其学术奠基作。作为专攻中国思想史的学者，在先秦诸子中，他为什么不从孔孟老庄入手，而是选择后世争议颇多的荀子？韦政通是有自己的考虑的。

多年后，他回顾自己的学术经历时认为，一个青年若决心在学术方面求发展，选择一个重要的思想家，对他做全面而深入的研究，是必要的一个步骤。那么究竟应该选择哪一家？他认为："初步的选择，必须力求符合两点：第一要难；第二要繁。"④正是根据这一原则，他把荀子作为自己的入门对象和学术重心。首先，他认为在中国学术思想传统里，比较符合这两点的哲学家，古代有荀子，后代有朱熹。"他们都是百川归海式的哲学家，不但持载丰富，思考面广，且有独特的方法和系统。"⑤所谓"百川归海"、"持载丰富"，就是集大成者。其次，"一个哲学家地位的树立，主要在能把前人的思想予以新的综合，同时经由批判或转化的过

---

① 雅斯贝尔斯：《哲学导论》"附录"，载《哲学与信仰——雅斯贝尔斯哲学研究》，鲁路译，人民出版社2010年版，第384—385页。

② 雅斯贝尔斯：《哲学导论》"附录"，载《哲学与信仰——雅斯贝尔斯哲学研究》，鲁路译，人民出版社2010年版，第372页。

③ 韦政通(1927—)，江苏镇江人，当代著名思想家、思想史家，著有《荀子与古代哲学》、《中国思想史》、《中国十九世纪思想史》、《中国哲学辞典》、《中国的智慧》、《中国哲学思想批判》、《传统的更新》、《伦理思想的突破》、《知识分子的责任》、《儒家与现代中国》等近四十部著作。

④ 韦政通：《荀子在思想史上的地位及其影响》，载《传统与现代之间》，中华书局2011年版，第38页。

⑤ 韦政通：《荀子在思想史上的地位及其影响》，载《传统与现代之间》，中华书局2011年版，第38页。

程,发展出自己的创见和独特的系统。"①从这个意义上,在先秦七子中,荀子和孟子都是重要的代表。不过在思想的来源上,孟子比较单纯,荀子就复杂得多。因此,只要能对荀子加以彻底的研究,就能一步步地走向哲学史和思想史的全体。再次,一个难以理解的思想系统,最能切实磨炼研究者的理解能力。重要的哲学家了解起来几乎没有不难的,但重要与繁重之间却不一定成正比,对初次从事研究工作的人,应该"宁繁毋略",繁重的工作最足以训练我们的耐心和决心。

据说,在哈佛,博士资格考试的压轴难题,是要学生列举一串本学科最具权威的精神导师,精要地作比较批评,进而对学科的发展前景和突破方向提出自己的见解。而具有学术原创性的"轴心期"思想家和具有学术集大成性的"终结期"的思想家,正是每一学科领域中最具权威性的精神导师。

(三)如何抓住一位大家?

要真正抓住一位大家,就要细心阅读这位大家的全部著述。如何读?一读全集,二读评传,三读学术自述②。

如何读全集?据我的经验,先做论著编年,以见出学术思想的发展过程;再做论著类编,以见出学术探索的不同领域;然后在阅读全集的基础上精读代表作,以把握大家学术思想的核心之所在。如果说论著编年是历时性阅读,论著类编是共时性阅读,那么在此基础上精读代表作,就可能由面到点准确把握学者的理论核心和思想精髓。说出一个不甚大的秘密,朱光潜一生坚守的美学观,蕴涵在《文艺心理学》的"什么是美"这一章中;宗白华一生的美学思想,浓缩在三易其稿的《中国艺术意境之诞生》一文中;1933年发表的《中国文学小史序论》,是钱锺书文学思想的秘密诞生地;1962年发表的《美学三题议》,则是李泽厚哲学美学万变不离其宗的起始点。

欲知其文,不知其人,可乎?要读通全集,必须阅读学者的学术评传。读评传不是读那种轻松而有魅力的逸闻趣事,而是读忠实原著严肃认真的"学术评传"。英国学者W.D.罗斯的《亚里士多德》就是这样的一本理想的学术评传。作者严格根据亚里士多德的著作忠实地论述他的哲学特点,读者不仅可以从中了

① 韦政通:《荀子在思想史上的地位及其影响》,载《传统与现代之间》,中华书局2011年版,第39页。

② 鲁迅《读书杂谈》谈及"抓住一位文学家"的方法:"倘要看看文艺作品呢,则先看几种名家的选本,从中觉得谁的作品自己最爱看,然后再看这一个作者的专集,然后再从文学史上看看他在史上的位置;倘要知道得更详细,就看一两本这个人的传记,那便可以大略了解了。"(《鲁迅全集》,第3卷,人民文学出版社2005年版,第461页.)可见,无论抓住一位"大思想家",还是抓住一位"大文学家",读全集、读评传或史评、读学术自述都是最基本的学术途径。

解亚里士多德思想形成的背景，而且可以获得亚里士多德思想的全貌。

此外，必须细读学者的学术自述。从王国维的《三十自序》到冯友兰的《三松堂自述》，从朱光潜的《从我怎样学国文说起》到王元化的《读黑格尔的思想历程》等系列自述论文，无不细述了学者们的学术渊源、学术动机、学术思想的形成发展以及学术追求和学术理想。意图不等于结果，自述不等于学术。但学者们基于深刻反思的学术自述，对理解他们的学术思想，无疑具有最直接的帮助。其中，最为值得重视的是学术动机的阐述。作家有创作动机，学者有学术动机。没有动机就没有行动，更不会有持续的学术追求。因此，从学术动机和学术情结的追问入手，从发生学角度揭示学术体系和学术思想形成的主体动因，是学术研究中不可或缺的视角和方法。

三、精读一部经典：训练学术思维，发现学术问题

经典是学术的起点。走向学者之路，就是叩问经典之旅。在进入一个领域、抓住一位大家的基础上，应集中全副精力，精读一部经典。唐代史学家刘知几就是通过精读《春秋》奠定其学问根基的："父兄欲令博观义疏，精此一经。"（《史通·自叙》）而"精此一经"，正是中国自汉代以来确立的学术传统。汉代的所谓"五经博士"，就是"精此一经，传授一经"。

读透一部经典，成就一门学问。一个有成就的学者，无不始于精读一部经典，而后由此登堂入室。青年王国维曾四读康德《纯粹理性批判》，中年王元化曾三读黑格尔《小逻辑》，朱光潜美学始于精读克罗齐的《美学原理》，宗白华艺术学始于钻研玛克斯·德索的《美学与艺术理论》，孙康宜欧美文学研究受惠于"细读"《圣经》，韦政通中国思想史研究得力于"苦读"《荀子》。

（一）何谓精读"一部经典"？

精读一部经典，并非只读一部经典。我们不会忘记在《基度山伯爵》中，大仲马借法利亚长老对邓蒂斯说的一段话："在我罗马的书房里，我将近有五千本书。但把它们读了许多遍后，我发现，一个人只要有一百五十本精选过的书，对人类一切知识都可以齐备了，至少是够用或把应该所知道的都知道了。"[1]这虽是小说人物的话，却不是"小说家言"。一个人真的精读了"一百五十本精选过的

---

① 大仲马：《基督山伯爵》（一），人民文学出版社1979年版，第185页。

书",就完全可以成为一个像法利亚长老那样渊博的学者。成为一个渊博的学者这是一生的事,而对"走向学者之路"的初学者来说,必须从精读一部经典开始。

所谓"一部经典",应是怎样的"一部经典"? 它至少包含三层意思:一是指某一学科领域中的奠基性著作;二是指作为研究重点的那位大家的经典之作;三是指跨学科相邻专业的经典著作。学科领域中的奠基之作,往往凝聚着几代学人的学术智慧;一位大家的经典之作,无不是其毕生心血的学术结晶;跨学科的学术经典,可以成为促进原创思想的"支援意识"。在进入一个领域、抓住一位大家的基础上,就应当精读这样的一部经典。

(二)为什么要精读一部经典?

精读"一部经典"的意义何在? 一言以蔽之,读透一部经典,成就一门学问。宋代学者郑樵有"人守其学,学守其书"之说,其《通志》有曰:"学之不专者,为书之不明也。书之不明者,为类例之不分也。有专门之书,则有专门之学;有专门之学,则有世守之能。人守其学,学守其书,书守其类。"这段话内涵丰富,而所谓"人守其学,学守其书",换言之,就是"读透一部经典,成就一门学问"。雅斯贝尔斯对此曾有精辟的阐述:"一部伟大著作包括了一切,研究一部著作,就是在研究哲学的整个王国。深入地研究一部高水平的毕生之作,我就获得了一个中心点,借此澄清各个方面。研究这部著作,会联系起一切。"[①]经典的这种涵盖性和辐射性,是"读透一部经典,成就一门学问"的根本所在。

具体地说,精读经典的意义主要表现在以下几个方面。

首先,思维训练的有效途径。研究生培养、尤其是博士生培养,最根本的是原创能力的培养。培养原创能力的途径,不是在他的学术生涯中使之成为一个对几件事情知道很多的"学者",而使他在学术个性的形成期具备广阔的视野和深邃的探究能力。然而,我们只能"在哲学中学习哲学,在思维中训练思维";换言之,精读有深度、浓度与涵盖广的经典巨著,对经典的思想意义作深入的研读与探讨,是训练原创性思维的最有效的途径。王元化回忆自己"读黑格尔的思想历程"时坦承:"如果说我也有一些较严格的哲学锻炼,那就是几次认真阅读黑格尔《小逻辑》为我打下了基础。"[②]

其次,发现自己的学术问题。精读经典是训练原创能力的有效途径,而培育

---

① 雅斯贝尔斯:《哲学导论》"附录",载《哲学与信仰——雅斯贝尔斯哲学研究》,鲁路译,人民出版社2010年版,第384页。

② 王元化:《九十年代反思录》,上海古籍出版社2000年版,第221页。

原创能力的目的就在于发现原创性的学术问题。歌德说得好:"真正的艺术品包含着自己的美学理论,并提出了让人们藉以判断其优劣的标准。"①确实,西方诗学是亚里士多德根据戏剧定义文学而建立起来的,而亚里士多德的《诗学》又是根据索福克勒斯的《俄狄浦斯王》这一本原性范例建立起来的。不朽的学术经典的精神意义,如同伟大的艺术作品一样无穷无尽。作品中所包含的内容远比作者本人所了解的还多。虽然说在任何一种深刻的思想中都有思想者无可忽略的结论,但在伟大的学术经典中,蕴涵着无穷无尽的内容,它就是完整性本身。因此,你只要朝着他指引的方向钻研下去,绝对不会空手而归。

孙康宜细读麦尔维尔的《白鲸》,发掘出被前人忽略的独特内涵,即不是讨论"亚哈为何把一个捕鲸之旅转为个人的复仇之旅的心理因素和前因后果",而是"把解读该小说的重点放在流浪者以实马利的个人救赎上",从而完成了一篇见解独到的学士论文。韦政通苦读《荀子》,则有"四大获益",并奠定了自己的学术基础:"(1)培养了我阅读古书的能力。(2)使我知道如何做注疏的工作,并真正了解注疏体的功能与缺陷。(3)使我注意到近人整理诸子的方法。(4)使我以荀子为中心,去通过先秦各家的思想;并把荀子的思想和各家相关的部分一一较量②。"从《荀子与古代哲学》到《先秦七大哲学家研究》再到《中国思想史》,韦政通的学术旅程,为"读透一部经典,成就一门学问"提供了一个最生动的实例。

再次,形成自己的学术个性。如果说作家的创作个性是在创造实践中逐渐形成的,那么学者的学术个性则是在阅读、思考、研究中逐渐形成的。经典阅读往往是一个起始点。面对一个思想个性鲜明而学术成就卓著的学者,人们常常问这样一个问题:"对你一生所从事的事业影响最大的是哪几部书?"一个学者的精神大厦是由一系列被他读透的学术经典建造起来的;一个学者的学术个性也是由其浸润其中的学术经典熏陶而成的。一般地说,第一部精读的经典具有特殊的意义,它会像一块"磁石",不断吸引相关的著作,从而建构学者的知识结构,形成学者的学术个性和学术专长。

(三)如何精读一部经典?

如何精读经典?一要"比慢",二要"细读"。"比慢精神"是林毓生先生提出来的。针对近年来学界"才子太多"、"文化明星"太多的喧闹现象,林先生认为,中

① 约翰·格罗斯:《牛津格言集》,王怡宁译,汉语大词典出版社1991年版,第394页。

② 韦政通:《我怎样研究荀子——兼谈整理诸子的方法》,载《荀子与古代哲学》,台湾商务印书馆1966年版,第285页。

国人文建设要想取得切实的进展，必须提倡一种"比慢精神"："比慢不是比懒，是在心情不受外界干扰的情况下，用适合自己的速度，走自己所要走的路……'比慢精神'是成就感与真正的虚心辩证地交融以后所得到的一种精神。"①林毓生倡导的"比慢精神"，与古代学者崇尚的"居敬状态"是根本一致的。宋人黄勉斋论朱熹治学有曰："其为学也，穷理以致其知，反躬以践其实，居敬者所以成始成终也"；其实，这种"居敬状态"也正是朱熹自己所强调的。朱熹说："致知不以敬，则昏惑纷扰，无以察义理之归；躬行不以敬，则怠惰放肆，无以致义理之实。持敬之方，莫先主一。"②在朱熹看来，"敬"是贯彻于道德活动与求知活动中的共同的精神状态。而求知活动中的"居敬"状态，就是要以科学态度尊重研究对象，对研究对象做客观的认定，并随着对象的转折而转折，随着其思想的展开而展开，以穷究其自身所包涵的全部复杂性。就经典的阅读来说，首先就是要"按照作者写的原样去阅读这些著作"。

如果说，王国维四年四读康德《纯粹理性批判》是"比慢精神"和"居敬状态"在中国学者中的典型一例；那么，卢梭的阅读态度可以说是此种精神状态在西方学者中的生动体现。卢梭说："我每读一个作者的著作时，就拿定主意，完全接受并遵从作者本人的思想，既不掺入我自己的或他人的见解，也不和作者争论。我这样想：'先在我的头脑中储存一些思想，不管是正确的还是错误的，只要论点明确就行，等我的头脑里已经装得相当满以后，再加以比较和选择。'"③事实证明，这一方法极为有效。几年以后，卢梭不仅储备了丰富的学识，而且足以使他独立思考而无需求助于他人了。

如果以傲慢的态度和挑剔的眼光对待经典，可能读书终身而毫无长进。青年徐复观曾经熊十力"起死回生的一骂"而幡然醒悟。抗战期间，徐复观有一次穿着军服到北碚金刚碑勉仁书院见熊十力，请教应该读什么书。熊十力教他读王船山的《读通鉴论》，他说早年已经读过了，老先生以不高兴的神气说："你并没有读懂，应当再读。"过了些时候再去见他，说《读通鉴论》已经读完了。熊十力问："有些什么心得？"徐复观接二连三地说出了许多不同意的地方。熊十力没有听完便怒声斥骂说："你这个东西，怎么会读得进书！任何书的内容，都是有好的地方，也有坏的地方。你为什么不先看出它的好的地方，却专门去挑坏的；这样

---

① 林毓生：《中国传统的创造性转化》（增订本），生活•读书•新知三联书店2011年版，第33页。

② 王懋竑：《朱熹年谱》，中华书局1998年版，第517页。

③ 卢梭：《忏悔录》，第1卷，黎星译，商务印书馆1986年版，第295页。

读书，就是读了百部千部，你会受到书的什么益处？读书是要先看出它的好处，再批评它的坏处，这才像吃东西一样，经过消化而摄取了营养。譬如《读通鉴论》，某一段该是多么有意义；又如某一段，理解是如何深刻。你记得吗？你这样读书，真太没有出息！"这一骂，骂得这个自以为是的陆军少将目瞪口呆。回想起这段经历，徐复观深有感触地说："这对于我是起死回生的一骂。恐怕对于一切聪明自负但并没有走进学问之门的青年人、中年人、老年人，都是起死回生的一骂！"①阅读经典而缺乏敬畏之心，定会以小聪明耽误一生。

"比慢"是为了"细读"。英国哲学家洛克说得好："最睿智的读者往往是最精细的读者。"②如何"细读"？如何对学术经典作学术性细读？一是要仔细剖析文本的微观结构，二是进而对文本作多维的宏观考察。

只有剖析了著作的思维结构，才能把握经典的思想精髓。一个思想家的思想，犹如一个文学家的文章，必定有其依循主题所展开的结构。读者只有把握到了他的结构，才可能把握到他的思想。因此所谓"细读"，就须仔细地读，一字一字地读，一句一句地读，分清段落，理清线索，最终把握著者思想的运行，把握著作思维的结构。

值得注意的是，西方著作的显性结构与中国著作的隐形结构明显不同，因而研读时也有难易之别。徐复观先生根据自己的学术经验，对此作过精彩的比较分析。他指出，西方思想家以思辨为主，思辨的本身必须形成一个逻辑的结构，其著作的展开即是其思想的展开，这就使读者较为容易把握。与之相反，中国的思想家很少有意识地以有组织的文章结构来表达他们思想的结构，常常是把他们的中心论点分散在许多文字单元之中。如果说前者是"理论真理"，那么后者则是"事实真理"。当然，中国的思想家系出自内外生活的经验，因而具体性多于抽象性；而当生活体验经过了反省与提炼而将其说出时，也必然会显现出一种合于逻辑的结构。这也可以说是"事实真理"与"理论真理"的一致点和接合点。"但这种结构，在中国的思想家中都是以潜伏的状态而存在。因此，把中国思想家的这种潜伏着的结构如实地显现出来，这便是今日研究思想史者的任务，也是较之研究西方思想史更为困难的任务"③；因此之故，研读中国古代学术经典，也是较之研读西方学术经典更为困难。

---

① 徐复观：《我的读书生活》，载《无惭尺布裹头归·生平》，九州出版社2014年版，第51页。

② 洛克：《人类理解论》，关文运译，商务印书馆1997年版，第11页。

③ 徐复观：《中国思想史论集》，上海书店出版社2004年版，第2页。

在剖析了文本的微观结构，把握了经典的理论内涵之后，还应对经典作多角度的宏观考察。具体地说，有三个基本角度：一是渊源探寻，即探寻经典产生的学术背景和思想资源；二是历史考察，即考察经典在同一文化传统中的传播与影响；三是文化比较，即比较经典在异质文化传统中的异同关系。而文本解读、渊源探寻、历史考察和文化比较，正构成了经典细读的四个角度或经典研究的四维结构。以《文心雕龙》研究为例，如果说牟世金的《文心雕龙研究》（人民文学出版社1995年）是"文本解读"，吕武志的《魏晋文论与文心雕龙》（台北乐学书局2006年）是"渊源探寻"，张少康主编的《文心雕龙研究史》（北京大学出版社2001年）是"历史考察"，那么王元化的《文心雕龙创作论》（上海古籍出版社1979年）则颇有"文化比较"的意味了。由此可见，只要创造性地遵循经典细读的四条思路，不仅可以训练学术思维，发现学术问题，而且确实可以形成学术个性，成就一门学问。

四、钻透一个问题：形成学术课题，力求学术创新

一个真正的学术论题诞生之时，便是一个初步的学术个性形成之日。这个学术论题应当源自于你进入的一个学术领域、你抓住的一位学术大家、你精读的一部学术经典。这样的问题便是一个有深厚学术基础的问题，也可能是一个足以开出一个新领域的学术课题。

（一）为什么要"钻透一个问题"？

这首先是"教"与"学"的需要。对导师来说，研究生的学术训练必须从"钻透一个问题"入手；对于学生来说，一篇学位论文就是对一个学术问题的研究和回答。没有提问，就没有学问。谁想思考，谁就必须提问。然而，提问谈何容易？事实上，提出问题比答复问题更困难。无论是硕士还是博士，入学最初常常处于"没有问题"的烦恼之中。在此种情况下，只有耐下心来，按照"进入一个领域、抓住一位大家、精读一部经典"的学术步骤，一步一个脚印，自然会水到渠成地"提出一个问题"。

学生的学术训练须从一个问题入手，学者的终生学问往往以一个问题为中心，这是"钻透一个问题"更深层的意义。欧阳子评论白先勇的小说，认为整部《台北人》讲的都是"时间"——过去与现在。白先勇表示赞同："其实，我从开始写作起至现在，也许就只讲了那么一点"；并进而发挥道："一个作家，一辈子写

了许多书,其实也只在重复自己的两三句话,如果能以各种角度,不同技巧,把这两三句话说好,那就没白写了。"①其实,莫言也曾提出"一个作家一辈子只能干一件事"②的观点,他与白先勇的"一个作家一辈子只在重复两三句话"的说法,可谓相视而笑,莫逆于心。

如果说一个作家一辈子只重复自己的"两三句话",那么一个哲学家一生往往只能说出"一个主题";二者差别或许仅仅在于,前者是感性生命的文学化,后者是理性生命的理论化。柏格森在《哲学直觉》中说:"每个伟大的哲学家只能说出一个主题,而且通常只是努力表达它而已。这个最重要的主题总是十分简单的,但哲学家一直只在它周围环绕,并用各种繁复的结构来遮掩它,最终不能使它昭明,因此,得等待他的读者和评论家来完成这个艰辛的任务。"③这是有根据的。以西方美学为例,"诗比历史更富于哲学意味"是亚里士多德说出的一个主题,"美是形式的自由直观"是康德说出的一个主题,"美是理念的感性显现"是黑格尔说出的一个主题,"艺术是有意味的形式"是克乃夫·贝尔说出的一个主题,"艺术是人类情感的符号形式的创造"是苏珊·朗格说出的一个主题。黑格尔三卷本《美学》巨著,就是环绕"美是理念的感性显现"这一主题展开的理论体系。刘勰有曰:"论也者,弥纶群言,而研精一理者也。"(《文心雕龙·论说》)所谓论,就是综合各家之说,精密地研究一个道理的论文或论著。刘勰的"研精一理"与柏格森的"一个主题",可以互为补充,互为证明。

其实,学术的进步和发展,正是通过学者们的"研精一理"、由一个个有价值的学术问题一步步推进的。林毓生说:"科学的发展主要是依靠在进行研究时,是否能产生正确的、蕴涵或导引未来可获新发现的问题。科学的发展必须依据正确、有效、比较有启发性的方向;易言之,即必须具有正确的、尖锐的想象力的问题。"④通过毕生的努力,能以自己提出和解决的问题在学术史上留下一个脚印,这是一个学者最高的荣誉。

由此看来,"钻透一个问题",既可能是你作为学生的学术起点,也可能是你作为推动学术发展、有成就的学者的学术归宿。这一切取决于你所提出的一个问题的力度,也取决于你所钻透的一个问题的深度。

---

① 白先勇:《树犹如此》,广西师范大学出版社2011年版,第393页。

② 莫言:《作家一辈子干的一件事——在京都大学的演讲》(1999),载《恐惧与希望:演讲创作集》,海天出版社2007年版,第15页。

③ 拉·克拉科夫斯基:《柏格森》,牟斌译,中国社会科学出版社1991年版,第6—7页。

④ 林毓生:《中国传统的创造性转化》(增订本),生活·读书·新知三联书店2011年版,第541页。

（二）发现学术问题的途径

问题是学术的中心。问题的出现开启了被问东西的存在，而问题的决定则是通向知识之路。因此，问题的价值决定着学术成果的价值。如何提出有价值的学术问题？这不仅对刚刚进入学术领域的研究生是个困难问题，对一个长期从事学术研究的成熟学者也并非轻而易举。不过无论是学生还是学者，真正有价值的学术论题，不可能来自个人的闭门苦思，也不可能指望别人的指点口授，而是源于你对特定的学术领域的长期关注和系统研究，源于你潜心研究和长期积累后的学术领悟和学术发现。对于研究生来说，要想提出有价值的学术问题，在遵循上述学术步骤的同时，尚有两点必须注意：一是提问的主体应有必要的学术准备；二是问题的发现具有一定的学术途径。

首先，提问主体应有必要的学术准备。学术问题的价值源于你对学科深入的程度，没有深厚的学术基础和特定的学术准备，是不可能提出学术问题的。初学者常常陷入"没有问题"的烦恼，其原因也就在于此。正如蔡元培先生所说："学问是各种有系统的知识；研究学问，是接受一种有系统的知识，而窥破他尚不足或不确的点，专心研求，要有一种新发明或新发见，来补充他，来改正他。所以，不能接受一种有系统的知识及与有关系的知识，不能谈研究。已接受一种有系统的知识，而不尽力于新发明或新发见，也就不是研究。"①而从进入学术领域到形成学术新见，大致要经历如下四步：一是理解掌握经典的理论知识；二是修正完善前人的理论观点；三是发现提出新颖独到的理论见解；四是创立建构自成一家的理论体系。在这四步之中，"理解掌握经典的理论知识"的第一步，最为重要。缺乏深厚广博的"经典常识"，你所提出的问题可能就根本不是"学术问题"，而是你自己的"常识问题"。当下学界常见的"重复研究"和"学术垃圾"，研究者缺乏"经典常识"是重要原因之一。

其次，学术问题的发现有一定的学术途径。从前人的学术经验看，发现学术问题的途径大致有四条。

一是在经典细读中发现问题。孙康宜的"叩问经典的学旅"，为我们提供了一个生动的实例。她的导师 Anne Cochran 的治学原则，对我们同样有极大的教益："你要养成细读的习惯，就会终身受用不尽。只有通过细读，你才可能在一本书中找出从前人没看出来的意义。细读是一种纯属个人的阅读经验，是你自己找寻思考人生意义的好机会。凡是通过细读而获得的灵感是属于你自己的财

①《蔡元培选集》（上卷），浙江教育出版社1993年版，第683—684页。

产，是别人偷不去的。"①确实，作为心灵的智慧和学术的灵感，你所真正发现的，不是别人给你介绍和提供的，而是你在经典的慢读细思中悟到的。一个人读了书而头脑中没有问题，这是书还没有读进去；读后头脑中有了问题，这表明真正叩开了书的门。

二是在学术热点中发现问题。当年，青年李泽厚之所以能在美学界脱颖而出，其美学观能与朱光潜、蔡仪鼎足而三，与当时"美学大讨论"提供的学术机遇密不可分。李泽厚自述："走进这个领域的盲目性似乎不太多：自己从小喜欢文学；中学时代对心理学、哲学又有浓厚兴趣；刚入大学时候就读了好些美学书，并且积累了某种看法。所以一九五六年遇上美学讨论，也就很自然地参加了进去。"②机遇给了有准备的人，有准备的人抓住了机遇，又抓准了问题，成功就不言而喻了。无论哪一个学术领域，每个时期都有自己的学术热点。你若能潜心深入这些学术热点，可以引发你的学术兴趣，激活你的学术思考，最终发现属于你自己的学术问题。

三是在相互照明中发现问题。这是钱锺书著作的学术魅力之所在，也是钱锺书发现学术问题的方法论启示之所在。从《谈艺录》、《管锥编》到《七缀集》，钱锺书无不在中西文化的"相互照明"中发现问题，在"相互照明"中阐释问题，从而使他的著作成为一面瑰丽无比的"一座中国式的魔镜"③。比较，唯有比较，才是学术研究的生命。比较既是学术评价的不二法门，也是学术发现的强大动力。巴赫金说得好："在文化领域中，外位性是理解的最强大的推动力。一种文化只有在他种文化的视野中才能较为充分和深刻地揭示自己。"④当我们思考学术问题时，在时间上、空间上、文化上保持一种外位性，对深入的学术理解和独到的学术发现都是不可或缺的。这也是研究中国文化时虽不能以西学为坐标，但必须以西学为参照的原因之所在。

四是在自我人生体验中发现问题。人文学科的问题说到底无不是人生问题。文学是人学，哲学、美学、历史学同样是人学。你的体验只要是源自生命本身的体验，就是天下人的体验；你的问题只要是发乎灵魂深处的问题，就是天下人的问题。换言之，当你从人类的角度抒写自己的痛苦时，你就是诗人了；当你

---

① 孙康宜：《文学经典的挑战》，百花洲文艺出版社2002年版，第5页。

② 李泽厚：《走我自己的路》，生活·读书·新知三联书店1986年版，第17页。

③ 参阅莫妮卡：《〈管锥编〉：一座中国式的魔镜》，载《钱锺书研究》（第二辑），文化艺术出版社1990年版，第91—104页。

④ 巴赫金：《文本、对话与人文》，白春仁等译，河北教育出版社1998年版，第370页。

从人类的角度反思自己的困惑时,你就是哲人了。英国著名传记作家鲍斯维尔说:"我最喜欢谈论的题材是我自己。"这句话在人文学科研究中是有普遍意义的。在人文学术的研究中,客观的科学精神和主观的生命体验难以绝然二分;相反,研究者的生命体验往往会深化对研究对象的理解和发现。诚如邓晓芒所说:"我钻入了自己的德国古典哲学专业,但我并没有忘记自己的生活体验和文学经验,而是用这些体验来深入理解康德黑格尔等等思想大家们的心灵。很幸运,这些德国哲人的心灵正好也饱含着人生体验,常常能够与我的体验有灵犀相通。"[①]随着学术年龄和人生历练的增加,人生体验对学术研究的影响会越来越大。

(三)钻透学术问题的要求

发现学术问题是进入学术研究的基础,钻透学术问题则是取得学术成果的关键。如何"钻透"一个学术问题?如何使一个抽象的问题获得丰满的血肉,获得清晰的思路,得到深入具体的解答?不妨提出四点建议。

其一,追问问题的学术价值。当你发现了自己的学术问题之后,不要匆忙着手,下笔千言,而应当冷静地追问一下问题的学术价值。追问是一种科学态度,只有通过冷静的追问,确认了问题的正当性和经典性,研究才不致徒费精力。论题的追问可以从多方面着眼:如,这个问题是真问题还是假问题?是新问题还是老问题?是深问题还是浅问题?是前沿性问题还是淘汰的问题?在上述四问中,确认"真问题"还是"假问题"是最为重要的。在学术研究中,被假问题所误的现象并不少见,尽管这在学术研究中难以避免,但在研究生的学术训练中必须避免。在学术追问过程中,离不开"导师"的指导,而对学术论题作出严格的学术判断和学术检验,正是研究生导师承担的主要职责之一。

其二,确定论题的适当范围。如果说追问问题的学术价值是质的考虑,以确认问题的经典性;那么确定论题的适当范围则是量的规定,使论题具有可操作性。对于一篇学位论文来说,宁可"小题大做",切忌"大题小做"。法国文学史家朗松的告诫值得记取:"毫无疑问,得到最可靠的成果的是范围最狭小的问题。问题的概括性越强,成果的可靠性就随之而越弱。"[②]"小题大做"可能有两种情况。一是所确定的论题就是一个具体明确的"小题目"。于是,把材料搞得扎扎实实,把问题想得清清楚楚,集中精力作深度开掘,力求在个别中发现普遍意义,

---

① 邓晓芒:《文学与文化三论》,湖北人民出版社2005年版,第2页。

② 昂利·拜尔编:《方法、批评及文学史——朗松文论选》,徐继曾译,中国社会科学出版社1992年版,第31页。

在具体中探寻理论价值,以收"小中见大"之功。二是有一个较为成熟的学术构想,然后从中选取一个问题或个案做深入研究。这可以说是一种"由点及面"的学术策略。而在研究过程中同样要作深度开掘,最终达到"点面俱深"之效。

其三,梳理问题的研究历史。所谓梳理问题的历史,亦即章学诚所说的"辨章学术,考镜源流",它包括考察问题的源起和发展,辨章各家观点的利弊得失,总结已有成果和存在问题等等。生命的一次性决定了文化的重叠性,百年人生的有限性又决定了人生问题的有限性。如果说五千年文学史是百年人生情怀的咏叹史,那么五千年哲学史则是百年人生问题的反思史。人文学科的所有问题,五千年来早已被无数前人思考过了,我们所要做的只是重新加以再思考而已,即从当下现实出发的重新再思考。从"钻透"问题的角度看,梳理学术史至少有三方面意义:一是在问题史的梳理中深化对论题的思考;二是在问题史的梳理中获得资料线索和提问角度;三是在问题史的梳理中酝酿论文的逻辑结构。一言以蔽之,考镜学术史,可以使我们站在巨人的肩膀上,总结前人经验,吸取思想精华,继续学术的攀登。

其四,拓展问题的学术基础。梳理学术史是为了获得"钻透"问题的历史语境,拓展学术基础则是为了获得"钻透"问题的"支援意识"。英国哲学家博兰尼把人的意识区分为明显自知的"集中意识"和无法明言的"支援意识"两部分。他指出,人的创造性活动是这两种意识相互激荡的过程;在这过程中,"支援意识"所发生的作用更为重要。博兰尼说:"在支援意识中可以意会而不能言传的知的能力是头脑的基本力量。"[①]为"钻透"问题而拓展学术基础,就在于以外位性的"支援意识"激活和深化本位性的"集中意识",在广阔的学术背景中深化对问题的思考。具体地说,拓展问题的学术基础主要有两个方面:一是拓展问题的理论基础,获得理解阐释的多样角度;二是拓展问题的实践基础,获得理论创新的经验前提。这里再次证明"专"与"博"不可偏废,视野狭隘,既不可能钻透问题,更不可能有创造性思维。

---

① 博兰尼:《个人知识》,许泽民译,贵州人民出版社2000年版;参阅林毓生:《中国传统的创造性转化》(增订本),生活·读书·新知三联书店2011年版,第340页。

五、形成双重能力：思辨能力与写作能力

缜密的思辨能力和娴熟的写作能力，是一个人文学者的基本功力，也是一个人文学者的标志。走向学者之路的终极目标，不只是完成一篇学位论文，而应通过一步步的学术训练，形成思辨和写作的双重能力，成为一个有学术个性的成熟学者。

（一）学术思辨与体系建构

从学术传统看，中西学者的学术思维有明显差异。借用王国维话说："抑我国人之特质，实际的也，通俗的也；西洋人特质，思辨的也，科学的也，长于抽象而精于分类，对世界一切有形无形之事物，无往而不用综括及分析之二法。"[①]西方学者的"长于抽象而精于分类"与中国学者的实用理性和诗性表达形成鲜明对照。中国学术从传统走向现代的重要标志之一，就是强调学术概念的明晰性和学术思维的逻辑性。

思辨与表达须臾不可分离。但是，只有想得透彻才能写得明白，透彻的思辨先于明白的表达。恰如布瓦洛所说："你心里想得透彻，你的话自然明白，表达意思的词语自然会信手拈来。"[②]所谓思辨能力，就是熟练地运用理论语言，有序地、合乎逻辑地、层层深入地思考问题，以形成思想系统和理论体系的能力。对于一个成熟的学者来说，思辨能力主要表现在两个方面：一是阐释学术问题的能力；二是建构理论体系的能力。

不同学者在阐释学术问题时，既遵循普遍的逻辑规律，又形成各自的思维习惯和思维个性。例如，著名哲学家陈康把他的"哲学方法"概括为"六个步骤"：（1）叙述现象，（2）陈述问题，（3）讨论问题，（4）检讨假设，（5）尝试解答问题，（6）进一步的探讨。然后，结合具体论文逐一说明六个步骤的特点和关联。他进而强调："哲学思考中的主要成分是现象、问题、讨论、解答。现象是问题的泉源，问题的讨论和解答是论证。因此，问题是哲学的中心，论证是哲学的精髓。我们所要学者在此。学哲学的人必须训练自己怎样分析现象，怎样陈述问题，怎样讨论

---

① 王国维：《静庵文集》，辽宁教育出版社1997年版，第116页。
② 布瓦洛：《诗的艺术》，任典译，人民文学出版社2009年版，第12页。

问题和怎样解答问题。"①"哲学方法"是人文学科的共同方法。因此,这里所说的哲学研究方法的"六个步骤",对文、史、哲学术问题的探讨具有普遍指导意义。傅伟勋的诠释学方法则有所不同,他把自己提出的"创造的解释学"分成五个"辩证的层次":即"实谓"、"意谓"、"蕴谓"、"当谓"与"创谓"②,并通过儒学经典古今诠释实例的分析,对"儒学诠释学暨思维方法的建立发展"提出了富于启示性的见解。傅伟勋的"创造的诠释学模型"着眼于经典的阐释思路,陈康的"哲学方法"着眼于问题的阐释步骤,二者前后衔接,互为补充,颇具启示借鉴意义。

　　建构理论体系是思辨能力的更高体现,也是学术思辨的最高成就。何谓"理论体系"? 简言之,体系就是概念的系统。详言之,作为体系的概念系统应有如下特点:一是要有系统性,零碎的思想和片断的观点构不成完整的理论体系;二是要经过严密论证和逻辑演绎,只有观点没有论证不能成为科学理论;三是要提出新的概念范畴,一套首尾一贯的系统的概念范畴是理论体系固有的不可缺少的成分之一;四是要有表述和展开新概念和新范畴的理论结构,把概念范畴纳入有序的逻辑结构之中;五是要提出新的研究方法,而概念的本体论、价值论和方法论是三位一体的,因此新概念和新范畴必然包含了新方法。概言之,所谓"理论体系",就是由一套经过严密论证的新概念和新范畴构成的、具有内在逻辑一贯性的理论系统或知识系统。尽管人文学科各领域的思辨性和体系性各有自己的特点,但建构理论体系和知识体系的能力是所有人文学者必备的。

　　那么,在"反本质"、"反体系"甚嚣尘上的后现代,强调建构理论体系是否已经过时? 首先,这里所说的建构体系主要是指人文学者的一种思辨能力而言;其次,黑格尔和车尔尼雪夫斯基从不同角度强调"科学体系"重要性的理由并没有过时。黑格尔说:"哲学若没有体系,就不能成为科学。没有体系的哲学理论,只能表示个人主观的特殊心情,它的内容必定是带偶然性的。"③换言之,一种没有体系的哲学,不可能是"客观真理",只是一种"主观心情"而已。车尔尼雪夫斯基则从思想传播的角度强调建构体系的重要性:"真理若是不纳入一种完整的体系,运用起来就不方便;谁给科学创造了体系,他就能独立使科学成为通俗易解,他的见解也将融会在群众中间传播开去。"车尔尼雪夫斯基以《诗学》为例,对亚里士多德与柏拉图美学思想在欧洲的不同影响作了比较:"亚里士多德第一个在

　　① 汪子嵩、王太庆编:《陈康:论希腊哲学》,商务印书馆1990年版,第534页。
　　② 傅伟勋:《从德法之争谈到儒学现代诠释学课题》,《二十一世纪》,1993年4月号。
　　③ 黑格尔:《小逻辑》,贺麟译,商务印书馆1982年版,第56页。

独立的体系中申述了美学见解，他的见解几乎统治了二千多年，可是在柏拉图那里却可以找到比他还多的关于艺术的真正伟大的思想；也许，他的理论甚至不仅比亚里士多德深刻，而且还比他完整，然而它并没有给归纳成为体系，一直到最近还几乎没有引起什么注意。"①这一经典事例充分说明：谁给真理创造了体系，谁就能让真理传播人间。

（二）学术论文写作的四条原则

问题是哲学的中心，论证是哲学的精髓；问题揭示了思想的广度，答案表明了思想的精度。一个好的表达跟一个好的想法一样宝贵。因此，从先秦起，中国学者就非常重视论述之术或"谈说之术"。《荀子·非相》论"谈说之术"曰：

> 谈说之术：矜庄以莅之，端诚以处之，坚强以持之，分别以喻之，譬称以明之，欣欢芬芗以送之，宝之珍之，贵之神之，如是则说常无不受。虽不悦人，人莫不贵，夫是之谓为能贵其所贵。

在荀子看来，真正有效的"谈说之术"，不仅要讲究谈说的艺术，而且要讲究谈说的态度。

学术写作是学术思辨的自然延伸，也是思辨内容的最终实现。然而，从学术构思到学术写作、再到学术论文的最终完成，并不是轻而易举之事。陆机《文赋》曰："恒患意不称物，文不逮意；盖非知之难，能之难也。"这确实经验之谈。构思一篇论文相对来说较为容易，而要把它写出来却困难得多。为什么？刘勰《神思》曰："意翻空而易奇，言征实而难巧也。"心灵中的文章构思可以是令人惊奇的，用语言把它表达出来往往难以真正巧妙。因此，学习掌握学术论文写作的方法和技巧，对一个学者来说是非常重要的。

据我有限的学术经验，化繁复为简约，化幽深为单纯，总结了论文写作的四条原则，不妨供青年学者作一参考。

论文的本质：对经典话题作现代阐释，使古典智慧获得现代生命。歌德说："凡是值得思考的事情，没有不是被人思考过的；我们必须做的只是试图重新加以思考而已。"②这是一句至理名言，我对此坚信不疑。只要你潜心深入下去，就会发现你所要研究的问题，无不被前人思考过了，都只是一些"老生常谈"的问题而已。然而，正如波德莱尔所说："老生常谈中蕴含着无限深刻的思想。"因此，我

---

① 《车尔尼雪夫斯基论文学》（中卷），辛未艾译，上海译文出版社1979年版，第183—184页。

② 《歌德的格言和感想集》，程代熙、张惠民译，中国社会科学出版社1982年版，第3页。

们必须加以"再思考",从新的背景出发再思考,从新的现实出发再思考,从新的语境出发再思考。从这个意义上说,所谓"传统文化的现代转化",绝不是一时的学术策略,而是人文学术的本质之所在。与此相联系,人文学科的学术论文,也可以分为两大类型,即刘熙载《艺概•文概》所概括的:"明理之文,大要有二,曰:阐前人所已发,扩前人所未发。"这确是要言妙道,今人的"明理之文",依然可以归入或"阐前人所已发"、或"扩前人所未发"这两类之中;而你的"再思考"和"现代转化",正体现在一"阐"一"扩"之中。

论文的构思:把思维的自然行程转化为论文的逻辑结构。学术问题的产生大都遵循思维的自然行程,从问题的原始发生、到问题的逐渐深化以至论题的最后形成。但是学术论文不同于游记散文,不是叙述你的思维行程,写一篇记录思维过程的精神游记,而是要对论题作逻辑论证,写一篇论证学术命题的思辨性论文。因此,你在构思论文的时候,必须转换思路,把思维的自然秩序转化为思辨的逻辑秩序,把思维的自然行程转化为论文的逻辑结构。论文的逻辑结构有多样的方式:可以是康德式的可能性、现实性、必然性的思路,也可以是黑格尔式的普遍性、特殊性、个别性的思路,可以是西方传统的始、叙、证、辩、结的五部曲,也可以是陈康提出的叙述现象、陈述问题、讨论问题、检讨假设、尝试解答问、进一步探讨的六部曲,等等。在多样的思路中选择最适合你论题的逻辑思路,从而对命题作出最有说服力的论证,这是论文构思的中心任务。

论证的方式:系统提问的系统回答。完成了论文的构思,就开始论文的写作,化"胸中之竹"为"手中之竹"。如何写?如何把构思好的逻辑结构,落实为写作中的论述逻辑?一言以蔽之,即系统提问的系统回答。首先,这句话包含两层意思:一是"系统提问",二是"系统回答"。这两层意思落实为论文的两大部分:"系统提问"是将有序的标题构成论文的框架,"系统回答"是通过有序的论证构成论文的内容。一篇论文的整体框架和全部内容,就是"系统提问的系统回答"。其次,论文的每一个逻辑层次,同样应是系统提问的系统回答。一篇论文分若干部分,每一部分又分若干层次。论文每一个逻辑层次的论述,严格遵循系统提问系统回答的方式展开,整篇论文就会形成一个严谨缜密、层次推进、浑然一体的有机整体。黑格尔说:"哲学的每一个部分都是一个哲学的全体,一个自身完整的圆圈……这里面每一个圆圈都是一个必然的环节,这些特殊因素的体系构成了整个理念,理念也同样表现在每一个别环节之中。"[①]这种逻辑的严密性

---

① 黑格尔:《小逻辑》,贺麟译,商务印书馆1982年版,第56页。

是任何时候都必须追求的;而系统提问的系统回答的论述方式,可以保证论文整体的严谨缜密,浑然一体。

论述的深度:论点的精辟独到和论证的三重联想。一篇好论文不仅应有严密的逻辑,还应有意识到的学术深度。何谓学术深度?所谓学术深度应当包含两个方面,即论点的深度和论述的深度。论点的深度就是观点的精辟独到而富于创造性。这来自学者深厚广博的积累和沉潜反复的思虑,最终能将众人皆有而未曾说出的思想一语道破。一个深刻的思想无非是大家未曾体验过的完美境界的一个构想。精辟而深刻的思想,犹如划破夜空的一道闪光,照彻大地,直透人心。但是,论文不是格言,格言是穿越思辨的丛林之后呈现的哲学的单纯,论文则必须呈现出思辨的过程,对论点作深入论证而在学理上征服人心。根据前人的经验,论述的深度无非通过论证的三重联想来实现:一是历史联想,即通过历史的实践经验和历史的理论观念的论证以达到历史的深度;二是现实联想,即通过现实的实践经验和现代的学术理念的论证以达到现实的深度;三是比较阐释,即在中西比较中阐明论题的民族独特性和人类普遍性以及具有的人性的深度。当然,由于学科领域的不同和学术个性的差异,不同学者追求论述深度的途径是不尽相同的。例如,王国维就在三个不同的学术领域,创造性地运用不同的论述思路,取得了前所未有的学术成果:在考古学及上古史领域,"取地下之实物与纸上之遗文互相释证";在辽金元史及边疆地理领域,"取异族之故书与吾国之旧籍互相补正";在文艺批评及小说戏曲领域,"取外来之观念与固有之材料互相参证"①。仔细揣摩,陈寅恪概括的"三证"之法与本文所说的"三重联想",并不矛盾,是完全可以根据研究课题的需要,相互吸取、相互补充、相互启发,以深化论述的深度。

结语:"修辞立其诚"

在《以学术为业》中,马克斯·韦伯对年轻学者有一段来自切身经验的告诫:

> 学术生涯是一场鲁莽的赌博。如果年轻学者请教一些做讲师的意见,对他给予鼓励几乎会引起难以承受的责任……你对每一个人都要凭着良心问

---

① 陈寅恪:《金明馆丛稿二编》,生活·读书·新知三联书店2001年版,第247页。

一句：你能够承受年复一年看着那些平庸之辈爬到你头上去，既无怨恨也无挫折感吗？①

据我看来，你想献生学术生涯，就要承受双重风险：既是一场鲁莽的赌博，也是一个寂寞的旅程。钱锺书说："学问是荒江野老屋中二三素心人商量培育之事，朝市之显学必成俗学。"②

踏春的旅程，青春的伴侣可以结伴而行；研读的旅程，孤独的心灵只能独自前行。走向学者之路，首先是一个孤独的旅程，年青的学者首先要耐得住寂寞和孤独。

"学者"之名说来好听，"学者"之责使命崇高。然而，要成为一个真正的学者并不容易，成为一个有成就的学者更非易事。学术史上的真学者，无不除了要具有学者的真学识，更要具有学者的真品格。一个崇高的动机，会驱使你奉献崇高的精神结晶。所谓学者的真品格，一言以蔽之，即"修辞立其诚"。《中庸》有曰："诚者，天之道也；诚之者，人之道也。诚者不勉而中，不思而得，从容中道，圣人也。诚之者，择善而固执之者也。""诚"，既是天道，也是人道；既是圣人之德，也是常人"择善而固执"的品质。"修辞立其诚"作为学者的品格，它至少包含双重涵义：一是对学问的虔诚；二是对真理的真诚。一个学者要有学术的良心，要有学术的诚意。当学者具有真诚的品格时，他才能获得社会的信任；当学者获得社会应有的信任时，他才能指望他人对其思想和才能的信任。

对学问的虔诚，就是为学术而学术，以学术为使命。俗话说，兴趣是最好的老师，兴趣是成功的起点。而从最初的"兴趣心"到最后的"使命感"，绝非一蹴而就，往往要经历艰难的"心灵五步曲"：即兴趣、渴望、意志、事业、使命。兴趣是最初的起点，渴望是内在的动力，意志是长久的毅力，事业是职业的升华，使命是以学问为生命。没有浓厚的兴趣，无以入学问之门；没有成功的渴望，失去了内在的动力；没有顽强的意志，耐不住长久的寂寞；没有事业心，对学问只是作饭碗看。只有化兴趣为渴望，以意志为支撑，化职业为事业，才可能真正做到为学术而学术，以学术为使命。

对真理的真诚，就是唯真理之是求，脱俗谛之桎梏。陈寅恪曰："士之读书治学，盖将以脱心志于俗谛之桎梏，真理因得以发扬。"而当代社会，世界精神太忙

---

① 马克斯·韦伯：《学术与政治》，冯克利译，生活·读书·新知三联书店1998年版，第23页。
② 郑朝宗：《钱学二题》，《厦门大学学报》，1988年第3期。

碌于现实，太驰骛于外界，而不遑回到内心，以徜徉自怡于自己原有的精神家园之中。面对种种诱惑与喧嚣，要想取得真正的学术成就，更需要一份对真理的真诚，更需要有一种"唯真理之是求，脱俗谛之桎梏"的精神，更需要一种坚守"独立之精神，自由之思想"的勇气。士当以器识为先。唯有永葆"独立之精神，自由之思想"，才可能脱俗谛之桎梏，唯真理之是求。陈寅恪赞曰："先生之著述，或有时而不章。先生之学说，或有时而可商。惟此独立之精神，自由之思想，历千万祀，与天壤而同久，共三光而永光。"①这段荡气回肠的文字，道出了学者的尊严和学问的尊严，也道出了学者的品格与学问的真谛。

①陈寅恪：《金明馆丛稿二编》，生活·读书·新知三联书店2001年版，第246页。

第三章　人文学科的学术方法

人文学科的研究活动不同于自然科学，它是立足民族文化传统基础之上，具有鲜明个体性和理想超越性的精神创造活动。与此相联系，人文学术的研究过程，是运用语言媒介，在特定的文化语境和个体生命体验的基础上，对经典文本进行理解和阐释的过程；理解文本、体验生命、阐释意义，是人文研究的三个基本环节。同时，人文学术的创新和人文精神的传播，也具有不同于自然科学的自身特点和多种方式。

一、人文学科的学术特性

巴赫金在揭示"人文学科的哲学基础"时，对人文学科与自然科学的学术差异作了鲜明对比。他写道：

> 认识物与认识人。这两者须要作为两个极端来说明。一个是纯粹死的东西，它只有外表，只为他人而存在，能够被这个他人（认识者）以单方面的行动完全彻底地揭示出来。这种没有自己不可割让不可吞噬的内核的物，只可能成为实际利用的对象。第二个极端，就是在上帝面前思考上帝，是对话，是提问，是祈祷。个人须要自由的自我袒露。这里有着内在的吞不进吃不掉的核心……认识者在这里提问，不是看着一个死物来问自己和第三者，而是问被认识者本人。好感和喜爱具有的意义。这里的标准，不是认识的准确性，而是契入的深度。这里认识的目标，在于个人特性。这是一个作出发现、袒露心迹、了解情况、告知事情的领域。[1]

---

[1] 巴赫金：《文本 对话与人文》，白春仁等译，河北教育出版社1998年版，第1页。

在这里,巴赫金从研究对象、学术性质、学术标准和学术目标等方面,对人文学科与自然科学差异作了明确区分。联系当时苏联知识分子的社会处境,这段话既显示出巴赫金精深的学术见解,也包含了巴赫金深厚的人文情怀。

"人"不同于"物"。以"认识人"为对象的人文学科的研究方法,也不同于以"认识物"为对象的自然科学。而人文学科独特的研究方法,是与人文学科独特的学科品格或研究特性相联系的。因此,在讨论人文学科的研究方法之前,有必要先弄清人文学科的学科品格和学术特性。

与实证性的自然科学不同,人文学科的学科品格和研究特性,可以作这样的概括:即人文学科的研究活动是立足于民族文化传统基础之上,具有鲜明个体性和理想超越性的精神创造活动。换言之,人文学科的研究特性表现在四个方面:学术主体的个体性,学术精神的超越性,学术研究的传统性,学术意识的民族性[①]。

(一)学术主体的个体性:独特的学术个性。

主体有个体与群体之分,原始文化是一种群体创造,现代文化则以个体创造为主。所谓学术主体的个体性,是指现代人文学术是一种个体性的精神文化的创造活动,体现出人文学者个体生命的独特性和多样性,研究过程和精神产品具有鲜明的学术个性。文学、史学、哲学,美学,无不如此。17世纪法国作家拉布吕耶尔论"精神作品"的创造,有一段话说得好:

> 我们迄今还没有看到一部精神杰作是由几个人完成的:荷马创作《伊利亚特》,维吉尔创作《埃内依德》,李维创作《罗马史》和罗马的演说家创作他的演说,都是如此。[②]

屈原创作《离骚》,司马迁写作《史记》,刘勰写作《文心雕龙》,曹雪芹创作《红楼梦》,何尝不是如此!

一部伟大的精神杰作,无不是一颗伟大心灵的独特创造。科学定律是客观存在,科学家的创见只是去重新发现这种定律,而人文艺术作品则不是客观存在,它只有经过人文学者和艺术家从无到有的创造才能存在。这是人文学科不

---

① 李维武《人文科学概论》第五章"人文科学的特点",指出:"人文科学的基本特点,概括起来有以下五个方面:(一)个性化;(二)民族性;(三)超越性;(四)非实证性;(五)历史积淀性。"(李维武:《人文科学概论》,人民出版社2007年版,第236页。)本节观点受惠于李维武教授,但有所变动,以显己意,具体论述则紧扣"学术活动",尽量避免"学术""艺术"混而不分。

② 拉布吕耶尔:《品格论》(上),梁守锵译,花城出版社2013年版,第75页。

同于自然科学的特点之一。没有莱奥纳多·达·芬奇，《蒙娜丽莎》将不存在，但没有阿尔贝特·爱因斯坦，相对论却照样存在；没有约瑟夫·康拉德，《黑暗的心》将不存在，但没有牛顿，机械运动的定律照样存在；没有乔治·奥威尔，《1984》就不存在，而没有达尔文，进化论照样存在。[①]

人文研究的个体独特性，至少包含三层意思，即个体的精神创造，个体的生命体验和个体的人格境界。钱锺书被誉为"文化昆仑"，他的以《谈艺录》、《管锥编》为代表的学术著作，就体现出鲜明的学术个性。首先，这是其独特的学术经历和学术思维的结晶。这两部现代学术经典都采用了传统的札记体，在讲究体系化的20世纪，采用了反体系的形式。其次，饱含着独特的生命体验。如钱锺书所说："《谈艺录》一卷，虽赏析之作，而实忧患之书也。"[②]《管锥编》同样如此，"虽若出言玄远，但感慨世变之语，触目皆是"[③]。再次，又体现出独立的学术人格。钱锺书有句名言："大抵学问是荒江野老屋中二三素心人商量培养之事，朝市之显学必成俗学。"这一"夫子自道"显示出的学术人格，极大地增加了先生著作的学术魅力。冯友兰作为20世纪中国杰出的哲学家和哲学史家，"三史论古今，六书纪贞元"，同样是其独特的学术经历、生命体验和人格境界的结晶。

人文研究的个体性，不仅表现在不同学者的研究中，也体现在同一学派的传承发展中。一部中国儒学史，可以分为原始儒学、两汉经学、隋唐儒学、宋明理学等等。而从孔子的"仁学"、孟子的"义利"、荀子的"隆礼"，到董仲舒的"天人之学"、韩愈的追寻"道统"，再到程朱"理学"、陆王"心学"等等，每一个时期代表人物的核心理念都是各不相同的。再以现代新儒学来说，牟宗三、徐复观、张君劢、唐君毅，都是现代新儒家的代表人物，1958年他们曾联名发表了《为中国文化敬告世界人士宣言》。然而，他们各自的治学途径、学术建树、学术风格，同样各具个性，特色鲜明。

自然科学发现"物"的客观规律，不妨集体协作，殊途同归；人文学科探寻"人"的生命意义，必须以心换心，自出机杼。自然科学是"发现"，人文学科是"创造"；自然科学是"项目"，人文学科是"专著"。从这个意义上来说，当今人文研究中的"集体项目"制，是违背人文学科的自身规律的，也是难以产生真正有深度有

[①] 戴维·特珀：《并行的谬误：艺术和科学的比较》，载《英国美学杂志》，1990年10月号，转引自朱狄：《当代西方艺术哲学》，人民出版社1994年版，第187—188页。

[②] 钱锺书：《谈艺录》，中华书局1984年版，第1页。

[③] 余英时：《师友记往——余英时怀旧集》，北京大学出版社2013年版，第131页。

个性的学术精品的。有历史的经验和教训为证。中国史家有"前四史"之说,也以"前四史"为典范,即司马迁的《史记》、班固的《汉书》、范晔的《后汉书》和陈寿的《三国志》。为什么史家如此重视"前四史"?其中最重要的原因之一,就是"前四史"都是史家的个人著述,都能像司马迁那样,在自己的著述中表现"究天人之际,通古今之变,成一家之言"的伟大抱负。自唐代开始,各朝都设"国史馆",由宰相监修国史。从此,"正史"都由史官们集体编修,成为一种"集体项目"。国史馆集体修史,极大地加快了修史速度,有唐一代便完成了"二十四史"中的"八史"。然而,作为一种学术代价,由司马迁所开创的"成一家之言"的史学传统,在此后的"正史"体系中再也不复存在了。

(二)学术精神的超越性:现实的超越与理想的追求。

人文学科的学术主体不同于自然科学有两个重要特点:一是学术个性的独特性,二是学术精神的超越性。人文研究的超越精神,是与自然科学的实证精神相对的。自然科学探寻事物的客观规律,必须客观实证,故被称为实证科学。孔德在《论实证精神》中强调了"实证"的五大特点:现实的而非幻想的;有用的而非无用的;可靠的而非可疑的;确切的而非含糊的;肯定的而非否定的。[①]其实,这也是自然科学进行"实证"研究的五条原则。孔德认为,一切知识只有成为实证的知识才有存在的理由。这对自然科学来说是完全正确的。

人文研究不是探寻事物的客观规律,而是追寻人生的意义和价值,因此必须具有超越精神。超越的基本含义就是超越现实而追求理想,超越的基本特点就是超越有限而追寻和守护人生的意义。人文学者只有具有追求理想的超越精神,才能赋予人以人生的意义、存在的价值和生命的尊严。数理化不涉及终极关怀,文史哲必须关注生命意义。人文研究如果缺乏超越性和理想性,那将是平庸的、乏味的,是没有希望的,也是没有生命力的。

一个真正的人文学者,无不通过阐释和守护生命的意义,体现其追求理想的超越精神。但在人文学的不同学科中,在文学、史学、哲学的研究中,超越精神的表现是各不相同的。文学研究者是通过文学经典的阐释,通过从荷马到莎士比亚、从《离骚》到《红楼梦》的阐释,来表现他们追求生命理想的超越精神。哲学家是通过哲学范畴的阐释,通过哲学境界的描绘,来表现他们追求"无限完善"的超越精神,从张载的"横渠四句教"到冯友兰的"人生五境界"无不如此。

历史学是人文学科中最强调"客观真实"的学科,但它仍以探求"历史中的意

---

① 奥古斯特·孔德:《论实证精神》,黄建华译,译林出版社2011年版,第29—30页。

义"为目标而具有超越性。"历史"一词有三重含义；一是指曾经发生的事，即"事实的历史"；二是指史事的记录，即"记录的历史"；三是指史家对史事经过整理、思考和研究，然后对"历史中的意义"形成一套解释，即"史家的历史"。历史若只是许多孤立的史事，历史就不可能具有意义。史事之中，若只有一连串的"俄顷"、"弹指"的时间分段，这件史事各阶段之间的关系，也难以具有意义。历史的意义在追溯以及分析"变化"的过程。"变化"本身的记述是为此目的，"变化"的来龙去脉的因果分析也是为了这个目的。而从"事实的历史"到"记录的历史"再到"史家的历史"的研究过程，正是史家从"事实的历史"走向"历史中的意义"的超越过程。

真正的历史学家绝不只是给我们一系列按一定的编年史次序排列的事件，对他来说，这些事件仅仅是外壳，他要在这外壳之下寻找一种人类的或文化的生活，一种具有行动与激情、问题与答案、张力与缓解的生活。换言之，历史学家的使命是让客观的史事"开口说话"，说出人生的意义、存在的价值和生命的尊严。司马迁撰写《史记》的目的，是为了"究天人之际，通古今之变，成一家之言"。"天人之际"指人事与环境的关系，即分析史事发生的原因，"通古今之变"是了解史事变化的过程，"一家之言"则是对史事的解释，是"历史中的意义"的发现。从"究天人之际"到"通古今之变"再到"成一家之言"的过程，同样表现了这位伟大的历史学家，超越"事实的历史"走向"历史中的意义"的超越精神。正因为司马迁具有"成一家之言"的超越精神，在客观史事的阐释中发现具有普遍意义的生命真谛和存在价值，《史记》不仅是一部伟大的历史著作，更是一部超越古今的人文主义经典。

（三）学术研究的传统性：传统的累积而非范式的革命。

人们创造自己的历史，但是绝不是随心所欲地创造，而是在从过去继承下来的历史条件下创造。人文学术的研究尤其离不开历史传统。一个民族的人文学术与该民族的文化传统有着密切的联系。所谓人文研究的传统性，就是指学术研究的个体性和超越性，无不以传统为基础，无不从传统出发，是基于传统的个体创造，也是基于传统的精神超越。

人文研究的传统性是由生命存在的历史性决定的。"人"是人文研究的对象，"人"也是人文研究的主体；而作为人文研究的对象和主体的"人"，既是历史传统的产物，也是历史传统的存在。正如伽达默尔所说："其实历史并不隶属于我们，而是我们隶属于历史。早在我们通过自我反思理解我们自己之前，我们就以某种明显的方式在我们所生活的家庭、社会和国家中理解了我们自己。"①人处在各种传统之中。人在传统中活着，在传统中死去，在传统中言说，也在传统中写作，传统乃是人"在世"的基本方式。

人文学术研究的传统性，可以细析为三个层次：人文学术的问题是传统的问题；人文研究的实质是传统的转化；人文研究的成果是传统的累积。

首先，人文学术的问题无不是传统的问题。歌德有句名言："凡是值得思考的事情，没有不是被人思考过的；我们必须做的只是试图重新加以思考而已。"②20世纪美国学者尼尔•波斯曼说得更为明确："人文社会科学的研究者绝对不可能有什么原创性，他们不可能有哪怕一点点的原创性发现。他们仅仅是重新发现曾经为人所知、后来被人遗忘了的东西，只不过这些东西需要有人再来说一说而已。"③为什么人文学术的问题都是传统的问题，而不可能有原创性的问题？这本质上是由生命的一次性和文化的重叠性决定的。文化是生命的升华形态，人文学术的问题无不是生命的问题；而生命的一次性决定了文化的重叠性，也决定了人文学术问题的重复性。三千年文学史是百年情怀的咏叹史，三千哲学史是百年人生问题的反思史。正因为如此，歌德说，凡是值得思考的问题前人都已经思考过了；也正因为如此，人文学术的问题必然是传统的问题。

其次，人文研究的实质是传统的转化。人文研究的问题是传统的问题，人文研究的实质则是传统的转化，是传统的创造性转化。林毓生提出的"中国传统的创造性转化"的原则，是中国人文学者学术研究的普遍原则。所谓"传统的转化"，就是"薪火相传"，就是传承与革新，就是对传统资源的现代阐释。每一时代的人文学术，都是由它的先驱者传给他并由此出发的特定的思想资源作为前提的。

人文研究的"传统的转化"，与自然科学的"范式的革命"形成对照。自然科学的研究是"范式的创新"与"范式的革命"。在科学史上，当一种新的科学范式产生之后，以往的旧范式就被抛弃，新一代的科学家，只需要掌握最新的理论、最新的方法、最新的技术。只有极少数的科学史家，才去关心这门科学的发展和传统。而在人文学科的研究中，离开传统是不可想象的。如果说自然科学是一种

---

① 伽达默尔：《真理与方法》（上），洪汉鼎译，上海译文出版社1999年版，第355页。

② 《歌德的格言和感想集》，程代熙、张惠民译，中国社会科学出版社1982年版，第3页。

③ 尼尔•波斯曼：《〈麦克卢汉——媒介及信使〉序言》，载菲利普•马尔尚：《麦克卢汉——媒介及信使》，何道宽译，中国人民大学出版社2003年版，第4页。

"原创学"，强调学术研究的原创性；那么人文学科则是广义的"历史学"，强调在历史传统基础上的创造性转化。

人文研究中的创造性转化，主要表现在两个方面：一是对传统的学术经典的创造性解读，二是对传统的概念、范畴、命题的创造性阐释。由于这种"创造性转化"都是以历史传统为基础，所以人文研究特别强调"学术史"和"论从史出"，这二者是相互联系的。首先是对学术史的梳理，这是人文学术研究的第一步，所谓"辨章学术，考镜源流"。每一个人文学者的研究，都是在学术史的基础上，发现问题，提出问题，解决问题。其次是"论从史出"，在学术史和问题史的基础上，根据新的实践和新的方法提出自己的理论观点。脱离传统的"自说自话"，将会变得"游谈无根"而没有真正的学术的价值。

再次，人文研究的成果是传统的累积。人文研究的传统性使文化的历史不同于科学的历史：科学史是"范式的革命"的历史，是新范式取代老范式的革命史；文化史则是"传统的转化"的历史，是人文思想和人文传统的累积史。英国哲学家怀特海有句名言：如果为欧洲整个哲学传统的特征作一个最稳妥的概括，那就是，"它不过是对柏拉图学说的一系列注释"。而现在所谓的柏拉图著作实际上就是经过修饰的、现代化了的苏格拉底的著作。①如果说一部西方哲学史是一部柏拉图著作的诠释史；那么一部中国思想史则是一部"十三经"的诠释史，一部"先秦七子"的诠释史。

与自然科学"范式的革命"不同，人文科学是"传统的累积"；因此，人文学科的历史传统是由两部分构成的：即经典和经典的诠释。这是爱德华·希尔斯关于"传统的实质"的著名观点。他在论述《圣经》传统时说："原始经文和对其所做的诠释都是传统……这种'传统'就是对经文积累起来的理解；没有诠释，经文将只是一种物件。经文的神圣性使其与众不同，但若没有诠释，经文便毫无意义。"②没有经典，我们将停止思考，没有诠释，经典将毫无意义；经典和经典的诠释构成传统的内容。对经典的诠释永无止境的，因此思想史的传统衍进，想滚雪球一样会愈滚愈大。

（四）学术意识的民族性：民族情怀、民族意识和民族语言。

自然科学的创造性研究与本国的文化传统没有必然的联系，只要有良好的科研条件，科学家就能进行有效的创造活动；同时，自然科学的研究成果，既是本

---

① 参阅怀特海：《过程与实在》（卷一），周邦宪译，贵州人民出版社1998年版，第54页。

② 爱德华·希尔斯：《论传统》，傅铿、吕乐译，上海人民出版社2009年版，第17—18页。

民族的更是全人类的,因此科学是无国界的。科学无国界,文化有传统,人文学术离不开民族文化的土壤,这是人文学科区别于自然科学的又一重要特征。

所谓学术意识的民族性,就是指人文学术的研究总是从学者的民族意识出发,与民族文化传统相联系,渗透着学者的民族情怀,从而体现出鲜明的民族特色。与此相联系,人文研究的民族性大致表现在三个方面:即人文学者的民族情怀,学术研究的民族意识,学术写作的民族语言。

首先是人文学者的民族情怀。一国的人文学术,即一国固有之学术,亦即"国学"。何谓"国学"? 1906年,邓实在《国学讲习记》开篇中写道:"国学者何?一国所自有之学也。有地而人生其上,因以成国焉。有其国者有其学。学也者,学其一国之学,以为国用,而自治其一国者也。……是故国学者,与有国以俱来,本乎地理,根之民性,而不可须臾离也。君子生是国,则通是学,知爱其国,无不知爱其学。学也者,读书以明理,明理以治事,学其一国之学,以为国用而自治其一国者也。"①邓实的"国学"定义,体现了国粹学派的国学观,同时也深刻揭示了人文学术的民族性和人文学者的民族情怀:"君子生是国,则通是学,知爱其国,无不知爱其学"。从章太炎到陈寅恪,从钱穆到余英时,无论他们身在国内还是海外,他们的学术研究无不渗透深厚的民族情怀。

其次是学术研究的民族意识。钱锺书有句名言:"东海西海,心理攸同;南学北学,道术未裂。"这是反对民族文化本位主义而强调民族文化之间的相通性。但是应当指出,人类文化有相通性,学术问题却有民族性,现代人文学者无不以自觉的民族意识,从民族的文化传统和现实生存发展出发,发现问题,研究问题,解决问题。1922年,胡适在《〈国学季刊〉发刊宣言》中诠释国学研究的具体任务时指出:"国学的使命是要使大家懂得中国的过去的文化史;国学的方法是要用历史的眼光来整理一切过去文化的历史。国学的目的是要做成中国文化史。国学的系统研究,要以此为归宿。"②这一主张影响深远,20世纪中国人文学术的研究大体是朝着这一方向前进的。同时,现代的人文学术研究离不开国际文化背景,要有开阔的国际文化视野。胡适说得好:"学术的大仇敌是孤陋寡闻;孤陋寡闻的唯一良药是博采参考比较的材料。"③然而,人文研究中的"比较史学"有一个

---

① 邓实:《国学讲习记》,载桑兵等编:《国学的历史》,国家图书馆出版社2010年版,第81页。

② 《胡适文存》,第二册,华文出版社2013年版,第12页。

③ 《胡适文存》,第二册,华文出版社2013年版,第15页。

原则：那就是"研究中国文化不能以西学为坐标，但必须以西学为参照系"①，最终的目的是阐明中国的问题，建设中国的文化，提高民族的学术文化水平。余英时的《士与中国文化》采用了"比较史学"的方法，而其目的，就是"从比较史学（comparative history）的观点凸显'士'的中国特色"②。

　　再次是学术写作的民族语言。科学无国界，科学语言也无国界。人文研究在学术表达上，则更多地使用人文学者本民族的语言。在谈到"历史学家的语言"时，历史哲学家布洛赫指出："与数学和化学不同，史学并没有那些与民族语言无关的符号系统以供自己使用。史学家都说本国语言，要是他遇到一个用外语表达的事物，就得把它译成本国语。"③为什么？语言是思想的直接现实，语言方式制约着人们的感受方式和思想方式。海德格尔在论述意义理解的"先结构"时写道："先行具有、先行视见及先行掌握构成了筹划的何所向。意义就是这个筹划的何所向，从筹划的何所向方面出发，某某东西作为某某东西得到领会。"④所谓的"先行视见"，就是指理解时要利用的语言观念和语言方式规定了我们的理解方式。人文研究的民族内容、民族意识和民族情怀，给人文学者提出了使用民族语言的要求，也只有运用源自民族语言的概念范畴，才可能把民族文学、民族史学、民族哲学和民族美学的精深思想和独特智慧，婉转曲达，淋漓尽致。海外的华人人文学者，大多过着一种"双语人生"，即"说英语"而"写汉语"，其深层原因就在于由"先行视见"决定的学术语言的民族性。

二、人文学科的方法自觉

　　人文学科有其自身的学术品格，即学术主体的个体性，学术精神的超越性，学术研究的传统性和学术意识的民族性。人文学科的学术品格决定了人文研究的独特方法。那么，人文学科不同于自然科学的研究方法，具体特点何在？首先简要回顾一下人文学科方法论的历史，然后再详细讨论人文学术研究的具体方法。

① 王元化：《九十年代反思录》，上海古籍出版社2000年版，第20页。

② 余英时：《厄言自纪——余英时自序集》，北京大学出版社2012年版，第129页。

③ 马克·布洛赫：《为历史学辩护》，张和声、程郁等译，中国人民大学出版社2006年版，第136页。

④ 海德格尔：《存在与时间》（修订译本），陈嘉映、王庆节合译，生活·读书·新知三联书店2014年版，第177页。

从历史上看,人文学科研究方法的发展大致经历了三个阶段,不妨作这样的概括,即:传统人文学方法时代,自然科学方法时代,人文学方法的现代自觉时代。

传统学术的主体和主流是人文学,传统的学术方法就是传统人文学方法。在西方,传统的人文研究有两种主要方法,即古典语文学和《圣经》诠释学。古典语文学又被称为"高级校勘",其目的是提供一部精校本。而学术研究的第一步工作,就是搜集研究材料,细心地排除时间的影响,考证作品的作者、真伪和创作日期等等。韦勒克认为,这一工作有两个层次要加以区分:"其一即作品本文的搜集和校正;其二即作品的创作日期、真伪、作者、合作者和修改增删等问题的考证,这类工作往往称为高级校勘(higher criticism)。"①《圣经》诠释学是以二元论的象征思维方式,诠释《圣经》文本的神学寓义。但丁对传统的《圣经》诠释学加以创造性转化,提出了以"四义说"为内容的诗学批评方法,即认为诗有字面的、寓言的、哲理的、秘奥的四种涵义。源于《圣经》诠释学的二元论象征思维,对西方传统人文学研究产生了深远的影响。在中国,传统人文学的主要方法就是始于汉代的"经学"。在浩瀚的经学著作中所显现出来的经学的学术方法,前人早有总结。朱熹曾说:"汉魏诸儒,正音读,通训诂,考制度,辨名物,其功博矣。"(《朱文公文集》卷七十五《语孟集义序》)清代经学家邵懿辰以《礼记》为例,进而把"经学"研究方法概括为四种,即记、传、义、问:"记者,记其仪节……传者,解其文义……义者,解其大意……问者,反复辨论,设或问而己答之。"(《礼经通论·论记传义问四例》)孟子著名的"知人论世"说和"以意逆志"说,则成为传统人文学普遍的方法论原则。

17世纪的欧洲,被文德尔班成为"方法的竞赛"时代,实质是以自然科学方法作为一切科学研究方法的时代,也是以自然科学方法取代传统人文学方法的时代。无论是以培根为代表的经验主义,还是以笛卡尔为代表的理性主义,无不如此。只是各自的侧重点有所不同,培根重视的是归纳法,其基础是当时的物理学;笛卡尔重视的是演绎法,其基础是当时的数学方法。到了19世纪,达尔文创立的生物进化论,对整个学术界产生了巨大影响。一时间,社会科学家和人文学者纷纷把生物进化论作为最新方法,引入自己的研究领域,在人类学、民族学、社会学、文艺学、历史学、历史哲学等领域中,都出现了以进化论为主要方法的进化论学派。胡塞尔感叹道:"在19世纪后半叶,现代人的整个世界观唯一受实证科

---

① 韦勒克、沃伦:《文学理论》,刘象愚等译,生活·读书·新知三联书店1984年版,第50页。

学的支配，并且唯一被科学所造成的'繁荣'所迷惑。"①

在中国，自19世纪末，严复把进化论引入中国开始，也进入了中国现代思想史上的唯科学主义时代。胡适在《〈国学季刊〉发刊宣言》中提倡以科学方法整理国故，丁文江在"科玄论战"中表现出坚定的科学主义立场，傅斯年在《历史语言研究所工作之旨趣》中对实证方法的强调，标志着科学方法全面进入文学、史学、哲学研究领域。1930年，胡适在《介绍我自己的思想》的结语中，把"科学即真理"的科学主义观念，对"少年的朋友们"，三致其意：

> 少年的朋友们，莫把这些小说考证看作我教你们读小说的文字。这些都只是思想学问的方法的一些例子。在这些文字里，我要读者学一点科学精神，一点科学态度，一点科学方法。科学精神在于寻求事实，寻求真理。科学态度在于撇开成见，搁起感情，只认得事实，只跟着证据走。科学方法只是"大胆的假设，小心的求证"十个字。没有证据，只可悬而不断；证据不够，只可假设，不可武断；必须等到证实之后，方才奉为定论。②

显然，胡适心目中的"科学"就是"自然科学"，所谓的"科学精神、科学态度、科学方法"，也是指"实证科学"的精神、态度和方法。因此，他所认同的传统是"清代考据学"，他心目中的学术研究，是以考据方法"整理国故"，是中国章回小说的"考证"，不论国故的"意义"，也不谈小说的"艺术"。

1883年，狄尔泰出版了《精神科学引论》，这是西方人文科学理论的第一步系统著作，以此为标志，进入了人文科学方法的现代自觉时代。狄尔泰指出："如果说在自然科学中，任何对规律性的认识只有通过可计量的东西才有可能，……那么在精神科学中，每一抽象原理归根到底都是通过与精神生活的联系获得自己的论证，而这种联系是在体验和理解中获得的。"③而"体验和理解"正是人文学科的基本方法。此后，李凯尔特的《文化科学和自然科学》（1899）、胡塞尔的《欧洲科学的危机与超越论的现象学》（1934—1937）、卡西尔的《人文科学的逻辑》（1942）、伽达默尔的《真理与方法》（1960）等著作，一方面从不同角度揭示人文学科的学术特性，同时也从不同角度阐述人文学科的独特方法。伽达默尔的《真理与方法》是20世纪哲学诠释学的经典著作，也是论述人文学科研究方法的经典著

---

① 胡塞尔：《欧洲科学的危机与超越论的现象学》，王炳文译，商务印书馆2012年版，第18页。

② 胡适：《胡适文存》，第四册，华文出版社2013年版，第476页。

③ 转引自刘放桐：《新编现代西方哲学》，人民出版社2000年版，第125页。

作,它深刻阐释了精神性的人文科学不同于实证性的自然科学的"真理与方法"。简言之,人文科学的"真理",不是客观规律而是生命意义;人文科学的"功能",不是给与知识而是精神启迪;人文科学的"方法",不是客观实证,而是理解与阐释。理解与阐释是人文学科方法论的本质特征。

那么,人文学科不同于自然科学的研究方法,其独特性何在,由哪些学术环节构成?如果说自然科学是实证性科学,社会科学是描述性科学,那么人文学科则是理解性科学。而关于人文学科研究方法的内在结构,朱红文教授主编的《人文社会科学导论》作了较为仔细的描述:

> 人文科学的研究对象是人文世界……很难通过经验的观察来客观地加以描述和解析,只能通过主体间的交往来加以理解和解释。因此,理解基础上的解释和解释性的理解是人文科学最重要的,也是最基本的研究方法。理解和解释的过程在某种意义上也是一个在内心体验他人、将心比心的过程。直觉体验往往也成为人文科学的一种重要方法。而无论是理解与解释,还是体验,都需要借助语言来表达或表述。语言分析是现代人文学科研究方法的重要内容。在理解与解释的过程中,理解者的主观世界与作为"文本"的人文世界之间达成一致与融合。文本由此成为任何一种理解和解释的原始材料和出发点。理解、解释、体验、语言与文本总是发生在特定的历史时期,总是处在特定的文化传统之中,历史文化传统构成人文世界的重要背景。因此,理解、解释、体验、语言、文本与文化传统构成人文科学研究的核心方法体系。[1]

这段文字,对现代人文学术研究的过程、要素和方法,作了颇为完整的描述和论析,有助于认识人文学科研究的方法论特点。所谓研究方法,主要是指研究的途径和手段。而在上述"理解、解释、体验、语言、文本、文化传统"六大要素中,"文本"是研究的对象,也是不可或缺的学术基础,"语言"则是文本的构成元素,二者不可分离;"文化传统"是研究活动得以展开的语境,是研究的背景,而不是研究的方法。因此,人文学科研究的基本方法,应当是对"文本"的"理解、解释、体验"。

于是,根据人文学科的学术传统和现代人文学者的学术共识,对人文学科的研究方法,不妨作这样的概括:即运用语言媒介,在特定的文化语境中,对文化经

---

① 朱红文主编:《人文社会科学导论》,教育科学出版社2011年版,第141页。

典进行基于生命体验基础上的解读、理解和阐释；解读经典，理解意蕴、体验生命，阐释意义，是人文研究前后相续、密切相联的四个学术环节。

思想史家徐复观，在《有关思想史的若干问题》一文中，以中国思想史研究为例，对学术研究的一般过程和具体环节，有一段完整的描述：

> 由局部积累到全体（不可由局部看全体），由全体落实到局部，反复印证，这才是治思想史的可靠方法。但若仅仅停顿在这里，则所得的还只是由纸上得来的抽象的东西。古人的思想活动，乃是有血有肉的具体的存在。此种抽象的东西，与具体的存在总有一种距离。因此，由古人之书以发现其抽象的思想后，更要由此抽象的思想见到在此思想后面活生生的人；看到此人精神成长的过程，看到此人性情所得的陶养，看到此人在纵的方面所得的传承，看到此人在横的方面所吸取的时代。一切思想都是以问题为中心。没有问题的思想不是思想。古人是如何接触到他的问题？如何解决他所接触到的问题？他为解决问题，在人格与思想上作了何种努力？以及他通向所要达到的目标是经过何种过程？他对于解决问题的方法有何实效性、可能性？他所遇着的问题及他所提供的方法，在时间、空间的发展上，对研究者的人与时代有无现实意义？我们都要真切地感受到。所以治思想史的人，先由文字实物的具体以走向思想的抽象，再由思想的抽象以走向人生、时代的具体。经过此种层层研究，然后其人其书，将重新活跃于我们的心目之上，活跃于我们时代之中。我们不仅是在读古人的书，而是在与古人对话。①

在现代思想史家中，徐复观是极富方法论意识的学者之一。他不仅撰写了《有关思想史的若干问题》、《研究中国思想史的方法与态度问题》、《中国思想史工作中的考据问题》等专题论文，还在专著和文集的序跋以及相关论文和专题访谈中，对人文学科的研究方法不断加以反思与总结，形成了一套基于传统而又超越传统，富于现代学术品格的方法论体系。上述文字，对于"以问题为中心"的人文研究，由表及里，由近及远，由解读到理解，由体验到阐释的诸学术环节，作了层层深入，精细而具体的完整描述。细心揣摩，有助于完整把握研究过程的真谛。

---

① 徐复观：《中国思想史论集》，上海书店出版社2004年版，第93—94页。

三、人文方法的学术环节

如前所说,解读经典,理解意蕴、体验生命,阐释意义,是人文研究学术方法前后相续、密切相联的四个学术环节。下面对这四个环节的各自特点和相互关系,作一具体论析,以便在学术研究中掌握运用。

(一)解读经典:"没有经典,我们将停止思考"。

人文学者解读的对象,包括学术经典在内的所有有价值的文化文本。所谓文本,按一般的解释,就是表达或传递人类文化思想的符号系统。文本有广义和狭义之分:广义的文本,指任何由书写所固定下来的话语,其内容包括一切有意义的人类行为、历史事件和社会现象等等;狭义的文本,主要是指人文著述,包括文学经典、史学经典、哲学经典以及相关的学术文献。

经典是学术的基础。经典是前辈人文学者思考与探索的结晶,也是后辈学者作进一步研究的出发点。韦勒克说:"文学研究的合情合理的出发点是解释和分析作品本身。"①文学研究如此,史学、哲学、美学、伦理学,无不如此。人文学者的学术研究,就是叩问经典的学术旅程,以经典解读为中心,也从解读经典开始。而解读经典,一要认识经典的价值,二要掌握解读的方法。

首先,应当认识经典在人文学术研究中的重要性。哈罗德·布鲁姆有句名言:"没有经典,我们将停止思考。"这是布鲁姆在莎士比亚的作品中悟到的真理。他写道:

> 没有莎士比亚就没有经典,因为不管我们是谁,没有莎士比亚,我们就无法认知自我。莎士比亚赐予我们的不仅是对认知的表现,更多的还是认知的能力。莎士比亚与其同辈对手的差异既是种类也是程度的差异,这一双重差异决定了经典的现实性和必要性。没有经典,我们会停止思考。②

哈罗德指出,莎士比亚对于我们具有双重价值:"认知自我"和"认知的能力"。"认知自我",就是"认识你自己",这是人文学术的终极问题;"认知的能力",这是"生命的智慧",这是人文学术的最高目标。生命的一次性决定了生命从"无

---

① 韦勒克、沃伦:《文学理论》,刘象愚等译,生活·读书·新知三联书店1984年版,第145页。

② 哈罗德·布鲁姆:《西方正典:伟大作家和不朽作品》,江宁康译,译林出版社2005年版,第29页。

知"开始,生命的认知和生命的智慧,始于传统的熏陶和经典的亲炙。因此,"没有莎士比亚,我们就无法认知自我。没有经典,我们会停止思考。"更为重要的是,人的"认知自我"和"认知能力",单靠口号和教条是无效的,只有在经典的亲近中才能在心中扎根。林毓生在谈到人文精神的重建时,特别强调亲近人文主义艺术作品的重要性:"只有在文化中多接触到这类'典范',文化精神才不会只是'集中意识'中的口号与教条,中国人文精神才有缆系的着落,才有碇泊之处。"①

　　"无限完善"是人的使命,也是学者的使命。人的"无限完善"离不开荷马,离不开莎士比亚,离不开屈、陶、李、杜、离不开《史记》《红楼梦》;学者的使命就是通过经典的解读,经典的阐释,经典的传播,帮助人们"认知自我",获得"认知能力",走向"无限完善"。这就是人文研究必然以经典解读为中心,也必然从解读经典开始的深层原因。

　　其次,应当掌握经典解读的基本方法。方法是对象的延伸物。解读经典,就必须掌握经典的文本特点。特点何在?简言之,一部经典就是一个多层次的符号结构。中西方关于文本结构的理论有所不同。中国传统的文本理论可称为"易学文本论"。王弼《周易略例·明象》有曰:"夫象者,出意者也。言者,明象者也。尽意莫若象,尽象莫若言。言生于象,故可寻言以观象;象生于意,故可寻象以观意。意以象尽,象以言著。故言者,所以明象,得象而忘言;象者,所以存意,得意而忘象。"在王弼看来,《周易》的文本是由言、象、意三个层次构成的,言、象、意三者相互依存,相互转化,由表入里,表里一致,构成一个有机的整体。西方现代的文本理论可称为"现象学文本论"。波兰现象学美学家罗曼·英加登在《论文学作品》中,将文学作品区分为四个基本层次:(1)字音层(word sounds);(2)意义单元(the meaning units);(3)图示化层面(schematized aspects);(4)被再现的客体(represented object)。字音层是作品的最基本层面,指作品的字、词、句等显示出来的语音组织,具有很强的稳定性;意义单元是指在某一个单元内部,字、词、句等随着上下文的不同而显示出特定的含义,意义单元是文学作品的核心层面;图示化层面是由意义单元所呈现的事物的大致面貌,其中充满"不定点"和"空白点",需要读者通过想象加以"具体化";被再现的客体是指由意义单元通过图示化层面所显示出来的事物的整体面貌或情态。在四个层次之外,英加登认为,在杰出的艺术作品中还存在一种形而上品质(metaphysical qualities),这就是在作品

――――――――――
　　① 林毓生:《中国传统的创造性转化》(增订版),生活·读书·新知三联书店2011年版,第407页。

中所能感受到的崇高性、悲剧性、神圣感、静谧感,等等。①

仔细比较,中国"易学文本论"的简明与西方"现象学文本论"的精细,可以形成理论上的互补。同时,两种理论有两个异中之同:一是二者所说的文本都是指艺术性的文学文本,而文学文本是所有文本中结构最复杂的文本,对其他文本的解读具有普遍参照价值;二是二者都强调文本的有机整体性,这也是其他文本的共同特点。如果说"艺术作品应被看成是一个为某种特别的审美目的服务的完整的符号体系或者符号结构"②;那么历史作品应被看成是一个为某种特别的史学目的服务的完整的符号体系或者符号结构;哲学作品应被看成是一个为某种特别的哲学目的服务的完整的符号体系或者符号结构。与此相联系,文本解读应当做到层次分析与整体把握的有机统一;换言之,在把握整体结构的基础上作由表及里的层次分析,是文本解读的基本原则。

(二)理解意蕴:"得作者苦心于千百年之上"。

经典的解读过程,是理解意蕴的过程,是弄清楚一个文本、一种现象、一件事物的意义和价值的过程。所谓意蕴,就是指多层次的文本结构或形象体系中积聚、蕴蓄的情韵、意味和意义;即文学作品中的情韵,历史作品中的意义,哲学作品中的哲理。理解意蕴与意蕴的理解是一个复杂的精神活动。现代阐释学就是关于理解的哲学,也是一门理解的技艺学,它对理解的规律作了全面研究,对达成正确和准确的理解具有重要的方法论意义。

其一,理解的构成:对象与方法的统一。

解读经典是对象与方法的统一,理解意蕴同样离不开对象与方法。只是理解的对象与方法有更为具体的所指。从对象看,可分为经验的理解与规律的理解。所谓经验的理解,即对具体的经典作品的理解。以文学研究为例,钟嵘的《诗品》以三品论诗,分上、中、下三品,在60则评论中,品评了自《古诗十九首》以下,共120位五言诗人的作品。历代的诗话、词话、曲话、文话,也多以经验性的具体作家作品的理解为主。所谓规律的理解,即对某一学科普遍规律的探讨。以文艺学研究为例,刘勰的《文心雕龙》,"论文叙笔"、"剖情析采",是中国古代研究文章体裁和创作规律最具系统性的著作;亚里士多德的《诗学》,则以模仿为核心范畴,是西方第一部最伟大的以悲剧论为主体的文艺学著作。

从方法看,可分为历史的理解与逻辑的理解。所谓历史的理解,即按照时间

---

① 罗曼·英加登:《论文学作品》,张振辉译,河南大学出版社2008年版,第285页。

② 韦勒克、沃伦:《文学理论》,刘象愚等译,生活·读书·新知三联书店1984年版,第147页。

线索,对历史发展过程做完整的描述。如李泽厚《美的历程》"结语"有曰:"心理结构是浓缩了的人类历史文明,艺术作品则是打开了的时代魂灵的心理学。"①《美的历程》就是一部对中国人审美意识的历史演变作生动描述的美学史著作。冯友兰的《中国哲学简史》则以清晰的线索、简洁的语言,对中国人的"人生的系统反思史"作了完整的阐述。所谓逻辑的理解,即通过抽象思辨,建构理论体系,在系统的逻辑框架中把握对象的本质规律。康德的"三大批判"和黑格尔的"哲学全书",是人类思想史上体系最严密的哲学著作,也是逻辑的理解的最伟大的典范。

其二,理解的前提:"前理解"与"时间距离"。

"前理解"与"时间距离"是进入理解过程的基本前提。首先,一切理解都必然包含某种前理解。因为,作为理解的主体,我们始终处在各种历史传统之中。伽达默尔说:"历史并不隶属于我们,而是我们隶属于历史。早在我们通过自我反思理解我们自己之前,我们就以某种明显的方式在我们所生活的家庭、社会和国家中理解了我们自己。主体性的焦点乃是哈哈镜。个体的自我思考只是历史生命封闭电路中的一次闪光。因此个人的前见比起个人的判断来说,更是个人存在的历史存在。"②前理解有合理的前见和不合理的前见之分。在经典文本的理解中,合理的前见和不合理的前见都卷入进去,融合为一,难以分辨。主体不可能超越自我在理解之前去分辨和剔除自身存在中的不合理前见,只能在理解的过程中以多元开放的姿态,一方面扩大合法的前见的创造过程,另一方面则不断改变和修正错误的前见。

"前理解"是主体进入理解的前提条件,"时间距离"则是主体与文本之间客观存在的前提条件。海德格尔指出:"任何一种存在之理解都必须以时间为其视野。"③伽达默尔进而指出:"时间其实乃是现在植根于其中的事件根本基础。因此,时间距离并不是某种必须被克服的东西。……事实上,重要的问题在于把时间距离看成是理解的一种积极的创造性的可能。"④"时间距离"的积极意义在于,有助于在理解过程中消除不合理的偏见。伽达默尔说得好:"时间距离才能使诠释学的真正批判性问题得以解决,也就是说,才能把我们得以进行理解的真前见

---

① 李泽厚:《美的历程》,文物出版社1981年版,第213页。

② 伽达默尔:《真理与方法》(上卷),洪汉鼎译,上海译文出版社1999年版,第355页。

③ 海德格尔:《存在于时间》(修订译本),陈嘉映、王庆节合译,生活·读书·新知三联书店2014年版,第1页。

④ 伽达默尔:《真理与方法》(上卷),洪汉鼎译,上海译文出版社1999年版,第381页。

（die wahre Vorurteile）与我们由之而产生误解的假前见（die falsche Vorurteile）区分开来。"①在理解过程中，"前理解"与"时间距离"对立而统一，最终实现对文本正确而准确的理解。

其三，理解的过程："问答的逻辑"与"阐释的循环"。

理解的过程是心理的过程，是理解者的内心问与答的过程。伽达默尔因此认为，精神科学的逻辑是一种关于"问和答的逻辑"："谁想寻求理解，谁就必须反过来追问所说的话背后的东西。他必须从一个问题出发把所说的话理解为一种回答，即对这个问题的回答。……我们只有通过取得问题视域才能理解本文的意义，而这种问题视域本身必须包含其他一些可能的回答。……由这种考虑可以看出，精神科学的逻辑是一种关于问题的逻辑。"②内心的问答就是内心的对话，是主体与文本、今人与古人之间超越时空的内心对话过程。当我们面对经典文本，不仅是在读古人的书，而是在与古人对话。必须强调的是，在问与答的对话过程中，提问具有绝对的优先性。伽达默尔："谁想思考，谁就必须提问。"③而提出问题，就是打开了意义的各种可能性，因而就让有意义的东西进入自己的意见之中。俗话所谓，"正确的提问是回答的一半"。

理解过程中的问答逻辑与内心对话不是随意无序的，而是遵循着"阐释的循环"的思维规律。"问答的逻辑"，开启理解的过程，通过"阐释的循环"（the herme-neutic circle），一步步进入文本的深层，不断加强理解的深度，最终达到对文本意蕴的准确理解。所谓阐释的循环，就是在理解过程中，整体只有通过部分来理解，部分又只能在整体的联系中才能理解，两者互为前提，互为因果，交互往复，最终把握文本真谛。钱锺书说："积小以明大，而又举大以贯小；推末以至本，而又探本以穷末；交互往复，庶几乎义解圆足而免于偏枯，所谓'阐释之循环'（der hermeneutische Zirkel）者是矣。"④

中国传统诗学没有"阐释的循环"的概念，但同样遵循"阐释的循环"的规律。仇兆鳌《杜少陵集详注》"自序"曰："注杜者，必反复沉潜，求其归宿所在，又从而句栉字比之，庶几得作者苦心于千百年之上，恍然如身历其世，面接其人，而慨乎有余悲，悄乎有余思也。"这段话，把传统诗评通过"反复沉潜"、"句栉字比"

① 伽达默尔：《真理与方法》（上卷），洪汉鼎译，上海译文出版社1999年版，第383页。
② 伽达默尔：《真理与方法》（上卷），洪汉鼎译，上海译文出版社1999年版，第475页。
③ 伽达默尔：《真理与方法》（上卷），洪汉鼎译，上海译文出版社1999年版，第481页.
④ 钱锺书：《管锥编》，第1册，中华书局1979年版，第171页。

的阐释的循环,"得作者苦心于千百年之上"而最终理解文本意蕴的阐释目标,作了生动完整的描述。

经典文本的意义是极为复杂的,它是由创作意图、叙述意向、文本意蕴和审美意味四要素融成一体的多元结构①。文本意蕴的理解同样是极为复杂的心理过程,它以主体的"前理解"和主客体之间的"时间距离"为理解的前提,由"问答的逻辑"进入理解的过程,然后通过"阐释的循环",一步步进入文本的深层,加强理解的深度,最终达到对文本意蕴的准确把握。

(三)体验生命:"以古人的生命经验丰富我们的生命体验"

人文学科是生命的学问,通过生命的存在,把握生命的精神,认识生命的价值,进而领悟生命的真谛。因此,在解读经典、理解意蕴之后,就进入第三个环节,即体验生命:体验文本背后隐藏的文学生命、历史生命和哲学生命。

人文学科是理解性科学,理解的基础和动力何在? 这就是人文学者的情感体验。所谓体验,是指人文学者随着经典解读的逐步深入,被文本内容深深吸引,身心一体地对之体察、咀嚼、回味以至陶醉其中,心灵受到震撼的一种心理状态。处于情感体验中的人,客观对象完全被接纳到自己的生命世界中,并通过与对象往返回复的交流,把自己生命的本真状态全部开启出来,显露出来。柯林武德把这种"生命的体验"称之为"心灵的重演"。他论述历史学家的工作过程,有一段著名的话:"历史的过程不是单纯事件的过程而是行动的过程,它有一个由思想的过程构成的内在方面;而历史学家所要寻求的正是这些思想过程。一切历史都是思想史。但是历史学家怎样识别他所努力要发现的那些思想呢? 只有一种方法可以做到,那就是在他自己的心灵中重行思想它们。……思想史、并且因此一切的历史,都是在历史学家自己的心灵中重演过去的思想。"②柯林武德的"重演"说,不仅强调了体验的重要,而且精辟地揭示了体验的特点。同时,人文学者的情感体验是一种全身心的心理活动,各种心理因素被充分调动起来,形成一股以情感为中心的强大的生命之流,从而达到对文本背后的生命经验的深度把握。狄尔泰说:"在各种人文学科中发挥作用的理解能力,存在于人的整体之中,人文科学的巨大成就并不单独产生于才智的能力,而产生于人的生命的丰富

① 陈文忠:《论文学意义——"意义整体"的动态生成和历史累积》,载《文学美学与接受史研究》,安徽人民出版社2008年版,第2—37页。

② 柯林武德:《历史的观念》(增补本),何兆武等译,北京大学出版社2010年版,第212—213页。

和力量。"①换言之,理性的理解能力存在于"人的整体"之中,理解是以感性的情感体验为基础和动力的综合性心理活动。缺乏生命的丰富性和力量的人,是不可能达到理解的深度的。

体验生命的过程,是以研究主体的生命经验体验文本背后隐藏的生命内涵和生命意蕴的过程。因此,体验过程包含对象和主体两个方面。一方面,不同性质的学术文本其生命内涵的表现各有特点;另一方面,研究主体不同的生命经验直接影响体验的深度和广度。

首先,不同性质的学术文本,生命内涵的表现方式和主体体验,各有不同的特点。

哲学是概念和范畴的体系,哲学史家的生命体验,便是体验哲学概念背后的哲学生命和哲学智慧。柯林武德描述"心灵重演"时,以柏拉图为例写道:"一个阅读柏拉图的哲学史家是在试图了解,当柏拉图用某些字句来表达他自己时,柏拉图想的是什么。他能做到这一点的唯一方法就是由他自己来思想它。事实上,这就是当我们说'理解'了这些字句时,我们的意思之所在。"②哲学史家只有通过"由他自己来思想"的"心灵重演"或心理体验,才能真正"理解"哲学家的深邃思想。陈寅恪在冯友兰《中国哲学史》的"审查报告"中所强调的"应具了解之同情"说,对哲学体验的原因和特点,作了更为具体的论述。首先,"古人著书立说,皆有所为而发。故其所处之环境,所受之背景,非完全明了,则其学说不易评论,而古代哲学家去今数千年,其时代之真相,极难推知。吾人今日可依据之材料,仅为当时所遗存最小之一部,欲藉此残余片段,以窥测其全部结构,必须备艺术家欣赏古代绘画雕刻之眼光及精神,然后古人立说之用意与对象,始可以真了解";进而,这种"艺术家欣赏古代绘画雕刻之眼光及精神"的"真了解",便是"神游冥想"的"了解之同情":"所谓真了解者,必神游冥想,与立说之古人,处于同一境界,而对于其持论所以不得不如是之苦心孤诣,表一种之同情,始能批评其学说之是非得失,而无隔阂肤廓之论。"③在陈寅恪看来,哲学史家必须具备"艺术欣赏的眼光",经过"神游冥想"的心理过程,才可能对哲学家的"苦心孤诣",达到"了解之同情"的"真了解"。其实,柯林武德的"心灵的重演"和陈寅恪的"了解之同情",都源于狄尔泰的"体验论",对认识学术研究中的情感体验,具有普遍

---

① 韦尔海姆·狄尔泰:《人文科学导论》,赵稀方译,华夏出版社2004年版,第39页。
② 柯林武德:《历史的观念》(增补本),何兆武等译,北京大学出版社2010年版,第213页。
③ 陈寅恪:《金明馆丛稿二编》,生活·读书·新知三联书店2001年版,第279页。

意义。

历史是人物和事件的过程，历史学家的生命体验，便是体验历史事件隐含的历史生命和历史情势。柯林武德描述"心灵重演"时，以恺撒为例写道：对于"面前呈现着有关尤里乌斯·恺撒所采取的某些行动的叙述的政治史家和战争史家，乃是在试图理解这些行动，那就是说，在试图发现在恺撒的心中是什么思想决定了他要做出这些行动的。这就蕴涵着他要为自己想象恺撒所处的局势，要为自己思想恺撒是怎样思想那种局势和对付它的可能办法的。"[①]同样，历史学家只有在自己的心灵中，"重演"恺撒在特定的历史情势下的所思所想和可能采取的行动，他才可能真正"理解"当年的恺撒。历史的存在离不开个人，历史学家必须十分熟悉这种个体的人。然而，"只有历史学家跨越了时间的长河，弄情了那些辛劳的、热情的、固守自己习惯的、其声音和容貌、姿势和衣着，完全清清楚楚，就像刚刚在街上与我们分手的活生生的人的时候，真正的历史才能形成。"[②]这一过程，正是历史学家通过"心灵的重演"和"了解之同情"，在历史事件中体验历史性格的过程。

文学是意象和形象的体系，文学研究者的生命体验，则是体验意象体系和形象体系背后隐藏的文学生命和文学情怀。文学是心学，是心灵的学问。泰纳指出："如果一部文学作品内容丰富，并且人们知道如何去解释它，那么我们在这部作品中所能找到的，会是一种人的心理，时常也就是一个时代的心理，有时更是一个种族的心理。"[③]据此，作为文学史家的泰纳，特别强调文学研究中的情感体验，强调文学史家通过作品，体验文本背后所隐藏的，个体的、时代的、种族的文学生命、文学情怀和文学心灵。在自述文学史研究的方法时，泰纳写道："当你用你的眼睛去观看一个看得见的人的时候，你在寻找什么呢？你是在寻找那个看不见的人"；一个文学史家，就"置身于艺术家或作家的灵魂所扮演的戏剧中；举凡字的选择、句的简短或长度、比喻的性质、诗行的音节、论点的展开，对他都是一个象征；当他的眼睛看着那一段文字的时候，他的全副精神都在追踪着感情和概念之不断发展和不断变化的连续，而这段文字便是从这种发展和连续之中产生的；总之，他是在研究这段文字所含的心理学。"[④]文学是一个虚构的世界，一个

---

① 柯林武德：《历史的观念》（增补本），何兆武等译，北京大学出版社2010年版，第213页。

② 泰纳：《〈英国文学史〉导论》，朱雯等编选：《文学中的自然主义》，上海文艺出版社1992年版，第28页。

③ 伍蠡甫主编：《西方文论选》（下卷），上海译文出版社1979年版，第241页。

④ 伍蠡甫主编：《西方文论选》（下卷），上海译文出版社1979年版，第236页。

复杂的多层次的审美世界。因此,相比哲学与史学,文学文本的深度理解,需要研究者更为丰富、更具想象力的情感体验;否则,难以寻找到文本背后那个"看不见的人",也难以体会文本隐藏的文学心灵和人生情怀。

其次,体验文本的生命内涵以自我的生命经验为前提,研究主体不同的生命经验,直接影响着生命内涵体验的深度和广度。

生命体验与意义理解具有密切关系:一方面,对文本意义理解的目的是为了体验古人的生命经验;另一方面,要深入体验古人的生命经验,研究者自己必须要有丰富的生命体验。换言之,人文学者解读经典、理解意义所达到的力度、深度和广度,在很大程度上取决于人文学者自身的生命体验的力度、深度和广度。因为,你所获得的,是你的心中已有的;你所理解的,是以你的前理解为基础的。古人云:"诗中有画,画中有诗"。然而,你只有"心中有画",才能见到"诗中之画";你只有"心中有诗",才能读出"画中之诗"。

对于一个历史学家来说,"个人经验之光"会照亮他的研究对象。卡西尔曾说:"伟大历史家的与众不同之处正是在于他的个人经验的丰富性、多样性和强烈性。否则他的著作就一定是死气沉沉平庸无力的。但是在这种方式下,我们怎么可能希望达到历史知识的最终客观性,我们怎么可能发现事物和事件的真理?……如果历史家成功地忘却了他的个人生活,那他就会由此而达不到更高的客观性。相反,他就会使自己无权作为一切历史思想的工具。如果我熄灭了我自己的个人经验之光,就不可能观看也不可能判断其他人的经验。"[1]

历史的"更高的客观性",取决于历史学家"个人经验之光",取决于历史学家个人的生命经验,这是一个深刻而辩证的历史学真理。

同样,在文学艺术的领域里,文艺史家如果没有丰富的个人经验,没有敏锐的感受力,就无法写出一部文学艺术史。别林斯基是俄罗斯19世纪最伟大的文学批评家和文学史家,他以自己的学术经历告诫后人:"敏锐的诗意感觉,对美文学印象的强大感受力——这才应该是从事批评的首要条件,通过这些才能够一眼就分清虚假的灵感和真正的灵感,雕琢的堆砌和真情实感的流露,墨守成规的形式之作和充满美学生命的结实之作,也只有在这样的条件下,强大的才智,渊博的学问,高度的教养才有意义和重要性。"[2]作家需要丰富、多样、强烈的人生体验,批评家同样如此。没有对作品深入真切的审美感受和审美体验,批评家是不

①　恩斯特·卡西尔:《人论》,甘阳译,上海译文出版社1985年版,第237页。
②　《别林斯基选集》,第1卷,辛未艾译,上海译文出版社1981年版,第224页。

可能对作品作出正确的、令人信服的分析和评价的。

托尔斯泰有句名言："幸福的家庭是一样的,不幸的家庭各有各的不幸。"同样,幸福的人生是一样的,不幸的人生各有各的体验。人文学者的困顿坎坷,是现实人生的苦难,却可能是学术生命的恩赐,它往往有助于人文学者对宇宙人生、对人的生命存在和生命活动、对人的本质和人的心灵,达到更为深刻、更为透彻的理解和体验,从而创造出伟大的人文经典。人类文化史上伟大的人文经典,大多是"苦闷的象征"和"苦难的结晶"。司马迁《报任安书》有一段名言:

> 文王拘而演《周易》;仲尼厄而作《春秋》;屈原放逐,乃赋《离骚》;左丘失明,厥有《国语》;孙子膑脚,《兵法》修列;不韦迁蜀,世传《吕览》;韩非囚秦,《说难》、《孤愤》;《诗》三百篇,大抵贤圣发愤之所为作也。此人皆意有所郁结,不得通其道,故述往事,思来者。

一个人文学者自身若没有足够的人生历练和深刻的生命体验,既难以体验古人的生命经验,更难以创造出有价值的人文作品。

最后,必须指出,人文学者的生命体验是以各自的生命经验为基础的,因而绝不是消极的、被动的,它必然是积极的、批判性的,因而也是建设性和创造性的。柯林武德说得好:历史学家的"心灵重演","并不是消极屈服于别人心灵的魅力之下;它是积极的,因而也就是评判的思维的一种努力。历史学家不仅是重演过去的思想,而且是在他自己的知识结构之中重演它;因此在重演它时,也就批评了它,并形成了他自己对它的价值的判断,纠正了他在其中所能识别的任何错误。"[1]意义的理解以体验为基础,理解和体验包含着批判性,批判性思维则导向意义的转换和创新。

(四)阐释意义:"把古代传统转化为现代智慧"。

阐释学是一门关于理解的学问,从理解的进程看,它是理解、阐释和运用三位一体的过程。理解是基于生命体验的内心对话;阐释是创造性理解成果的语言传达;运用则是付诸行动而由理解进入实践领域。因此,阐释意义,即运用语言文字对经过阐释的循环获得的创造性意义加以说明和解释,是学术研究的最后一个环节。学术研究中的阐释意义或意义阐释,有三点需要说明:阐释与理解有所不同;阐释的过程是意义的现代转化;阐释的成果是"意义的累积"或"知识的增长"。

---

① 柯林武德:《历史的观念》(增补版),何兆武等译,北京大学出版社2010年版,第213页。

　　首先,理解与阐释是人文学科方法论的本质特征。那么,阐释与理解的区别何在？一般地说,理解与阐释在日常用法中密切相关而无明显区别。阐释某人某事就是阐释者以能够使人明白的方式来对它做出理解。但是,西方阐释学从施莱尔马赫到狄尔泰、从海德格尔到伽达默尔,对理解与阐释二者作出了明确的区分。综合上述诸家的观点,再结合学术研究的逻辑进程,阐释与理解的区别或阐释的特点,大致表现在三个方面:其一,阐释的语言性。F.赖特在区分阐释与理解时认为:"'理解'所含有的心理学味道却是'解释'所没有的。"①换言之,理解是心理的而阐释则是语言的。施莱尔马赫就是在语言学层面上却分阐释与理解的。在施莱尔马赫看来,阐释总是一种语言的表达,是语言以文字、言谈以及躯体动作公开地表达出来;而理解则可以在语言和非语言的心理层次上实现,它停留在主体内部,运思体会并完成对意蕴的领悟。理解和阐释的内容都是文本的意义,当意义在整体关系中凸显时,就可视为理解的实现,当意义通过语言被表达或逐次展开时,就是在被阐释说明。第二,阐释的规范性。理解所含有的"心理学味道"容许它可以始终处在"只可意会而不可言传"的状态,阐释的语言性则要求它超越"只可意会"而"必须言传",必须达到言说的明晰性和规范性。无论是从一般规律出发的"规定判断",还是从特殊出发去寻找普遍性的"反思判断",阐释意义都必须借助科学概念和概念框架去解释、说明、分析事物的含义、原因和理由等等。没有参照和比较就没有阐释。阐释就是把对象置于新的参照系之下,通过对照和比较予以说明和解释。阐释的"言传"所借助的科学概念和概念框架,使它具有了不同于理解的"意会"所不具有的明晰性和规范性。对一个论题的完整阐释就是一篇学术论文,一篇学术论文就是"系统提问的系统回答"。第三,阐释的生发性。理解意蕴,首要是面对文本和作者的原义而更强调理解的客观真实性;阐释意义,则必然会融入阐释者的主观创见而具有意义的生发性。在说明阐释何以可能和必要时,狄尔泰指出:"如果生活表现完全是陌生的,阐释就不可能。如果这类表现中没有任何陌生的东西,阐释就无必要。阐释正在于这互相对立的两极之间。哪里有陌生的东西,哪里就需要阐释,以便通过理解的艺术将它把握。"②阐释需要阐释者化陌生为熟悉,化过去为现在,拉近时间距离,填平历史鸿沟,达到两种视野的融合,这一切没有阐释的生发性是不可能的。而

---

　　① F.赖特:《说明和理解》,载《哲学译丛》1988年第5期。

　　② 狄尔泰:《历史理解批判草案》,转引自张隆溪:《二十世纪西方文论述评》,生活•读书•新知三联书店1986年版,第176页。

人文学科"意义的累积"或"知识的增长"正基于阐释的生发性。

其次，阐释的重要目的是消除文本的"时间距离"，使古老的经典获得现代生命。因此，阐释的过程便是意义的现代转化的过程。钱锺书说："我以为史学的难关不在将来而在过去，因为，说句离奇的话，过去也时时刻刻在变换的。我们不仅把将来理想化了来满足现在的需要，我们也把过去理想化了来满足现在的需要。同一件过去的事实，因为现在的不同，发生了两种意义。"[①]钱锺书对历史学的这一观察，深刻揭示了人文学科意义阐释的现代性与意义的现代转化的普遍规律。

阐释的过程和目的是意义的现代转化或传统的创造性转化，而"传统的现代转化"的是多层次的，至少表现在五个方面：一是观念的现代转化，借用英国学者海尔的话说，就是"把其他时代的思想译成自己所处时代的语言"[②]；二是概念的现代转化，借用克罗齐的话说，就是"根据过去的概念，依样造出内容相同的新的经验概念，以适应新的文化环境和我们要说明的新情况"[③]；三是结构的现代转化，借用萨特的话说，就是"在原先没有秩序的地方引进一个秩序"[④]；四是横向比较的现代阐释，借用朱光潜的话说，就是"移西方思想之花接中国传统之木"[⑤]；五是境界的现代转化，借王国维的话说，就是"借古人之境界为我之境界"[⑥]。如此等等。

在文化交流全球化的今天，我们对中国思想传统进行现代阐释自然不能不援引西方的概念和分析方式。理由很简单：现代阐释的要求即直接起于西方思想的挑战，这和宋明新儒学之起于对佛教的回应基本上是相类似的。那么，如何正确"援引西方的概念和分析方式"？余英时在《〈中国思想传统的现代诠释〉自序》中，对现代阐释中"援引西方的概念和分析方式"和"直接套用西方现成的理论"作了严格区分。余英时指出："我们有必要在实践中尽量把西方的概念和分析方式与西方的理论加以区别。这里所谓西方的理论当然是指那些解释西方文化和思想传统的理论。西方的概念和分析方式是相应于西方传统中的特殊现象而发展出来的；两者之间自有内在的关联。但是各大思想传统之间的异趣毕竟

① 钱锺书：《写在人生边上的边上》，生活・读书・新知三联书店2005年版，第282页。

② 约翰・格罗斯：《牛津格言集》，王怡宁译，汉语大词典出版社1991年版，第364页。

③ 克罗齐：《美学原理・美学纲要》，朱光潜、韩邦凯、罗芃译，外国文学出版社1983年版，第292页。

④ 施康强选译：《萨特文论选》，人民文学出版社1991年版，第115页。

⑤ 《朱光潜全集》，第10卷，安徽教育出版社1993年版，第648页。

⑥ 王国维：《人间词话》，《〈蕙风词话〉〈人间词话〉》，人民文学出版社1960年版，第227页。

不能完全抹杀它们仍有许多共同的地方。"相反,任何以西方现成的理论直接套用在中国经验之上的努力都不免要削足适履。因此,"西方绣成的鸳鸯固然值得借鉴,但更重要的则是取得西方人绣鸳鸯的针法。"①余英时在思想史研究中也不免"援引西方的概念和分析方式"。但他反复强调,学术的立足点永远是中国传统及其原始典籍内部中所呈现的脉络,而不是任何外来的"理论架构"。在余英时看来,学术发展到今天,在传统的现代阐释中援引西方的概念和分析方式,最为理想的境界应当是:"中西观念的'格义'、西方概念的'本土化'和现代诠释这三层工作今天都必须在同一阶段中'毕其功于一役'."②余英时提出的应三者合一的"三层工作",是我们应当遵循的原则,也是我们应当追求的境界。

再次,阐释的结果是"意义的累积"或"知识的增长",这是阐释的生发性和创造性的必然结果。"知识的增长"是波普尔提出的命题。在《猜想与反驳》中,他阐述并建立了"科学发现"和"科学知识的增长"的方法论。在他看来,科学知识的增长是一个动态的过程,"猜想—反驳方法论"就是关于科学发现的方法论,而科学发现和知识的增长则无不经历"问题——尝试性解决——排除错误——新的问题"的四部曲。波普尔进而认为,《猜想与反驳》所建立的方法论,"适用于许多主题,从哲学问题、自然科学史和社会科学史问题到历史和政治问题"③。在"可证伪性"上,自然科学与人文学科有本质的区别。但在知识增长的动态性上,二者是基本一致的;自然科学的"猜想与反驳"与人文学科的"阐释的循环",也不妨相互结合、互为补充。

但必须指出,人文学科的"知识增长"不是"范式革命",而是"意义累积",这是人文学科意义阐释的特点之所在。具体地说,人文学科的"意义的累积"或"知识的增长",主要表现在以下几个方面。

一是经典意蕴的新的展现。伽达默尔的《真理与方法》中有段名言,认为经典作品意义的"汲舀"是永无止境的。他说:"对一个本文或一部艺术作品里的真正意义的汲舀(Ausschöpfung)是永无止境的,它实际上是一种无限的过程。这不仅是指新的错误源泉不断被消除,以致真正的意义从一切混杂的东西被过滤出来,而且也指新的理解源泉不断产生,使得意想不到的意义关系展现出来。"④没

① 余英时:《厄言自纪——余英时自序集》,北京大学出版社2012年版,第140—141页。
② 余英时:《厄言自纪——余英时自序集》,北京大学出版社2012年版,第143页。
③ 卡尔·波普尔:《猜想与反驳——科学知识的增长》,傅季重等译,上海译文出版社1986年版,第2页。
④ 伽达默尔:《真理与方法》(上卷),洪汉鼎译,上海译文出版社1999年版,第383页。

有经典我们会停止思考,没有阐释经典则毫无意义。经典通过阐释,就可以"使新的理解源泉不断产生,使得意想不到的意义关系展现出来"。经典意义的新理解和新展现,可以分为两个层次:一是经典的阐释史,使经典的意义不断得到历史的积淀,这量的增长;二是经典的新解读,使经典的价值得到现代转化,这是质的增长。当然,经典的阐释史和经典的新解读是不可分割互为前提的,经典的新解读以经典的阐释史为基础,经典的阐释史以经典的新解读为动力。

二是学术理论的新的发展。在意义的生发性阐释中,理论的新发展有不同的表现;如,从无到有的发现,即全新的学术创见的提出;如,从表层向深层挺进,即一个理论命题向纵深的发掘;再如,从根苗到体系演绎,即一个孤单的学术见解发展成完整的思想系统。在中国古代美学的研究中,钱锺书的注意力不在"名牌的理论著作",相反特别看重那些不为人重视的"自发的孤单的见解"。他有一段发人深省的话:"一般'名为'文艺评论史也'实则'是《历代文艺界名人发言纪要》,人物个个有名气,言论常常无实质。倒是诗、词、随笔里,小说、戏曲里,乃至谣谚和训诂里,往往无意中三言两语,说出了精辟的见解,益人神智;把它们演绎出来,对文艺理论很有贡献。也许有人说,这些鸡零狗碎的东西不成气候,值不得搜采和表彰,充其量是孤立的、自发的偶见,够不上系统的、自觉的理论。不过,正因为零星琐屑的东西易被忽视和遗忘,就愈需要收拾和爱惜;自发的孤单见解是自觉的周密理论的根苗。"①这段话的启迪是多方面的,而生发性的阐释和"演绎",则是从"自发的孤单的见解"发展为"自觉的周密理论"过程中必不可少的学术环节。

此外,人文学科的"知识增长",还表现在方法的更新和学科的拓展诸方面。学术方法的更新,包括旧方法的完善和新方法的提出。前者如"历史文化批评"从赫尔德、斯达尔夫人到丹纳的发展,"新批评"从艾略特、兰色姆到韦勒克的发展;后者如20世纪初"对实证主义反抗"之后,西方人文学者提出的形形色色的新方法。学科领域的拓展,同样包括旧学科的完善和新学科的创立。前者如从鲍姆加通的《美学》到康德的《判断力批判》,现代美学学科终于形成独立的体系;后者如从传统的"诗文评"到现代"文艺学",现代文艺学学科体系获得创立和发展。而无论方法的更新还是学科的拓展,都离不开人文学者的阐释活动,都是生发性和创造性的阐释活动的积极成果。

人文学科的学术方法,既包括研究方法,也应包括传播方式。以下略谈人文

① 钱锺书:《七缀集》(修订本),上海古籍出版社1994年版,第33页。

学科的传播方式,作为本章的结语。

人文学术的传播,就是人文精神的传播。人文学者作为"人类的导师",人文精神的传播是人文学者存在的本质之所在,也是人文学者的使命之所在。人文学者服务于社会,传播人文学术和人文精神的方式是多样的,概而言之主要有六种方式:即学术论文、学术专著、专业教材、课堂教学、学术讲演和学术会议。学术传播的上述方式,各有自己的学术原则和学术要求,简述如下。

(1)学术论文:求创新——新见解、新材料、新方法。

(2)学术专著:求深度——学术论题的逻辑延伸和历史延伸。

(3)专业教材:求系统——本专业经典常识准确系统的阐述。

(4)课堂教学:求明晰——深入浅出,条理清晰,阐述精当,举例生动。

(5)学术讲演:求生动——学术论题的通俗化和学术表述的生动性。

(6)学术会议:求多元——学术个性和学术思维的平等对话、相互碰撞。

司马迁曰:"孔子以诗书礼乐教,弟子盖三千,身通六艺者七十有二人。"(《史记·孔子世家》)如果说《诗》、《书》、《礼》、《乐》、《易》、《春秋》,是中国古代人文学者身通的"六艺";那么论文、专著、教材、教学、讲演和论辩,则是现代人文学者应通的"新六艺"了。

第四章　人文学科的学术提问

❖❖❖

问题是学术的中心,没有提问就没有学问。在学术研究中,问题具有绝对的优先性。所谓"学术问题","学术"寻找"问题","问题"需要"学术","学术"通过解决"问题"而得到发展,"问题"与"学术"紧密相联。本章首先阐明学术提问的重要性;进而讨论学术提问的三条原则和五条途径;最后试图探讨一个令人困惑的问题,即为什么人文学科的问题大多是"老生常谈"或"经典常谈"?为什么需要"经典常谈"?又如何做到"常谈常新"?

一、"问题是学术的中心"

"问题是哲学的中心,论证是哲学的精髓",这是著名西欧哲学史家陈康先生的学术名言。他在论述哲学方法的一篇文章中写道:

> 哲学思考中的主要成分是现象、问题、讨论、解答。现象是问题的泉源,问题的讨论和解答是论证。因此,问题是哲学的中心,论证是哲学的精髓。……学哲学的人必须训练自己怎样分析问题,怎样陈述问题,怎样讨论问题,和怎样解答问题。[1]

其实,学术提问的重要性不只是存在于哲学研究之中,包括自然科学、社会科学、人文学科在内的一切人类学术,无不以有价值的学术问题为前提、为中心。因此,问题是哲学的中心,问题也是一切学术的中心。

为什么"问题是学术的中心"?

首先,从人类的学术史和知识史看,学术起于疑问,知识起于惊奇。古希腊

---

① 陈康:《哲学——学习的问题》,《陈康:论希腊哲学》,商务印书馆1995年版,第534页。

有句格言:"智慧源于惊异"。在探寻人类知识的起源时,亚里士多德写道:

> 古今来人们开始哲理探索,都应起于对自然万物的惊异;他们先是惊异于种种迷惑的现象,逐渐积累一点一滴的解释,对一些较重大的问题,例如日月与星的运行以及宇宙之创生,作成说明。一个有所迷惑与惊异的人,每自愧愚蠢(因此神话所编录的全是怪异,凡爱好神话的人也是爱好智慧的人);他们探索哲理只是为想脱出愚蠢。①

从"迷惑与惊异"到"哲理探索",从"哲理探索"到"脱出愚蠢",亚里士多德揭示了人类童年知识史和学术史起源的心理根源,同时也道出了人的童年爱好童话和神话的深层心理奥秘。

中国先哲描述八卦的创生,曰:"古者庖牺氏之王天下也,仰者观象于天,俯者观法于地,观鸟兽之文与地之宜,近取诸身,远取诸物,于是始作八卦,以通神明之德,以类万物之情。"(《周易·系辞》)首先"惊异"于天地之象,而后"师法"于天地之象;费尔巴哈所谓:"最初的哲学家,就是天文学家。天空使人想到自己的使命,即想到自己不仅生来应当行动,而且,也应当要观察。"②都无不说明人类的学术史和知识史,起源于先民的"迷惑与惊异",起源于人类面对浩渺的宇宙和诡谲的人生所提出的种种问题。

其次,从学者的学术生命和学术创造看,有问题就有学问,没问题就没学问。"问题"是学者的品格。每一个现代学者都有自己的学术领域,每一个有成就的学者都意味着提出和解决了本领域有价值的学术问题。如果说一个学者的学术生命始于"有问题",那么一个学者的学术生命则终结于"没问题"。维特根斯坦是剑桥大学著名哲学家穆尔的学生。有一天,著名哲学家罗素问穆尔:"你最好的学生是谁?"穆尔毫不犹豫地说:"维特根斯坦。"为什么?穆尔说:"在所有的学生中,只有他一个人在听课时总是露出一副茫然的神色,而且总是有问不完的问题。"后来,维特根斯坦的名气超过了罗素。有人问维特根斯坦:"罗素为什么会落伍?"维特根斯坦说:"因为他没有问题了。"

何为学者?学者就是把结论变成问题的人,所谓"不疑处有疑"。对一个学者来说,没问题是最大的问题。尽管他仍然还在不断写作,仍然还会到处演说,但最多只能新瓶装旧酒,变着法儿重复过去,失去了学术的新意,也失去了思想的魅力。

再次,从学术研究的过程看,问题是学术探究的动力,问题是学术思维的开始,问题也开启了潜在的意义和答案。中世纪学者所罗门·伊本·加比洛尔有句

---

① 亚里士多德:《形而上学》,吴寿彭译,商务印书馆1997年版,第5页。

② 费尔巴哈:《基督教的本质》,荣震华译,商务印书馆1997年版,第34页。

名言："一个聪明人的问题，包含着答案的一半。"[①]为什么？首先，学术思维的过程实质是内心对话的过程，而对话的原始程序遵循着问和答的逻辑。有问方有答，有问应有答，有问必有答。谁想思考，谁就必须提问。提问启发思考，提问促进探究，问题成为创造性思维的动力。一部人类的学术史，就是"问"和"答"的历史，就是学术提问和学术回答的历史。其次，理解一个问题，就是对这个问题提出问题。而提出问题，就是打开了意义的各种可能性，既可能让有意义的东西进入自己的意识中，也意味着问题总是处于悬而未决之中。所以，即使一个聪明人的问题也只是答案的一半，也只可能是答案的一半。问题的决定是通向知识之路，却并非知识的获得。

关于"问题"在学术研究中的重要地位，德国哲学家伽达默尔论述"问题在诠释学里的优先性"时作过精辟阐释。他指出："在所有经验里都预先设定了问题的结构。如果没有问题被提出，我们是不能有经验的"；因此，"问题的本质包含：问题具有某种意义。但是，意义是指方向的意义（Richtungssinn）。所以，问题的意义就是这样一种使答复唯一能被给出的方向……问题使被问的东西转入某种特定的背景中。问题的出现好像开启了被问东西的存在。因此展示这种被开启的存在的逻各斯已经就是一种答复。它自身的意义只出现在问题的意义中。"[②]所谓"问题意义的方向性"、"问题的出现开启了被问东西的存在"以及"问题使被问的东西转入某种特定的背景中"等等，伽达默尔把"一个聪明人的问题包含答案的一半"这句中世纪格言，从哲学阐释学的角度作了深入的学理阐释。

二、学术提问的"三无"原则

问题是学术的中心，提问则没有限制。无论古今，不问东西，更不应作有用无用的计算。1911年，王国维为罗振玉所办的《国学丛刊》写了一篇序，这篇著名的《国学丛刊序》，既可视为20世纪中国学术史的"学术开篇"，也可视为中国现代学术史的"学术宣言"。其重要意义在于，王国维明确地提出了学术提问的"三

[①] 约翰·格罗斯：《牛津格言集》，王怡宁译，汉语大词典出版社1991年版，第307页
[②] 伽达默尔：《真理与方法》（上卷），洪汉鼎译，上海译文出版社1999年版，第465—466页。

无"原则;这是中国现代学术独立的标志①,是每一个现代学者应当秉持的学术原则,也是推动学术不断发展的基本保证。

《序》的开篇,王国维针对当时中国学界视野狭隘、目光短浅、功利主义盛行的弊端,开宗明义:

> 学之义不明于天下久矣! 今之言学者,有新旧之争,有中西之争,有有用之学与无用之学之争。余正告天下曰:学无新旧也,无中西也,无有用无用也。凡立此名者,均不学之徒。即学焉,而未尚知学者也。②

王国维"正告天下":"学无新旧也,无中西也,无有用无用也。""无"者,无禁区、无偏见、无功利之心也。这是王国维揭示的学术原则,也是人文学科的普遍原则和人文学者应有的学术境界。王国维指出:"凡立此名者,均不学之徒。即学焉,而未尚知学者也。"陈寅恪论王国维学术精神曰:"先生之学说,或有时而可商。惟此独立之精神,自由之思想,历千万祀,与天壤而同久,共三光而永光。"③王国维的"三无"原则,正是其"独立之精神,自由之思想"在学术研究中的体现。

"三无"原则的具体内涵如何?"三无"原则在当时、在今天以至在将来具有怎样的意义?这是每一个"走向学者之路"的青年,是不能不知的。

首先,"学无新旧也",这主要是就学术对象而言。为什么"学无新旧"?王国维写道:

> 夫天下之事物,自科学上观之,与自史学上观之,其立论各不相同。自科学上观之,则事物必尽其真,而道理必求其是,凡吾智之不能通,而吾心之所不能安者,虽圣贤言之,有所不信焉;虽圣贤行之,有所不慊焉。何则?圣贤所以别真伪也,真伪非由圣贤出也;所以明是非也,是非非由圣贤立也。自史学上观之,则不独事理之真与是者,足资研究而矣,即今日所视为不真之学

---

① 刘梦溪《学术独立与中国现代学术传统》:"中国传统学术向现代学术转型","就学者的主观认知而言,有四重障蔽应予以破除。第一、学术是手段还是目的;第二、'有用之学'与'无用之学';第三、中学和西学之争;第四、新旧古今之争。……王国维、梁启超等现代学术的开山人物,为破除四重障蔽曾作出巨大努力。"(《传统的误读》,河北教育出版社1996年版,第79页)其实,"学术是手段还是目的"隐含在"有用之学"与"无用之学"之中,故确立"三无"原则,即可破除"四重障蔽",实现"传统学术向现代学术转型"。

② 王国维:《国学丛刊序》,载《王国维全集》,第14卷,浙江教育出版社、广东教育出版社2012年版,第129页。

③ 陈寅恪:《清华大学王观堂先生纪念碑铭》,载《金明馆丛稿二编》,生活·读书·新知三联书店2001年版,第246页。

说,不是之制度风俗,必有所以成立之由,与其所以适于一时之故。其因存于
邃古,而其果及于方来,故材料之足资参考者,虽至纤悉,不敢弃焉。故物理
学之历史,谬说居其半焉;哲学之历史,空想居其半焉;制度风俗之历史,弁髦
居其半焉;而史学家弗弃也。此二学之异也。然治科学者,必有待于史学上
之材料,而治史学者,亦不可无科学上之知识。今之君子,非一切蔑古,即一
切尚古。蔑古者出于科学上之见地,而不知有史学;尚古者出于史学上之见
地,而不知有科学;即为调停之说者,亦未能知取舍之所以然。此所以有古今
新旧之说也。[①]

　　王国维从"科学"和"史学"两方面,分别阐述了学无新旧的原因;进而揭示
了"蔑古"与"尚古"的谬误所在:"蔑古者出于科学上之见地,而不知有史学;尚
古者出于史学上之见地,而不知有科学;即为调停之说者,亦未能知取舍之所以
然。"在学术研究中,非此即彼的"科学"立场和"史学"立场都是错误的;相反,
"科学"与"史学"必须相互结合,"古今"与"新旧"应当相互融通。因为,"治科学
者,必有待于史学上之材料,而治史学者,亦不可无科学上之知识"。

　　其次,"学无中西也",这既包含学术对象,又包含学术方法。为什么"学无中
西"? 王国维写道:

　　世界学问,不出科学、史学、文学。故中国之学,西国类皆有之,西国之
学,我国亦类皆有之;所异者,广狭疏密耳。即从俗说,而姑存中学西学之名,
则夫虑西学之盛之妨中学,与虑中学之盛之妨西学者,均不根之说也。中国
今日,实无学之患,而非中学西学偏重之患。京师号学问渊薮,而通达诚笃之
旧学家,屈十指以计之,不能满也;其治西学者,不过为羔雁禽犊之资,其能贯
通精博,终身以之如旧学家者,更难举其一二。风会否塞,习尚荒落,非一日
矣。余谓中西二学,盛则俱盛,衰则俱衰,风气既开,互相推助。且居今日之
世,讲今日之学,未有西学不兴,而中学能兴者;亦未有中学不兴,而西学能兴
者。特余所谓中学,非世之君子所为中学;所谓西学,非今日学校所授之西学
而已。治《毛诗》、《尔雅》者,不能不通天文博物诸学。而治博物学者,苟质以
《诗》、《骚》草木之名状而不知焉,则于此学固未谓善。必如西人之推算日食,
证梁虞门唐一行之说,以明《竹书纪年》之非伪。由《大唐西域记》以发见释迦

　　① 王国维:《国学丛刊序》,载《王国维全集》,第14卷,浙江教育出版社、广东教育出版社2012年版,第
130—131页。

之支墓,斯为得矣。故一学既兴,他学自从之,此由学问之事,本无中西。彼
龊龊焉虑二者之不能并立者,真不知世间有学问事者矣![1]

"余谓中西二学,盛则俱盛,衰则俱衰,风气既开,互相推助",这已成为现代
学术史上的名言,也成为现代学者的共识[2]。而王国维所说的"中学"与"西学",
至少包含两层意思:一是"学科分类",即所谓"世界学问,不出科学、史学、文学。
故中国之学,西国类皆有之,西国之学,我国亦类皆有之";二是"学术方法",所谓
"特余所谓中学,非世之君子所为中学;所谓西学,非今日学校所授之西学而已。
治《毛诗》、《尔雅》者,不能不通天文博物诸学。而治博物学者,苟质以《诗》、《骚》
草木之名状而不知焉,则于此学固未谓善",即强调中西学术方法和学术思维的
相互为用。在国门洞开的今天,"学无中西",已成国人常识;"居今日之世,讲今
日之学,未有西学不兴,而中学能兴者;亦未有中学不兴,而西学能兴者",亦成国
人共识。王元化曾说:"研究中国文化不能以西学为坐标,但必须以西学为参
照。"[3]则以更为坚定的语气,表达了百年前"学无中西"的观念。

再次,"学无有用无用也",这主要是就学术价值而言。为什么"学无有用无
用"?王国维写道:

> 余谓凡学皆无用也,皆有用也。欧洲近世农工商业之进步,固由于物理、
> 化学之兴。然物理化学高深普遍之部,与蒸汽电信有何关系乎?动植物之学
> 所关于树艺畜牧者几何?天文之学,所关于航海授时者几何?心理社会之学
> 其得应用于政治教育者亦尟。以科学而犹若是,而况于史学、文学乎?然自
> 他面言之,则一切艺术悉由一切学问出,古人所谓"不学无术",非虚语也。夫
> 天下之事物,非由全不足以知曲,非致曲不足以知全。虽一物之解释,一事之
> 决断,非深知宇宙人生之真相者,不能为也,而欲知宇宙人生者,虽宇宙中之
> 一现象,历史上之一事实,亦未始无所贡献。故深湛幽渺之思,学者有所不避
> 焉;迂远繁琐之讥,学者有所不辞焉。事物无大小,无远近,苟思之得其真,纪
> 之得其实,及其会归,皆有裨于人类之生存福祉。已不竟其绪,他人当能竟
> 之;今不获其用,后世当能用之。此非苟且玩愒之徒所与知也。学问所以为

---

① 王国维:《王国维全集》,第14卷,浙江教育出版社、广东教育出版社2012年版,第131—132页。
② 梁启超:《论中国学术思想变迁之大势》(1902—1904)结论曰:"但使外学之输入者果昌,则其间接之
影响,必使吾国学别添活气,吾敢断言也。"梁启超认为,西学输入昌盛,国学必"别添活气"。
③ 王元化:《九十年代反思录》,上海古籍出版社2000年版,第20页。

古今中西所崇敬者,实由于此。凡生民之先觉,政治教育之指导,利用厚生之渊源,胥由此出,非徒一国之名誉与光辉而已。世之君子,可谓知有用之用,而不知无用之用者矣![1]

在"三无"原则中,无新旧、无中西,是比较容易理解的,"故新旧、中西之争,世之通人率知其不然"。钱锺书所谓"东海西海,心理攸同;南学北学,道术未裂"[2];而文化人类学和比较文学的兴盛,更彻底拆除了新旧、中西的藩篱,"打通"新旧,"打通"中西,已成为现代学者的学术共识。"惟有用无用之论,则比前二说为有力",亦即人文学科"有用无用"的功能价值问题,比之研究对象和研究领域的新旧、中西的问题,更为令人困惑,也更为难以阐释清楚。因为,它并非只是"实用理性"占统治地位的中国学界面对的困惑,也是科学主义和物质主义时代人类共同面对的困惑[3]。王国维指出:"余谓凡学皆无用也,皆有用也。"换言之,用急功近利的眼光看,"凡学皆无用也";而从人生终极意义看,"凡学皆有用也"。"学"之"用",主要体现在两个方面:一是从"学"与"术"的关系看,"一切艺术悉由一切学问出,古人所谓'不学无术',非虚语也"。梁启超在《学与术》一文中,对"学"与"术"的辩证关系,作了更为系统深入的阐释。没有学问的进步,哪有技术的创新?所谓"学者术之体,术者学之用,二者如辅车相依而不可离。学而不足以应用于术者,无益之学也;术而不以科学上之真理为基础者,欺世误人之术也。"[4];二是从宇宙人生的整体和生命的终极意义看,玄远超然之"学",皆有益于对生命真谛的认识,"皆有裨于人类之生存福祉";"故深湛幽渺之思,学者有所不避;迂远繁琐之讥,学者有所不辞焉"。

如前所说,王国维的"三无"原则,是其"独立之精神,自由之思想"在学术研究中的体现;据此,不妨把二者合而称为王国维学术思想的"一个体系的三个原则"。这是王国维的一贯思想,也成为当时有识之士的共识。其中,看待学术价值的"学无有用无用",更被视为人文学科的首要原则。在常人看来,以文、史、哲为主体的人文学科是最无用的;而在王国维看来,则是最神圣、最尊贵的。在论

① 王国维:《王国维全集》,第14卷,浙江教育出版社、广东教育出版社2012年版,第132页。

② 钱锺书:《谈艺录序》,载《谈艺录》,中华书局1984年版,第1页。

③ 席勒《审美教育书简》"第二封信":"有用是这个时代崇拜的大偶像,一切力量都要侍奉它,一切才智都要尊崇它。在这架粗糙的天秤上,艺术的精神功绩没有分量,艺术失却了任何鼓舞的力量,在这个时代的喧嚣市场上艺术正在消失。甚至哲学研究的精神也一点一点地被夺走了想象力,科学的界限越扩张,艺术的界限就越狭窄。"(席勒:《审美教育书简》,冯至、范大灿译,北京大学出版社1985年版,第13页)

④ 汤志钧编:《梁启超卷》,中国人民大学出版社2014年版,第470页。

述"哲学家与艺术家之天职"时,王国维写道:

> 天下有最神圣、最尊贵而无与于当世之用者,哲学与美术是已。天下之人嚣然谓之曰无用,无损于哲学、美术之价值也。至为此学者自忘其神圣之位置,而求以合当世之用,于是二者之价值失。[①]

从中国近代学术史看,"一切所谓'新学家'者,其所以失败,更有一总根源,曰不以学问为目的而以为手段";相反,一个学者只有具有非功利的心态和超然深远的眼光,才能做出真正的学问,才能写出真正的"传世之作"。这也是梁启超总结"晚清西洋思想之运动"的"失败"时得出的经验教训。梁启超写道:

> 殊不知凡学问之为物,实应离"致用"之意味而独立生存,真所谓"正其谊不谋其利,明其道不计其功"。质言之,则有"书呆子",然后有学问也。[②]

王国维和梁启超的两段话,都可谓至理名言,在任何时候,无论商潮澎湃的当今,抑或学风蔚然的未来,都值得常人反省,更值得学人铭记。

三、发现问题的五条途径

对于"走向学者之路"的青年学人,明确提问的重要性和掌握提问的原则固然重要,能够提出有价值的学术问题似乎更为现实。没有提问,就没有学问。提出有价值的问题,是学术研究的硬道理。然而,初入学术之门的青年,常常处于没有问题的苦恼和困惑之中。从前人的学术经验看,学术问题的发现,遵循大致相似的心理过程,也有可资借鉴的具体途径。

真正的学术问题,源于学术探索中的学术发现。这是一个长期积累,偶尔得之,自然而然,水到渠成的过程。法国数学家朋加莱把学术发现分为四个阶段:(1)准备(Preparation)阶段;(2)潜伏(Incubation)阶段;(3)豁然开朗(IIlumination)阶段;(4)证明(Verification)阶段。[③]任何有创作经验或在某一学科获致重大发现的人都能证实朋加莱所说的四个阶段的正确性。其实,朋加莱的"四阶段"说与

---

① 王国维:《王国维集》,第1卷,浙江教育出版社、广东教育出版社2012年版,第131页。

② 梁启超:《清代学术概论》,上海古籍出版社1998年版,第98页。

③ 转引自林毓生:《中国传统的创造性转化》(增订本),生活·读书·新知三联书店2011年版,第42页。

王国维的"三境界"说,颇有汇通之处。从这里也可以让我们明白,在学术的创造或发现的层面,即从"无"生"有"的心理层面,学术与艺术是相通的。

从前人成功的学术经验看,学术问题的发现大致有五条途径。这是完整的学术研究的五个方面,也是学术灵感的五大来源。

其一,在"经典细读"中发现学术问题。

哈罗德•布鲁姆说:"没有莎士比亚,我们就无法认知自我;没有经典,我们将会停止思考";[①]刘勰则说:"唯文章之用,实经典枝条;五礼资之以成,六典因之致用,君臣所以炳焕,军国所以昭明,详其本源,莫非经典。"(《文心雕龙•序志》)后者用典雅语言,把思考与经典、问题与经典、文章与经典的源流关系,作了更为具体的诠释。

美籍华裔学者孙康宜"叩问经典的学旅",为我们提供了一个生动的实例。从本科期间研究麦尔维尔《白鲸》的毕业论文,"以《圣经》的典故为基础,加上自己的想象和分析,对麦尔维尔的作品产生了独到的见解"[②],到硕士论文和博士论文,再到后来的一部部学术专著,她的每一个学术发现和学术成果,无不源于"经典的叩问"。她的导师 Anne Cochran 向她传授的治学原则,对我们同样有极大的教益:"你要养成细读的习惯,就会终身受用不尽。只有通过细读,你才可能在一本书中找出从前人没看出来的意义。细读是一种纯属个人的阅读经验,是你自己找寻思考人生意义的好机会。凡是通过细读而获得的灵感是属于你自己的财产,是别人偷不去的。"[③]

确实,作为心灵的智慧和学术的灵感,你所真正发现的,不是别人给你介绍和提供的,而是你在经典的慢读细思中领悟到的。根据经典的不同性质,在"经典细读"中发现学术问题,至少可以分为两种情况、两个层次。

一是从学术经典中发现具有现代意义的问题。经典的永恒性决定了经典问题的永恒性。以中国古代的文史经典为例,刘勰《文心雕龙》五十篇,概括了中国"诗文理论"的基本问题;刘知几《史通》五十二篇,概括了中国"史学理论"的基本问题;章学诚的《文史通义》则把前代的"诗文理论"和"史学理论"作了新的综合。上述三部著作中阐述的理论问题,既是传统的,也是现代的,迄今依然是诗学、史学、美学研究者学术灵感的渊薮。钱锺书的《管锥编》,从表层结构看,是对

① 哈罗德•布鲁姆:《西方正典——伟大作家和不朽作品》,江宁康译,译林出版社2005年版,第29页。

② 孙康宜:《文学经典的挑战》,百花洲文艺出版社2002年版,第5页。

③ 孙康宜:《文学经典的挑战》,百花洲文艺出版社2002年版,第5页。

十部中国典籍的考释,实质是从学术经典中发现具有现代意义的问题,再将问题置于人类文化的宏观背景上加以现代阐释。我把《管锥编》的这种方法称之为"双重六经注我"①:即,让中国经典提问,请中西哲人回答。让中国经典提问,决定了问题的经典性;请中西哲人回答,决定了回答的经典性;作者的观点和见解,隐含在中国经典的提问和中西哲人的回答之中,所谓"兹取他家所说佐申之"②,"你的不妨就是我的"。钱锺书正是通过"双重六经注我",让传统问题实现现代性转化,使中国问题获得人类性意义;同时也创造了学术上"此时无声胜有声"的"无我之境"。

二是从艺术经典中抽象出普遍的美学原则。这是在更深的层次上通过"经典细读"发现学术问题。首先,经典意味着规则,经典潜藏着原理。恰如歌德所说:"真正的艺术品包含着自己的美学理论,并提出了让人们藉以判断其优劣的标准。"③其次,在经典细读的方法上,不是直接从经典文本中提取问题,而是深入经典文本的背后,抽象出经典所包含的理论原则和普遍规律。这是一种从感性赞美上升到理性反思的方法。从历史上看,亚里士多德《诗学》实质是一部悲剧学,而这部悲剧学便是亚里士多德从以《俄狄浦斯王》为中心的希腊悲剧中抽象出来的④。钟嵘《诗品》是一部"五言诗史",又是一部"抒情诗学",其"谈艺之特识先觉",标"滋味",主"直寻",非"用事"云云,便是对"五言上品"作学理反思的结晶。读透一部经典,成就一门学问;读透一部经典,成就一种诗学。循此思路,我们可以在"四大名著"中读出一部"中国小说美学",从"四大名剧"中读出一部"中国戏剧美学",如此等等。

其二,在"学术论争"中发现学术问题。

"经典细读"中的问题是潜在的,"学术论争"中的问题是明显的,相对较为容易把握。不少青年学人就是参与了当时的学术论争而在学界崭露头角的。著名美学家李泽厚就是参与了20世纪50年代的"美学大讨论"而走进"美学领域"的。30年后,他在回忆这段经历时写道:"走进这个领域的盲目性似乎不太多:自己从小喜欢文学;中学时代对心理学、哲学又有浓厚兴趣;刚入大学时就读了好

---

① 汪荣祖的《史传通说——中西史学之比较》(中华书局,2003年)一书,让《文心雕龙》的《史传》篇提问,即从《史传》篇分解出24个问题,然后让中西史学家来回答,因此也可以说是采用了"双重的六经注我"的方法。

② 钱锺书:《管锥编》,第1册,中华书局1979年版,第63页。

③ 约翰·格罗斯:《牛津格言集》,汉语大词典出版社1991年版,第394页。

④ 参见厄尔·迈纳:《比较诗学》,王宇根、宋伟杰等译,中央编译出版社1998年版,第7—8页。

些美学书,并且积累了某种看法。所以一九五六年遇上美学讨论,也就很自然地参加了进去。当时主要是批评朱光潜教授,但我当时觉得,要真能批好,必须有正面的主张。用今天的话,就是'不立不破'。……我总以为,没有自己的新主意,就不必写文章。……因此,在我的第一篇批评朱光潜的文章中,我提出了美感二重性、美的客观性与社会性以及形象思维等正面论点。"①李泽厚的经验告诉我们,在学术论争中发现问题容易,要做到"不立不破",创造性地解决问题并不容易,需要学术敏感,更需要学术积累。

一部学术史,就是一部学术论争史,也是一部学术问题史。从学术史角度看,在"学术论争"中发现学术问题,可以分为两个时段:一是历史上"学术积案"中的学术问题;二是当下的"学术热点"中的学术问题。

真正的学者应当是这样的一种人,他们始终关注着现代的社会思潮和文化思潮,关注现实中出现的问题,关注学界的"热点问题"。而在当下"学术热点"中发现学术问题,相对比较容易。一般可以通过各种"学术综述",了解问题的起因,论争的过程,论证的焦点以及各家的观点和分歧等等;然后从基本分歧入手,抓住问题的核心,确立自己的立场,提出自己的观点。在关注"热点问题"时,发现和抓住具有深刻意义的"分歧"尤为重要。因为在任何学术争鸣中,正是那些具有深刻意义的分歧,才可能成为理论的生长点,才可能有破有立,推动学术的发展。20世纪50年代的"美学大讨论"是从批评朱光潜的所谓"唯心主义美学观"开始的,李泽厚第一篇参与讨论的美学论文也是"批评朱光潜"。那场"美学大讨论"背后的复杂起因和各家观点的是非曲直暂且不论,李泽厚善于抓住深刻性分歧的学术敏感和所持的"不立不破"的学术主张,则是应当肯定的,也是今天应当坚持的。"破而不立",只是消极的参与,为论争而论争,无助于问题的解决和学术的推进;"不立不破"或"破中有立",才是积极地参与,建设性地论争,才能推动学术的进步。

在过去的"学术积案"中发现学术问题,实质是在"学术史"或"问题史"的考察中发现学术问题。"论从史出"至少包含两层意思:一是抽象理论产生于历史实践;二是观念体系形成于观念历史,用黑格尔的话来说,就是"哲学史就是哲学"或"哲学源于哲学史"。而在"学术史"或"问题史"中发现学术问题,要求你熟悉学术史或问题史,同时要求你具备足够的发现问题的学术敏感和学术辨识力。尤其需要学术辨识力,"胸中无识之人,即终日勤于学,而亦无益,俗谚谓为'两脚

---

① 李泽厚:《我的选择》,载《走我自己的路》,生活·读书·新知三联书店1986年版,第12页。

书橱'"(叶燮《原诗》)。学术史或问题史有两种形态，一是经过整理的，大如黄宗羲的《明儒学案》和《宋元学案》，次如钱穆的《中国近三百年学术史》，再则专题性的问题史，如美国学者苏珊娜·卡森编的《为什么要读简·奥斯丁》，精选了近一百年33位作家、评论家的评论，即可视为近百年奥斯丁研究的学术史或问题史；二是未经整理的，需要自己去发现问题，发掘史料，再加整理的。如20世纪30年代曾发生过一场由梁实秋、朱光潜、李长之、周扬参与的关于"文学的美"的学术争论。这场论争已过去七十多年了，但如何理解"文学的美"，依然没有一致的看法。细读这些论文，回顾这场论争，可以引发我们继续探讨"文学的美"的兴趣，也可能把问题的理解引向深处。

其三，在"互相照明"中发现学术问题。

"互相照明"，即比较文化或比较文学。1978年，钱锺书在意大利发表了一次讲演，题目就是《意中文学的互相照明：一个大题目，几个小例子》。钱锺书讲演中所举的几个意大利故事和中国故事，"彼此相像得仿佛是孪生子"，这种"似曾相识的惊喜"和"有趣的类似"①，丰富了我们的文学经验，促进了我们对文学的理解。"互相照明"，也就是中西"打通"，这是钱锺书一贯的学术方法，也是中西学者惯常的学术提问和学术思维方法。巴赫金说得好："在文化领域中，外位性是理解的最强大的推动力。一种文化只有在他种文化的视野中才能较为充分和深刻地揭示自己。"②因为，一种涵义在与另一种涵义相遇交锋之后，仿佛开启了相互之间的对话，从而显示出自己的深层底蕴。

在"互相照明"中发现学术问题，可以分为经验事实的互相照明和理论观念的互相照明两个层次。

一是在经验事实的互相照明中发现学术问题。经验事实的互相照明，即文化比较和文学比较，是发现学术问题极为重要的方法。钱锺书《管锥编》中无数已经解决或有待进一步解决的学术问题，既是从十部中国典籍中提出的，也是在中西文化的"互相照明"中发现的。但从近百年中西比较文化和比较文学史看，以往的互相照明，往往是一种"缺项思维"式的比较，即只是消极地发现"中国没有什么"。在比较文学研究中，所谓"中国没有史诗"、"中国没有悲剧"、"中国没有爱情诗"、"中国没有忏悔意识"等等，无不如此。"中国没有什么"，其实是一个伪问题。人性的相通，人类历史来源、生存处境和生命历程的相似，决定了人类

① 钱锺书：《写在人生边上的边上》，生活·读书·新知三联书店2001年版，第138—143页。

② 巴赫金：《文本、对话与人文》，白春仁等译，河北教育出版社1998年版，第370页。

文化结构的共通和本质一致,有所不同的,只是表现方式而已。因此,要在"互相照明"中发现真正有价值的"中国问题",中国学者必须改变以往那种低人一等的"缺项思维",改变把互相照明的"理解"变成以西贬中的"评价"的做法。海外华人学者对此感受尤为深切。"比较史学"是余英时常用的学术提问和学术思维的方法,同时他对此种方法的运用又极为谨慎。他颇有感触地指出:"比较的历史观点本来是有利无弊的,但是比较如果演变为一方是进化的高级阶段(西方),而另一方则仍停留在较低的层次(中国),因此前者成为批判后者的绝对标准,那么许多历史和文化的歪曲便随着发生了。"①黄进兴是余英时的学生,他的感触似乎更为沉痛:"向来中国思想之研究,已沦为各种西方思想利器或意识形态的实验场,其结果光怪陆离则有之,实质建树则未必,而其共同心态则昭然若揭:中国文献只不过是印证或演绎外来思想的'资料'"。②

如何改变低人一等的"缺项思维"?我以为中国学者应当确立一种平等互视的"对应思维",以取代低人一等的"缺项思维"。所谓"对应思维",就是对中西文化传统或文学传统中两个具有丰厚历史内容和精神价值的对应性问题和对应性事项,进行平行平等的比较研究和互相阐发,以西方文化照明中国问题,以中国文化照明西方问题。比较研究的有效,必须寻找到有意义的对应性问题,方才能领略其中的好处,否则漫无边际地比下去只是徒费时间。有学者深感"比较文化"中存在的问题,提出了这样的提问方式和思维方式:"作者试图带着中国问题进入西方问题,然后由西方问题再返回中国问题,为汉语学术界审视现代性问题提供一种学理上的建构。"③这种从中国问题出发,最终又回到中国问题的思路,与"对应思维"的旨趣本质上是一致的。

二是在理论观念的互相照明中发现学术问题。借鉴西方的新理论、新观念和新方法进行学术研究,是发现学术问题的重要途径和有效方式。任何一种新的理论出现,其所提示的新的观念,都可以对传统的学术研究投射出一种新的观照,从而获得一种新的发现,作出一种新的探讨。海涅说得好:"每一个时代,在其获得新思想时,也获得了新的眼光,这时它就在旧的文学艺术中看到了许多新精神。"④20世纪80年代的"方法热"虽不免有牵强附会的谬误和偏差,但西方各种

---

① 余英时:《师友记往——余英时怀旧集》,北京大学出版社2013年版,第39页。

② 黄进兴:《优入圣域:权力、信仰与正当性》,中华书局2010年版,第19页。

③ 刘小枫:《现代性社会理论·绪论》,上海三联书店1998年版,第1页。

④ 海涅:《北海集》第三部《旅游的画面》,转引自柏拉威尔:《马克思与世界文学》,梅绍武、苏绍亨译,生活·读书·新知三联书店1980年版,第310页。

新理论、新方法的引进,确实极大地拓展了我们的学术视野,活跃了我们的学术思维,为传统学术研究注入了一股新的动力。因此,在这个对所有学术问题的研究都需要有世界眼光的今天,我们自然应当以开放的心态,借鉴一切科学的理论和方法,发现新问题,研究新问题,不能因某些可能存在的学术偏差和不当做法而因噎废食。

在理论观念的相互照明中发现学术问题,既应审慎,又应开放,既要立足传统,尊重传统,又应合理借鉴,大胆提问。当代著名诗词学家叶嘉莹在这方面的学术态度是值得重视的。20世纪70年代初,台湾学界出现了一阵"现代热"。针对当时"台湾乃有一些青年学人,在并无良好之旧学根底的情况下,轻率地引用西方文论来评说中国古典诗歌,因此遂不免造成了某些谬误和偏差",曾经热衷"西方现代观点"的叶嘉莹发表了"为台湾说诗人而作"的《关于评说中国旧诗的几个问题》一文,此文既有"补过之心",更有"纠偏之意"。但她并没有因此而因噎废食,20年以后,她在西方女性主义文论的影响下,撰写了《论词学中之困惑与〈花间〉词之女性叙写及其影响》四万余字的长文,"对《花间》词特质形成之因素,及其对后世之词与词学之影响,在西方女性主义文论之观照的反思中,做了一番深入的系统化的探讨"①。对此文的学术方法和学术观点,缪钺给予高度评价,他认为:此文"体大思精,目光贯彻古今中西,融合西方女性主义文论,反观《花间》诸词,创发新义,探索秘奥,确是一篇杰构"②。

20世纪西方文论,基本上是学院性的批评方法论。从精神分析学到英美新批评,从俄国形式主义到结构主义,从神话原型批评到结构人类学,从阐释学到接受美学,只要我们立足传统,合理借鉴,无不可以启迪思维,创发新义,开拓新视野,发现新问题。

其四,在"基本理论的具体运用"中发现学术问题。

理论的本质,是揭示事物的本质规律;理论的功能,是提供分析事物的视野和角度;理论的运用,就是运用理论提供的视野和角度,在具体事物和经验现象中发现问题和研究问题。以文学理论为例,韦勒克指出:"文学批评和文学史二者均致力于说明一篇作品、一个对象、一个时期或一国文学的个性。但这种说明

① 叶嘉莹:《〈中国词学的现代观〉增订再版序言》,《迦陵杂文集》,北京大学出版社2014年版,第272页。
② 叶嘉莹:《〈词学古今谈〉前言》,《迦陵杂文集》,北京大学出版社2014年版,第287—288页。

只有基于一种文学理论，并采用通行的术语，才有成功的可能。"①换言之，在文学批评和文学史研究中，只有遵循文学规律，运用文学理论，才能发现有价值的学术问题，进而对文学现象做出科学合理的分析评价。

一般地说，人文学科的每个分支都由理论、历史和经典三部分构成。所谓在"基本理论的具体运用"中发现学术问题，应当包含两个层次，即运用于经典解读和历史分析。一部文学理论，实质是一部文学批评和文学史研究的方法论。因此，运用文学理论发现和学术问题，同样包含上述两个层次。

一是运用一般理论对微观的作家作品的创作特色和艺术风格作分析研究。例如，"意境"是中国诗学的核心概念。王国维说："沧浪所谓兴趣，阮亭所谓神韵，犹不过道其面目。不若鄙人拈出境界二字为探其本也。"(《人间词话》)严之兴趣在诗前，王之神韵在诗后，皆非诗之本体。诗之本体当以静安所说为是。王国维的意境说自成一体，系统地阐述了意境的本质、意境的构成和意境的多元形态等等。掌握了这套理论，就获得了从意境角度发现问题的眼光，就可以在古代诗歌的研究中，以高度的理论自觉，对不同诗人所创造的艺术意境的构成特点和形态特点作分析研究。

二是运用一般理论对宏观的"一个时期或一国文学"的文学史现象作具体研究。例如，现代文学史理论认为，一体文学或一国文学的发展，无不经历了起源、自觉和发展三个阶段，每一个阶段都有其独特的规律性。掌握这一理论原则，当需要阐明一体文学和一国文学的发展过程时，就具有了自觉的问题意识和研究思路。丹纳的《艺术哲学》，一方面强调"艺术品的产生取决于时代精神和周围的风俗"；同时又提出了"一个体系的四个阶段"②，阐述了"艺术品"与"环境"之间的多元中介和复杂关系。掌握这套理论，对于研究一体一国文学的形成发展根源时，就会具有更为精细的学术眼光和学术方法。

人文学科的理论体系，每一个概念和命题都具有本体论、价值链和方法论三层意味和三层功能。因此，掌握了一套理论体系，就获得了一套发现问题的学术眼光，就多了一套解决问题的学术方法。

其五，在自我"人生体验"中发现学术问题。

文化是生命精神的升华形态，人文学科是生命问题的理性表达。人文学科

① 韦勒克、沃伦:《文学理论》，刘象愚、邢培明、陈圣生、李哲明译，生活·读书·新知三联书店1984年版，第6页。

② 丹纳:《艺术哲学》，傅雷译，人民文学出版社1981年版，第65页。

的问题,无不是人生问题。相信你的直觉!珍视你的体验!你的心灵体验,也就是天下人的心灵体验!你的体验,只要是源自生命本身的体验,就是天下人的体验;你的问题,只要是发乎灵魂深处的问题,就是天下人的问题。君不闻锡德尼有曰:"看着你的心,然后开始写作。"确实,谁为自己写作,谁也就是在为永恒的大众写作。①概而言之,当你从人类的角度抒写自己的痛苦时,你就是诗人了;当你从人类的角度反思自己的困惑时,你就是哲人了。

英国著名传记作家鲍斯维尔说:"我最喜欢谈论的题材是我自己。"②这句话,对文学艺术和人文学科具有普遍意义。莫言的一段创作自白,对鲍斯维尔的话作了富于哲理的补充。他说:"一个作家一辈子其实只能干一件事:把自己的血肉,连同自己的灵魂,转移到自己的作品中去。一个作家一辈子可能写出几十本书,可能塑造出几百个人物,但几十本书只不过是一本书的种种翻版,几百个人物只不过是一个人物的种种化身。这几十本书合成的一本书就是作家的自传,这几百个人物合成的一个人物就是作家的自我。"③文学创作是作家自传和作家自我的审美升华,文学研究中的学术发现和学术创见,当然也不能离开研究者的自我经历和自我体验。

文学是人学。哲学、美学、历史学,何尝不是人学?如果说文学是一种人生体验,那么哲学则是一种人生智慧。从某种意义上说,一个哲学体系就是一种人生方案。一个哲学家对人生问题的解决,既取决于他的知识学养,更取决于他的人生历练和人生体验。在人文学术的研究中,在哲学家的哲理思辨中,客观的科学精神和主观的生命体验,二者难以决然二分;相反,研究者的生命体验往往会深化对研究对象的理解和发现。诚如邓晓芒所说:"我钻入了自己的德国古典哲学专业,但我并没有忘记自己的生活体验和文学经验,而是用这些体验来深入理解康德黑格尔等等思想大家们的心灵。很幸运,这些德国哲人的心灵正好也饱含着人生体验,常常能够与我的体验有灵犀相通。"④

随着学术年龄和人生历练的增加,人生体验对学术提问和学术研究的影响会越来越大。独特的人生经验是无价之宝,真正建立在独特的人生历练和人生体验基础上的学术提问和学术著述,就可能成为传世经典。马基雅维里在《君主

---

① 《爱默生演讲录》,孙宜学译,中国人民大学出版社2004年版,第309页。

② 让·德·维莱编:《世界名人思想词典》,施康强、韩沪麟、戴正越译,重庆出版社1992年版,第60页。

③ 莫言:《恐惧与希望:演讲创作集》,海天出版社2007年版,第15页。

④ 邓晓芒:《文学与文化三论》,湖北人民出版社,2005年版,第2页。

论》的"上书"中写道："我觉得在我所有的东西里面,我认为最宝贵和最有价值的莫过于我对伟大人物事迹的知识了。这是我依靠对现代大事不断钻研而获得的。对于这种知识,我曾经长时期地孜孜不倦地加以思考和检验,现在我把它写成小小的一卷书献给殿下。"①马基雅维里依靠他"对现代大事不断钻研而获得的"、经过"长时期地孜孜不倦地加以思考和检验"而写成的《君主论》,成为公认的近代政治学的奠基之作,马基雅维里也成为第一个使政治学与伦理学彻底分家而真正独立的人。

必须指出,上述五个方面远未穷尽发现学术问题的全部途径;而且,即使从上述某一方面提出自己的学术问题,成熟的学者也各有自己的提问方式、提问角度和提问原因,从而体现出自己独特的学术个性。哲学史家劳思光把他的提问方法概括为"基源问题研究法"。他认为:"一切个人或学派的思想理论,根本上必是对某一问题的答覆或解答。我们如果找到了这个问题,我们即可以掌握这一部分理论的总脉搏。反过来说,这个理论的一切内容实际上皆是以这个问题为根源。理论上一步步的工作,不过是对那个问题提供解答的过程。这样,我们就称这个问题为基源问题。"②劳思光先生以其独创的"基源问题研究法"为中国哲学史研究注入了新的活力,他在中国哲学方面最重要的著作《新编中国哲学史》则被誉为继冯友兰《中国哲学史》后的一部里程碑式的作品。历史学家王汎森把自己的学术问题概括为"重访执拗的低音"。所谓"重访"执拗的"低音",就是"重访许多在近一百年被新思潮压抑下去的学术论述,重访许多被忽略的面相、重访一些基本的问题、重访一些近代保守主义者为了回应新派所作的过当的扭曲、重访近代主流论述形成之际发生重大分歧的过程等。"③这实质是从学术史考察中发现学术问题。但是,为什么重访"低音"而非"高音",重访"潜流"而非重访"主流",王凡森有他自己对历史真相和学术现状的深刻考虑。首先,他对历史的了解是,"历史是由很多股力量竞争或竞合前进的,一个时期并非只有一个调子,而是像一首交响曲,有很多调子同时在前行"④;因此,历史研究如果忽略了这些同时竞争的副调、潜流,也就不能真正了解当时的主流。其次,从学术研究现状看,人们回顾近代历史,"常常忘了在过去一百年新思潮及反新思潮主导之下,

① 尼科洛·马基雅维里:《君主论》,潘汉典译,商务印书馆1996年版,第1页。

② 劳思光:《新编中国哲学史》(一),生活·读书·新知三联书店2015年版,第11页。

③ 王汎森:《执拗的低音:一些历史思考方式的反思》,生活·读书·新知三联书店2014年版,第3—4页。

④ 王汎森:《执拗的低音:一些历史思考方式的反思》,生活·读书·新知三联书店2014年版,第60页。

被挤到边缘的历史及文化论述,忽略了它们是不是还有被重访、再审的价值?这些边缘或低音是否可能成为重要的资源?"①可见,王凡森提出"重访执拗的低音",既基于整体性的历史观,又抓住了学界的"短板",因此很快得到学界的高度评价,也可能为中国近代史研究开辟了一个富于潜力的学术新领域。

四、人文学术为何多是"老生常谈"

艺术追求创新,学术也追求创新,创新是人类文明发展的动力。然而,在人文学科领域,发现了自己的学术问题,是否意味着学术创新?提出了自己的学术见解,是否意味前无古人的创见?

第一次让我从原创问题和原创体系的幻觉中幡然醒悟的,是歌德名言的当头棒喝。歌德说:

> 凡是值得思考的事情,没有不是被人思考过的;我们必须做的只是试图重新加以思考而已。②

换言之,凡是值得思考的事情都被"前人"思考过了,我们这些"后人"再也不可能提出和发现任何原创或全新的问题了。初读此语,不免让人沮丧和气馁,然而,随着学术阅读的增加和学术经历的丰富,越来越觉得歌德此语的无比正确而又无可置疑;甚至发现,歌德此语亦非歌德原创而是"已被前人思考过"了。《圣经·传道书》曰:"已有的事,后必再有;已行的事,后必再行。日光之下,并无新事。"17世纪法国哲学家笛卡尔说:"我在学生时期就已经知道,我们能够想象得出来的任何一种意见,不管多么离奇古怪,多么难以置信,全都有某个哲学家说过。"③18世纪德国哲学家康德说:"人类理智多少世纪以来已经用各种方式思考过了数不尽的东西,而任何一种新东西都几乎没有不和旧东西相似的。"④20世纪美国媒介批评家尼尔·波斯曼再次强调:

> 我介绍麦克卢汉的所有文字中,都找不到记者们常用的一个词——原创

---

① 王汎森:《执拗的低音:一些历史思考方式的反思》,生活·读书·新知三联书店2014年版,第4页。

② 《歌德的格言和感想集》,程代熙、张惠民译,中国社会科学出版社1982年版,第3页。

③ 笛卡尔:《谈谈方法》,王太庆译,商务印书馆2002年版,第14页。

④ 康德:《未来形而上学·导论》,庞景仁译,商务印书馆1978年版,第3页。

性。我没有用这个词，那是因为我不相信他具有原创性，这样说，并不是要贬低他的地位。因为人文社会科学的研究者绝对不可能有什么原创性，他们不可能有哪怕一点点的原创性发现。他们仅仅是重新发现曾经为人所知、后来被人遗忘了的东西，只不过这些东西需要有人再来说一说而已。[①]

　　波斯曼的话同样"不具有原创性"，只是歌德和前人的重复，但说得更为明确，也更为准确，即：并非人类的一切学问都不具有原创性，而是"人文社会科学的研究者绝对不可能有什么原创性"。

　　人文学科的研究没有真正的原创，人文学科的问题大都是"老生常谈"。以哲学为例。英国哲学家说："对欧洲哲学传统的最保险的一般定性莫过于：它不过是对柏拉图学说的一系列的注释。"[②]美国汉学家德克•布德更进一解："在二十五个漫长的世纪里，凡西方哲学家所曾涉及的主要问题，中国的思想家们无不思考过。"[③]推而广之，文学、史学、美学、伦理学、宗教学等等，无不如此。

　　那么，人文学科的问题为什么大多是"老生常谈"？这与人文学科的本质密切相关，与文化的生命本质密切相关，最终与个体生命的真相密切相关。首先，人文学科无不以人类的精神文化为研究对象，而人类的精神文化本质上是人的生命活动的精神升华，人类精神文化的诸种形态则是人的生命过程和生命阶段的精神升华。因此，人类的精神文化问题，本质上是人的生命问题。其次，人的生命无不以个体的方式存在，每一个个体生命都是有限的，都是一次性的；生命的有限一次性，是个体生命的真相之所在。而个体生命的有限一次性，决定了族类生命的无限重复性，族类生命的重复性，决定了文化的重叠性。所谓人类文化五千年，个体生命一百年；个体生命是重复，文化生命是重叠。再次，由于个体生命是重复，文化生命是重叠，于是五千年的人类哲学史，实质是百年人生问题的反思史；五千年的人类文学史，实质是百年人生情感的咏叹史。这就是人文学科的问题大都是"老生常谈"的根源之所在；也是"欧洲哲学传统莫过于是对柏拉图学说的一系列的注释"、"凡西方哲学家所曾涉及的主要问题中国的思想家们无不思考过"的根源之所在；最终也是雅斯贝斯所说的，"轴心期的概念提供了借以

　　① 尼尔•波斯曼：《麦克卢汉——媒介及信使•序言》，载菲利普•马尔尚：《麦克卢汉——媒介及信使》，何道宽译，中国人民大学出版社2003年版，第4页。

　　② A. N. 怀特海：《过程与实在》周邦宪译，贵州人民出版社2006年版，第54页。

　　③ 德克•布德：《〈中国哲学简史〉英文版编者引言》，冯友兰《中国哲学简史》，新世界出版社2004年版，第1页。

探讨其前后全部发展的问题和标准"，因此"直至今日，人类一直靠轴心期所产生、思考和创造的一切而生存。每一次新的飞跃都回顾这一时期，并被它重燃火焰，提供精神动力"①的根源之所在。

既然人文学科的问题大多是"老生常谈"，那么人文学科的学者为什么还要不厌其烦地谈？还将持续不断地谈？这依然取决于生命的本质，取决于个体生命的有限一次性。首先，从生命体验和生命经验看，个体生命的有限一次性和生命的重复性，决定了生命体验的当下性，决定了每一个个体生命必然从"无知"开始。歌德所谓："时代是在前进，但人人却都是从新开始。"②每一个人的生命史都从生命诞生的第一天开始书写，每一个人的生命经验都是一天一天累积起来的。其次，通过学习而充实生命，是每一个生命的首要使命，也是生命由"自然向人生成"的唯一途径。然而，教师面对的学生都是"无知"的新生命，学者面对的读者都是"无知"的新读者。于是，生命经验的"无知"和空白决定了教育的重复性，也决定了人文学术的重复性，决定了"老生常谈"和"经典重读"的必要性和必然性。卡西尔说："伦理世界绝不是被给予的，而是永远在制造之中。"③没有经典，我们会停止思考。每一个人的精神家园，正是由一部部经典构筑起来的。

由此可见，人文学科的"老生常谈"之"常"，至少包含两层意思：一是恒常之"常"，即恒常不变的经典问题，所谓"恒久之至道，不刊之鸿教"，所谓"谁谓今古殊，异代可同调"；二是经常之"常"，即常谈常新而薪火相传，所谓"传统文化的创造性转化"，所谓"古老问题的现代性阐释"。

问题的关键在于，虽"无不思考"，但必须"重新加以思考"，虽"老生常谈"，但必须"常谈常新"。这是时代的需要，这是学术的需要，也是读者获得新真知的需要。美国学者昂利·拜尔指出："文学批评家在身后五十年或一百年，仍有一代又一代的学人对其作品一再进行研读和利用的非常少见。文学史家的著作在半个世纪以后，能不被人们看成是陈旧得可笑、散发着时代偏见和派系成见的臭味、论证依据很不充分的，就更加少见。"④这是必须"重写文学史"的根源所在，也是必须不断"重写艺术史"、"重写美学史"、"重写思想史"、"重写哲学史"的根源所在；一言以蔽之，这也是人文学科对前人已经思考过的问题必须"重新加以思考"

---

① 雅斯贝斯：《历史的起源与目标》，魏楚雄、俞新天译，华夏出版社1989年版，第14页。

② 《歌德的格言和感想集》，程代熙、张惠民译，中国社会科学出版社1982年版，第112页。

③ 恩斯特·卡西尔：《人论》，甘阳译，上海译文出版社1985年版，第77页。

④ 昂利·拜尔：《朗松文论选·编者导言》，载《朗松文论选》，徐继曾译，中国社会科学出版社1992年版，第1页。

的根源所在。

如何加以"重新思考"？如何做到"常谈常新"？不同的学科有不同的特点。如果说自然科学是"从未知到已知"，在未知中发现已知；那么人文学科则是"从已知到未知"，在已知中发现未知。人文学者必须不断深化"恒常不变"的经典问题，揭示出"已知中的未知"，熟悉中的陌生，自明背后的未明，最终真正化熟知为真知，化意见为真理。歌德说得好："真正的学者知道怎样从已知引出未知，并且逐步接近于大师。"①

大体说来，人文学术从"已知中发现未知"，至少有四条途径：一是量的扩大，即从局部的已知到整体的未知，所谓"自发的孤单见解是自觉的周密理论根苗"；二是质的深化，即从经验的已知到学理的未知，所谓"理论是经验的抽象，哲学是历史的注解"；三是深入传统，即从现实的已知到历史的未知，所谓"告诸往而知来者"，"过去为我们启示未来的结构"；四是文化拓展，即从本国的已知到他国的未知，所谓"东海西海，心理攸同，南学北学，道术未裂"。面对特定的课题，上述四个方面可以合而用之，也可以单途深入，最终在"重新思考"中"常谈常新"，揭示出已知中的未知，深化有限中的无限，从而丰盈生命的意义，推进学问的发展。

且以古代文学中"义山诗与词体之关系"的研究史为例，考察一下人文学术研究中，通过"重新思考"，不断深化和拓展"已知中的未知"，从而做到"常谈常新"的规律。

从"唐诗"到"宋词"，从"诗体"到"词体"，经历了一个复杂而微妙的过程，晚唐诗人李商隐在这个转变过程中，起着极为关键的作用。而在现代学术史上，首次明确提出"义山诗与词体之关系"问题的是缪钺②。他于1943年发表的《论李义山诗》中写道：

　　词之特质，在乎取资于精美之事物，而造成要眇之意境。义山之诗，已有极近于词者……盖中国诗发展之趋势，至晚唐之时，应产生一种细美幽约之，故李义山以诗表现之，温庭筠则以词表现之。体裁虽异，意味相同，盖有不知其然而然者。长短句之词体，对于表达此种细美幽约之意境尤为适宜，

　　① 《歌德的格言和感想集》，程代熙、张惠民译，中国社会科学出版社1982年版，第55页。

　　② 闻一多《唐诗杂论》之《贾岛》（1941）："由晚唐到五代，学贾岛的诗人不是数字可以计算的，除极少数鲜明的例外，是向着词的意境与词藻移动的，其余一般的诗人大众，也就是大众的诗人，则全属于贾岛。"所谓"向着词的意境与词藻移动"，隐含了晚唐绮艳诗风与"花间""婉约"词风的关系或"义山诗与词体的关系"，然而隐而未发，审美感受多于学术理性。（《闻一多全集》，第6卷，湖北人民出版社1993年版，第60页。）

历五代、北宋，日臻发达，此种意境遂几为词体所专有。义山诗与词体意脉相通之一点，研治中国文学史者亦不可不致意也。①

这段话作为"附论"置于文末，但言简意丰，极为精辟：一是明确提出"义山诗与词体意脉相通"，二是揭示义山诗境与词境"细美幽约"的共同特点，三是指出从义山诗境到词境"历五代、北宋"的发展过程；四是强调了这一问题在文学史上的重要性。但毕竟只是数百字的"附论"，言而未畅，言而未详。

1988年，刘学锴发表了题为《李义山诗与唐宋婉约词》的长篇专论，对缪钺45年前提出的"义山诗与词体之关系"作了全面深入的探讨。文章阐述了相互关联的两大问题：一是"从比较中说明义山诗的词化特征"，即通过元稹、李贺、杜牧、温庭筠等诗人与李商隐的比较，揭示出义山诗"词化特征"的五个方面，包括题材的细小化、内容的深微化、意境的朦胧化、意象的纤柔化和语言的圆润化；二是"论述义山诗对唐宋婉约词的影响"，这主要体现在三大方面，即在绮艳之中融入身世时世之感与人生感慨、表现感伤情调和感伤美和时空交错与跳跃的章法结构。这是一个问题的两个方面，前者主要着眼于义山诗与婉约词的相似之处；后者主要着眼于义山诗的词化质素对婉约词的深远影响②。文章对这个问题的学理阐释，回应了缪钺先生向"研治中国文学史者"提出的任务，既说明了李商隐在文学史上的地位，也阐述了由诗到词的递嬗过渡和它们之间的传承关系。

至此，"义山诗与词体之关系"问题，似乎题无剩义了。然而，好学深思者对此问题的"重新思考"，并未停止。

2009年，余恕诚发表了《中晚唐诗歌流派与晚唐五代词风》的长篇论文，对缪钺提出、刘学锴诠释的"义山诗与词体之关系"问题，在更为广阔的文学史背景上加以"重新思考"。余文的"重新思考"至少有四个方面：一是自觉的文体关系意识，即此文是作者从"唐诗与其他文体之关系"的角度立论和思考的；二是扩大了论题和论述范围，即从最初的"义山诗与词体之关系"，扩展成"中晚唐诗歌流派与晚唐五代词风"之关系。全文两大部分，分别论述了晚唐绮艳诗风和中唐白居易晓畅诗风对以温庭筠和韦庄为代表的两种词风的复杂影响；三是对由李贺开启，到李商隐、温庭筠趋于极致的绮艳诗风与以温庭筠为代表的花间词风之关系作了进一步的探讨，对绮艳诗风与花间词风的特点作了新的概括，即表现"迷魂"

---

① 缪钺：《诗词散论》，上海古籍出版社1982年版，第33—34页。
② 参阅刘学锴：《唐音浅尝集》，安徽师范大学出版社2014年版，第35—50页。

"心曲"、心象融铸物象、意象错综跳跃以及接受楚辞影响等等；四是对韦庄词风的特点、成因和地位作了新的阐释。指出，韦庄词风是"花间词的底色融入白居易等人诗词明朗爽快的因素"，这是韦庄"在追随主流词风的同时，又有对白居易诗词通俗性叙述性的明白晓畅之风的接受，调剂融合，遂有别于温庭筠之秾艳而稍趣清丽"；在词史上，韦庄并未成为一扫温派习气的开山大师，"温韦两家词风有别，是总体一致下的个性差异"①。与刘文相比，余文除自觉的"文体关系"意识，进一步拓展了论题范围和论述范围，从传统的"作家影响论"，拓展为"断代文体关系论"或"文体风格影响论"，学术气象更为宏大了。

如果追根溯源，其实缪钺也不能算"义山诗与词体之关系"问题的第一提出者。北宋后期著名词人贺铸说："吾笔端驱使李商隐、温庭筠常奔命不暇。"（《宋史·文苑传》）南宋著名词论家沈义父《乐府指迷》说："要求字面，当看温飞卿、李长吉、李商隐及唐人诸家诗句中字面好而不俗者，采摘用之"；张炎《词源》也说："贺方回、吴梦窗皆善于炼字面，多于温庭筠、李长吉诗中来。"这里已经隐含了中晚唐绮艳诗风对婉约词影响的问题。因此，全面地看"义山诗与词体之关系"问论题的诠释史或思考史，迄今至少经历了四个阶段：宋代的"隐而未发"——缪钺的"命题提炼"——刘学锴的"学理阐释"——余恕诚的"拓展深化"。或许，这一学术论题的诠释史"四阶段"，对所有问题的"重新思考"，都不无启发意义。

最后，让我们重温一下歌德的名言：

> 凡是值得思考的事情，没有不是被人思考过的；我们必须做的只是试图重新加以思考而已。②

在轴心时代的经典中，在诸子百家的典籍中，在历代思想家的文集中，在浩如烟海的语录笔记、文话曲话、诗话词话中，现代人文学科的文、史、哲、经、政、法诸分支，凡是值得思考的问题，没有未被前人思考过的。但是，仍有无数问题，或"隐而未发"，或"浅尝辄止"，或"充满偏见"，或"陈旧过时"。因此，我们必须试图重新加以再思考，必须根据新的时代、新的语境、新的读者需求，对"老生常谈"的经典问题和"隐而未发"的学术课题，通过命题提炼、学理阐释和拓展深化，不断地加以创造性的重新再思考。

---

① 余恕诚：《唐诗与其他文体之关系》，中华书局2012年版，第313—340页。
② 《歌德的格言和感想集》，程代熙、张惠民译，中国社会科学出版社1982年版，第3页。

第五章 一篇学术论文的诞生
——文艺美学毕业论文的选题与写作

一篇学术论文,是一个学者学术水平的体现,一篇毕业论文,则是一个学生学业水平的体现。然而,对于一个中学生来说,所有的作业中,"作文"是最让人犯难的;对于一个文科大学生来说,四年的学业中,"毕业论文"是最让人挠头的。知识依靠记忆力,写作需要思辨力,而思辨力是比记忆力更为艰辛的精神活动。不过,学术写作不同于文学创作,文学创作是艺术灵感和艺术想象的产物,难有规律可言;学术写作是学术积累和学术思考的产物,还是有规律可循的。本文愿以我的三篇论文为例,谈谈美学、文艺学三类论题毕业论文的写作。而"学术论文"的写作,也是"学术提问"的必然结果。

一、美学、文艺学的三类论题

在现代教育体制中,学士、硕士、博士,不同层次的学位论文,有不同的学术要求。美学、文艺学方面的本科学士论文,如果能够在熟练掌握美学和文艺学系统理论知识的基础上,选择一个有学术价值的,自己也有兴趣和有积累的问题,吸收综合学界对这一问题的最新研究成果,同时又提出自己的学术见解,融入自己的学术思考,写成一篇既基于课程知识又超越课程内容的论文,就应当是比较成功和优秀的了。

近年来,中国语言文学系本科学士毕业论文撰写,选择美学或文艺学论题的同学相对较少,这可能有如下两方面的原因。

一是认识层面的。"理论是灰色的,而生活的金树常青。"歌德在《浮士德》中借靡非斯陀说出的这句话,成为不少人拒绝理论的借口,也成为不少中文系学生平时忽视理论学习,毕业论文写作时回避理论性题目的理由。其实,经验是理论的基础,理论是经验的升华。美学和文艺理论的学习研究,目的是为分析评价审美现象和文艺作品提供价值体系和方法论体系的。因此,理论虽远离感性经验,又表现为概念体系而变得"灰色",却因其超越感性经验,提供普遍规律而更为深刻。因此,"靡非斯陀"的话应当这样说:"理论的形式是灰色的,而理论的内容是深刻的。"

二是操作层面的。美学和文艺学的论题大致可以分为三类:第一类是基本理论问题的探讨。如"论文学是人学"、"典型人物的审美形态"、"悲剧的审美功能"等等;第二类是传统理论命题的阐释。如"'比德'与'畅神'审美观之比较"、"《诗》可以'兴、观、群、怨'论析"、"神韵说与境界说比较"等等。第三类是经典理论著作的研究。如"亚里士多德《诗学》研究"、"莱辛《拉奥孔》研究"、"丹纳《艺术哲学》研究"、"陆机《文赋》研究"、"严羽《沧浪诗话》研究"、"王国维《人间词话》综论"等等。相对于具体的作家作品的分析评价,这三类论题都各有各的难度:理论问题显得抽象,传统命题显得玄虚,理论著作显得散乱。面对这种情形,同学不免望而生畏。

看来,认识问题解决之后,操作问题即"如何写"的问题,对于有志选择美学和文艺学论题的同学,更为重要。下面就根据上述三类论题的特点,且以我的三篇论文为例,对各自的写作特点和写作思路,分别作一说明:即基本理论问题的探讨如何化虚为实?传统理论命题的阐释如何现代转化?经典理论著作的研究如何聚散为整?一言以蔽之,如何让一个命题成为一篇论文。

二、"基本理论问题"的探讨如何化虚为实?

值得探讨的美学和文艺学问题多不胜数。所谓大学就是把结论变成问题的地方。因此可以说,"美学"和"文学理论"教材中讨论过的每一个问题,都不是最后的定论,随着审美活动和艺术创作的发展,都需要不断作出新的理解和回答。具体地说,"基本理论问题"的来源,大致有如下几个方面:

一是历史上理论家提出的理论命题。如亚里士多德《诗学》中的"诗的本质"和"悲剧学说";刘勰《文心雕龙》之"文之枢纽"、"论文叙笔"、"剖情析采"中的种种论题。二是现代美学和文艺学概括的理论命题。如克罗齐《美学原理》、韦勒克《文学理论》中提出种种论题,西方现代文论提出的理论命题,如"客观对应物"、"陌生化"、"叙事模式"、"期待视野"等等。三是创作实践和审美发展中提出的新问题。如从传统的纸质文学到新媒体时代的网络文学,从传统的精英文学到当下的大众文化种种问题。四是学术争鸣中提出的理论问题和理论命题。如围绕高尔基提出的"文学是人学"的论争,围绕鲁迅提出的"文学的自觉时代"的论争,围绕梁实秋提出的"文学的美"的论争,围绕西方现代文论提出的"文学经典"问题的论争等等。

所谓基本理论问题的化虚为实,换言之,就是把一个抽象的命题变成一篇有理有据的论文。这要求你从创作和审美的经验事实出发,结合历史实践和现实发展,在有序的逻辑框架中,对基本理论问题作有理有据的论证。从这个意义上说,理论问题的"化虚为实",关键在于两个方面:一是要结合文学创作的历史实践和现实发展;二是要在有序的逻辑框架中作有理有据的论述。

以"典型人物的审美形态"这一论题为例。典型人物是叙事文学的核心所在,典型人物的探讨,对小说、戏剧及现代影视艺术的创作和批评都是极为重要的。要写好这一论题,首先要有较丰富系统的叙事作品的阅读经验,并熟悉叙事文学的最新发展。从《三国演义》到《战争与和平》,从《红楼梦》到《红与黑》、从《哈姆雷特》到《雷雨》,这些经典作品中的典型人物都能了然于心。其次,在这基础上根据论文的任务,确立一个有序的论述框架。这对论文的写作来说是至关重要的,缺乏有序的论述框架,论文就会变成杂乱无章的材料堆积。就"典型人物的审美形态"这一论题而言,不妨从以下几个层次展开论述。

论典型人物的审美形态
一、典型人物的审美特征
1、从现实人物到文学人物
2、典型人物与非典型人物
二、典型人物的基本形态
1、圆型人物与扁型人物
2、动态人物与静态人物
3、正面典型与反面典型
4、悲剧典型与喜剧典型
三、典型人物与典型环境
1、作品中人物与环境的关系
2、从审美情境到历史情境

首先,这一论述框架有三大部分组成,从典型人物的"审美特征"到"审美形态"、再到人物、环境与时代的关系,体现出逻辑有序性;其次,每一部分又包含若干层次,内容显得较为充实,尤其主体部分四对范畴八类人物,典型人物的审美形态得到较全面系统的概括;再次,就论文内容看,既基于原有知识又超越一般常识,至少把典型人物概括为四对八类是一般教材所没有的。有了这一框架,然后逐一加以理论阐述、例证分析和"名言"引证,一篇"化虚为实"、实实在在的论文便指日可待了。

《论富于孕育性的顷刻——绘画情境·叙事艺术·抒情意境》①一文,便是我对历史上理论家提出的经典命题,作了化虚为实,由此及彼的论证与发挥。

"富于孕育性的顷刻",是德国美学家莱辛在《拉奥孔》第16章中提出重要命题。莱辛在比较画与诗的题材和手法的差异时指出:"物体"是绘画所特有的题材,"动作"是诗所特有的题材;绘画也能摹仿动作,但是只能通过物体,用暗示的方式去摹仿动作,诗也能描绘物体,但是只能通过动作,用暗示的方式去描绘物体。在进一步解释绘画是如何"用暗示的方式去摹仿动作"时,莱辛提出了"富于孕育性顷刻"的著名命题:

> 绘画在它的同时并列的构图里,只能运用动作中的某一顷刻,所以就要选择最富于孕育性的那一顷刻,使得前前后后都可以从这一顷刻中得到最清楚的理解。②

莱辛的这一命题精辟揭示了空间艺术表现时间过程的规律和特点,道前人之所未道,在西方美学史上产生了深广影响。随着西学东渐,这一命题对20世纪中国文艺美学产生了深广影响,朱光潜、宗白华、钱锺书、缪朗山、王朝闻等学者,对这一命题的丰富内含从不同角度作了阐释和发挥。

回想起来,我之所以写这篇论文,起因有二:一是以极大的兴趣细读了莱辛的《拉奥孔》。恰如朱光潜所说:"作为一部美学著作,《拉奥孔》是一个就具体问题进行具体分析的范例,没有一般德国美学著作在概念里兜圈子的习气。"③它从"为什么拉奥孔在雕刻里不哀号而在诗里却哀号"的提问开始,展开了"画与诗的界限"的美学思考,成为德国古典美学发展中的一座纪念碑,阅读起来轻松愉快

---

① 原载《文艺研究》,1994年第6期;收入陈文忠:《文学美学与接受史研究》,安徽人民出版社2008年版。

② 莱辛:《拉奥孔》,朱光潜译,人民文学出版社1979年版,第83页。

而又益人心智；二是中西学者包括朱光潜、钱锺书、王朝闻等，结合中国诗画艺术对"富于孕育性的顷刻"命题的阐释发挥。尤其是钱锺书的《读〈拉奥孔〉》和《谈中国诗》，我受到的启发最大，受惠也最大。钱锺书在《读〈拉奥孔〉》中写道：

> 我感兴趣的是，它可能而亦确曾成为文字艺术里一个有效的手法。……换句话说，"富于包孕的片刻"那个原则，在文字艺术里同样可以应用。我接受莱辛的范围，只从叙事文学里举一两个熟悉的例子，不管抒情诗里的"含蓄"等等。

虽然钱锺书说"不管抒情诗"，但已表明，在"叙事文学"和"抒情诗"里，"富于孕育性顷刻"或"富于包孕的片刻"，同样是"一个有效的手法"；而钱锺书之所以说"不管抒情诗里的'含蓄'等等"，因为早在1945年《谈中国诗》一文中，他对"中国诗"中"怀孕的静默"或"富于包孕的片刻"的艺术特点，已经作过生动精彩的分析。

我所做的工作，实质上是"接受钱锺书的范围"，对钱锺书划定的范围作了进一步的发挥和论证。具体地说，我的论文对"富于孕育性顷刻"的"化虚为实"，包含两个层次：一是由"绘画情境"拓展到"叙事艺术"和"抒情意境"，二是对"富于孕育性顷刻"在上述三个艺术领域的独特运用作了具体论析。于是形成了如下的论文思路和框架。

论富于孕育性的顷刻
——绘画情境·叙事艺术·抒情意境
一、绘画情境：寓时间于空间
1、"顶点之前"："山雨欲来风满楼"；
2、"顶点之后"："风抛残骸满沙滩"；
3、"包前孕后"：审美想象的双重指向。
二、叙事艺术：富于悬念的顷刻
1、不到顶点的诱导性顷刻
2、顶点之后的回顾性顷刻
3、蕴前蓄后的双向性顷刻
三、抒情意境："一种怀孕的静默"
1、人物行动的戏剧性：充满矛盾的顷刻
2、情感矛盾的饱和性："意味深长的沉默"

　　3、诗境意蕴的生发性：意境的"不全之全"

　　在这里，所谓基本理论问题的"化虚为实"，就变成了"系统提问的系统回答"，或者说变成了双重的"系统提问的系统回答"。

　　当然，完成这篇论文也并不是轻而易举的，需要相关的知识准备，至少包含三个方面：一是学术史准备，即从莱辛到钱锺书有关"富于孕育性顷刻"问题的研究和阐释；二是理论准备，主要是创作规律和艺术构思的规律，不同艺术类型艺术构思的一般规律与特殊规律问题；三是艺术史经验的积累和鉴赏能力的基础。论文三大部分例举的雕塑艺术与绘画艺术，古典小说与现代短篇，唐人绝句与宋人小令，都来自平时艺术鉴赏和文学阅读的积累。例如，仅探讨抒情意境"富于孕育性顷刻"的具体表现方式，至少精读了"千首唐人绝句"。

三、"传统理论命题"的阐释如何现代转化？

　　传统的诗学和美学是建设现代美学和文艺学的思想宝库。"中国文学批评史"和"中国美学思想史"两门课程，为我们入山探宝提供了一把钥匙。不过，打开古代诗话词话和书论画论，看到的是一个由神秘莫测的语词组成的抽象的花花世界：风韵、风神、风味、风调、风致、风度、风力、风骨；韵味、韵致、韵度、格韵；意趣、意兴、意味、意气；气势、气韵、气调、气格、气骨；神气、神韵、神味、神情、神理、神骨；情韵、情味、情致、情志、情采；兴味、兴趣、兴象，等等。看着这一浩瀚的诗学辞海，兴叹而外，有什么办法呢？

　　从这个"抽象的花花世界"可以发现，中国诗学和美学的"传统理论命题"至少有如下特点：一是语词的随意性，即诗性语言，缺乏规范统一性；二是语义的含混性，即不做界定，可意会而难言传；三是范畴的无序性，即概念范畴之间缺乏逻辑联系。借用王国维的话：西洋人特质，思辨的也，科学的也，长于抽象而精于分类；相反，中国人特质，体验的也，诗性的也，长于整体把握而疏于逻辑分析。这也就是要对"传统理论命题"进行现代转化的原因之所在。"传统理论命题"只有转化为现代性的知识，才能有助于今人对传统的真正理解，又有助于以传统丰富现代体系。

　　其实，理论命题和概念范畴的现代转化，并非只限于中国，也并非只限于古代，而是人类思想史上的普遍现象和永恒现象。人类的思想史和哲学史清晰地告诉我们，一个概念的明晰阐释和充分规定，极少是第一个提出或引入这个概念的思想家的工作。因为，"一个哲学的概念，一般说来更多地是一个问题而不是对一个问题的解决——而这个问题只要还处在它最初的潜在状态中时，它的全部意义就不可能被理解。"①为了使人们理解它的真正的意义，它就必须成为明显的，而这种从潜在状态到明显状态的转变则是未来的工作，也就是一代又一代人的现代转化的工作。从这个意义上说，一个概念的充分规定是这个概念的阐释史的历史成果。而"哲学家的职责就在于澄清和形成概念，在于对我们用以谈论任何题目的术语，给出明确、完整的含义"。②

传统命题的阐释如何实现现代转化？在具体操作中大致可以分为依次递进的两个层次：

一是语言层面的，即由"古代语"转换为"现代语"、由"文言文"转换为"白话文"。从这个意义说，"阐释即翻译"。每个时代都有它自己的语言，而且不同时代词汇的差异往往要比思想的差异大得多。于是传统命题现代转化的首要任务，就是要把用其他时代的语言表述的思想翻译成自己所处时代的语言。其实，这是中西学术研究中的惯常做法。康德指出："古老的、陈旧的知识，当人们从它们原来的联系中把它们提出来，给它们穿上一套式样新奇的服装并且冠上一个新的名称时，它们就转化成为新的知识。这是人们长久以来就司空见惯了的事。"③以《文心雕龙》为例，"神思"可译为"艺术构思"，"风骨"可译为"艺术风格"，"夸饰"可译为"艺术夸张"，"通变"可理解为"继承与革新"，"知音"可理解为"艺术鉴赏"等等。在传统诗学和美学的研究中，由"古代语"转换为"现代语"，不是日常语言的转换，而是学术语言的转换，如何选择最恰当的现代学术语言对传统学术命题作精确的翻译，就显得极为关键，也是成功实现传统命题现代转化的第一步。

二是观念层面的，即由古代的思想观念转换化为现代的思想观念，或在现代学术语境中阐明古代学人"强烈直觉"而未达到"自觉意识"的潜在义蕴。从学术语言的翻译到思想观念的转化，是传统命题现代转换的更深层次，它要求研究者在学术语言转换的基础上，以相应的现代学术思想为参照系，对传统命题的精神内涵和思想价值做出现代诠释，以故为新，为我所用。如传统的"神思说"转化为

---

① 恩斯特·卡西尔：《人论》，甘阳译，上海译文出版社1985年版，第229页。

② 苏珊·朗格：《情感与形式》，刘大基等译，中国社会科学出版社1986年版，第2页。

③ 康德：《未来形而上学导论》，庞景仁译，商务印书馆1978年版，第11页。

现代的"艺术构思论",传统的"风骨说"转化为现代的"艺术风格论",传统的"通变说"转化为现代的"艺术发展论",传统的"知音说"转化为现代的"鉴赏批评论"等等。如何实现这种转化? 王元化撰写《文心雕龙创作论》时的"诠释法"极具参考价值。他说:"在阐释原著时,首先需要以实事求是的态度揭示它的底蕴,弄清它的本来面目,并从前人或同时代人的理论中去追源溯流,进行历史的比较和考辨,探其渊源,明其脉络。另一方面,又需要以今天更发展了的文艺理论对它进行剖析,揭示其义蕴。……按照这一方法,除了把原著和传统理论进行比较和考辨外,还需要把它和后来更发展了的理论进行比较和考辨。这种比较和考辨不可免地也包括了外国理论在内。"①从"揭示底蕴"到"揭示义蕴",这是传统命题观念层面的转化极为重要的两个环节,它既是由浅入深的过程,也是由传统观念转换为现代观念的过程。②

从术语翻译到观念转换,从"揭示底蕴"到"揭示义蕴",与此同时把这一转化过程在有序的逻辑框架中表述出来,一篇以传统命题为研究对象的论文就可以完成了。结合王元化先生的上述论述,再细心体会《文心雕龙创作论》中的各篇论文,对于写好以传统的诗学、美学范畴为研究对象的论文是非常有帮助的。

《论理趣——古代哲理诗的审美特征》③一文,就是我对传统理论命题作现代转化的一种尝试。

"理趣"一词源于唐代佛学,初与文艺无涉。作为古代哲理诗的美学范畴,广泛使用于宋代以后的诗话、诗评、诗论和诗序。但是,我对"理趣"的关注,并非直接来自古代诗学,而是受到钱锺书的启发。《谈艺录》"随园论诗中理语"一节,以"理趣"为中心,对中国古代哲理诗的渊源流变,作了提纲挈领的系统论述,既可视为微型的古代哲理诗史,也可视为微型的古代哲理诗学。在简要回顾古代诗学中的理趣论后,钱锺书写道:

> 窃谓理趣之旨,极为精微,前人仅引其端,未竟厥绪。……若夫理趣,则理寓物中,物包理内,物秉理成,理因物显。赋物以明理,非取譬于近,乃举例以概也。或则目击道存,惟我有心,物如能印,内外胥融,心物两契;举物即写

①　王元化:《谈诠释》,载《思辨录》,上海古籍出版社2004年版,第335页。

②　傅伟勋在《从德法之争谈到儒学现代诠释学课题》(《二十一世纪》,1993年4月号)一文中提出了"创造的解释学"的"五谓"说,即"实谓"、"意谓"、"蕴谓"、"当谓"、"创谓",对传统理论命题现代转化的"辩证步骤"作了更精细的论析,可与王元化的"底蕴、义蕴"说,参酌互用。

③　原载《文艺研究》,1992年第3期;收入陈文忠:《文学美学与接受史研究》,安徽人民出版社2008年版。

心,非罕譬而喻,乃妙合而凝也。①

　　"理趣"的精微之旨,前人仅引其端,未竟厥绪,尚需后人做进一步的研究阐发。于是,我便在钱锺书精辟论述和史料线索的指引下,开始了古代哲理诗和哲理诗学的研究。

　　现代文艺学对概念范畴的诠释,至少包含四个方面:一是历史演变,即术语的本义、转义和引申义;二是理论内涵,即通常所说的定义;三是逻辑关系,即概念之间的区别与联系及其在理论体系中的位置;四是具体所指,即与概念相关的客观经验事实。我的论文对"理趣"的现代转化包含两个层次:首先,把"理趣"定位为古代哲理诗的最高审美境界;其次,按现代文艺学的学术思路,从四个方面对"理趣"作了现代诠释。全文框架如下:

　　　　论理趣
　　　　　　——古代哲理诗的审美特征
　　　一、从禅学到诗学
　　　1、禅学中的理趣
　　　2、诗学中的理趣
　　　二、理障·理致·理趣
　　　1、生机盎然的形象性:"趣者,生气与灵机也"
　　　2、即物即理的契合性:"理寓物中,物包理内"
　　　3、审美感悟的直接性:即境悟理,目击道存
　　　4、机趣洋溢的智慧性:妙趣横生,常读常新
　　　三、散联警句与暗与理合
　　　1、哲理性的散联警句
　　　2、有意明理与暗与理合

　　全文三部分:一、"从禅学到诗学",追溯概念的演变过程;二、"理障·理致·理趣",先辨析三个概念的诗学内涵和审美层次,再重点论述理趣之作的四个审美特征;三、"散联警句与暗与理合",回到历史,进一步阐述理趣之作的两种表现形态。通过概念追溯、理论阐释和历史验证,"理趣"获得了明晰的理论内涵和具体的历史内容。

　　当然,我完成这篇论文决非轻而易举。除细读钱锺书《谈艺录》、《管锥编》对

――――――――――――
　　① 钱锺书:《谈艺录》,中华书局1984年版,第224、232页。

理趣的论述，尚需诗学史与诗歌史的足够知识准备，主要有四个方面：一是中国传统诗学体系的宏观把握，认为理趣说与言志说和缘情说，应鼎足为三；二是"理趣"范畴史的研究，系统搜集了从唐代到清代有关理障、理致、理趣三个概念的大量材料；三是现代中西哲理诗理论的了解，尤其是西方从黑格尔《美学》到韦勒克《文学理论》对哲理诗的论述；四是中国古代哲理诗史的系统知识，此前我已发表了《论古代哲理诗的智慧形态》一文，对古代哲理诗的历史发展和智慧形态作了较深入系统的探讨。

四、"经典理论著作"的研究如何聚散为整？

为什么要研究理论经典？没有经典，我们将停止思考；精读经典，可以增进我们思维的活力。林毓生以自己在"芝加哥大学社会思想委员会"的求学经历，特别强调"精读原典"的重要性："我们要精读原典，同时要随时随地地进行自我批评。精读原典可以增进我们的思想能力，随时反省自己所提出的问题与看法，可以使我们更灵敏地意识到我们的问题与看法是否重要——是否仍是常识性的死板的老问题、老看法，抑或是尖锐的、具有原创性的新问题与新看法。"[1]"经也者，恒久之至道，不刊之鸿教也。"刘勰《文心雕龙》"文之枢纽"的"原道"、"征圣"、"宗经"，一言以蔽之，就是回到经典，征询经典，精读经典。经典具有超越时空的永恒性，亦所谓古典的现代性；从文化的意义上来说，古代即现代，古人即今人，古典即今典。

从学术形态看，中外美学文艺学经典作家的论著可分为三类：一类既有统一的逻辑基点，又有严整的逻辑体系，如亚里士多德《诗学》、黑格尔《美学》、刘勰《文心雕龙》等等；一类虽有明确的中心论题，却无严整的理论体系，如莱辛《拉奥孔》、席勒《审美教育书简》、严羽《沧浪诗话》、王国维《人间词话》等等；一类既无明确的中心论题，更无严整的逻辑体系，如《歌德谈话录》、《罗丹艺术论》、中国古代的大部分诗话词话、后人为前代大家编的"论文集"等等。从上述三类论著看，似乎只有后两类著作的研究需要"聚散为整"，前一类具有完整逻辑体系的著作无需"聚散为整"。其实不然。因为一篇论文只能集中探讨一个问题，而在任何

---

[1] 林毓生：《中国人文的重建》，载《中国传统的创造性转化》（增订本），生活·读书·新知三联书店2011年版，第40页。

一部著作中,对这一问题的论述不可能只限于某一部分,必然分散在全书的各个方面。如黑格尔论悲剧,虽集中于《美学》第三卷下册《悲剧,喜剧和正剧的原则》中,但相关的论述不仅分散在《美学》全书各卷之中,在《美学》之外的《精神现象学》、《法哲学原理》及《历史哲学》中也有大量精辟论述,这对完整把握黑格尔的悲剧理论都是不可或缺的,因此同样也要"聚散为整"。

那么以经典著作中某一论题为研究对象的论文,在写作中如何聚散为整?如何使分散的材料聚合成一篇有价值的论文?思想史家徐复观谈他的著名论文《象山学述》的写作经验极具借鉴价值。他说:

> 我在写《象山学述》一文时,先是按着象山的各种观念、问题,而将其从全集的各种材料中抽了出来,这便要把材料的原有单元(如书札、杂文、语录等)加以拆散;再以各观念、各问题为中心点重新加以结合,以找出对他所提出的每一观念、每一问题的比较完全的了解;更进一步把各观念、各问题加以排列,求出它们相互间的关联及其所处的层次与方位,因而发现他是由哪一基点或中心点(宗旨)所展开的思想结构(或称为体系)。①

徐复观的这一研究过程可以概括为前后相续的"四部曲":第一是确立要探讨的观念和问题;第二是按观念和问题从论著或全集中搜集相关的各种材料;第三是以观念和问题为中心把搜集的材料加以重新组合;第四是发现观念、问题和材料之间的内在联系,形成一个思想结构和观念体系。换言之,在原先没有秩序的地方引进秩序,通过基于对象自身的逻辑秩序的引进,以达到符合对象自身的观念体系的建构。徐复观的《象山学述》是评述"心学大师"陆九渊学术思想的思想史论文,但他的"四部曲"研究方法,同样适用于美学和文艺学经典论著的研究。

从论述的内容范围看,经典研究的题目有综述和专论之分。以《歌德谈话录》为例,《歌德文艺思想述评——读〈歌德谈话录〉》,这一题目就属于综述;《歌德论自然与艺术的关系——读〈歌德谈话录〉》,这一题目就属于专论。一般地说,"综述"容易成篇,"专论"更能深入;但要写好"专论",又须以"综述"为前提。不过,无论综述还是专论,都须遵循徐氏"四部曲"的研究步骤。

---

① 徐复观:《研究中国思想史的方法与态度问题(代序)》,《中国思想史论集》,上海书店出版社2004年版,第2页。

《论泰纳的艺术哲学》①一文，便是我以"聚散为整"的方式，研究"经典理论著作"的一种尝试。

泰纳是19世纪西方历史文化学派的奠基者和领袖人物。在学生时代，他曾被老师称为"为思想而生活"的人；在法国批评界，又曾被视为"批评家心目中的拿破仑"②。泰纳的《艺术哲学》不仅建构了西方文论史上第一个艺术史哲学体系，而且对20世纪中国文艺学和文学史学科的现代性转型产生了深刻影响。然而，长期以来，人们对泰纳"艺术哲学"的认识，始终局限于"种族、环境、时代"三要素，并认为泰纳的"艺术哲学"只是一种无关价值评价的实证主义艺术史体系。

其实，泰纳关于"种族、环境、时代"三动因的论述，集中在著名的《〈英国文学史〉序言》中，《艺术哲学》作为其"艺术哲学"的代表作，还包含了丰富的美学思想。《艺术哲学》是深思熟虑、体系严密的美学和艺术史著作，它由两大部分组成：第一编"艺术品的本质及其产生"和第五编"艺术中的理想"，两编合起来，俨然是一个完整的美学体系；第二编至第四编，则体现了泰纳的艺术史观。他在解释为什么要以"意大利文艺复兴期的绘画"、"尼德兰的绘画"和"希腊的雕塑"作为研究对象时指出：拉丁民族和日耳曼民族，"是缔造近代文明的主要工人"，"在拉丁民族中，一致公认的最优秀的艺术家是意大利人；在日耳曼民族中是法兰德斯人和荷兰人。所以研究拉丁民族和日耳曼民族的艺术史，就是在两个最伟大和最相反的代表身上研究近代艺术史"③；而希腊艺术是欧洲艺术的源泉，也是"最伟大最有特色的一派"，所以殿于最后，有数典而不忘祖之意。

泰纳说："只有详尽的例子才能提供明晰的观念。"④这句话表明了他的学术风格。他的学术著作确以笔墨酣畅，风格华丽见称，丰富的材料，详尽的例子，雄辩的论述，如瓶泻水，读来让人荡气回肠，兴味无穷。我认真阅读了《艺术哲学》、《〈英国文学史〉序言》及他的其他中译著作，如《莎士比亚论》、《巴尔扎克论》等等，深深感到泰纳的"艺术哲学"决非"种族、环境、时代"六个字所能概括，而是包含了丰富内容的理论体系。于是，开始对泰纳艺术哲学作重新探讨，力求通过"聚散为整"的方式，完整展现出泰纳艺术哲学体系的全貌，以扭转人们对其理论简单化、片面化的理解。

---

① 原载《安徽师范大学学报》1990年第4期；收入陈文忠：《文学美学与接受史研究》，安徽人民出版社2008年版。

② 蒂博代：《六说文学批评》，生活•读书•新知三联书店2002年版，第200—201页。

③ 丹纳：《艺术哲学》，傅雷译，人民文学出版社1981年版，第147页。

④ 丹纳：《艺术哲学》，傅雷译，人民文学出版社1981年版，第87页。

经过反复阅读和思考,我发现泰纳的"艺术哲学"体系,实质是一个基于实证哲学而又超越实证哲学的"艺术史哲学"体系,这一体系包含了丰富的内容:它是以审美文化心理的艺术史观为基础,由艺术根源的三总体原则、历史发展的三动因公式、进化过程的三时期观念、审美判断的三价值标准等内容构成的理论体系;又是一个历史文化分析和美学价值评价相统一,个体创作史和民族艺术史相并重的"双重体系"。根据这一认识,形成了如下的论文框架。

> 论泰纳的艺术哲学
> 一、艺术哲学的双重体系
> 二、审美文化心理的艺术史观
> 1、艺术观:"艺术是民族精神特征的表现"
> 2、艺术史观:"艺术史是民族心理发展史"
> 三、艺术根源的"三总体原则"
> 1、"三总体原则"的内涵
> 2、"三总体原则"的价值与缺陷
> 四、历史发展的"三动因公式"
> 1、"三动因公式"的内涵
> 2、"三动因公式"的渊源
> 3、"三动因公式"的成因
> 4、"三动因公式"的缺陷:从"外缘影响"到"内在理路"
> 五、进化过程的"三时期观念"
> 1、艺术发展的进步论
> 2、艺术进化的基本规律:生物进化的类比性
> 六、审美判断的"三价值标准"
> 1、"三价值标准"的评价体系
> 2、"三价值标准"的理论依据

这篇论文发表于25年之前,此后,出于兴趣也出于关注,我一直不间断地阅读泰纳著作和泰纳研究的论著。迄今依然感觉,我对泰纳艺术哲学体系的概括,是比较客观的,也是比较全面的。

当然,我完成这篇论文,同样并非一早一夕,而是以较丰富的知识准备为基础的。至少有三方面的准备:一是对近代西方"历史文化批评"作了系统考察,认真阅读了维柯《新科学》、温克尔曼《古代艺术史》、斯达尔夫人《论文学》以及勃兰兑斯《十九世纪文学主流》等著作,作为历史背景;二是仔细梳理了泰纳"艺术哲

学"的研究史,包括普列汉诺夫、朗松、韦勒克以及傅雷、柳鸣九等中西学者的论述,掌握研究进展;三是了解近代以来"艺术史哲学"的发展,包括从黑格尔到韦勒克的近现代艺术史理论和文学史理论,作为阐释评价的参照系。

最后,根据我有限的学术写作经验,以为要写好美学、文艺学本科毕业论文,在选题和写作中,还需提请大家注意两点。

其一,选择美学、文艺学论题做毕业论文,并非读完"美学原理"和"文学理论"之类教材就能胜任,它还需要作者具备丰富的审美经验和坚实的文学艺术史知识,所谓"论从史出",理论源于实践;同时,只有基于审美和艺术实践,才可能避免"以虚为虚",概念搬家,真正使基本理论问题的探讨和传统理论命题的阐释落到实处。

其二,理论性论题的研究,并非"为理论而理论",它最终是为了认识实践,影响实践,更深刻地理解审美现象和文学艺术史规律。请以车尔尼雪夫斯基《论亚里士多德的〈诗学〉》一文中,对艺术史与艺术理论二者互动关系的精辟论述结束此文:

> 艺术史可以作为艺术理论的基础,而到以后,艺术理论又来帮助人们把艺术史作比较更完全、更完整的改写;把历史作更好的改写,可以使理论越来越完全,而且还不止此,只要人们研究事实,根据事实作出结论,那么历史与理论彼此都有好处的相互影响就会无穷无尽地继续下去。[1]

换言之,没有事物的历史也就没有事物的理论;但是假使没有事物的理论,甚至也想象不出它的历史,因为对事物,对它的意义以及界限都没有什么概念。理论既可以照明历史,更可以引导实践。

---

[1]《车尔尼雪夫斯基论文学》(中卷),辛未艾译,上海译文出版社1979年版,第182页。

第六章　典范是最好的老师

《文学评论文选》[①]是"文学理论"课程的辅助教材。《文学评论文选》的编撰，旨在通过典范性选文的示范功能，帮助本课程学生掌握不同类型评论文章的写作特点和写作方法。

"文学理论"的功能是多样的，如引导创作，指导欣赏，规范批评等等。从文学理论现代发展趋势看，研究者愈来愈强调其作为文学批评和文学研究方法论的功能特性。荷兰学者佛克马在《二十世纪文学理论》的"导论"中开宗明义："为了阐释文学作品和把文学当作人们一种特殊的传达模式来看待，我们必须掌握文学理论；不依赖于一种特定的文学理论，要使文学研究达到科学化的程度是难以想象的。"[②]

文学理论的方法论意义，可以从两个方面来理解：首先，文学理论体系中的每一个概念、范畴和命题，都具有引导创作、指导欣赏和规范批评的多重意义，而其最基本的功能则指向文学研究。俄罗斯学者波斯彼洛夫在其主编的《文艺学引论》中指出："本书所探讨的文学理论概念是文艺学研究所必需的全套工具，不管这种研究的具体目的如何。这些概念组成了一个体系：其中每个概念都具有一定的科学方法论的功能。"[③]其次，文学理论作为文学研究的方法论，既包含微观的具体作品分析评价的方法，也包含宏观的文学史研究的方法。美国学者韦勒克在《文学理论》"序言"中表示："文学理论是一种方法上的工具"，它包含了"'文学批评理论'和'文学史的理论'"。[④]一言以蔽之，现代文学理论的基本任务，就是通过对文学活动的本质特征、文学作品的结构形态、文学发展的独特规

---

① 本文是笔者为拙编《文学评论文选》（安徽师范大学出版社2012年版）撰写的"绪言"和"引言"的综合改写。

② 佛克马、易布思：《二十世纪文学理论》，林书武等译，生活·读书·新知三联书店1988年版，第1页。

③ 波斯彼洛夫：《文艺学引论》，湖南文艺出版社1987年版，第574页。

④ 韦勒克、沃伦：《文学理论》，刘象愚等译，生活·读书·新知三联书店1984年版，第38页。

律的哲学性探讨,为文学评论和文学史研究提供理论原则和研究方法。因此,文学理论又被称为"元批评"。

但是,理论知识不等于实践能力。读过文学理论并非就能从事文学研究,并非就会撰写文学评论。要从事文学研究和文学评论的写作,必须同时具备三方面素养:一是对文学作品敏锐而精细的审美感受力;二是面对各种文学现象灵活运用文学理论知识的能力;三是必须掌握不同类型研究论文的学术思路和写作方法。

西哲有云:"例子是最好的定义,典范是最好的老师"。书画始于临摹,写作始于模仿。著名作家汪曾祺曾坦率地说:"我是沈从文先生的学生。一个作家形成自己的风格大体要经过三个阶段:一、摹仿;二、摆脱;三、自成一家。初学写作者,几乎无一例外,要经过摹仿的阶段。我年轻时写作学沈先生,连他的文白杂糅的语言也学。"①文学创作始于经典作品的模仿和借鉴,文学评论同样离不开典范论文的研读和揣摩。一生写的全是"理论文"的美学家朱光潜,同样强调摹仿的重要:"为着自己创作,就要钻研一些模范作品。无论是写诗或写散文,都要精读一些模范作品。就像写字作画都要'临帖'一样,从而摸索出大家名手的诀窍。这是文艺创作家成功的秘诀,也是一切行业成功的秘诀。"②

如何模仿典范?英国学者提出了一种"文章的复活作业"的方式。刘勰《文心雕龙·体性》有"摹体以定习"之说,是指作家应当通过模拟个体的风格以形成自己的创作特色。徐复观在阐释这个命题时,介绍了英国学者的"文章的复活作业"的模仿方式。徐复观写道:"作文之摹体,有如写字和绘画的临帖、临画一样,是硬把自己提高向已经成功的作品上面去的方法,这在现在,还是一种有力的学习方法。波多野完治在《文章心理学入门》中有这样一段话:英国某文章心理学家,提出'文章的复活作业',以作为使文章得到进步的方法。即是先选定自己所爱好的某家文章,摘录其梗概,约经过一周,以摘录的梗概为基础而将文章复活,再将复活的文章与原文加以比较检讨。"③我们不妨把"摘录梗概"、"文章复活"、"比较检讨"这一过程,称之为"文章复活作业三部曲"。古今中外那么多学者强调"作文之摹体",便是提醒我们对"典范"这位老师是需要认真对待的。

认真研读典范的文学评论,揣摩其学术思路,掌握其理论方法,体会其写作

---

① 汪曾祺:《晚翠文谈新编》,生活·读书·新知三联书店2002年版,第70页。

② 朱光潜:《谈写作学习》,载《朱光潜全集》,第10卷,安徽教育出版社1993年版,第655页。

③ 徐复观:《中国文学精神》,上海书店出版社2004年版,第158页。

方式,是从抽象的理论原则到实际的评论能力所必不可少的"中介环节"。如果缺少这一"中介环节",文学理论就会止于纸上谈兵式的空头知识,难以转化为学术研究中的实践智慧。因此,典范论文的研读是文学理论教学的有机延伸,也是从知识到智慧必不可少的学习环节,更是学术创新和发展的必经之途。

进行文学研究和评论写作,必须解决相互关联的三个问题:一要明确对象的文体特点,是诗歌或散文,还是小说或戏剧;二要确定评论的具体角度,是主题探讨还是人物分析,是情节研究还是风格阐释;三要确定采用的研究方法,是社会学的还是心理学的,是原型批评还是比较文学,等等。文体特点,论题角度,研究方法,这三个问题连贯而来,逐层深入,必须逐一明确,方能进入论文的思考、构思和写作。对这三个问题的明确意识,是学术思考深入细致、论文构思思路明晰、分析阐释富有说服力的关键。

根据评论写作的这一特点,本《文选》的选文也相应包括三个部分:不同文体的评论原则,不同论题的研究方式,不同方法的具体运用。

第一部分着眼于"不同文体的评论原则"。文学批评必须从作品出发,这是批评的首要原则。而从作品出发,首先意味着必须从作品特定的文体出发,从文体的审美特性出发。为什么?明代学者陈洪谟说:"文莫先于辩体,体正而后意以经之,气以贯之,辞以饰之。体者,文之干也;意者,文之帅也;气者,文之翼也;辞者,文之华也。"(《文体明辨序说》)美国小说家亨利·詹姆斯说:"'体裁'是文学生命本身;完全地辨识诸体裁,洞彻各体裁之固有意义,深入其密实的内部,这将产生真理和力量。"总之,文体是作品的存在方式和生命形式。每一种文体都是作家观察世界的独特方式,每一种文体都有一套独特的审美惯例。因此,文学批评的首要原则,就是从文体的审美特性出发。

这一组论文以生动的文笔论述了不同文体的评论原则。这是我们阅读各篇论文应把握的中心和重心所在。具体而言,陈思和的《文本细读在当代的意义及其方法》,结合现当代文学经典谈论文本细读的方法,具有普遍指导意义。以下各篇,叶嘉莹的《关于评说中国旧诗的几个问题》,谈古诗分析方法;杨绛的《有什么好?——读奥斯丁的<傲慢与偏见>》,谈小说分析法;苏国荣的《古典悲剧的艺术种类和审美品格》,为古典悲剧研究提供了理论参照;倪其心的《知人论文,具体分析》,为怎样分析古代散文提出了具体建议;戴锦华的《<小鞋子>的叙事艺术》,则为电影赏析提供了一个生动范例。

《文学理论》中的"文学作品类型"或"文学体裁"部分,是文体批评的方法论基础,但偏重理论阐述而不免抽象。这组论文结合具体作品谈论不同文体的批评方法,有理有据,娓娓道来,既授"鱼",又授"渔",便于领会掌握。

第二部分着眼于"不同论题的研究方式"。论文与教材的基本区别在于:讲课传授系统的知识,教材必须面面俱到;论文发表独到见解,作者必须抓住一点。如果说教材是面的铺叙,那么论文则是点的深化。这是论文的困难之处,也是论文的价值所在。英国诗人扬格在《试论独创性作品》中有一段妙语:"独创性作品是最美丽的花朵……独创性作家是、而且应当是人们极大的宠儿,因为他们是极大的恩人;他们开拓了文学的疆土,为它的领地添上一个新省区。"①文学创作如此,文学批评同样如此。正是一篇篇见解独到的评论文章,为我们揭示作品的艺术奥秘,推动学术研究的不断进步,丰富教材的知识内容。

这组论文着眼于不同论题的具体研究,每一篇论文从不同论题入手,以严密的逻辑和生动的文笔,阐述了对作家作品的独到见解。解志熙的《人生的困境与存在的勇气——论〈围城〉的现代性》,是《围城》主题的独到分析;王昆仑的《王熙凤论》,是"红楼人物"的经典诠释;许子东的《一个故事的三种讲法》,以新颖的思路研究小说故事;叶长海的《〈牡丹亭〉的悲喜剧因素》,在争鸣中诠释《牡丹亭》的审美特质;王晓明的《另一种散文——读周作人的〈乌篷船〉》,着眼于一位散文大家创作思想的演变;袁行霈的《温庭筠词艺术研究——兼论温韦词风之差异》,对古典词人的词作风格作了比较研究;傅雷的《论张爱玲的小说》,则对一位文学新秀艺术上的得失作了犀利剖析。

《文学理论》中"文学作品结构"的理论阐述,是不同论题研究的方法论基础。这一组论文则为不同论题的研究提供了生动的范例。

第三部分是"不同方法的具体运用"。俄罗斯批评家别林斯基有句名言:"批评是运动中的美学。"②这里的"美学",实质是指美学理论和美学方法。批评是运动中的美学,即批评离不开方法。文学批评的方法包含多个层次。从开始研究到评论写作,批评方法至少可以分为三个层次:一是普遍的哲学方法,即揭示事物规律的逻辑方法;二是学科的特殊方法,即由对象自身的特性延伸出来的研究途径;三是写作的论述方法,即评论写作的论述逻辑。

这组论文的编选,着眼于不同方法的独特运用。这里所说的方法,不是一般的哲学方法,也不是写作的论述逻辑,而是学科的特殊方法,即基于对象特性并

① 扬格:《试论独创性作品》,袁可嘉译,人民文学出版社1998年版,第82页。
② 《别林斯基选集》,第1卷,上海译文出版社1981年版,第323页。

借鉴相关学科理论形成和发展起来的研究方法,主要是在20世纪学术文化思潮中产生的批评理论和批评方法。八篇论文,方法各异。朱光潜的《说"曲终人不见,江上数峰青"》是表现主义的美学分析;颜元叔的《析〈春望〉》是英美新批评的文本细读;刘禾的《文本、批评和民族国家》是女性批评的运用;吴光兴的《神女归来:一个原型和〈洛神赋〉》是原型批评的尝试;吴建波的《论"痴情女子负心汉"叙事模式的历史演变》是叙事模式的分析法;李健吾的《答〈鱼目集〉作者》是审美阐释学的思路;陈文忠的《唐人青春之歌走向顶峰之路——张若虚〈春江花月夜〉接受史研究》是经典的接受史研究;周珏良的《河、海、园——〈红楼梦〉、〈莫比·迪克〉和〈哈克贝里·芬〉的比较研究》是平行的比较研究。

20世纪是一个批评的时代,更是一个批评方法的时代。这组论文只是部分方法的尝试性运用,其他如历史文化学、精神分析学、结构语义学等等,也是研究者经常使用的方法。但无疑,上述八种方法,运用最广泛,成果最丰硕,学理性也更可靠。

每一部分的选文,未能面面俱到,但已能满足中文系本科生掌握基本的评论类型和主要的研究方法之需。在论文涉及的内容上,尽可能覆盖到不同的文体类型和不同的文学史现象。如从文体看,有古代诗歌也有现代诗歌,有古代散文也有现代散文,有小说也有戏剧;从文学史看,则包括了古代文学、现代文学、欧美文学,等等。从论文的写作看,每一篇论文不仅见解独到,阐述深入,而且立意构思、行文布局、论述语言等,均各具特色,足资借鉴。

每篇论文后均附有"说明"和"文献链接"。"说明"主要从论文写作的角度,对本篇论文的论述主旨、学术思路、论述步骤和研究方法诸方面,作提示性说明,以帮助读者对论文的研读和方法的掌握。"文献链接"提供了一组相关的著作或论文,既可扩大读者的学术视野,也可作为相关课题研究的参考文献。

第七章 走向文艺学研究之路

❦

每一个学科都有自身独特的学科性质、学术历程、研究范围、研究方法和研究意义。要真正进入一个学术领域,走上自觉的学术研究之路,必须"考镜源流,辨章学术",对这一学科的上述问题有全面完整的认识。同样,要走上文艺学研究之路,必须对文艺学的学科性质、学科发展、研究范围和研究方法有一个大致的了解。这也是进入文艺学领域必要的知识准备。

一、文艺学的学科性质

所谓"学科性质"或"学科性能",也就是学科的"特性"和"功能"问题。就"文艺学"而言,何谓文艺学? 文艺学基本理论的研究有何意义? 这是阐述文艺学的特性和功能首先要回答的两个问题。

(一)文艺学的性质。"文艺学",顾名思义就是关于文学艺术的学问或学说。我们这里所说的"文艺学"有特定的含义。一般地说,文艺学是从多方面研究文学和艺术的诸学科的统称,在德语中又称"文艺科学"(Literaturwissenschaft)。因此严格地说,文艺学包括文学学和艺术学两大学科体系。不过,文学既是艺术的一种,又处于一切艺术之首,它与其他艺术具有多方面的共同性,因而通常把研究文学的诸学科称为文艺科学或文艺学。现在用"文艺学"代指"文学学"已约定俗成,并为人们普遍接受。

广义的"文艺学"或"文学学",在文艺学长期的发展过程中逐渐形成三个各自独立又互相联系的分支,即文学理论、文学批评和文学史。这三个分支在研究的角度、对象、内容和任务诸方面各不相同。

文学史是以历史的眼光动态地考察本民族和他民族文学历史发展状况和发展规律的学科。它的主要任务是梳理文学发展的历史过程和历史秩序;揭示文学进步的社会文化根源和艺术自身根源;科学评价在文学史上占重要地位的作家作品;总结文学的历史经验为后代的文学发展提供有益的借鉴等等。勃兰兑斯的《十九世纪文学主流》和刘大杰的《中国文学发展史》,都是中外文学史中的名著。

文学批评是以审美的眼光对当代最新的各种文学现象进行分析评价的学科。文学批评直接面对当代的读者和作者。它的主要任务是分析评价作品的思想艺术成就,引导读者正确欣赏,培养读者的审美趣味,提高读者的鉴赏能力;研讨作家的成败得失,总结作家的创作经验和创作成就,启发和帮助作家提高创作水平等等。李健吾的《咀华集·咀华二集》和梁宗岱的《诗与真·诗与真二集》,是中国现代文学批评中的名著。

文学理论则是以哲学思辨的方法从理论上阐明文学和文学活动的本质特征、文学发展的历史规律和文学的分析研究方法的学科。所谓哲学思辨的方法,就是在掌握古今中外各种文学现象的基础上,通过理论思维科学地概括文学的本质、特征和规律,以概念、范畴和命题的方式系统阐述文学创作和文学活动的本质规律。它的主要任务是从理论上阐明文学作为审美意识形态的本质特征;分析文学作品的结构层次和各种体裁种类的艺术特征;揭示文学创作和文学接受的独特规律和相互联系;探讨文学发生发展的多种根源和文学发展进步的复杂形态等等,从而为认识文学和文学活动,进行文学的创作、鉴赏和研究提供理论上的启示和方法。亚里士多德《诗学》和刘勰《文心雕龙》是中西古代文艺学经典,韦勒克《文学理论》和弗莱《批评的剖析》则是西方现代文艺学名著。

在文艺学或文学学体系中,文学理论具有基础地位和"引论"性质,它为文学批评、文学教学和文学史研究提供系统的价值体系和方法论体系,因此又被称为"文艺学引论"或"文艺学导论"。本章所谓"文艺学基本理论"的研究,特指文艺学学科分支中的"文学理论"的研究。

(二)文艺学的功能。文学理论有什么用?"文艺学基本理论"或"文学理论"研究的意义何在?理论是灰色的,更是深刻的。文学理论不是一种玄远的空谈,而是一种"有用之学"。具体地说,它具有双重意义和三种功能。

文学理论的双重意义是指文学理论体系中的每一个概念、范畴和命题,既具有理论认识的意义,为人们提供对文学的本质特征和文学活动规律的科学知识;同时又具有实践方法的意义,可以指导人们进行各种文学实践活动。文学理论的认识意义和实践意义的关系,从某种意义说也就是"学"与"术"的关系。梁启超在《学与术》一文中，对此曾有精辟的论述。在此文中，梁启超既反对学与术相混淆，对学术一词做了明晰的分疏；同时又反对学与术相分离，充分肯定西方学者的这种观点，即"学者术之体，术者学之用，二者如辅车相依而不可离。学而不足以应用于术者，无益之学也；术而不以科学上之真理为基础者，欺世误人之术也。"①文学理论作为一种学术或人文社会科学的一个分支，其认识意义和实践意义，发明真理的意义和学而致用的意义，同样既不可相混更不可相离。

文学理论的功能目的与文学活动的主体需要密切相关。文学活动有三种最基本的形式，即创作、欣赏和批评；与此相联系，文学理论指导实践的作用也主要表现在三个方面，即引导创作，指导欣赏，规范批评。

其一，文学理论具有引导创作的功能。文学理论对文学的本质特质的揭示，对各种问题惯例性规则的阐述，以及对创作规律和艺术技巧的总结等等，对文学青年和文学习作者具有积极的引导启发作用。中外文论史上最初的文论著作，无论是亚里士多德的《诗学》，还是刘勰的《文心雕龙》，都着意于文艺创作规律的探讨，试图为伟大的文学作品的创作提出最有效的方法。直至18世纪古典主义时期，《诗学》和古典主义理论家的种种"诗艺"著作，一直被奉为创作法则和艺术的教师。刘勰的《文心雕龙》，无论从命名、宗旨及体例，同样着眼于创作奥妙的揭示、创作规律的总结和文学家的培养。同时，深刻的文艺思想还有助于作家开阔视野，提高境界，超越个体的局限。巴赫金说："作家是自己时代的囚徒，是他当时生活的囚徒。随后的时代把他从这一牢笼里解脱出来，而文艺学所负的使命就是促进这种解放。"②当然，文学理论对文学创作具有启发引导作用，而不具有强制规范作用，更不能奉为准绳和固定为模式。没有一位诗人是"诗学"或"诗话"培养出来的，也没有一位小说家会在"小说作法"中获得真正的灵感。道理很简单，文学创作是一种最富个体创造性的艺术活动，最需要作家独特的艺术才能与想象和幻想的才能；这种才能和能力只有在生活实践和艺术实践中才能获得，创造性的艺术灵感也只有经过长久的艺术探索才会光顾。

其二，文学理论具有指导欣赏的功能。这是文学理论最基本的功能，也是学习文学理论最直接的收获。文学理论如果不能直接帮助产生真正的艺术作品，却可以用这些理论来培养对艺术作品的判断力，特别是审美鉴赏力。关于文学理论与文学欣赏的关系，周作人在《〈文学论〉序》中曾以"喝茶"为例做过颇有启

---

① 梁启超：《学与术》，载《饮冰室合集》，第3册，中华书局1989年影印版，第12页。

② 巴赫金：《文本、对话与人文》，白春仁等译，河北教育出版社1998年版，第368页。

发的说明："我平常觉得读文学书好像喝茶，讲文学的原理则是茶的研究，茶叶究竟如何只得从茶碗里去求，但是关于茶的种种研究，如植物学地讲茶树，化学地讲茶精或其作用，都是不可少的事，很有益于茶的理解。"①《批评的剖析》的作者弗莱说的更明确："文学是不能够教授的，文学批评才是能够直接教授的东西。"②审美鉴赏力更多地涉及艺术形式和形式美。在艺术欣赏的过程中，常人往往偏向于艺术所表现的内容，境界与故事，生命的事迹，而不甚了解那创造的表现的形式。歌德曾说过：内容人人看得见，含义只有有心人得知，形式对于大多数人是一秘密。这表明艺术形式和形式美，对常人而言往往是微妙不可把握的神秘，至多也是心知其美而口不能言。所谓"外行看热闹，内行看门道"。倘若通过系统的理论学习，并在审美实践中培养其真正的鉴赏力，那么就能把握微妙而神秘的形式之美，不仅心知其美，也能口言其美。

其三，文学理论是文学批评的科学方法论。如果说，作家可以不理会文学理论，常人欣赏文学作品也可以满足于只看热闹不看门道，那么批评家离开文学理论就寸步难行。文学理论最本质的功能就是规范文学批评，为文学批评和文学研究提供系统的理论工具。荷兰学者佛克马在《二十世纪文学理论》的"导论"中开宗明义："为了阐释文学作品和把文学当作人们一种特殊的传统模式来看待，我们必须掌握文学理论；不依赖于一种特定的文学理论，要使文学研究达到科学化的程度是难以想象的。"③

文学批评包含评价和阐释两个基本环节，文学理论作为文学批评和文学研究的科学方法论也相应地体现在两个方面，既提供系统的评价体系和方法论体系。

第一，提供文学评价的价值体系。美国学者格伦在《艺术和艺术批评》一书中指出："它的价值是什么这个问题，必须预设它是什么这个问题。"一部文学理论就是从共时和历时的维度全面地讨论文学和文学活动是什么的问题。具体地说，这一价值体系可分为两个层面：一是关于文学本质特征的概括，同时也揭示了文学最基本的普遍价值。因为文学的本质特征、社会效用和审美价值是密切地联系在一起的；它是什么？它有什么用？它有何种独特价值？这实质是一个问题的三种提法。二是关于文学作品的构成要素、文学的体裁、类型和形态不同

---

① 周作人：《文学论译本序》，载《看云集》，河北教育出版社2002年版，第83页。

② 弗莱：《批评的剖析》，陈慧等译，百花文艺出版社1998年版，第14页。

③ 佛克马、易布思：《二十世纪文学理论》，林书武等译，生活·读书·新知三联书店1988年版，第1页。

审美特征的概括,这是评价文学作品审美价值的更具体的价值体系。诗歌、小说、戏剧和影视文学,既具有审美本质的共同性,更具有艺术规律的特殊性。

第二,提供文学研究的方法论体系。文学理论作为文学研究的方法可以从两个层面来理解:一是任何文学理论都既具观念性又有工具性。文学理论的一套概念范畴,既带有学理的意义,又带有方法的意义。科学的文学理论决非"为理论而理论"的教条,而是提供进行文学研究的方法途径。从这个意义上说,一部文学理论就是一部批评原理或"元批评"。它对文学本质特征的讨论、文学作品结构即形态的分析、文学创作和文学发展规律的论述,同时就成为文学作品解读和文学史研究的方法和工具。二是在长期的文学批评实践中产生了多种多样的具体的批评方法。这些批评方法和批评模式的形成,或出于文学自身的特质,或从其他理论中获取思想资源和方法启迪。现代文艺学在阐明文学基本原理的同时又对这些批评方法和批评模式作了必要的介绍。这为文学的审美分析和文学的跨学科研究提供了有效的理论工具。

总之,文学理论具有认识和实践的双重意义,学与术不可分离,学理性和工具性有机统一。而在引导创作、指导欣赏和规范批评的三种功能中,最主要的功能是作为文学批评的方法论,是为文学批评、文学教学和文学史研究提供系统的价值体系和方法论体系。清醒认识文艺学的功能,对文艺学研究具有重要的指导意义。文艺学的研究绝不是"为理论而理论",其目的就是为了更好地实现和发挥文学理论的上述诸种功能。

二、 文艺学的学科发展

中国古代有悠久的文学研究传统即"诗文评"传统,也留下了丰富的文学思想和大量的文艺学著作,但是没有建立起具有自觉意识的"文艺学"学科。现代意义的文艺学形成于19世纪末的西方,它与西方现代大学文科教学体系的发展密切相关。20世纪初,文艺学作为"西学东渐"的组成部分传入我国,随后中国现代文艺学便在与西方文艺学的对话交流和在我国现代大学教育的推动下不断发展。20世纪中国文艺学的发展过程,是古典形态的"诗文评"向现代形态的"文艺学"蜕变转化的过程,也是中国现代文艺理论知识体系的建构过程;与西方文艺学的对话交流、我国现代大学教育的发展以及文学研究的现代转型,是推动中国现代文艺学发展的主要动力。

　　文艺学研究由主体、问题和著作三要素构成,缺一不可。与此相联系,对文艺学学术史的描述,也可以有三种不同的思路:或者以作为研究主体的文艺学家为纲;或者以作为研究对象的文艺学问题为纲;或者以作为研究成果的文艺学著作为纲。大学的文艺学教材是文艺理论知识体系建构的成果,也是一个时期文艺学研究和文艺学发展水平的集中体现,可以作为文艺学学术史发展历程的标志。因此,不妨以重要的文艺学教材和著作为中心,展现文艺学学术史的发展进程。从20世纪初算起,我国大学开设现代意义的文艺理论课程已有近百年的历史,这也是中国现代文艺学学科发展的百年史①。从20世纪初迄今,文艺学学科的发展和文学理论教材的编写粗略可分三个阶段:即二、三十年代;五、六十年代;八、九十年代以来。这三个阶段由于意识形态背景、接受外来影响、对文论传统的重视以及学科定性定位的不同,各个阶段出自不同学者之手的著作,既有鲜明的时代印记,又具有各自的学术个性,同时也显示了这一时期文艺学研究的特点和水平。下面按上述三个阶段,以文学理论教材编写为中心,对百年中国现代文艺学的发展历程作简要描述。

　　第一阶段:二、三十年代。这一阶段经历了从传统到现代、从引进到自撰的过程。它大致可依次分为三种形态:一是传统文论的近代性转化,二是外国教材的直接借用,三是新文学家的尝试性建构。

　　首先出现了一批对传统文论进行现代性转换的著作。姚永朴的《文学研究法》(1914)是五四之前第一部用具有现代意味的书名出版的文学理论著作。《文学研究法》与林纾的《春觉斋论文》(1916)都是桐城派学者在北大的讲义,二者都着眼于"古文写作"而非"文学研究",但与后者相比,《文学研究法》不仅名称现代,全书结构也显然考虑到教学要求,是现代教学体制的产物。全书共四卷二十四篇。从全书内容看,多由古代文论家观点串联而成,著者略加点评。引述最多的除《文心雕龙》外,主要是桐城三祖的论著。因此,尽管当时西方文艺学已传入中国,姚永朴的《文学研究法》依然属于传统文论范式,名为"研究法",实为"作文

---

　　① 关于"20世纪中国文艺学学术史"课题,已出版了多部研究专著,如毛庆耆、董学文、杨福生的《中国文艺理论百年教程》(广东高等教育出版社2004年),程正民、程凯的《中国现代文学理论知识体系的建构——文学理论教材与教学的历史沿革》(北京大学出版社2005年),杜书瀛、钱竞主编的《中国20世纪文艺学学术史》(中国社会科学出版社2006年),朱立元主编的《新时期以来文学理论和批评发展概况的调查报告》(春风文艺出版社)等等。本节内容主要参考程正民、程凯《中国现代文学理论知识体系的建构——文学理论教材与教学的历史沿革》一书。

法"，着眼于传统的"文人"，而非现代的"学人"，是一部"新瓶装旧酒"的著作。真正自觉借用西方文艺学对传统文论进行现代性转换的著作，主要有刘永济、马宗霍、姜亮夫编著的三部教材，它们各具特色：刘永济的《文学论》(1922)是学衡派对中西文论的融合；马宗霍的《文学概论》(1925)是选学派与西方文论的并置；姜亮夫的《文学概论讲述》(1930)则是西式文学原理与中国传统文体论的结合。姜亮夫《文学概论讲述》的编写心态和全书体例最典型地体现了转换性教材的特点。在编写原则上，面对"诗文评"传统和当时传入的西方文艺学，姜亮夫拿不定主意："我实在不明白中等学校所要的《文学概论》的内容是怎样？是'述旧'呢？还是'说新'？是一般地说呢(即文学原理)，还是限制地说(单讲中国文学)？……'述旧'罢？只不过是'古已有之'的囫囵吞枣的杂说。于人实在没有好处！'说新'或'普遍'地说文学原理罢？非乞灵于欧西不为功。"[①]最终作者采用了折中的办法，即"用中国的普通材料为材料，而用比较近于科学的方法分析说明"。与之相联系，全书由两部分组成：第一编"通论之部"即文学原理，杂采文学理论译著中的概念、观念和材料编撰而成；第二编"中国文学各论之部"即中国文体流变史，主要论述的是"诗"、"词"和"乐府"。姜亮夫"用中国的材料，作科学的分析"的原则，成为很长一段时间内文学理论编写的常见模式，即西方的理论与中国的例子的特定组合。

　　其次是直接借用外国的"文学概论"著作作为教材。据现存资料，中国第一部以《文学概论》命名并具备现代形态的文学理论教材，是1921年由广东高等师范学校贸易部出版的，作者署名伦叙，即伦达如。此书实际是根据日本大田善男的《文学概论》编译而成，共两编七章，上编"文学总论"阐述文学艺术的基本原理，下编"文学各论"论述诗、文诸文体特点。但因出版地偏僻，编者无名，此书似未产生多大影响。当时产生较大影响的外国文论教材译著主要有四种，即本间久雄的《文学概论》(1924)、厨川白村的《苦闷的象征》(1924)、温切斯特的《文学评论之原理》(1924)和韩德的《文学概论》(1935)。这四本书在宗旨、体例和观念上各具特色。本间久雄的《文学概论》体例完整，理论内容则更像是西方文论的分类摘编，在当时中国起到了间接引入西方文论的作用；温切斯特的《文学评论之原理》是一部体系严密的示范性教材，其结构框架和理论观念对中国文学概论的编写产生了长远的影响；韩德的《文学概论》具有自觉的学科意识，旨在为"高等学术机关"里的研究者提供文学研究的理论与方法。相比而言，厨川白村的

———————————

① 姜亮夫：《文学概论讲述》，云南人民出版社2000年版，第1页。

《苦闷的象征》更像是一部阐述一家之言的学术专著,并不是一本结构严谨、内容全面的理想教材。但是鲁迅却直接用它作为讲授文学理论的教材,因为鲁迅发现了这本书的独特之处:"在目下同类的群书中,殆可以说,既异于科学家似的专断和哲学家似的玄虚,而且也并无一般文学论著的繁碎。作者自己就很有独创力的,于是此书也就成为一种创作,而对于文艺,即多有独到的见地和深切的会心。"①简言之,这是一本揭示文学创作的真谛,为文学家而写的文学理论著作。

上述著作的翻译出版和直接进入大学课堂,对中国现代文艺学的发展至少有两方面意义:一是较系统地引入了西方现代文学观念和文学概论的写作框架;二是提供了文学理论的两种功能形态,即以韩德的《文学概论》为代表的为研究者而写的文学概论和以厨川白村的《苦闷的象征》为代表的为作家而写的文学概论。

再次是新文学家的尝试性建构,即由新文学家编写的"文学概论"。当时在地方性大学甚至中学中,有不少讲授文学概论的教授是新文学家,著名的如郁达夫、田汉、老舍、夏丏尊、许钦文等等,他们都出版了自己的《文学概论》教材。新文学家《文学概论》的教学和教材具有自己的鲜明特点:一是他们作为新文学家自觉负有传播现代文学新观念的使命,因此不愿采用传统的文章学式的文学论,而是或者直接使用日本、西方的翻译教材,或者依据翻译教材自己撰写新的《文学概论》;二是他们的书大都不是按研究者的思路来写的,更多是从创作者的角度出发阐述文学创作的规律,旨在给作家以思想观念上的支持。如郁达夫的《文学概论》就特别强调和维护作家的创作个性和创作自由;三是虽然身处社会大革命和革命文学、普罗文学大流行的年代,仍然坚定地强调和维护文学的独立性和独立价值。如老舍的《文学概论讲义》就特别体现了维护文学独立价值的倾向。四是运用现代文艺学观念对传统文论中的概念和命题进行辨析和阐释以实现现代转换。老舍《文学概论讲义》的第二、三讲是"中国历代文说",旨在讨论"古今的重要文说",评述历代重要的文学观念。这是在《文学概论》编写中以现代文艺学观念对传统文论作系统阐释的重要的尝试。20世纪60年代以群主编的《文学基本原理》一书,也将"历来关于文学的基本性质与特点的见解"一节置于全书之首,与老舍可谓同一机杼。

第二阶段:五、六十年代。这一阶段的特点可以概括为"一个源头,两个十年"。"一个源头"是指苏联文艺学教材在中国的主导地位和全面影响;"两个十

---

① 厨川白村:《苦闷的象征·出了象牙之塔》,鲁迅译,人民文学出版社1988年版,第4页。

年"是指五十年代借用苏联模式编写的教材和六十年代的统编教材。

首先是五十年代初苏联文艺学教材在中国主导地位的确立。1951年,中国高校文科进行文艺学教学大讨论,批判了文艺学教学中的资产阶级观点,于是此前从西方引进或自编的文艺学教材全部停止使用。与此同时,苏联的文艺学教材大量进入中国,并成为中国文艺学教学和教材编写唯一的思想资源和写作模式。在引入的苏联教材中,影响最大的主要有三本,即维诺格拉多夫的《新文学教程》(1952)、季摩菲耶夫的《文学原理》(1953)和毕达可夫的《文艺学引论》(1958)。其中季摩菲耶夫的《文学原理》以作者的权威性和教材体系的完整性和独特性,对五六十年代的文艺学教学和教材影响更大更深。苏联文艺学教材对中国文艺学发展,既有积极影响也有消极影响。其积极影响可概括为三大方面:一是提供了用马克思主义的观点来解释文学现象的方式方法;二是提供了一个相对完整系统的文艺学教材体系;三是阐明了一系列文艺学方面的重要理论观念,包括文学的本质特征及其在社会生活中的地位和作用、文学的特性和文学创作的原则、文学作品的构成及其内容和形式的关系、文学发展的基本规律以及分析评价文学作品的一系列重要范畴概念。[①]无视这种影响是不客观的,新时期以来的文学理论教材,从深层内容看,实质是"艾布拉姆斯模式"和"季摩菲耶夫模式"的融合。

其次是五十年代借用苏联模式编写的教材。借鉴的主要对象是季摩菲耶夫的《文学原理》和毕达可夫1954年在北京大学文艺理论研究班上的讲稿《文艺学引论》。这一时期编写的文艺理论教材又可以细分为两类:一类是直接用于各大学的文学理论教学。如刘衍文的《文学概论》、李树谦的《文学概论》、冉欲达的《文艺学概论》和霍松林的《文艺学概论》。这几本教材有三个共同点:同时初版于1957年;采用大致相同的"季摩菲耶夫式"的结构框架;采用基本相同的"苏联的理论,中国的例子"的论述方式。一类是借用季摩菲耶夫理论编写的介绍文艺学基础知识的普及性著作。如蒋孔阳的《文学的基本知识》、吴调公的《与文学爱好者谈创作》和《文学分类的基本知识》等等。上述作者还有一个共同点,即其中绝大部分都是1954年毕达可夫北京大学文艺理论研究班上的学员,到了新时期他们又都成为各大学文艺学教学研究中的骨干和权威,这也不妨说是苏联文艺学对中国积极影响的一种表现。

---

① 参阅程正民、程凯:《中国现代文学理论知识体系的建构——文学理论教材与教学的历史沿革》,北京大学出版社2005年版,第126—129页。

再次是六十年代文学概论的统编教材。六十年代高校文科教材的编写,是在周扬主持下进行的。其中,周扬对文学理论教材的编写给予特别的关注,提出了编写原则和具体意见,还亲自编写过一份《文学概论》教材大纲。当时统编文科教材的原因有二:一是1958年"大跃进"所编的教材水平太低,无法使用;二是五十年代搬用苏联模式的教材,已无法适应新的需要。在周扬的直接指导下,文艺学当时编了南北两本统编教材。南方的一本是以群主编的《文学的基本原理》,北方的一本是蔡仪主编的《文学概论》。两本教材同时于1961年5月开始编写,以群主编的《文学的基本原理》上下两册先后于1963、1964年出版,蔡仪主编《文学概论》直至1979年才正式出版。所以这一时期真正产生影响的是以群主编的《文学的基本原理》。研究文艺学学术史的学者一致认为,比之五十年代的教材,这两部书明显前进了一大步。就《文学的基本原理》而言,以其结构和体例的合理性、材料和观点的统一性、立论的明确性和知识的准确性,曾被学界称为"是解放以后我们自己编写的最见水平的一部文艺学教科书"。而就教科书的逻辑结构而言,蔡仪主编的《文学概论》比《文学的基本原理》更见长处。

然而,统编教材作为"激进时代的大学文艺学教材",学界认为依然存在"严重缺陷"。刘梦溪在《评五、六十年代流行的文艺学教科书》一文中,把它概括为"十大缺陷":一是把文学等同于认识,难以全面把握文学的本质特征;二是简单化地看待文学的功能,局限了文学多方面价值;三是缠不清的文学与政治的关系,令人生畏而产生逆反心理;四是不讲或很少讲创作理论,对文艺学体系的构成是重大缺陷;五是抹杀创作主体的作用,很少涉及复杂的创作心理;六是忽视艺术形式,存在以内容代替形式的倾向;七是扩大了创作方法在文艺学教材体系中的作用;八是缺少对文学研究方法论的介绍和论述;九是把特定时期文艺的发展方针与文艺发展规律混为一谈;十是文学观念陈旧,没能及时吸收世界各国文艺学发展的最新成果。①应当说,这些意见绝大部分都是中肯的,对后来文艺学教材的编写起到了重要的提示和启示作用。

第三阶段:八、九十年代以来。这一阶段的特点可概括为从"沿袭"到"更新",即经历了从老教材的沿袭折中到更新教材的尝试推出的过程。

首先是老教材的沿袭与折中,从"文革"结束到1985年之前。1977年高校恢复招生,为满足教学急需,以群主编的《文学的基本原理》的"修订本"和蔡仪主编的《文学概论》于1979年同时出版,并成为各大学文艺学教学的首选教材。与此

---

① 刘梦溪:《文艺学:历史与方法》,上海文艺出版社1986年版,第318—319页。

同时,在改革开放背景的感召和随之出现的"自考用书"编写热潮的推动下,南北许多大学的文艺学教师又开始尝试编写新教材。大致有两种情况:一种是在以、蔡二书基础上的改写或改进。当时欧美现代文艺学的引入刚起步,编写者可借鉴的编写范本和可利用的理论资源极为有限,因此大多数短期内编写出版的教材是对以群主编的《文学的基本原理》和蔡仪主编的《文学概论》的沿袭或折中。1981年,由"十四院校"编写、上海文艺出版社的《文学理论基础》,实质是《文学的基本原理》的改写或改进;1977年至1984年,北京师范大学钟子翱、梁仲华和童庆炳编写出版的几本《文学概论》,则是蔡仪主编的《文学概论》的改写或改进。一种是试图超越以、蔡模式,建构一种新的文艺学理论框架。1981年,由郑国铨、周文柏、陈传才编著、中国人民大学出版社的《文学理论》,便作了这样的尝试。这本教材有两大特点:一是全书由"五论"构成,即本质论、创作论、鉴赏论、体裁论、发展论;二是针对以往文艺学教材的"缺陷",突出了文艺的内部规律、创作规律和艺术形式的论述。前者"显"而后者"隐",尤其"五论"模式,简捷明了,便于教学,因此对后来文学理论教材的编写产生了广泛的影响。如复旦大学吴中杰教授编撰的《文艺学导论》(1988),就采用了"五论"模式,只是将"鉴赏论"和"体裁论"的顺序作了调换,由"作品"到"鉴赏",在逻辑上更为合理。

从1985年迄今的二十多年,中国文艺学进入一个新的发展时期,文艺学教材的编写也开始了"更新换代"的尝试。这一时期的特点,简单地说可以概括为两个方面:一是对西方文艺学的借鉴,由以苏联为中心的"东欧"转向以英美为主的"欧美";二是教材编写的模式,由"季摩菲耶夫模式"转向"艾布拉姆斯模式"。

这一时期西方文艺学教材和著作的引进大致可以分为三个阶段。1977年,由上海文艺出版社出版的苏联文艺理论家赫拉普钦科的《作家的创作个性和文学的发展》,是"文革"后引入的第一本文艺学著作,也是此次西方文论大规模输入我国的"前奏"。客观地说,这是一部具有国际视野的高水平的学术专著,迄今不为过时。1984至1985年,韦勒克、沃伦的《文学理论》(1984)、沃尔夫冈·凯塞尔的《文艺学引论》(1984)、波斯彼洛夫的《文学原理》(1985)以及日本学者浜田正秀《文艺学概论》(1985),这四本文论教材的相继出版,属于第一阶段;1985年被称为"方法论热",此后,随着特里·伊格尔顿介绍二十世纪西方文学理论流派的《文学原理引论》(1987)的出版,有关西方文学批评理论的译著和专著大量输入,是第二阶段;新世纪以来,西方文艺学教材和著作的引入,呈现出常态化和多样化,原版教材的出版也已极为普遍,这是第三阶段。显然,这一过程是由以苏联为中心的"东欧"向以英美为主的"欧美"转向的过程。

"更新换代"性教材的编写,是在以英美为主的"欧美"文艺学著作大量输入的背景下进行的。局部的"更新",从吴中杰的《文艺学导论》就已开始,此书采用"五论"模式,但在"鉴赏论"部分增加了"文艺批评的方法"一章,从"印象主义"到"原型批评"对西方批评流派和批评方法作了系统介绍,这些内容是首次出现在文学理论教材中,因而受到学界好评。大规模、有系统的"更新"性教材的编写,当以王春元、杜书瀛、钱中文以及何西来集体编写的多卷本《文学原理》为标志。此书酝酿于八十年代初,作了较充分的前期准备,"现代外国文艺理论译丛"就是为撰写这部《文学原理》所作的准备工作之一。1989年出版了五卷本中三本,即杜书瀛的《文学原理——创作论》、王春元的《文学原理——作品论》和钱中文的《文学原理——发展论》,原拟由何西来撰写的《文学原理——鉴赏论》和《文学原理——批评论》因故没有撰写出版。随之,畅广元等的《文艺学导论》(1991)、童庆炳主编的《文学理论教程》(1992)、陈传才、周文柏的《文学理论新编》(1994)、王先霈主编的《文学批评原理》(1999)等等,一批具有新观念和新内容的教材相继出版。这批教材的"新",一般认为主要表现在三个方面:一是观念新,不仅将文学视为社会意识形态,而且突出它的审美意识形态性质,强调文学的自主性和自身规律。二是体系新,引进艾布拉姆斯的文学活动四要素说建构教材的体系框架,试图通过文学活动动态过程的把握,认识文学的特征和规律。三是内容新,多数教材一方面大量吸收当代西方文论有价值的理论话语和理论成果,另一方面又特别重视吸收中国古代文论有价值的概念范畴和理论命题。[①]童庆炳主编的《文学理论教程》因观念新、体例新、材料新而被视为"换代教材"的代表作。不过,人文学科的"新"是相对的。细读这些"新教材",仍可发现与"旧教材"千丝万缕的联系。一言以蔽之,这些教材大都是在艾布拉姆斯文学活动"四要素"的框架内,对季摩菲耶夫《文学原理》、韦勒克《文学理论》以及中国古代文论中的概念、范畴和命题,进行有序排列和系统组合的产物。对历史成果的系统综合,也是"文学理论"教材及一切教科书编写的普遍合理的做法。

历史是一条河。逝者如斯,不舍昼夜,首尾相连,古今相通。面向21世纪的文艺学新教材,都是20世纪生人编写的。21世纪的文艺学向何处去?体现21世纪新精神的新教材如何编写?这是人们期待的,也是我们应当努力探寻的。

---

① 参阅程正民、程凯:《中国现代文学理论知识体系的建构——文学理论教材与教学的历史沿革》,北京大学出版社2005年版,第238页。

三、文艺学的研究范围

　　文艺学的研究对象是文学活动的特殊规律,文学活动是以文学作品为中心,创作与接受双向互动,历史与现实古今沟通的审美艺术活动。这一对象结构,构成了现代文艺学理论的体系框架,也划出了现代文艺学研究的对象范围。深入认识文艺学的对象范围,是从容进入文艺学研究的前提。为此,在这里阐述两个问题:一是文艺学研究范围的历史拓展;二是现代文艺学研究的基本问题。

　　首先,文艺学研究的对象范围,是随着文艺创作的发展和哲学思维水平的提高不断拓展,不断扩大的。朱光潜曾指出:文艺理论的产生通常须具备两个基本条件:第一须有一个艺术创作时代,有创作经验和作品做基础,才有可能提高到理论原则的经验事实,也才有批评的对象;其次须有一个哲学或科学的发展,才能对经验事实作分析与综合,才能确定文艺的本质与功用,把文艺放在全部人类文化活动里,确定它的位置。文艺创作的发展和哲学水平的提高,既是文艺理论产生的条件,也是文艺理论发展的动力。从亚里士多德《诗学》、到黑格尔《美学》、再到韦勒克《文学理论》,这三部具有集大成意义的著作标志了西方文艺学的发展,也体现了西方文艺学研究对象的不断扩展。亚里士多德《诗学》广泛涉及了文艺的本质功能、文艺的类型划分以及文艺的发生发展等问题,就其主体而言则是一部悲剧学,或者说一部悲剧创作论。黑格尔《美学》是亚里士多德之后西方两千年文艺学发展的集大成之作,由艺术美的本质、艺术美的发展和各门艺术的系统三大部分组成,研究的对象范围比之《诗学》极大地拓展,几乎探讨了此前西方文艺学中的所有问题。韦勒克《文学理论》是西方文艺学由创作论向批评论、价值论向方法论转向的产物,研究的对象范围也随之转向了文学批评和文学史研究的方法论。同样,从陆机《文赋》、到刘勰《文心雕龙》、再到刘熙载《文概》,则体现了中国文艺学的发展和文艺学研究对象的不断扩展。所谓《文赋》者,赋"才士之心"或"才士为文之心",尽管《文赋》还涉及文学体裁、文艺风格、文艺功能等问题,但它主要是一部"文章创作论"。《文心雕龙》五十篇,是一部"体大思精"之作,在中国文艺学史上建构了一个结构最完整、内容最丰富的文艺学体系,广泛涉及了及至当时中国文艺学史上的几乎所有问题,并做了极为精辟的阐述。刘熙载的《艺概》是一部独特的"格言体"文艺学著作,缺乏《文心雕龙》式"体大思精"的结构体系,但是它所涉及的内容大大超出了《文心雕龙》。从研究对象看,《文心雕龙》主要是一部"诗文论"或"诗文创作论",《艺概》则是一部真正意义上的"艺术概论",由《文概》、《诗概》、《赋概》、《词曲概》、《书概》和《经义概》六部分组成,包括了除"画概"之外中国传统文艺学的所有领域。

当然,无论黑格尔《美学》与韦勒克《文学理论》,还是刘勰《文心雕龙》与刘熙载《艺概》,都没有囊括文艺学研究所有领域,更没有穷尽文艺学的所有问题。随着文艺创作的发展、哲学思维的深化和人文社会科学新学科的诞生,文艺学研究的对象范围一直在不断地拓展和扩大。

其次,现代文艺学研究的基本问题,构成了现代文艺学体系的基本内容。但不同的研究主体和不同的文艺学体系,对文艺学基本问题的理解和选择是各不相同的。

从研究主体看,由于各自的学术传统、学术个性和学术眼光的不同,他们对文艺学基本问题的认识和选择各有特点。如台湾姚一苇的《艺术的奥秘》是一部极见功力的文艺学专著,穷七年之功而成,全书共有十二个问题组成,即"论鉴赏"、"论想象"、"论严肃"、"论意念"、"论模拟"、"论象征"、"论对比"、"论完整"、"论和谐"、"论风格"、"论境界"、"论批评",建构了一个"内容与形式为一"、"审美与创作为一"的独特的文艺学体系。王元化的《文心雕龙创作论》既是一部研究《文心雕龙》的学术名著,也是由作者所选择的八个问题构成的一部文艺学专著,这八个问题是:"关于创作活动中的主客体关系"、"关于艺术想象"、"关于风格:作家的创作个性"、"关于意象:表象与概念的综合"、"关于情志:思想与感情的互相渗透"、"关于创作过程的三个步骤"、"关于艺术结构的整体和部分"和"关于创作的直接性"。从著者的宗旨看,如果说姚一苇的《艺术的奥秘》企图将"艺术的鉴赏、创作与批评冶为一炉",那么王元化的《文心雕龙创作论》主要着眼于创作规律的阐述。

从文艺学体系看,不同性质的文艺学体系的对象范围和问题序列,既有某种普遍性和共同性,也有各自的差异性和着重点。迄今见到的文艺学教材的体系,大致可以分为五种类型:一种是逻辑性结构,即按照理论问题的内在逻辑排列组合而成的文艺学知识体系。从郑国铨等的《文学理论》到吴中杰的《文艺学导论》为代表的"五论"模式,即属此类;一种是对象性结构,即根据文学活动的静态结构或动态过程形成教材的理论框架。童庆炳主编的《文学理论教程》就是根据作为研究对象的文学活动及四要素的结构关系建构全书的。文学活动的结构关系规定了文学理论的内容体例。《教程》除第一编"导论"外,从第二编开始,依次讨论文学活动的四个环节,即"文学活动"、"文学创作"、"文学作品"和"文学消费与接受"。一种是功能性结构,即根据文学理论特定的功能目的建立教材的理论框架。韦勒克的《文学理论》是典型的功能性结构,他是把《文学理论》作为文学批评和文学史研究的方法论来选择论题建构全书的。一种是流派史结构,即按照时间顺序依次介绍不同理论流派的学说观点,为文学研究者提供多样的研究方法和学术思路。特里·伊格尔顿的《文学原理引论》和佛克马的《二十世纪文学理论》便是此类著作的代表。以后者为例,全书依次评述了俄国形式主义、法国结构主义、马克思主义文学理论、接受美学以及作为未来发展的符号学等理论流派;一种是论题性结构,即选择中外文论史上反复讨论的问题组成一个松散而开放性的结构。如陶东风主编的《文学理论基本问题》即由中外文学理论史上反复讨论的七大问题组成,包括"什么是文学"、"文学的思维方式"、"文学与世界"、"文学的语言、意义和解释"、"文学的传统与创新"、"文学与文化、道德及意识形态"和"文学与身份认同"等等。

　　此外,从跨学科视野看,文艺学在与其他学科的交叉中又延伸出许多分支学科,诸如文学语言学、文艺心理学、文学社会学、文学传播学、文学文化学等等。由此可见文艺学研究的范围是极为广阔的,文艺学的理论问题是极为丰富多样的。必须指出的是,文艺学的每一个基本问题,都是一个复杂的问题结构,都蕴涵了丰富的理论层次,可以派生出多种多样的具体问题。以文体论为例,第一个层次,可以分为抒情文学、叙事文学和戏剧文学三类;第二个层次,抒情文学可以分为抒情诗、抒情散文、抒情戏剧;第三个层次,抒情诗可以分为古体诗、格律诗、自由体诗;第四个层次,格律诗可以分为律诗、绝句、词、曲等等。每一个层次的理论问题都有不同的学术广度和学术深度。在理论研究中,既可以选择具有普遍意义的大问题,更应抓住具有实践意义的小问题作深入的探讨。理论是概念的系统。文学理论在形式上是由一整套具有内在联系的概念、范畴和命题构成的逻辑体系,概念、范畴、命题是文学理论最基本的构成要素。因此,文学理论的研究也应当从作为理论元素的概念、范畴、命题入手,在此基础上逐步拓展,逐步深化。

四、文艺学的研究方法

在讨论文艺学的研究方法之前,有必要先考察一下现代文艺学体系形成的过程。事实上,文艺学的研究方法就蕴藏在文学理论和文艺学体系的形成过程之中。

文学理论作为一门理论科学,不是个别理论家凭空杜撰出来的,而是众多思想家和批评家通过对文学实践活动持续不断的探索思考,再由学者专家对有价值的学说观点不断进行汇集梳理逐渐形成的。具体地说从作为理论来源的文学实践到文学理论体系的形成,大致经历三个环节:首先,文学实践是文学理论的基础和来源,先有生生不息的文学实践活动,才有源源不断的文学理论的产生。文学的普遍原则和规律正是从具体的文学创作和文学作品中提炼出来的。其次,文学实践和文学作品不可能自动产生出文学理论,而必须经过思想家和批评家的中介。历史上,众多的思想家和批评家通过对文学活动规律的探索,不断提出新见解和新观点,这些新见解和新观点成为后人建构理论体系最基本的思想资源。最后,当思想家和批评家零星的理论思考积累到一定程度,再由文艺学家对这些理论观点按不同原则进行归纳整理,就产生出不同性质的文学理论体系。把自发的孤单见解纳入自觉的理论体系,既可以使理论得到深化,也有助于理论的传播。

黑格尔在《美学》中依循其正、反、合的辩证法,把"美和艺术的科学研究方法"概括为三种,即"经验作为研究的出发点"、"理念作为研究的出发点"和"经验观点和理念观点的统一"。[①]从现代文艺学体系形成的历史过程和文艺学研究者的成功经验看,可以把文艺学研究的方法和途径概括为如下几种:一是事中求理;二是史中出论;三是跨学科研究;四是跨文化研究。

所谓"事中求理",就是黑格尔所说的"经验作为研究的出发点",它从创作实践和经典作品出发,发现和探寻文学活动中的规律性问题,提出创作、作品、欣赏、批评中的新学说和新观点。实际上,文艺理论史上具有原创意义的理论问题,都是理论家在创作实践和经典作品中发现提出的。亚里士多德的"悲剧学说"、莱辛的"诗与绘画的界限"、别林斯基的"情志说"、巴赫金的"狂欢诗学"和

---

① 黑格尔:《美学》,第1卷,朱光潜译,商务印书馆1979年版,第18—28页。

"复调结构"等等,无不如此。王国维所谓:"沧浪所谓兴趣,阮亭所谓神韵,犹不过道其面目。不若鄙人拈出'境界'二字为探其本也。"未尝不如此。歌德指出:"一部杰出的艺术作品包含了艺术的整体,而且每个人都可以在他力所能及的范围内从一部艺术作品的特殊事例中得到普遍的结论。"①诚哉斯言。

所谓"史中出论",就是从文学批评史和文学理论史出发,把古代文论家提出的"自发的孤单见解",进行系统整理,阐释发明,在无序处引入秩序,把体验转换成逻辑,实现古代文论的现代转化。钱锺书说得好:"自发的孤单见解是自觉的周密理论的根苗。"②王元化的《文心雕龙创作论》是这方面的典范。这本书所讨论的八个问题,其原始命题都取自《文心雕龙》,然后以现代文艺学为参照加以阐释发挥,从而把古代"自发的孤单见解"转换成现代的"自觉的周密理论"。王元化在总结自己的研究方法时说:"在阐释原著时,首先需要以实事求是的态度揭示它的底蕴(meaning),弄清它的本来面目,并从前人或同时代的理论中去追源溯流,进行历史的比较和考辨,探其渊源,明其脉络。另一方面,又需要以今天更发展了的文艺理论对它进行剖析,揭示其义蕴(significance)。……按照这一方法,除了把原著去和传统理论进行比较和考辨外,还需要把它和后来更发展了的理论进行比较和考辨。"③这种先"底蕴"后"义蕴"的阐释思路,对"史中出论"的文艺学研究具有普遍的指导意义。

所谓跨学科研究,就是借助于与文学艺术活动有密切联系的相关学科理论来研究探讨文艺学的规律问题。19世纪中后期,随着自然科学和人文社会科学的发展,文艺学研究中的跨学科研究便开始了。丹纳的《艺术哲学》作为一部艺术社会学的经典著作,就是跨学科研究的成果。丹纳把"艺术"比作"植物",把"艺术学"比作"植物学";进而强调:"美学本身便是一种实用植物学,不过对象不是植物,而是人的作品。因此,美学跟着目前精神科学与自然科学日益接近的潮流前进。"④以此类推,植物学研究植物的生长根源,艺术哲学便应研究艺术的起因和根源,于是他进而借用社会学和历史学的理论,提出了著名的艺术起源的"三动因"公式,即种族、环境和时代的理论。今天,这种研究更为普遍也更为深入,诸如文学语言学、文艺心理学、文学社会学、文学传播学、文学文化学等等,已

① 歌德:《论文学艺术》,范大灿、安书祉、黄燎宇等译,上海人民出版社2005年版,第26页。
② 钱锺书:《七缀集》,上海古籍出版社1994年版,第33页。
③ 王元化:《思辨随笔》,上海文艺出版社1994年版,第117页。
④ 丹纳:《艺术哲学》,傅雷译,人民文学出版社1981年版,第11页。

成为相当成熟的文艺学分支学科。

所谓跨文化研究,在文艺学领域就是"比较文艺学"或"比较诗学"。跨文化的"比较文艺学"或"比较诗学",在文艺学体系的建设过程中极为重要,不可或缺。因为,具有普世意义的文艺学的理论、命题、范畴和学说,都应当是也必然是跨文化比较研究的结果。正是在这个意义上,钱锺书特别强调进行"平行比较"的"比较诗学"在文艺理论研究中的重要性。他认为:比较文学的最终目的在于帮助我们认识总体文学(litterature generale)乃至人类文化的基本规律,所以中西文学超出实际联系范围的平行研究不仅是可能的,而且是极有价值的。这种比较惟其是在不同文化系统的背景上进行,所以得出的结论具有普遍意义。[①]比较诗学的研究有三个层次,即互用、互明和互补[②];只有达到第三个层次所形成的理论和得出的结论,才会真正具有普遍意义和普世价值。

方法为人所用,运用熟能生巧。人的研究能力是逐步形成的,是一个渐进的过程,不可能一蹴而就。著名哲学家韦卓民教授在谈论"科学研究的方法"时指出:"人们从事一门学科的研究都包含三种大不相同的活动:即学习、钻研和科学研究。……由学习发展到钻研,又由钻研发展为科学研究,是一个逐步升高、逐步深化的过程。"[③]一般地说,从理论的学习到理论的研究和再到理论的创新大致要经历四步:一是理解掌握已成定论的理论知识;而是修正完善前人提出的理论观点;三是发现概括新颖独到的理论见解;四是创立建构自成一家的理论体系。只有在学习中打下扎实的理论基础,逐步培养自己的研究能力,方法才能为人所用,研究才能有所创新。

① 张隆溪:《钱锺书谈比较文学与"文学比较"》,载《读书》,1981年第10期,第135页。

② 详见本书第九章。

③ 《韦卓民学术论著选》,华中师范大学出版社1997年版,第326页。

第八章　走向西方文论研究之路

❧

　　所谓"西方文艺理论研究"，同"中国古代文学批评研究"一样，属于文艺理论史或文艺批评史的范畴；所不同的只是研究对象：前者是中国古代的文艺理论和文艺批评，后者是西方的文艺理论和文艺批评。西方文艺理论有什么特点？研究西方文艺理论的意义何在？这是走上西方文论研究之路者必须首先明确的两个问题，而考镜源流，辨章学术，明确对象范围和研究方法，同样是不可缺少的知识准备。

一、西方文艺理论的特点

　　一般所说的"西方文艺理论"，主要是指渊源于古希腊并传播到欧洲各国以及近代以来欧美各国发展起来的文艺理论，与中国古代文论相比，它在历史进程和理论形态诸方面具有自身的鲜明特点。

　　先说西方文论的历史进程。从古希腊到20世纪的西方文艺理论，按其自身的内在发展逻辑，可以分为五个阶段。

　　一是古希腊罗马时期的文艺理论，属于西方文论的"奠基期"。柏拉图的《理想国》、亚里士多德的《诗学》、贺拉斯的《诗艺》和朗吉努斯的《论崇高》，是这一时期最重要的文艺理论著作。古希腊是西方文化史上的"轴心期"，也是西方文论史上的"轴心期"，柏拉图和亚里士多德则是西方文艺理论的总源头。黑格尔说："哲学之作为科学是从柏拉图开始而由亚里士多德完成的。他们比起所有别的哲学家来，应该可以叫做人类的导师。"[①]在西方文论史上，柏拉图和亚里士多德同样如此，他们是西方理想主义和现实主义两大文艺思潮、哲学美学和艺术哲学

---

　　① 黑格尔：《哲学史讲演录》，第2卷，贺麟、王太庆译，商务印书馆1960年版，第151页。

两大理论形态的总源头。英国诗人柯尔律治说得好:"一个人生来不是柏拉图派,就是亚理斯多德派。"①

二是中世纪文艺理论,这是西方"两希文明"的形成期,也是西方文化和文论的"增殖期"。《圣经》的诞生是这一时期最伟大的文化事件,它成为这一时期包括文艺美学在内的一切精神文化的源头。中世纪没有留下专门的文艺理论著作,文艺思想散见于各时期神学家的神学著作中。中世纪的文艺思想与古希腊有密切联系,形成两种颇为对立的倾向:一种是基督教神学文艺思想,以奥古斯丁和托马斯·阿奎那为代表,其理论渊源于新柏拉图主义,对世俗文艺持否定态度;一种是反基督教神学的文艺思想,以厄里根纳和阿伯拉尔为代表,强调文艺的独立性和独特价值,肯定世俗文艺的积极作用。

三是文艺复兴和新古典主义文艺理论,这是古希腊古典文论的复兴期。15世纪末,随着亚里士多德《诗学》的重新发现,开启了人文主义者对古希腊罗马文论著作研究的热潮,他们把亚里士多德《诗学》、贺拉斯《诗艺》和朗吉努斯《论崇高》,称为"诗艺的永恒立法者",发表了大量阐释性著述。16世纪意大利维达的《论诗艺》、17世纪法国新古典主义者布瓦洛的《诗的艺术》和18世纪初英国蒲伯的《论批评》,则被称为古典主义"三法典"。新古典主义文论并未完全过时,韦勒克指出:"新古典主义批评便在今日仍然可予以辩护",因为"它力图发现文学、文学创作、文艺作品的结构以及读者反响这几方面的原理或'规律'",这种努力"是正确合理的"②。

四是近代文艺理论,这是西方文论的多元发展期,也是西方文论自古希腊以后最具理论深度也最具世界影响的时期。韦勒克指出:"十八世纪中叶至十九世纪三十年代的文学批评史是十分明确地提出我们现今依然尚未解决的所有基本问题的时候。"③西方近代文论是相伴随西方近代文学的多元发展而形成的。18世纪以后的西方近代文学史基本上是由相继出现的一系列文学思潮构成的,如启蒙主义,感伤主义,浪漫主义,现实主义,以及象征主义等等。与此相联系,西方近代文论也可以分为启蒙主义文论、浪漫主义文论、现实主义文论以及象征主义文论等派别。法国的伏尔泰和狄德罗,德国的康德和黑格尔,英国的华兹华斯和柯尔律治,俄国的别林斯基、车尔尼雪夫斯基和杜波罗留波夫,以及歌德、雨

---

① 转引自朱光潜:《诗论》,载《朱光潜全集》,第3卷,安徽教育出版社1987年版,第138页。
② 韦勒克:《近代文学批评史》,第1卷,杨岂深、杨自伍译,上海译文出版社1987年版,第15页。
③ 韦勒克:《近代文学批评史》,第1卷,杨岂深、杨自伍译,上海译文出版社1987年版,第1页。

果、巴尔扎克、左拉、托尔斯泰等西方文豪,是这一时期最伟大的文艺理论家,也是对20世纪中国影响最大的文艺思想家。

五是20世纪以来的西方文论,这是西方文论的转折期。所谓"转折",是指由创作论向批评论的转折,由价值论向方法论的转折,由人文精神向科学理性的转折。从总体看,20世纪的西方文论,是"批评的时代"的"批评的理论"。上世纪60年代,韦勒克在描述"20世纪文学批评的主要趋势"时指出:"18世纪和19世纪都曾被人称为'批评的时代',然而把这个名称加给20世纪却十分恰当";并进而评述了六种批评理论:(1)马克思主义的文学批评,(2)心理分析的文学批评,(3)语言学和文体学的文学批评,(4)新的机体主义的形式主义,(5)以文化人类学所取得的成就和荣格的思想为基础的神话文学批评,(6)受存在主义及其类似的世界观的启发而形成的新的哲学性质的文学批评。①从今天看,20世纪的西方文评远远超过了上述六种,而且从卢卡奇到萨义德、从胡塞尔到德里达的各种批评理论,都在当代中国学术界和文学评论界产生了广泛的影响。

再说西方文论的理论形态。西方文论理论形态的特点表现在两个方面,即理论形式的特点和理论内容的特点。

先说西方文论的形式特点。文论著作的形式特点根源于思维方式的特点。关于中西理论思维的差异,王国维有一段名言:"抑我国人之特质,实际的也,通俗的也;西洋人特质,思辩的也,科学的也,长于抽象而精于分类,对世界一切有形无形之事物,无往而不用综括及分析之二法。"②中国古代文论的写作形态是多种多样的,如诗话、词话、文话、序跋、书信、笔记等等,但是除了"体大而虑周"的《文心雕龙》之外,大都是体验性的评点和少加论证的格言。西方文论的写作形态同样是多种多样的,除了大部分的论述体外,还有戏剧体文论和诗体文论等等。贺拉斯的《诗艺》、朗吉努斯的《论崇高》、波瓦洛的《诗的艺术》和蒲伯的《论批评》,便是西方四大诗体文论著作。但无论采用何种形式,西方文论家无不"长于抽象而精于分类",文论著作大都形成论证严密、结构严整的逻辑体系。如贺拉斯的《诗艺》是一封诗体书信,它由相互联系的三部分构成,即"诗意篇"、"诗法篇"和"诗人篇",自然流转,体系完整;这一框架对布瓦洛的《诗的艺术》产生了直接影响。

再说西方文论的内容特点。西方文论家尤其是近代以来的理论家,他们撰

---

① 韦勒克:《批评的概念》,张今言译,中国美术学院出版社1999年版,第326—327页。

② 刘刚强编:《王国维美论文选》,湖南人民出版社1987年版,第78页。

写文论著作时大都具有较为明确的理论追求和功能目标,从而形成了文论著作不同的功能类型。一般地说,西方文论著作大致可以分为三种功能类型。一是"诗学",即文艺创作的技艺学,专门讨论各种艺术门类的创作技艺。如亚里士多德《诗学》之于"戏剧学"、达·芬奇《画论》之于"绘画学"、华兹华斯《抒情歌谣集序言》之于"抒情诗学"、罗丹"艺术论"之于"雕塑学"以及福斯特《小说面面观》之于"小说学"等等。二是"批评学",即文学批评和文学史研究的方法学,主要阐述文学研究的方法和文学评价的标准等等。蒲伯的《论批评》、莱辛的《汉堡剧评》、丹纳的《艺术哲学》以及韦勒克的《文学理论》等,是各时期这一领域的代表作。三是"艺术哲学",即有关文学艺术问题的完整的知识体系,它们大都从特定的哲学体系出发阐述艺术的本质特征和诸种规律,自圆其说,自成一家之言。如谢林的《艺术哲学》、黑格尔作为"美的艺术的哲学"的《美学》以及苏珊·朗格的《情感与形式》等,这些都是以特定的哲学思想为基础建构的艺术理论体系。

孙子曰:"知彼知己者,百战不殆。"充分认识西方文论的历史特点和理论特点,是研究西方文论的基本前提。

二、西方文论研究的意义

为什么要研究西方文论?这不仅对这个学科至关重要,而且对每个研究者至关重要,它关系到每个学者的每篇论文为何而写的目的问题。不明意义,论文的写作就会失去目标,就可能无的放矢。对于中国学者来说,西方文论的研究大致有四重目标,四方面的意义。

其一,深化西方文学史的认识。一个作家总在某些社会条件下创作,也总在某种文艺风气和文艺思潮里创作。这个风气和思潮会影响到他对题材、体裁、风格的去取,给予他以机会,同时也限制了他的范围;而西方文论是西方文艺风气和文艺思潮的理论概括和思辨形态。因此,要了解一个作家的成就,要了解一国一代文学的成因和特色,就有赖于熟知这个时代的文艺理论,熟知这个作家和他的同时代人所认为是艺术基础的批评学说。事实上,批评史和文论史的研究不应当成为一项纯粹古籍研究性的课题,它应当阐明和解释文学的现状,有助于对文学创作和文学史的理解。

其二,深化文学基本理论的认识。"论从史出",现代文艺学或文学理论的知识体系，是中西文论史上零星孤单的理论观点和概念命题的概括化和系统化。中西文论史上自发的孤单见解是现代自觉的周密理论的思想根苗和理论资源。中国现代文艺学知识体系对西方文论的借鉴是双重的，即直接借用概念命题，也直接借鉴思维模式。因此要深化文学基本理论的认识，不仅要研究中国古代文论史，更要研究西方文论史。

其三，掌握多样的批评方法。一部文论史，既是一部文学艺术的审美观念史，也是一部文艺研究的方法论史。在20世纪这个"批评的时代"，更是出现了众多批评流派和批评方法。西方现代的批评理论和批评方法是学术理性和科学理性的产物，具有高度的普遍性和指导性。20世纪初，中国学者关注西方文艺理论的最初动机，就是为了引进西方的批评理论和批评方法，改造传统的训诂式、评点式的批评方式。今天，了解和借鉴西方现代的批评理论和批评方法，同样有助于推进文学研究，深化对中国文学的认识。

其四，中西文论史的相互照明。"对话"是文化理解的基本方式。巴赫金说得好："在文化领域中，外位性是理解的最强大的推动力。一种文化只有在他种文化的视野中才能较为充分和深刻地揭示自己。"①通过不同文化之间的对话，一种涵义在与另一种涵义、他人涵义相遇交锋之后，就会显现出自己的深层底蕴；同时，既可以给别种文化提出它自己提不出的新问题，也可以在别种文化中寻找对自己的此类问题的答案。正是在这个意义上，王元化说："研究中国文化不能以西学为坐标，但必须以西学为参照。"②文化史研究是如此，文论史研究同样如此。西方文论是理解中国文论的强大动力，也是照亮中国文论的重要参照。

三、西方文论的学科发展

学术动机是学术史发生发展的内在动力。20世纪中国学者对西方文论的研究有三大动机：在创作领域，研究西方文学观念以推进文学创作的现代转型；在学术领域，研究西方批评方法以改造传统的文学研究方式；在大学教育中，开设西方文论课程以完善大学文科的课程体系和知识体系。

---

① 巴赫金：《文本、对话与人文》，白春仁等译，河北教育出版社1998年版，第370页。
② 王元化：《九十年代反思录》，上海古籍出版社2000年版，第20页。

从学术史看,20世纪以来,伴随"西方文论的三次大规模输入"①,对西方文论的研究也相应地可以分为三个阶段:第一阶段,五四前后至二、三十年代;第二阶段,20世纪五、六十年代;第三阶段,20世纪七十年代末以来。在研究的动机与对象、目的与任务诸方面,每一个阶段都有自己的一些特点;同时每一个阶段在不同的研究领域和方向上,都产生了代表性的研究者。

第一阶段:五四前后至二、三十年代,以欧洲古典文论的译介和研究为中心。这一阶段以五四为中心点,又可以细分为三段。

五四之前对西方文论的关注,是与翻译文学密切相连的。西方文论的输入是"西学东渐"的有机组成部分。西学最初的传入者是西方来华的传教士,不过传教士传播的西学中,文学作品所占分量很小,文艺理论几乎没有。中国学者对西方文论的关注,始于翻译小说及西方学者的小说评论。据阿英编《晚清文学丛钞(域外文学卷)》考证,我国翻译西洋小说始于乾隆年间的1740年前后。不过,西洋文学的大量输入是19世纪末至20世纪初的事。施蛰存指出:"从1890年到1919年这三十年间,是迄今为止,介绍外国文学最旺盛的时期。我们把这一现象,突出地标举为近代文学在接受外国文学方面的第一项特征。"②随着以小说、戏剧为主体的西方文学的大量输入,西方的文学观念、文学批评和文艺理论也纷至沓来。1905年,《新民丛报》从第十二号起连载了由法国学者维朗撰写、蒋智由翻译的《维朗氏诗学论》。1913年至1914,《小说月报》连载了孙毓修撰写的《欧美小说丛谈》,这是我国第一部系统评价西方小说戏剧的专著。1914年,黄远生在《小说月报》上发表了《新剧杂论》,试图对西方戏剧理论做较系统的介绍。这是中国学者对西方文论的最初接触,也是西方文论研究的滥觞。

五四时期对西方文论的研究,是与当时"文学革命"论和新文学运动密切联系的。陈独秀倡导"文学革命",心目中的理想典范便是文艺复兴以来"今日庄严灿烂之欧洲"③,其重心则是19世纪欧洲的批判现实主义文学思潮。胡适的新文学建设的主张可归结为两点:一是"赶紧多多翻译西洋的文学名著做我们的模范";二是学习和掌握西方的文学观念和文学方法指导我们的文学创作。于是,他不仅发表了直接在西方文艺思想影响下写作的《文学改良刍议》、《历史的文学

① 代迅:"大致说来,本世纪曾经有过三次大规模的外来文论输入中国。而每一次的性质、特点与方向不尽相同。""'五四'时期是第一次,'建国初期'是第二次,'新时期以来'是第三次,云云。(《西方文论在中国的命运》,中华书局2008年版,第4—6页。)

② 施蛰存主编:《中国近代文学大系》(翻译文学集1),上海书店1990年版,第18页。

③ 《独秀文存》,安徽人民出版社1987年版,第95页。

观念论》等重要文章,而且在《建设的文学革命论》、《文学进化观念与戏剧改良》、《论短篇小说》等文章中,结合传统中国文学的创作实际,对西方的悲剧观、"三一律"和文学创作的"经济原则"作了精辟阐述。其中,胡适在《文学进化观念与戏剧改良》一文中对"悲剧的观念"的三点论述,迄今依然是中国学者对西方悲剧观最精炼、最全面的概括。

二十世纪二、三十年代的西方文论研究,由文学创作转向文学研究,并以"改造我们的学术界",改造传统的文学研究方式为直接目的。与此相联系,西方近代的文学史家和文学批评家成为重要的研究对象。郑振铎、朱光潜、傅雷和梁实秋是这一时期重要的西方文论研究者,各自发表了系列论文或研究专著。郑振铎在《圣皮韦的自然主义批评论》(1922)引言中写道:"中国人的文学批评,还在因袭的法则的束缚之下,许多年来,儒学的批评论,支配一切,没有人敢违背他的固定的主义的。……现在虽已把这种传袭的主张打破,而新批评观念,尚未成立。所以我们觉得介绍欧洲近代的文学批评,实有不可一日缓之势。欧洲的近世批评,始于圣皮韦,泰尼继之于法,亚诺尔(Arnold)继之于英。其余如配德(Patey)之快乐批评,法朗士(A France)之印象批评,等等,亦皆导源于圣皮韦。现在先介绍圣皮韦之批评。一则以圣皮韦为近代批评之祖,二则因自然主义的批评,在中国现在似乎有介绍的必要。"①这段话可视为二、三十年代西方文论研究的"导言",对当时研究者共同的目的宗旨、对象重心和现实意义作了简明扼要的阐述。梁实秋则是这一时期最重要的西方文论研究者,也是这一时期唯一"西洋文学批评"科班出身的学者,他曾在哈佛大学研究院从白璧德"研究西洋文学批评"②。梁实秋先后出版了《浪漫的与古典的》(1927)、《文学的纪律》(1928)和《文艺批评论》(1934),对从亚里士多德《诗学》到弗洛伊德精神分析批评的欧洲文论作了较全面的介绍。在《文艺批评论》的"编辑范例"中,梁实秋说:"本书各章系按历史之顺序,故虽非文艺批评史,而读者亦可略窥西洋文艺批评思想进展之大势。"③从今天看,梁实秋的《文艺批评论》可以说是中国学者撰写的第一部"西方文艺理论简史"。

第二阶段:20世纪五、六十年代,以俄苏文论的译介和研究为中心,具有较鲜

---

① 《郑振铎全集》,第15卷,花山文艺出版社1998年版,第125页。

② 梁实秋《浪漫的与古典的》的"序言":"我借这个机会要特别表示敬意与谢忱的,是哈佛大学法国文学教授白璧德先生,若不从他研究西洋文学批评,恐怕永远不会写出这样几篇文章。"(《梁实秋文集》,第1卷,鹭江出版社2002年版,第33页。)

③ 《梁实秋文集》,第1卷,鹭江出版社2002年版,第226页。

明的政治功利主义色彩和意识形态宣传意味。实际上,20世纪中国学者对俄苏文论的译介和研究可以追溯到三十年代前后左联时期。从左联时期、到延安时期、再到新中国成立后的五十年代,对俄苏文论的译介和研究也可以细分为三段。

左联时期,主要是对以普列汉诺夫为中心的俄苏文伦的译介和研究。20世纪二十年代苏联文艺界普遍认为,马克思主义美学和文艺理论的最大权威是普利汉诺夫,正是普利汉诺夫奠定了马克思主义文艺学的基础。由于普利汉诺夫在当时苏联的特殊地位,20年代末和30年代初,中国以左联为中心的无产阶级革命文学运动,把普利汉诺夫的文艺思想作为自己的思想理论武器。普利汉诺夫的文艺理论名著《论艺术(没有地址的信)》、《艺术与社会生活》等,被反复翻译介绍进来,并得到鲁迅、冯雪峰、瞿秋白等人的研究和推介。苏联文艺理论家弗里契以普利汉诺夫的学生自居,试图在普利汉诺夫文艺思想基础上建构一个马克思主义文艺理论体系,出版了《欧洲文艺发展史》和《艺术社会学》两本著作。弗里契也被中国学者视为优秀的马克思主义艺术学者,他的两本著作在当时也不止一次被翻译成中文。

延安时期,主要是周扬对马克思主义经典文论的研究和对俄国"唯物主义的美学"别、车、杜文艺思想的译介。马克思主义经典文论研究的直接成果,是周扬在四十年代编辑的《马克思主义与文艺》。此书选辑了马克思、恩格斯、普利汉诺夫、列宁、斯大林、高尔基、鲁迅及毛泽东有关文艺的论述,按内容分为五辑:一、意识形态的文艺,二、文艺的特质,三、文艺与阶级,四、无产阶级文艺,五、作家,批评家。贯彻全书的一个中心思想是:文艺从群众中来,必须到群众中去;而编辑此书的目的,则是"证实了毛泽东同志文艺理论的正确"。与此同时,为了给毛泽东文艺思想寻找更深的古典思想渊源,周扬还翻译了车尔尼雪夫斯基的美学名著《艺术与现实的审美关系》,书名译为《生活与美学》,并撰写了长篇论文《唯物主义的美学》。周扬的一编一译一文,对建国后中国文艺思想界产生了深刻影响,也直接奠定了译介西方文论的基调。

二十世纪五、六十年代,西方文论的研究逐渐回归学院,转向大学,与当时大学文科课程体系的建设密切相关。它有两个阶段性的特点。一是从五十年代初开始,在以苏为师、全面苏化的背景下,大学文科的文艺学或文学理论教学直接搬用苏联的理论体系,影响最大的是季摩菲耶夫的《文学原理》,被称为"季摩菲耶夫体系"。从建国初到1958年之前出版的文艺学或文学概论教材,大都是"季摩菲耶夫体系"的"中国化"改写本。二是从五十年代末到六十年代初,由于中苏关系的变化、政治环境的相对宽松和大学教育发展的需要,中国学界又重新开始关注西欧古典文艺理论和欧美现代文艺理论。这一阶段的译介和研究成果主要体现在两大方面:一是出版了系统介绍西方文艺理论的译文丛书和文论选。如《文艺理论译丛》(1957至1958年,共6册)、《古典文艺理论译丛》(1962至1966年,共11册),"外国文艺理论丛书"从柏拉图《文艺对话集》到车尔尼雪夫斯基《生活与美学》十余种,以及"外国文学研究资料丛刊"中的两部专题资料选编《外国理论家作家论形象思维》(1979)和《欧美古典作家论现实主义和浪漫主义》(1980),也属于当时的译介出版计划;二是在高校文科开设"西方文论史"课程,为此出版了伍蠡甫主编的作为"高等学校文科教材"的《西方文论选》(上下卷·1964年),并酝酿编写"西方文艺理论史"的教材。20世纪80年代出版的缪朗山先生的遗著《西方文艺理论史》,就是当时作为教材编写而未及出版的著作。朱光潜、伍蠡甫、罗念生、缪朗山以及钱锺书和杨绛等学者,在这一时期的译介和研究中做出了重要贡献。这一时期尽管以译介为主,但为后来的西方文论研究提供了较系统的资料基础,也培养了一批研究人员。

第三阶段:20世纪七十年代末以来,以欧美的批评观念和批评方法的译介和研究为中心。这一阶段的特点主要表现在三个方面。

从地域取向看,如果说五六十年代以俄苏为主的东欧文论为主流,以西欧古典文论为陪衬,那么这一时期则以欧美现代文艺理论为主流,以俄苏与东欧文论为陪衬。俄苏文论中只有俄国形式主义以及什克洛夫斯基、巴赫金和赫拉普钦科等少数流派和学者受到中国学者的关注。《别林斯基选集》(六卷本)、《车尔尼雪夫斯基论文学》(上、中、下三卷本)、《杜波罗留波夫选集》(二卷本)以及匈牙利著名马克思主义文艺理论家卢卡契的《卢卡契文学论文集》,虽然在这一时期或隆重出版或重新出版,但始终没有成为关注的热点。

从研究内容看,随着20世纪西方文论由创作论向批评论的转向、由价值论向方法论的转向,中国学者也主要关注西方现代的批评观念和批评方法。从作者系统的心理分析,到读者系统的接受美学,再到作品系统的新批评和结构主义,以及社会文化系统的文化研究和西方马克思主义批评等等,一个个批评流派像走马灯似地在眼前晃动,一种种新奇学说不断地成为学术的兴奋点。

从焦点变迁看,从七十年代末至今的30年又出现了三次转向。王一川在《外国文论在中国六十年(1949—2009)》一文中,把外国文论在中国的六十年历史概括为"四次转向"。第一次转向为1949至1977,此后的三次转向便是这30年。略谓:第二次转向是1978至1989年西方前期现代文论范式主导期。国家实行开放政策,过去一度被禁锢的西方生命美学、直觉主义文论、心理分析批评、新批评、结构主义批评、现象学批评和存在主义批评等理论资源,蜂拥而至,给中国现代文论以极大的冲击和启示;第三次转向是1990至1999年间的西方后期现代文论范式主导期。以"符号学"、"后现代"、"文化研究"和"后殖民"为代表的西方后期现代文论成为中国学者关注热点;第四次转向是进入21世纪以来,以全球消费文化等为热点的新近西方文论范式为主导,带有明显的跨学科话语特征。①

这三十年,是西方文论研究真正意义上繁荣发展的三十年。视野开阔,思想自由,方法多样,成果丰硕。然而在众多的"文论史"、"分体史"和"观念史"著述中,张隆溪的《二十世纪西方文论述评》(1986)、赵一凡的《西方文论讲稿》(2007)和《西方文论讲稿续编》(2009)以及赵一凡主编的《西方文论关键词》(2006),以其深思熟虑、融会贯通和深入浅出的文风,体现出这一时期中国学者研究二十世纪西方文论的实绩。

四、西方文论的研究范围

关于西方文论的研究范围,这里主要谈两个问题:一是研究范围与研究对象的关系,二是研究课题选择的一般策略。

其一,研究范围与研究对象。西方文论的研究范围取决于研究对象自身的内在构成。所谓西方文论或西方文论史,就是西方历代人文学者关于文学艺术的本质规律和各个艺术门类审美规律的反思史;而任何一种反思活动都包含三个要素,即反思主体、反思对象和反思主题。与此相联系,西方文论的内在构成也包含上述三个方面。从反思主体看,西方文论的研究者主要由哲学家、艺术家、批评家和"文学教授"四大部分的人员构成;从反思对象看,西方文论广泛涉及建筑、雕塑、绘画、音乐和文学诸艺术门类,在文学中又广泛讨论了史诗、戏剧、叙事诗、小说等文体,而不像中国古代文论以"诗"为中心;从反思主题看,西方文论深入讨论了现代文艺学所包含的所有基本问题,诸如文学艺术的审美本质,文艺创作的独特规律,文艺作品的审美结构,各门艺术的种类和系统,文艺

---

① 王一川:《外国文论在中国六十年(1949—2009)》,《当代文坛》,2009年第5期。

鉴赏的规律和过程，文艺批评的标准和方法，以及文学艺术的发生发展等等，从而为现代文艺学体系的建构累积了丰富的思想资源。

西方文论的内在构成决定了西方文论的研究范围和研究思路。从大的方面看，西方文论研究似可从三条思路展开：一是以反思主体为中心的西方历代文艺思想家和批评家的研究；二是以反思对象为中心的西方各艺术门类的分体文艺美学研究；三是以反思主题为中心的西方文论对文学艺术诸本质特征和审美规律的研究。一部西方文论史，实质就是由历代西方文论家史、西方分体文艺学史和西方文论的范畴史、命题史和观念史构成的。

其二，研究课题的具体选择。具体地说，一部西方文论史是由范畴命题、名著名篇、理论大家、分体理论、理论流派、理论思潮以及批评观念、批评方法等内容构成的；与此相对应，西方文论研究课题的具体选择也包括上述诸方面。

概念、命题和范畴是理论体系最基本的元素，也是理论研究最基础的课题。如罗念生的《卡塔西斯笺释——亚理斯多德论悲剧的作用》、王柯平的《哲学与诗歌为何而争》、钱中文的《"复调小说"及其理论问题》以及赵一凡主编的《西方文论关键词》，都属于概念、命题和范畴的专题研究。理论经典是历史的实体，也是学术的重心所在。罗念生的《亚里士多德的〈诗学〉》、钱锺书的《读〈拉奥孔〉》、王春元的《评威勒克和沃伦的〈文学理论〉》以及王柯平的《〈理想国〉的诗学》，都是对名篇名著的专题研究。文论家是历史的主体，也是历史的直接创造者和推动者。因此，文论史研究绝对离不开对文论家的研究。朱光潜的《欧洲近代三大批评学者——圣伯夫、阿诺德、克罗齐》、梁实秋的《白璧德及其人文主义》以及近年出版的陈中梅的《柏拉图诗学和艺术思想研究》、苏文菁的《华兹华斯诗学》、刘燕的《现代批评之始——T.S.艾略特诗学研究》和支宇的《批评的批评——韦勒克文学理论研究》等专著，都是西方文论家研究中取得的成果。此外，如朱光潜的《悲剧心理学》、程孟辉的《西方悲剧学说史》、殷企平等的《英国小说批评史》和史忠义的《20世纪法国小说诗学》等等，属于西方文论中的分体文论史；由王岳川主编、多人撰写的"20世纪西方文论研究丛书"，包括《"新马克思主义"文论》、《精神分析文论》、《形式主义文论》、《现象学与解释学文论》、《存在主义文论》、《接受反应文论》、《女权主义文论》等等，则属于理论流派、理论思潮以及批评观念和批评方法的综合性研究。

在专题性研究基础上推进一步，就可以进入文论史的研究。梁实秋的《文艺批评论》作为中国学者撰写的第一部"西方文艺理论简史"，就是作者在《浪漫的与古典的》、《文学的纪律》两本文集中大量专题性研究成果的基础上完成的。此后,缪朗山的《西方文艺理论史纲》和伍蠡甫的《西方文论简史》,则是作者依据西文第一手资料完成的具有原创意义的文论史专著。近三十年,随着西方文论研究的繁荣和深化,不仅出版了大量西方文论的通史,而且还撰写了一批西方文论的国别史和断代史。如王焕生的《古罗马文艺批评史纲》(1998)、陆扬的《欧洲中世纪诗学》(2000)、盛宁的《二十世纪美国文论》(1994)、刘宁的《俄国文学批评史》(1999),以及张隆溪的《二十世纪西方文论述评》(1986)、张首映的《西方二十世纪文论史》(1999)、郭宏安等的《二十世纪西方文论研究》(1997)、赵一凡的《西方现代文论讲稿》(2007)和《续编》(2009)等等。这些研究成果极大地拓展了中国学者的学术视野,影响了人们的思维方式,推动和促进中国文论的现代转型。

五、西方文论的研究方法

对象与方法是学术研究两个基本要素,学术研究就是运用方法透视对象的过程。选择了研究课题,进一步就要考虑研究方法。而方法又不脱离对象,研究方法是研究对象的类似物和延伸物;换言之,不同的对象采用不的方法,研究者应当从特定的研究对象出发,根据特定的研究任务,采用相应的研究方法。根据文论研究特定的对象和任务,常见的有如下几种研究方法。

一是经典细读,包括经典著作和经典论文。各类"外国文艺理论译丛"为我们提供了经典著作阅读和研究的对象,各类"西方文论选"为我们提供了经典论文阅读和研究的对象。经典是思想的载体,也是思想史的实体。思想史实质是经典的序列史。因此,文论史的研究应当从经典入手,从经典的细读入手。问题是如何进行经典细读?学术经典不同于文学经典,学术经典的细读有自己的原则。简言之,可概括为四条思路:一是经典产生的思想资源和学术背景;二是经典文本的结构体系和理论意义;三是经典在统一文化传统中的传播与影响;四是经典对他种文化的影响与启示。其中,对经典文本的深入解剖是读透经典的关键所在。只有解剖了经典的结构,才能把握经典的精髓。虽然西方学者大多"长于抽象而精于分类",但因心性习惯和思维方式各具特点,著作的表述和形态也各不相同;有的结构严整而体系分明,如亚里士多德《诗学》、黑格尔《美学》和韦勒克《文学理论》,可称典范;有的则结构松散而体系隐晦,如柏拉图《理想国》、贺拉斯《诗艺》和泰纳《艺术哲学》，大抵如此。对于后一类著作尤其需要细心阅读，深入解剖，方能把握真谛。恩格斯谈到学术研究时曾说："一个人如果想研究科学问题，首先要在利用著作的时候学会按照作者写的原样去阅读这些著作，首先要在阅读时，不把著作中原来没有的东西塞进去。"[1]这也就是中国古人所说的读书时的"居敬状态"，它是成功的经典细读所绝不可少的。

二是专题研究，包括概念、范畴、命题的专题研究。一般来说，概念、范畴、命题的专题研究，可以有两种思路，一是逻辑的分析，一是历史的考察。按照历史与逻辑相统一的原则，逻辑分析和历史考察是不可分的，但在具体研究中可以各有侧重。对概念、范畴、命题的逻辑分析，必须同时兼顾四个方面：一是理论内涵，即通常所说的定义；二是具体所指，即与概念相关的客观事实；三是语义演变，即术语的本义、转义和引申义；四是逻辑关系，即在概念系统中的位置。赵一凡主编《西方文论关键词》中的八十余篇论文，大体是按照上述思路撰写的，值得细心揣摩。对概念、范畴、命题的历史考察，就是观念史研究。让概念、命题跃出文本，穿行于历史的长河之中，考察它的来龙去脉，观看它的波澜起伏，从而见出审美趣味的变迁和艺术观念的演化。波兰学者塔塔尔凯维奇的《西方六大美学观史》、朱光潜《西方美学史》中"关于四个关键性问题的历史小结"，均属于概念、范畴、命题的历史考察。罗念生的《卡塔西斯笺释——亚理斯多德论悲剧的作用》也是西方文论观念史研究的典范之作。此文以较大篇幅评述了文艺复兴以来西方学者对卡塔西斯的各种解释，其中持"净化说"的有三派，持"宣泄说"的有四派；在系统评述了西方学者的观点后，作者又提出了自己的见解，真正做到了历史与逻辑的统一。

三是文论家和批评家研究。韦勒克在谈到《近代文学批评史》的撰写方式时写道："有些东西只能归之于个人的首创精神和那些特定时间内将其思维致力于特别问题的天才人物的机缘。"[2]因此，韦勒克的八卷本《近代文学批评史》，基本上是由一个个文论家和批评家的思想评传组成的。中国学者在西方文论研究中也对文论家和批评家表现出极大的兴趣。以二十年代为例，陈晬的《布兰兑司》（1920）、郑振铎的《圣皮韦的自然主义批评论》（1922）和《丹麦现代批评家勃兰特传》（1923）、张闻天的《托尔斯泰的艺术观》（1921）、华林一的《安诺德文学批评原理》（1922）以及朱光潜的系列论文《欧洲近代三大批评学者——圣伯夫》、《欧洲近代三大批评学者——阿诺德》、《欧洲近代三大批评学者——克罗齐》（1927），

---

[1]《马克思恩格斯全集》，第25卷，人民出版社1972年版，第26页。

[2] 韦勒克：《近代文学批评史》，第1卷，杨岂深、杨自伍译，上海译文出版社1987年版，第10页。

都是对文论家和批评家的研究。如何进行文论家和批评家的研究？思想产生于独立自由的心灵，思想的花朵离不开社会的土壤和气候，而真正伟大的思想又会对后人产生深远的影响。因此，对一个思想家全面完整的研究，必须从三个方面入手：即思想起因的探寻，思想个性的辨析和历史影响的考察。朱光潜的《欧洲近代三大批评学者——圣伯夫》一文为之提供一个可以借鉴的范例。这篇文章可分为三大部分。首先，简要介绍了圣伯夫的一生行迹，生动有趣地展现出圣伯夫复杂多样的个性特点。其次，在与传统的"判断的批评"的比较中，揭示了圣伯夫"诠释的批评"的特点和四大原则，指出文学作品的研究应解决相互关联的四个问题；即(1)作者必有群性，他和时代环境的关系如何？(2)作者必有个性，他所得诸遗传的如何？得于习惯的又如何？(3)作者必表现其人格于其作品，从作品中所看出的作者个性如何？(4)作者的各种著作必为完整的有机体，参观互校之，其部分与全体的相互关系如何？最后，简要介绍了圣伯夫对西方近代文学研究的深刻影响，指出从阿诺德、泰纳到法朗士，近代西方的文学批评家和文学史家几乎无人不或直接或间接地受圣伯夫的影响。当然，在思想起因、思想个性和思想影响诸方面的研究中，思想个性的辨析或思想贡献的评价是最为重要的，也最能见出研究者的眼光和识力。

四是跨文化比较研究，亦即"中西文艺美学比较研究"或"中西比较诗学"。钱锺书在《谈中国诗》中说："说起中国诗的一般印象，意中就有外国人和外国诗在。这立场是比较文学的。"[①]同样，研究西方文论，意中也有中国文论在。这立场是比较诗学的。至于"中西比较诗学"研究的具体方法，将在本书第九章作专门论述。

---

① 《钱锺书集·写在人生边上的边上》，生活·读书·新知三联书店2001年版，第55页。

第九章　走向比较诗学研究之路

中国比较诗学起始于20世纪初的五四前后,作为独立的学科形成于20世纪60年代以后;从理论上对文艺和审美现象进行跨国界、跨文化的比较研究,是中国"比较诗学"的基本特点。比较诗学的研究范围可细分为三个层次,即研究对象、研究范围和研究课题;而从互用、互明到互补,则是中国比较诗学的三个阶段、三条途径和三种境界。比较诗学实质就是跨文化的文学理论,它是走向"总体文艺学"或"普遍文艺学"的必由之途。这是走向比较诗学研究之路必须确立的基本理念。

一、"比较文学必然走向比较诗学"

"比较诗学"的概念,最初是由法国比较文学家艾田伯提出来的。1963年,艾田伯发表了著名的长篇论战性论文《比较不是理由:比较文学的危机》,文章批评了把"事实联系"作为比较文学的根据的实证主义观点,认为比较文学必须摆脱实证主义造成的"危机",进而阐述了如何拓展比较文学研究领域的问题。艾田伯指出:从"比较文学到比较诗学",是拓展比较文学领域的途径之一:

> 历史的探寻和批判的或美学的沉思,这两种方法以为它们自己是势不两立的对头,而事实上,它们必须互相补充;如果能将两者结合起来,比较文学便会不可违拗地被导向比较诗学。这种美学不再是从形而上的原理中演绎出来,而将从具体文学的细致研究中归纳出来,要么是研究文学类型的历史演进,要么是研究不同的文化中创造出来的与文学类型相当的每一种形式的性质和结构;因此,与一切教条主义水火不容,它能成为真正具有实用价值的

美学。①

这段话包含丰富的内涵,不仅提出了"比较诗学"的概念,而且阐述了比较诗学的研究方法和理论意义。在他看来,通过具体的作家作品的比较研究从而得出某些系统的、规律性的东西,应是比较诗学的重要内容;而且,这种在比较中从具体的作家作品中归纳出来的理论原则,可能成为真正具有实际指导价值的美学。

必须指出,"比较诗学"中的"诗学"一词是现代用法,与古代原初的涵义有所不同。古代狭义的"诗学",在中国主要是指以诗歌为主要对象,探讨诗歌的创作、欣赏、批评以及由此引发的一系列诗学、美学和思想文化问题;在西方主要是指以古希腊悲剧为主要对象,并包括当时主要文类如喜剧、史诗和抒情诗等,探讨诗的起源、诗的特征、诗的创作和诗的功能等问题,阐述古代西方人的文学观念的学问。现代广义的"诗学",则扩展为对文艺美学问题的理论阐释,或者说从理论上对文艺和审美现象进行系统研究的学问。与之相联系,所谓"比较诗学",也就是从理论上对文艺和审美现象进行跨国界、跨文化比较研究的学问,或者说是从国际学术视野对文艺问题进行跨文化研究。20世纪以来,我国比较诗学研究的重心,基本上就集中在"中国古代文论与西方文学理论的比较研究"和"中国古代美学与西方美学的比较研究"两大方面。

从比较研究的文化背景看,比较文学可以分为跨国界比较研究和跨文化比较研究两个层次;同样,比较诗学也可以分为跨国界比较研究和跨文化比较研究两类。欧美各国的比较研究,属于跨国界的比较文学和比较诗学研究;中国与西方各国的比较研究,则属于跨文化的比较文学和比较诗学研究。

欧美文化系统的国家,各具独特的民族性和地方色彩,在文化气质上也互不相同。正如伏尔泰所说:"从写作的风格来认出一个意大利人、一个法国人、一个英国人或一个西班牙人,就像从他面孔的轮廓,他的发音和他的行动举止来认出他的国籍一样容易。"②但往深处看,在很多根源的地方,是完全出于同一个文化体系的,即同出于希腊罗马和基督教文化体系。你若专攻欧洲体系中任何一个重要国家的文学和诗学,都无法不读希腊和罗马的文学和诗学,因为该国文学里的观点、结构、修辞、技巧、文类、题材,以及诗学里的范畴、概念、命题、观念等,都

① 干永昌等编:《比较文学研究译文集》,上海译文出版社1985年版,第116页;参阅艾田伯:《比较文学之道:艾田伯文论选集》,胡玉龙译,生活·读书·新知三联书店2006年版,第42页。

② 伍蠡甫主编:《西方文论选》(上卷),上海译文出版社1979年版,第323页。

往往要溯源到古希腊文化中哲学美学的假定里，或中世纪修辞学的一些理论，才可以明白透彻。总之，欧美系统中的比较文学是单一文化体系中比较研究，在思想、感情、意象和范畴、概念、命题上，都有意无意地渊源于同一个文化传统。[①]

中西文学和诗学之间跨文化比较研究，与欧美单一文化系统中的跨国比较研究是大不相同的。中国的文学和诗学渊源于另一个文化系统，渊源于以儒、道、禅为核心的中国传统文化。中国文学里的观点、结构、修辞、技巧、文类、题材，以及诗学里的范畴、概念、命题、观念等，都经常要溯源到中国传统文化中哲学美学的假定和理论，才可以明白透彻。因此，中西文学和诗学的比较研究，不仅是跨国的比较，而且是跨文化的比较；从深层看，是西方的两希文化与中国的儒道文化这两大文化体系之间的比较研究。如果说存在比较文学的中国学派，那么"跨文化比较"应当说是中国学派的特色之一。充分认识这一特点，对中国学者进行比较文学和比较诗学的研究是极为重要的。

二、比较诗学的学术进程

在世界范围内，比较诗学作为20世纪文学研究的学术现象，已有近一个世纪的历史。以法国比较文学家艾田伯于1963年提出"比较诗学"的命题为界，可以把迄今比较诗学的发展分为两个阶段：即非学科化发展时期和学科化建设时期。中国的比较诗学研究肇始于20世纪初的五四前后，作为学科的形成同样是20世纪60年代以后的事。[②]

其一，中国比较诗学的非学科化时期：从20世纪初到1949年之前。中国比较诗学的诞生是以中西文论和美学的相遇为前提的，具体地说它产生现于20世纪初。通过对自20世纪初至1949年以前近300余种比较文学论著和论文的分类统计，其中可以列入比较诗学范畴的占有四分之一左右。王国维、鲁迅、朱光潜和钱锺书是这一时期比较文学研究的代表人物，他们的比较文学研究论著大都以比较诗学和比较美学为主。从比较诗学在这一阶段的发展看，王国维和鲁迅可谓最初的前驱者，朱光潜和钱锺书则是第一批做出实绩者。

---

① 参阅陈乐民、周弘：《欧洲文明的进程》"第一章欧洲文明之源"，生活•读书•新知三联书店2003年。

② 参阅陈跃红：《比较诗学导论》，"第二章中西比较诗学的历史与现状"，北京大学出版社2005年版；乐黛云、王向远：《比较文学研究》，"第四章第九节比较诗学与比较文论的繁荣"，福建人民出版社2006年版；曹顺庆主编：《中西比较诗学史》，巴蜀书社2008年版。

　　王国维是中国现代学术的奠基者,也是中国比较诗学研究的第一人。1904年3月发表的《孔子之美育主义》,是王国维第一篇比较诗学论文,也是中国比较诗学研究的开篇之作。文章指出,西方自亚里士多德以后,包括英国的夏夫兹博理、德国的康德、席勒、叔本华等,"皆以美育为德育之助";与之比较,"转而观我孔子之学说,其审美上之理论,虽不可得而知,然其教人也,则始于美育,终于美育"。王国维通过中西美学的相互观照,发现了孔子"诗教"的"美育"本质,阐明了中国传统"诗教"观与西方近代美育思想的相通性,并进而指出"孔子美育之说"与"世之贱儒"否定艺术和审美的"玩物丧志"说的根本区别,力图还原原始儒家美学思想的真精神。此后,1904年7月的《红楼梦评论》、1905年的《论新学语之输入》、1906年的《文学小言》和1908年的《人间词话》,都渗透了跨文化的比较诗学的思想和方法。在《论新学语之输入》一文中,王国维比较了中西哲学思维和学术语言的差异,指出:"抑我国人之特质,实际的也,通俗的也;西洋人特质,思辨的也,科学的也,长于抽象而精于分类,对世界一切有形无形之事物,无往而不用综括及分析之二法,故言语之多,自然之理也。吾国人之所长,宁在于实施之方面,而于理论之方面则以具体知识为满足。之分类之事,除迫于实际之需要外,殆不欲穷究之也。"①严格地说,这种去枝留干式的区分比较不免笼统,但作为跨文化研究的开端,不乏启示意义,它有助于认识中西诗学体系差异性的思维根源,对于此后比较诗学的研究也具有方法论指导意义。

　　青年鲁迅的跨文化比较研究,广泛涉及宗教学、政治学、文艺美学等多个领域;其中1908年发表的《文化偏至论》、《摩罗诗力说》和《破恶声论》,是这一时期最重要的论著。《摩罗诗力说》是我国第一篇集中评述欧洲浪漫主义诗人的专著,也是一篇充满跨文化比较意识的诗学论文。鲁迅首先阐明了跨文化比较对于发扬"国民精神"和开阔"世界识见"的意义:"意者欲扬宗邦之真大,首在审己,亦必知人,比较既周,援生自觉。自觉之声发,每响必中于人心,清晰昭明,不同凡响。……故曰国民精神之发扬,与世界识见之广博有所属。"②随后在对尼采、拜伦、雪莱、普希金、莱蒙托夫等人的评述中,往往从中国诗学美学的立场出发,引证诸如《诗经》、《庄子》、《文心雕龙》的论述加以比较,互相阐释,互为照明。早在1911年,鲁迅就曾向许寿裳推荐日译本的洛里哀的《比较文学史》一书;1932年,鲁迅在给一个青年学者的诗学论著写的"题记"中又将《诗学》与《文心雕龙》联类

　　① 刘刚强编:《王国维美论文选》,湖南人民出版社1987年版,第78页。
　　② 《鲁迅全集》,第1卷,人民文学出版社2005年版,第67页。

对举。他指出，随着文学创作的发展，"篇章既富，评骘遂生，东则有刘彦和之《文心》，西则有亚里士多德之《诗学》，解析神质，包举洪纤，开源发流，为世楷式。"①据此可见，鲁迅虽不以比较诗学研究名家，但跨文化比较的意识渗透并贯串其整个学术历程。

进入三十年代以后，中国比较诗学的研究出现新的特点。当时具备中西兼通能力的学者，普遍以跨文化视野力图超越单一的诗学美学体系，有意识地寻找中西诗学之间交流和沟通的可能性。他们大都具有留学经历，具备较全面的中西语言和文化素养，又以诗学和美学为主攻方向，比较诗学研究在系统性和学术深度上达到一个新的高度。朱光潜和钱锺书，学贯中西，前者的《文艺心理学》和《诗论》与后者的《谈艺录》，是这一时期比较诗学的代表作。

意大利学者沙巴蒂尼认为，朱光潜《文艺心理学》采用了"移西方美学思想之花接中国文艺思想传统之木"的方法。这种相互阐释、相互照明的"移花接木"之法，正是朱光潜比较诗学和比较美学研究的特色之所在。1934年，朱光潜先后发表了《中西诗在情趣上的比较》和《长篇诗在中国何以不发达》，这两篇文章迄今依然是中国比较诗学的名作。此后，《文艺心理学》（1936）和《诗论》（1942）相继出版，前者是中国现代美学的奠基之作，后者是中国现代诗学的奠基之作。尽管这两部著作并未标上"比较"的字眼，但全书渗透了跨文化比较的自觉意识，不少章节更是纯粹的比较研究，显眼的如《文艺心理学》中的"刚性美与柔性美"、《诗论》中的"诗的境界——情趣与意象"、"诗与画——评莱辛的诗画异质说"等等。朱光潜在《诗论》的"抗战版序"中写道："一切价值都由比较得来，不比较无由见长短优劣。现在西方诗作品与诗理论开始流传到中国来，我们的比较材料比从前丰富得多，我们应该利用这个机会，研究我们以往在诗创作与理论两方面的长短究竟何在，西方人的成就究竟可否借鉴"；进而指出，当前有两大问题须特别研究："一是固有的传统究竟有几分可以沿袭，一是外来的影响究竟有几分可以接受"。②这段话不仅表明了朱光潜的研究宗旨，对今天中国的比较诗学研究仍有指导意义。

如果说"移花接木"是朱光潜比较诗学的特色，那么"打通"则是钱锺书比较研究的原则。《谈艺录·序》曰："东海西海，心理攸同；南学北学，道术未裂。虽宣尼书不过拔提河，每同《七音略序》所慨；而西来意即名'东土法'，堪譬《借根方

---

① 《鲁迅全集》，第8卷，人民文学出版社2005年版，第371页。

② 《朱光潜全集》，第3卷，安徽教育出版社1987年版，第4页。

说》之言。非作调人，稍通骑驿。"①这段名言可视为钱锺书的文化哲学，也是其跨文化研究和晚年"打通"说的方法论基础。1937年发表的《中国固有的文学批评的一个特点》，是钱锺书第一篇重要的跨文化比较的诗学论文。文章以西方美学中的"移情说"解释中国传统文评的特色，指出"把文章通盘的人化或生命化"的"人化批评"，是"中国固有的文学批评"重要特点的著名观点。《谈艺录》由91篇札记构成，其中既有诗歌赏析，也有诗学探讨，跨文化的比较阐释则贯串全书。"诗分唐宋"、"模写自然与润饰自然"、"文如其人"、"随园论诗中理语"、"白瑞蒙论诗与严沧浪诗话"等等，可以说是极为精彩的比较诗学专论。在1945年发表的《谈中国诗》一文中，钱锺书说："说起中国诗的一般印象，意中就有外国人和外国诗在。这立场就是比较文学的。"②所以此文虽题为"谈中国诗"，实质贯串了比较诗学的思路，对中西抒情诗、尤其是中国古代抒情诗的艺术特点，作了极为精辟的比较阐释。20世纪70年代末，钱锺书出版了学术巨著《管锥编》，这部著作在写作上延续了《谈艺录》的札记方式，而在跨文化比较研究方面，则达到新的文化广度和学术深度，这里既有比较诗学和比较美学的内容，更有比较哲学、比较宗教学、比较伦理学和比较文化人类学的内容。钱锺书是一位"现代智者"，钱锺书的智慧正来自于跨文化的互相"打通"和"互相照明"。

此外，这一时期在比较艺术学方面，宗白华、邓以蛰、滕固和伍蠡甫等的研究成果颇为丰硕；而郭绍虞、罗根泽的"中国文学批评史"研究，明显借鉴了西方批评史家的学术思路，并直接和间接地运用了比较诗学的方法。罗根泽的《中国文学批评史》"绪言"一章，不啻是一部中西融合的"文学批评原理"，而对"中国文学批评的特点"的揭示，正来自于他对中西批评史的比较："西洋的文学批评偏于文学裁判及批评理论，中国的文学批评偏于文学理论。所以他们以原训'文学裁判'的 Literary Criticism 统括批评理论及文学理论，我们的文学批评，则以鄙见，应名为'文学评论'。"③可见比较诗学的观念，已成为这一时期从事文艺美学和文学批评史研究者的自觉观念。

其二，中国比较诗学的学科化时期：从20世纪60年代至今。中国比较诗学的学科化构建始于20世纪60年代以后，它与西方比较诗学的学科化自觉基本上是同步的。具体地说，它可以分为三个阶段：60年代起海外华人的推动；80年代

---

① 钱锺书：《谈艺录》，中华书局1984年版，第1页。

② 《钱锺书集》（写在人生边上的边上），生活·读书·新知三联书店2001年版，第55页。

③ 罗根泽：《中国文学批评史》，上海古籍出版社1984年版，第13页。

起大陆的复兴；90年代以来的多元发展。

海外学界比较诗学的兴起，与比较文学学科在台港的发展是同步的。它有两方面原因：一是直接继承了五四以来中国学人的研究传统。海外比较文学家叶维廉说得好："五四本身就是一个比较文学的课题。五四时期的当事人和研究五四以来文学的学者，多多少少都要在两个文化之间的运思方法、表达程序、呈现对象的取舍等，作某个程度的参证与协商。"①叶维廉像他的同时代人一样，就是承继着五四运动而来的创作者和比较文学研究者。二是直接感受国际比较文学潮流的影响和刺激，并在欧美大学接受比较文学研究的系统训练。他们既有五四的精神成果可以借鉴，又有新的理论作为研究工具，这种双重的学养背景，为他们的跨文化比较提供了得天独厚的条件。

从比较诗学研究的特点看，海外学者优先处理的课题，大都是属于中西诗学的宏观问题和系统性的比较研究。刘若愚的《中国文学理论》（1975）和叶维廉的《比较诗学》（1983）是这方面的代表。刘若愚《中国文学理论》的特点是借用西方的理论模式来处理中国的传统文论。他以艾布拉姆斯《镜与灯》提出的艺术四要素及其关系为理论参照，将中国传统批评分为六种文学理论，分别称为形上论、决定论、表现论、技巧论、审美论和实用论。刘若愚的研究具有自觉的学术意识和明确的学术目的，其"终极的目的"，就"在于提出渊源悠久而大体上独立发展的中国批评思想传统的各种文学理论，使它们能够与来自其他传统的理论比较，从而有助于达到一个最后的世界性的文学理论。"②《比较诗学》的学术思路与《中国文学理论》有所不同。叶维廉明确意识到，中西诗学渊源于两种不同的文化体系，单向套用西方理论来处理中国文论，将很可能以西方的理论观念遮蔽中国文论的本来面目；而两种诗学"互照互对互比互识"的目的，"是要西方读者了解到世界上有很多作品的成形，可以完全不从柏拉图和亚里士多德的美学假定出发，而另有一套文学假定去支持它们；是要中国读者了解到儒、道、佛的构架之外，还有与它们完全不同的观物感物程式及价值的判断"。因此，他在《比较诗学》中呼吁："要寻求'共相'，我们必须放弃死守一个'模子'的固执，我们必须要从两个'模子'同时进行，而且必须寻根探固，必须从其本身的文化立场去看，然后加以比较对比，始可得到两者的面貌。"③刘若愚的《中国文学理论》和叶维廉的《比较

① 叶维廉：《〈比较诗学〉序》，《叶维廉文集》，第1卷，安徽教育出版社2002年版，第20页。

② 刘若愚：《中国文学理论》，江苏教育出版社2006年版，第3页。

③ 叶维廉：《比较诗学》，《叶维廉文集》，第1卷，安徽教育出版社2002年版，第38—39页。

诗学》，代表了当时海外学界比较诗学研究的两种思路，也显示了由"单向借用"到"双边对话"的发展。

当然，这一时期的中国大陆并非没有比较诗学的研究。钱锺书的《读〈拉奥孔〉》(1962)、和《通感》(1962)、杨绛的《李渔论戏剧结构》(1964)，便是其中的经典名篇。杨绛的《李渔论戏剧结构》是一篇中西比较戏剧学的经典论文。文章通过中西戏剧理论和戏剧作品的双重比较，揭示了中西戏剧结构"在理论上相似而实践上大不相同"的复杂现象：即从希腊悲剧、莎士比亚戏剧到易卜生戏剧，西方戏剧的结构是以"三整一律"为基础、以故事焦点为中心、强调紧凑集中的"戏剧的结构"；而从元杂剧、明传奇到李渔自己的作品，中国传统戏剧的结构则是地点流动、叙事多面、故事没有长度规定的"史诗的结构"。再深入一层，中西戏剧结构形态的差异基于不同的美学观念：西方的"三整一律"式的结构，追求的是舞台表演的真实性；中国的"史诗式结构"，遵循的是舞台表演的虚拟性。结构原则的相似性与结构形态的差异性的复杂现象提示我们，在进行中西比较研究时应当遵循"双重观照"的原则，即既要看双方的理论，又要看双方的作品；"如果脱离了具体作品而孤立地单看理论，就容易迷误混淆"。[①]这是一个迄今仍切中时弊的学术忠告。

比较诗学在中国大陆的复兴和学科化建设，是80年代以后的事情。最初，继钱锺书《管锥编》出版之后，老一辈学者包含比较诗学和比较美学内容的学术著作相继问世，如王元化的《文心雕龙创作论》(1979)、宗白华的《美学散步》(1981)、杨周翰的《攻玉集》(1983)、杨绛的《关于小说》(1986)等等。与此同时，周来祥发表了《东方与西方古典美学理论的比较》(1981)一文，从宏观上对中西古典美学理论作了比较，提出"西方偏重于再现，东方偏重于表现"的观点；蒋孔阳发表了《中国古代美学思想与西方美学思想的一些比较研究》(1982)，对中西美学思想的比较研究应注意的问题和遵循的原则提出了自己的看法。到了80年代中后期，比较诗学的研究日益兴盛，新一代学者的比较诗学和比较美学专著陆续出版。1988年，曹顺庆的《中西比较诗学》和刘小枫的《拯救与逍遥——中西诗人对世界的不同态度》相继出版，由此在大陆兴起了比较诗学研究的热潮，也标志大陆比较诗学学科建设的正式开始。

80年代大陆比较诗学的迅速发展，既有外因，也有内因。从外因看，新一代学者比较诗学的研究，明显受到来自三个方面的启发和影响：一是五四以来前辈

---

① 《杨绛作品集》，第3卷，中国社会科学出版社1993年版，第139页。

学者的经验和成就；二是海外华人学界的学科知识和成果；三是内地文学和文艺学研究领域兴起的新理论和方法热潮。从内因看，中西比较诗学研究之所以迅速成为重要学科现象，与现代文艺学领域以下三重学术焦虑密切相关：一是近代以来中国诗学和文论传统在世界性文艺研究格局中被矮化和被忽视；二是20世纪以来西方文艺理论在中国文艺研究领域不可阻挡的话语霸权趋势；三是现代中国文艺研究努力追求自我突破和现代性发展的策略选择。①

90年代以来，随着比较文学研究的学科化和规范化进程的加快，比较诗学的学科发展和学科建设也得到了更大发展。一是新的学术成果不断涌现，学术专著相继出版。据不完全统计，自曹顺庆《中西比较诗学》出版以来，国内出版的以"比较诗学"和"比较美学"命名是学术专著和学术文集，超过60部。二是不少大学的比较文学博士点专设"比较诗学"、"比较文论"或"比较美学"的研究方向。如北京大学比较文学博士点首先确认的培养方向就是"比较诗学"；暨南大学的博士点确认的是"比较文艺学"方向；四川大学的博士点选择的是以古典文论为主的"比较文论"方向。三是比较诗学研究领域出现了各具特色的研究群体。如以北大为主的华北地区的学者群体，比较重视西方诗学理论的引进、译介和诠释，重视基本诗学概念、范畴和研究范式的跨文化探讨；以四川大学为主的西南地区学者群，似乎以主攻中国传统文论总体规律和文论名著的现代性阐释为特色，进而不断提出一些热点问题引发学界的思考；以暨南大学为中心的华南地区学者群，更注重从哲学、宗教、语言和美学层面去追问和辨析诗学问题。比较诗学研究的多元化发展，正是学科成熟和繁荣的重要标志。

比较诗学的学科自觉虽晚于一般的比较文学，但不少有识之士日益认识到这种研究的重要性，认识到以理论问题作为比较研究的基础，其学术天地更为广阔，学术意义更为深远，预示着比较文学未来发展的新方向。艾田伯认为，"比较文学必然走向比较诗学"。著名比较文学学者克劳多·纪廉（Claudio Guillen）在《比较文学的挑战》一书中也提出，以理论问题作为基础的比较，将会成为比较文学未来发展也许是最重要的方面，而对这种理论的比较或者说比较诗学，对"今日的东西方研究可以提供特别有价值和希望的机会。"②对于中国学者来说，比较诗学超越东西方文化的界限，研究东方和西方共同或类似的批评概念和理论问题，这样的研究如果能够避免过度狭隘和抽象，同时注意同中之异，异中求同，那

①　参阅陈跃红《比较诗学导论》"第二章中西比较诗学的历史与现状"，北京大学出版社2005年版。
②　转引自张隆溪：《道与逻各斯》，四川人民出版社1998年版，第5页。

么就可能比传统的影响研究取得更有价值的成果。

三、比较诗学的三个层次

关于比较诗学的研究范围，为理解和操作的方便，似可细分为研究对象、研究范围和研究课题三个层次。所谓研究对象，是指比较诗学不同于比较文学领域其他学科分支的独特的研究对象；从这个意义上说，它是"诗学"研究而不是"诗歌"研究，是"文艺理论"研究而不是"文艺作品"研究，是"美学理论"研究而不是"审美现象"研究。所谓研究范围，是指研究对象所包含的具体范围；从比较诗学在中国的发展看，可以细分为三个领域，即比较文论、比较美学和比较艺术学。所谓研究课题，是指研究者在一部著作或一篇论文中，从上述对象和范围中选择的特定的研究论题；从这个意义上说，研究课题因人而异，也因时而异，从而显示出不同的学术个性和不同的阶段特点。

中国比较诗学研究范围是随着学科的发展不断拓展的。直至1982年，蒋孔阳在《中国古代美学思想与西方美学思想的一些比较研究》一文仍表示："比较文学、比较文化学、比较语言学、比较法学等等，都已经成为独立的科学。比较美学，虽然迄今还未成为独立的科学，但把各国的美学思想，特别是中国古代的美学思想拿来和西方的美学思想进行比较的研究，却事实上早已存在了。"[1]确实，最初的研究者并无比较诗学、比较文论、比较美学或比较艺术学的明确区分，他们大都从自己的学养和兴趣出发，发现问题，自发研究。王国维的《孔子之美育主义》(1904)、梁启超的《中国韵文里头所表现的情感》(1922)、宗白华的《论中西画法的渊源与基础》(1936)，从今天看，它们分别都是比较美学、比较诗学和比较艺术学的经典性论文，但研究者当时绝无这样的自觉意识。20世纪80年代以来，中国比较诗学研究的对象范围，基本集中在比较文论和比较美学两大方面，比较艺术学的理论成果相对较少。从曹顺庆的《中西比较诗学》(1988)、到余虹的《中国文论与西方诗学》(1999)、再到最近史忠义的《中西比较诗学新探》(2008)，都是对中西比较诗学或比较文论的研究；从周来祥与陈炎的《中西比较美学大纲》(1992)、到张法的《中西美学与文化精神》(1994)、再到邓晓芒和易中天的《黄与蓝的交响——中西美学比较》(1999)，则是中西比较美学研究的专著。至于中西

---

① 蒋孔阳：《美学与文艺评论集》，上海文艺出版社1986年版，第1页。

比较艺术学的研究大多集中于一些专题问题,诸如中西诗画异同论、中西绘画透视法、西方的绘画科学和中国的绘画六法等等,系统的比较艺术学专著并不多见,宗白华和伍蠡甫的系列论文依然是这一领域最有价值的著述。

关于中西比较诗学的研究课题,钱锺书发表过这样的看法:"文艺理论的比较研究即所谓比较诗学(comparativepoetics)是一个重要而且大有作为的研究领域。如何把中国传统文论中的术语和西方的术语加以比较和互相阐发,是比较诗学的重要任务之一",而比较诗学的"最终目的",就"在于帮助我们认识总体文学(litterature generale)乃至人类文化的基本规律"。①在这里,钱锺书特别把"中西文论术语"的比较阐发,作为比较诗学的重要任务。

从钱锺书的研究成果和近三十年中国比较诗学研究现状看,中西比较诗学的研究,主要集中在三大方面:一是中西文论术语的比较阐发;二是中西文论家思想的比较阐发;三是中西文评观念的比较研究。

钱锺书《谈艺录》中论"神韵"、"说圆"、"文如其人"、"理趣",《七缀集》中论"通感"、"诗可以怨"等等,都是中西文论术语和范畴比较阐发的精彩篇章。曹顺庆的《中西比较诗学》和张法的《中西美学与文化精神》,也是由系列中西文论术语和范畴的比较构成的。以前者为例,该书按流行文艺理论教材框架分五大部分,即艺术本质论、艺术起源论、艺术思维论、艺术风格论和艺术鉴赏论。每一章均选择中西文论中相关论题的两三组概念范畴作比较研究。"艺术本质论"选择"意境与典型"、"和谐与文采"、"美本身与大音希声"三组;"艺术起源论"选择"物感与模仿"、"文道与理念"两组;"艺术思维论"选择"神思与想象"、"迷狂与妙悟"两组;"艺术风格论"选择"风格与文气"、"风骨与崇高"两组;"艺术鉴赏论"选择"滋味与美感"、"移情、距离与出入"两组。文论术语和范畴的比较有两点必须注意:一是必须遵循可比性原则,寻找到各自的异同之点;二是既要进行二者的横向比较,又要考虑到各自的范畴史。如何把两个横剖面和各自的范畴史结合起来,是术语和范畴的比较研究中十分困难的事,也是必须遵循的原则。

王国维的《孔子之美育主义》和钱锺书《谈艺录》中的"白瑞蒙论诗与严沧浪诗话"一节,当是中西美学家、文论家思想比较研究的著名篇章。史忠义《比较诗学新探》一书"功能篇"中的几篇论文,也是中西思想家文艺美学思想的比较研究。如"柏拉图与墨子、商鞅、韩非'非诗'思想的比较"、"孔子的'诗教'说与亚里士多德的'Catharsis'说"的比较、"席勒的'审美教育'功能说、曹丕与车尔尼雪夫

---

① 张隆溪:《钱锺书谈比较文学与"文学比较"》,《读书》1981年第10期。

走向学者之路

182

斯基和狄尔泰的本体论功用思想"的比较等等。中西思想家、文论家文艺美学思想的比较研究，可以分为两个层次，即全面比较与局部比较。王攸欣的《选择·接受与疏理——王国维接受叔本华、朱光潜接受克罗齐美学比较研究》属于全面的比较研究；史忠义的上述三篇文章属于局部的比较研究，即着眼于"艺术功能"这一核心论题。

钱锺书《谈艺录》中"诗无达诂"与接受美学的比较，《管锥编》中"'道'与'名'"的阐释，属于中西文评观念的比较研究。叶维廉《比较诗学》中"东西比较文学中模子的应用"、"批评理论架构的再思"和《中国诗学》中"中国文学批评方法略论"，张隆溪的专著《道与逻各斯》，同样是中西文评观念的比较研究。在我看来，张隆溪的英文著作《道与逻各斯——东西方比较的文学阐释学》，实质是此前《诗无达诂》一文的扩展版；在"中译本序"中，张隆溪明确表示："在各类文学批评理论中，我仍然对阐释学最有兴趣，觉得它最能为中西文学和文化的比较研究提供一个学理基础。"①而这本书的意图，就在于从中西比较的角度来研究文学阐释学，以此证明人类阐释经验和阐释理论的普遍性和共同性。20世纪初，西方文论的"东渐"与改造中国传统的训诂式、体验式文评方式密切相关。因此，通过中西文评观念的比较研究，实现中国文学批评的现代性转换，是20世纪中西比较诗学的核心课题之一。

四、比较诗学的三种境界

比较诗学作为比较文学的分支，自然以"比较"为基本的研究方法。但是，从中国比较诗学走过的百年历史看，"中西比较诗学"又有自己的特点。

首先，在比较文学的三大学派中，"中西比较诗学"的基本方法不是"影响研究"，也不是单纯的"平行研究"或"阐发研究"，而是"平行阐释"研究。论及比较文化的研究方法，金克木曾说："作比较文化研究大致有三方面：一是寻轨迹，究因果。二是查中介（冲突焦点或传播途径），析成败。三是列平行，判同异。"②所谓"平行阐释"，就是金克木所说的"列平行，判同异"，即选择中西文艺学和美学中"没有影响而有相似性"的术语、概念、范畴、命题和观念方法等问题，通过同异

---

① 张隆溪：《道与逻各斯》，四川人民出版社1998年版，第2页。

② 金克木：《文化厄言》，中国人民大学出版社2006年版，第39页。

阐释,既揭示中西之间的差异性,又能发现人类的相通性。因为,"比较"不是目的而是手段,比较的最终目的是"文化照明"和"文化互补"。

其次,中西比较诗学中的"平行阐释",从中国比较诗学的研究历程和不同学者的思维个性看,又大致可以分为三个阶段三种模式和三种境界:即互用、互明、互补。最初是创作相似而术语互为借用;继而是概念相近而理论互为照明;再而是理论貌同心异而体系学理互补。

其一,互用:创作相似,互为借用。

阐释是比较文学的灵魂,也是比较诗学的灵魂。阐释有不同的思路和不同的深度。中国比较诗学起始阶段,研究者大都借用西方文论的术语概念来阐释中国的文学创作。写实派与理想派、现实主义和浪漫主义,可能是最早被用来阐释中国文学创作的两个概念。梁启超是最早具有比较意识的现代学者之一。他在1902年初发表的《论中国学术思想变迁之大势》"总论"中说:"凡天下事必比较然后见其真,无比较则非惟不能知己之短,并不能知己之所长。"①在同年发表的《论小说与群治之关系》中,则有意识借用西方文论术语来阐释中国小说的艺术特点。梁启超认为,小说对人生的表现有两种不同的特点:一种是"常导人游于他境界,而变换其常触常受之空气者";一种是能将常人"行之不知,习矣不察"的人生经历和喜怒哀乐"和盘托出,彻底而发露之"。进而他指出:"由前之说,则理想派小说尚焉;由后之说,则写实派小说尚焉。小说种目虽多,未有能出此两派范围外者也。"②梁启超不仅用这对概念阐释中国小说,也用以阐释中国诗歌。1922年,在《中国韵文里头所表现的情感》中分析古典诗歌的表情方法时,梁启超区分出"象征派的表情法"、"浪漫派的表情法"和"写实派的表情法"三种类型,并对浪漫派和写实派作了具体的论述。他写道:"欧洲近代文坛,浪漫派和写实派迭相雄长。我国古代,将这两派划然分出门庭的可以说没有;但各大家作品中,路数不同,很有些分带两派倾向的。"③在梁启超看来,三百篇可以说代表诸夏民族平实的性质,凡涉及空想的一切没有,我们文学含有浪漫性的自楚辞始;接着,他分别评述了楚辞之后浪漫派文学在中国文学史上的发展和三百篇之后写实派文学在中国文学史的发展。20世纪的中国文学史家,有的把中国文学描述为现实主义与浪漫主义两种思潮的彼此消长,有的认为是"现实主义与反现实主义的

---

① 梁启超:《论中国学术思想变迁之大势》,上海古籍出版社2006年版,第2页。

② 夏晓红编:《梁启超文选》(下),中国广播电视出版社1992年版,第4页。

③ 夏晓红编:《梁启超文选》(下),中国广播电视出版社1992年版,第92页。

斗争"等等。可以说,梁启超是这种阐释思路的始作俑者。

随着西方文论和美学在中国的不断传播,"新学语"的输入越来越多,借用西方术语概念阐释中国文艺也越来越普遍。除写实、浪漫、象征外,诸如悲剧与喜剧、崇高与优美、典型与类型、审美与美育等等,成为新批评家最常用、最喜欢的阐释工具,也成为新方法、新思维、新潮流的标志。中国现代的"文学原理"和"美学原理",正是在大量输入的西方术语概念不断条理化和系统化的基础上建构起来的。

借用西方文论的术语概念来阐释中国的文学创作,其优势是极为明显的。西方人长于抽象而精于分类,每个术语都经过严格的界定,具有明确的内涵,并做出清晰的表述;绝不像传统诗学"只知高唱其玄妙的神韵气味,而不知此神韵气味之由来"。研究者借用西方文论的术语概念和观念来阐释相似的创作现象,遵循"始、叙、证、辩、结"的逻辑程序,可以把问题表述得清楚明白,阐释得条理分明,给人以豁然开朗之感。但是,如果只是刻板搬用,单向阐释,其弊端也是不容忽视的;其中,"以西方的抽象概念遮蔽或裁剪中国的鲜活历史",是最突出的问题。关于"中国没有悲剧"的论断,就是简单化地借用西方术语裁剪中国历史得出的肤浅武断的结论之一。

普遍性是理论的基本品格,真正的文学理论同样也应当是超越民族和语言界限的,应当为我们解读不同民族、不同语言的文学作品提供一个普遍的学理基础。同时,任何理论又都是从具体的文化、历史和社会语境中产生出来的,都带有特定的文化、历史和社会语境的色彩,因此在理论的普遍性与文化和历史的具体性之间必然存在一定的差异和矛盾。如果直接将西方理论的概念、术语和方法应用于非西方作品的阅读阐释,必然会造成抽象概念遮蔽鲜活历史的弊端。正因为如此,直接借用的单向阐释,只能是中西比较诗学的初级境界,应当被更成熟的思路、更开放的视野所超越。

其二,互明:概念相近,互为照明。

如果说,"互用"是初期的直接借用、以西释中的单向阐释,那么"互明"则是高一阶段的中西双向的互相阐释、互为照明。西方文论术语概念的大量输入和中国传统文评研究的不断深入,为中西诗学的互相阐释、互为照明提供了条件;而寻求中西文论超越民族和语言的人类共通性与不同民族理论传统的文化特殊性,则成为中西诗学互相阐释、互为照明的内在动力。与此相联系,中西诗学的互为照明也有两种不同的致思趋向,一种是通过互为阐释而异中见同,一种是通过互为阐释而同中见异。

钱锺书的中西比较诗学研究,侧重于通过互照互明而"异中见同"。钱锺书对那些热衷于谈论"东西文化特征"和"中西本位文化"的人特别反感。他曾指出:"我们常说,某东西代表地道的东方化,某东西代表真正的西方化;其实那个东西,往往名符其实,亦东亦西。"①他始终认为,任何文化不可能完全相同,也不可能完全不同。所谓"东海西海,心理攸同;南学北学,道术未裂";所谓"心之同然,本乎理之当然,而理之当然,本乎物之必然,亦即合乎物之本然也"。因此,在研究西方的文学和文论时,经常会有"是曾相识的惊喜",发现极为"有趣的类似"。他的打通中西,即旨在"抉发中西文学共同的诗心文心":通过"打通",以见到中西诗心和文心的"相通"和"共通";通过"互证",以见到中西诗心和文心的"相似"和"相当"。

仅举一例。钱锺书说,在文学上,"我们旧文学里有一种比兴体的'香草美人'诗,把男女恋爱来象征君臣间的纲常,精通西学而又风流绮腻的师友们,认为这种杀风景的文艺观,道地是中国旧文化的特殊产物,但是在西洋宗教诗里,我们偏找得出同样的体制,只是把神和人的关系来代替君臣了"②;而在诗学上,西方的"寓托"和中国的"比兴",正可以互为阐释,互为照明。钱锺书《谈艺录》写道:中国诗学有阐"意内言外"之旨,推"文微事著"之原,比傅景物,推求寄托的"比兴"之说;"西方文学有'寓托'(Allegory)之体,与此略同。希腊斯多葛学派已开比拟附会之风,但丁本当时读《圣经》引申商度之法,推而至于谈艺,绝似子夏叔师辈手眼。所异者:吾国以物喻事,以男女喻君臣之谊,喻实而所喻亦实;但丁以事喻道,以男女喻天人之际,喻实而所喻则虚。一诗而事,一诗而玄。故二者均非文章之极致也。"③在这里,钱锺书通过中国的"比兴"与西方的"寓托"之间双向的阐释与照明,使我们对这对范畴既即异而见同,又因同而见异,消除了二元对立的偏执之见,获得了中西相通的圆融之识。

与钱锺书有所不同,叶维廉的中西比较诗学研究,似乎更侧重于通过互照互明而"同中见异"。叶维廉把比较诗学分为中西的"跨文化"比较与欧美的"跨国度"比较两种,认为二者在性质上"是大相径庭的"。欧美的各个国家虽然各具独特的民族性和地方色彩,但从深层的文化根源看,是完全同出于一个文化系统,

---

① 《钱锺书集》(写在人生边上的),生活·读书·新知三联书店2001年版,第62页。

② 《钱锺书集》(写在人生边上的),生活·读书·新知三联书店2001年版,第62页。

③ 钱锺书:《谈艺录》,中华书局1984年版,第231页。

即同出于希罗文化体系。因此在欧美文化系统里所进行的"跨国度"的比较研究,比较容易寻出"共同的文学规律"和"共同的美学据点"。中国的文学艺术属于不同于希罗文化体系的另一个文化系统,即以儒道释为中心的东方文化系统,它的"文学规律"和"美学据点"渊源与自己的文化传统,带有自身的鲜明的文化特色。因此,中西"跨文化"的研究,应当避免"垄断的原则",避免"用甲文化批评的模子来评价乙文化的文学";而在于通过"互照互对互比互识","要西方读者了解到世界上很多作品的成形,可以完全不从柏拉图和亚里士多德的美学假定出发,而另有一套文学假定去支持它们;是要中国读者了解到儒道佛的架构之外,还有与它们完全不同的观物感物程式及价值的判断。"①

　　从上述原则出发,叶维廉强调,具备"模子"或"理论模式"文化差异的自觉意识,在东西比较文学的实践上是非常迫切需要的,尤其是在双方的文化未曾扩展至融合对方的结构之前;否则就可能导致对一种文学的误解和曲解。例如,我们经常看见如下的尝试:《浪漫主义者李白》、《从西方浪漫主义的传统看屈原》等等。其实,西方的浪漫主义运动和范畴有其自身的文化根源和文化内涵,中国古典文学中没有相同于西方浪漫主义的运动。因此,当我们用浪漫主义的范畴来讨论李白和屈原时,我们不能说,因为屈原是个悲剧人物,"一个被放逐者,无法在俗世上完成他的欲望,所以在梦中、幻景中、独游中找寻安慰",他便是一个道道地地的浪漫主义者。如果把西方的理论模式不加修正直接用于中国文学的阐释,这种做法就是只知其一不知其二,把表面的相似看作本质的相似,把部分的相似看作另一个系统的全部。同理,西方文论中的范畴系统,"譬如文学运动、流派的研究(例:超现实主义、江西诗派……),譬如文学分期(例如:文艺复兴、浪漫主义时期、晚唐……),譬如文类(例如:悲剧、史诗、山水诗……),譬如诗学史,譬如修辞学史(例如:中世纪修辞学、六朝修辞学……),譬如文学批评史(例如:古典主义、拟古典主义……),譬如比较风格学、譬如神话研究,譬如主题学,譬如翻译理论,譬如影响研究,譬如文学社会学,譬如文学与其他艺术的关系等等,无一可以用西方或中国既定模子,无需调整修改而直贯另一个文学的。"②叶维廉的学术告诫是值得重视的。

　　其三,互补:貌同心异,学理互补。

　　互明是互补的前提,互补是互明的升华。中西诗学理论的互为照明,或是互

① 叶维廉:《比较诗学》,《叶维廉文集》,第1卷,安徽教育出版社2002年版,第5—6页。
② 叶维廉:《比较诗学》,《叶维廉文集》,第1卷,安徽教育出版社2002年版,第6—7页。

为阐释而异中见同，或是互为阐释而同中见异；而在互明的基础上再进一步，就是对"貌同心异"或"心同貌异"的理论进行学理互补，以建设普遍性的文艺美学理论。厄尔·迈纳说得好："'跨文化……文学理论'只不过是'比较诗学'的另一种说法而已。"①换言之，比较诗学的最终目的，就是认识人类文学的共同规律，以建构"总体文艺学"或"普遍文艺学"。

中国著名比较文学教授周珏良，对"普遍文艺学"或"普遍诗学"的建构，同样充满了乐观精神。在《河、海、园——〈红楼梦〉、〈莫比·迪克〉、〈哈克贝里·芬〉的比较研究》这篇著名论文中，他通过文本细读，发现河、海、园这三大意象，在这三部作品中不仅起到刻画性格、制造气氛和烘托行动的作用，更重要的是构成了三部作品共同的"结构原则"，即都提供了一个和外界开放世界相对的封闭世界，而开放世界与封闭世界的冲突，正构成了三部作品共同的情节模式。据此，周珏良在全文最后乐观地提出了建立"普遍诗学"的构想：既然"在这国家不同、时代不同、文化背景不同的三本名著中竟能明显地体现出一个共同的结构原则，那么经过对不同国家不同时代的作品的更多的归纳研究，应当能发现更多共同的艺术结构原则，甚至达到建立某种普遍性的有实用价值的诗学都将不是不可能的事了。"②在《中国诗论中的形式直觉》一文中，周珏良通过中西文论的相互照明，拈出了"形式直觉"③这一具有"普遍文艺学"意义的理论命题，对中西艺术创作中的一种普遍现象作了精辟概括。王佐良认为：在中国，"建立普遍诗学，珏良是最有资格的一人。"④确实，周珏良基于中西共同创作规律的学术愿望是完全可以预期的，尽管这不是一个一蹴而就的目标。

根据对比较诗学的认识和比较诗学的研究成果看，中西诗学理论的学理互补，可以分为两个层次，即文化体系层面的学理互补和文论范畴层面的学理互补。就前者而言，这是比较诗学的发展方向和终极目标。如叶维廉所说：为了寻求建立可行的共同文学规律的基础，首要的，是要认识到：如果我们只局限于一种文化的模子中，是绝对无法达到共同基础的。以为一个文化系统里的美学假定可以放诸四海而皆准，可以不分皂白地应用到别的文化和文学里去，这种想法是大可怀疑的。事实上，只有当两大文化系统的文学互相认识，互相观照，

---

① 厄尔·迈纳：《比较诗学》，王宇根、宋伟杰等译，中央编译出版社1998年版，第4页。

② 周珏良：《构设普遍诗学——周珏良比较文学论集》，外语教学与研究出版社2007年版，第104页。

③ 周珏良：《构设普遍诗学——周珏良比较文学论集》，外语教学与研究出版社2007年版，第42—52页。

④ 转引自张洪波《编者序——周珏良："普遍诗学"的构设者》，《构设普遍诗学——周珏良比较文学论集》，外语教学与研究出版社2007年版，第1页。

人类文学中一般理论的大争端方可以全面处理。就后者而言,即某些文论范畴的学理互补,是完全可以先行开始的,也不乏研究成果。朱光潜《文艺心理学》对诸多文艺美学问题的阐释,就是较为成功的范例。

朱光潜的美学研究有自己的独特方法,他在《悲剧心理学》中曾表示:"我们的方法将是批判的综合的,说坏一点,就是'折衷的'。"①所谓"批判的综合的"或"折衷的",从比较诗学的角度看,就是在"互相照明"基础上的"互为补充"。这种"批判的综合的"方法,是朱光潜美学研究的一贯方法。在《文艺心理学》中,朱光潜对"美感经验"的分析和"文艺与道德"关系的阐释,最为成功也最具启示意义。

朱光潜的美感论,实质包含双重理论内涵:从基本概念看,它以克罗齐的"形象的直觉"为起点,融入布洛的"距离说"以强调自觉的审美态度,融入立普斯的"移情说"和谷鲁斯的"内模仿说"以展开物我之间的交感共鸣,从而把美感经验描述为一个有机动态的心理过程;然而在对这一理论进行阐释时,朱光潜又以中国美学为参照系,"移花接木",融入了中国古代美学中的意象论、虚静说和物感说等观念,从而使这一美感学说成为具有跨国度和跨文化的双重互补性的理论结构。因此,尽管朱光潜的美感论以西方美学为主要内容的,但并非以西方概念为垄断,基本做到了中西融通、中西互补,是中西美学家美感经验观成功的"批判的综合"。

如果说美感经验论的中西学理互补基本上是逻辑层面的,那么文艺与道德论的中西学理互补,既是逻辑的又是历史的。首先,朱光潜对中西文论史上文艺与道德关系的观念史作了"寻根探固"的分析;然后,对两种文化传统和文化体系中的观念史作抽象概括和学理互补,提出了具有普遍意义的理论命题,并以中西观念史和审美实践为基础作具体的形态分析。如前所说,叶维廉认为,要寻求"共相",我们必须放弃死守一个"模子"的固执,我们必须要从两个"模子"同时进行,而且必须寻根探固,必须从其本身的文化立场去看,然后加以比较对比,始可得到两者的面貌。朱光潜的抽象概括和学理互补,正是基于两个"模子"同时进行的"寻根探固",所以他所提出的"没有道德目的而有道德影响"的命题,具有跨文化的普遍意义,也是跨越中西文化的共同审美规律。

人们对事物的认识是逐步提高逐步深化的,不同文化体系的人对同一事物的认识,又有不同的角度和不同的取向。因此,只有在互照互明的基础上,对"貌同心异"或"心同貌异"的理论进行学理互补,才能真正建构具有普遍意义的文艺学体系。韦勒克、沃伦的《文学理论》和韦斯坦因的《比较文学与文学理论》,作为

---

① 朱光潜:《悲剧心理学》,人民文学出版社1983年版,第11页。

享誉世界的"跨文化文学理论"名著,就是在互照互明的基础上,对欧美各国文学理论进行学理互补的产物。

互用、互明、互补,是中西比较诗学的三个阶段、三条途径、三种境界,它们虽有高下之分,但并非截然对立。研究者根据不同的研究对象和研究目的,在方法的选择上必然有所侧重,但应当有机结合,尽量避免简单"移用"出现的误读误解;而在"互明"基础上的"互补",则是中西比较诗学研究的方向,也是走向"总体文艺学"或"跨文化文学理论"的必由之路。

第十章　迈向新世纪的美学历程
——读阎国忠教授的《走出古典——中国当代美学论争述评》

❖❖❖

　　《走出古典——中国当代美学论争述评》一书①，是阎国忠先生②对20世纪80年代以来的美学论争作系统梳理，沉潜反思的力作；它以明晰的思路和极富启示的评析，展示了中国当代美学走出古典，跨向现代，迈向新世纪的探索历程。

　　"当代美学"是指20世纪80年代以来的美学热潮，相对20世纪五六十年代的美学大讨论，这是中国美学走出古典，跨向现代的更为重要的转折时期；"走出古典"是指美学思维超离主客体二元对立的西方古典模式，进入主客融合以审美经验或审美活动自身为核心的现代阶段。

　　作者阎国忠先生是北京大学哲学系美学教授，当代知名美学家，对西方美学、中国现当代美学尤其是朱光潜美学思想有系统深入的研究，又是80年代以来美学思潮的积极参与者和有力推动者。他以当代美学当事人的身份来反思和总结最近20年的美学论争，自然会有更多的独到之见和会心之论。阅读全书，《走出古典》对当代美学探索历程的展示和论析，似有三大特色。

一、抓住核心问题，展示美学历程

　　当代英国哲学家艾耶尔在《二十世纪哲学》中论及哲学史如何描述"哲学的进步"时写道："我认为，要找出答案就不应把重点放在一批杰出人物对这一学科

---

① 阎国忠：《走出古典——中国当代美学论争述评》，安徽教育出版社1997年版。

② 阎国忠（1935—），北京大学哲学系教授，博士生导师，当代知名美学家，在美学基本理论、西方美学、当代中国美学及朱光潜美学思想研究诸领域成就卓著。主要著作有：《古希腊罗马美学》、《朱光潜美学思想研究》、《基督教与美学》（合著）、《朱光潜美学思想及其理论体系》、《走出古典——中国当代美学论争述评》、《美是上帝的名字——中世纪神学美学》、《美学建构中的尝试与问题》（合著）、《作为科学与意识形态的美学——中西马克思主义美学比较》（合著）、《攀援集——经验之美与超验之美》等；主编有：《西方著名美学家评传》（三卷）、《二十世纪中国美学研究》（五卷）等等。

所做的贡献上,而要格外关心一批循环呈现的问题的演变。"①以循环呈现的核心问题取代对哲学家的顺序评说,确实更能展示哲学的进步和思想的进程。因此,艾耶尔的见解曾得到国内其他当代美学研究者的认同,但在《走出古典》中得到了更为切实具体的体现。阎先生认为:20世纪80年代以后的美学论争,实质上是实践作为美的本体的确立以及对实践本体扬弃的过程,根据这一过程可归纳的内在发展逻辑,其"循环呈现"的六大美学问题依次是:"共同美"的讨论、"人性论"和人道主义的讨论、《巴黎手稿》的讨论、艺术本质的讨论以及实践美学的讨论。这些问题的讨论又可逻辑地分为前后两个阶段:"共同美"的讨论是20世纪80年代全部美学论争的发轫点,进而到《巴黎手稿》的讨论,这是以"自然人化"为核心命题确立实践本体论的第一阶段;从文艺本质的论争到实践美学的论争,这是扬弃实践本体把美学归之于人的存在或生命本身的第二阶段。阎先生在众说纷纭的讨论和纷繁复杂的论题中,清理出美学思想演变的逻辑线索,抓住循环呈现的核心问题,清晰地展示出了美学探索的具体历程。如果说"共同美"的讨论由美引出了人的共同本性、人性论、人道主义的讨论,确认了人的共同本性的存在,《巴黎手稿》的讨论则辨明了人的共同本性是自由自觉的活动,美则是人的本质力量的对象化;那么文学主体性确认文学应以人为中心和目的,实践美学的论争提出超越实践本性回归人作为感性存在的生命本体的口号,则是它必然的结论。

对当代美学论争中的这一理论倾向,读者会有不同的看法和评析,但阎先生对美学论争深层逻辑的把握和揭示,是准确和精到的。同时,由于在纷繁的论争中抓住了核心问题,又起到了纲举目张的作用。全书围绕六大问题,对相关的数十个美学论题的论争情况,既作了有机整合,又作了深入评述。如围绕"共同美"的讨论,对美感与认识、审美活动与艺术的功利性、自然美与形式美、共同人性与共同美的问题作了深入的辨析。围绕艺术本质的讨论,对"写真实"与"写本质"、"表现自我"与表现人民、现实反映与审美反映等问题作了辩证的分析。《巴黎手稿》的讨论是热点、重点、也是难点,阎先生注目于三大论题,即"劳动创造了美"、"自然的人化"和"美的规律",而这正是当今美学论争中各家各派立论的关键命题。

---

① 艾耶尔:《二十世纪哲学》,李步楼等译,上海译文出版社1987年版,第7页。

二、"观点介绍明白,论争说个清楚"

阎先生在《后记》中审慎地写道:作者本意只是"为了把各种观点介绍明白,把论争的来龙去脉说个清楚"[①]。然而,要做到这一点,谈何容易。20世纪50年代的美学讨论,总共只有一百多人参加,发表了三百多篇文章,而80年代的"美学热",其规模、人员和论著则非当年可比。仅文学主体性的论争,从1986年到1991年间见诸报刊的文章近400篇,而关于实践美学的讨论一直持续至今,不仅有大批论文,还有大量专著。总之,这次美学热迄今发表的论著,不仅数量巨大,而且内容广泛,歧见纷呈。尽管如此,阎先生在《走出古典》中对它的来龙去脉,切切实实做到了"介绍明白,说个清楚"。在具体操作上,大体可概括为三步。

首先,按照论争中思想发展的内在逻辑,对每个论题的论争过程和理论走向作宏观的描述,即根据讨论的形成、论题的发展或转换、认识的一致或分歧,将其分为若干阶段。如"共同美"的讨论分为三个阶段:即始而怀疑和否定,继而接受和修正,终而从审美主客体关系中揭示共同美的本质。艺术本质的讨论分为三个阶段:即艺术作为客体的讨论,艺术作为主体的讨论,及超越客体与主体 对艺术本质的讨论。如此等等。由于着眼思想发展的内在逻辑而非文章发表的先后日期,因而能不为现象所迷而抓住论争焦点,阐明理论实质。

然后,阎先生便以较大的篇幅,根据论题的逻辑展开对论争各方的代表性观点作较为具体充分的介绍。这部分内容在书中占有较大比重。阎先生不问论者名气大小,对论者言之有据、论之成理的观点,均予以客观公正的介绍。这部"述评"具有了学案体的品格、观念史的意义和理论史的价值,为关心这一阶段美学思想的读者和研究者所不可不读。

再次,在介绍各家各派的观点时又理所当然地突出主要派别和核心人物。思想的历史是一江斩不断的流水。20世纪80年代的美学热,实质上是50年代美学大讨论在新的历史背景下的延续,美学观点的论争基本上仍是以蔡仪为代表的客观论派、朱光潜为代表的主客观统一论和以李泽厚为代表的实践美学派的三足鼎立的局面。在这三派中,实践美学以其独有的理论魅力,迅速在学术界和大学课堂取得了支配地位,以至"到目前为止还没有一种美学能够完全取代实践

[①] 阎国忠:《走出古典——中国当代美学论争述评》,安徽教育出版社1997年版,第505页。

美学的地位"①。"述评"在"实践美学的讨论"一章中,对李泽厚美学思想的发展变化、内在矛盾及受到的挑战加以充分的介绍,即基于上述考虑。

可以说,"述评"的这种"宏观把握,逻辑展开,重点突出"的操作方式,既有效实现了本书的既定目标,对同类著作的撰写也具有独特的方法论借鉴意义。

三、超越论争双方,作出辩证评析

描述学术论争的过程,并不是学术史研究的最终目的;"考镜源流"是为了"辨章学术",是为了揭示问题的症结,探明解决的途径,寻求更为准确合理的答案,最终把中国现代美学的理论建设推向新的阶段。阎国忠先生具有深厚的西方美学学养和自成一体的美学思想体系,对评述的问题又经过沉潜反复的思虑,体会特多,故有大量精彩的"述"中之"评",超越于论争双方之上,对之作出辩证评析,融入自己的美学思考,把论争引向更深的层面。

实践美学从产生起就成为学界的热门话题,近年随着"后实践美学"的提出又引起了人们的关注。阎先生首先肯定了实践美学的五大贡献,即:"第一,它把美学探讨的中心从静态的美在何处,引向了动态的美是怎样发生发展的,从而大大推动了审美社会学的研究;第二,它把实践概念引进到美学,而实践概念是历史概念,这就使美学超离认识论成为可能;第三,它的理论指向直接是作为实践主体的人,人的本质,人的尺度,人的创造力等,于是人本身成为美学的最大课题;第四,美学因此在一定程度上脱离了抽象的概念的争论,而与人的生产劳动、自然环境的观赏以及艺术创作活动等实际问题结合起来;第五,它引发了人们对研究马克思经典作家的美学著述,特别是马克思的经济学著作的兴趣,马克思主义美学脱离了带有旧的唯物主义色彩的阴影,形成了新的特有的概念。"②阎先生对实践美学理论贡献的概括是全面的,也是客观的,有助于我们透过众说纷纭的论争把握"实践美学"的要义。不过,阎先生在这里并不满足于"述而不作",而是"述而有评",进而极为精辟地指出:实践美学回答的是美的本源而非美的本体;而回答了美的本体则可以更深刻地回答本源问题。因此,"实践美学实际上并非是本真意义上的美学",而只是对美学的有关问题或"美的诞生"问题作出了历史

---

① 阎国忠:《走出古典——中国当代美学论争述评》,安徽教育出版社1997年版,第410页。
② 阎国忠:《走出古典——中国当代美学论争述评》,安徽教育出版社1997年版,第408页。

的和社会学的解释；尽管如此，"它却培育了超出古典美学的若干现代因素，从而为我国美学迅速地跨进到20世纪及21世纪成为可能。所谓超越美学、生命美学、体验美学的提出，或许可以作为一种例证。"①这样，著者便以精辟的理论分析和宏观的历史眼光，把曾经以"实践美学"为中心的当代美学探索，引导到了一个多元开放的新境界。

在文艺美学研究的思维方法上，阎先生也有独到的见解。"表现自我"说曾在20世纪80年代文坛引起轩然大波，阎先生首先对这一文艺思潮作了多角度的评析，认为它涉及诸如"艺术与生活的关系"、"作家与人民的关系"、"作品与时代的关系"、"个性与典型的关系"、"理性与非理性的关系"以及"传统与现代化问题"等等；然后超越论争双方，超越非此即彼，平静而理性地指出："对于论争双方，我以为都需要从中汲取这样一条教训：对于一种孤立的理论，可以用相应的理论去评论，但是对于一种与一定思潮相联系的理论，就不应仅仅停留在理论上，而应对思潮本身作出历史的分析。思潮之所以成其为思潮必然是有它的社会的、文化的与文艺本身的根源。因此，对思潮仅仅说一个'不'字是不行的。"②其实，这是对待一切文化思潮和文艺美学问题应取的科学态度和精神原则，对于我们拓展理论视野，激发美学思考，掌握学术研究的科学方法，都是很有启迪意义的。

最后，笔者愿以阎先生"自序"中一段极富哲学意味的话作为本文的结束。阎先生"自序"开篇，阐述"美学争论"的意义。他提笔写道：

> 几乎美学所涉及的每一个问题和命题都有争论，而美学往往是通过争论为人所认知和接受的。从这个意义上说，争论应是美学的一种特性，一种存在方式。美学之所以如此，原因之一是它关涉的方面甚广，包含人性的各个方面，这些方面不是任何一个具体的人可以毫无遗漏地把握的；原因之二是它关涉的方面极深，体现着生命的最内在的底蕴，这些底蕴也不是任何人可以用有限的智慧完全领悟的。美学需要争论，在争论中展示和实现自己，美学没有也不可能有"最后一句话"。③

这段话之所以说极富哲学意味，是因为它不仅揭示了数千年来"美学争论"的根源和真谛，同样也揭示了数千年来一切学术论争的价值和意义。争论是"美

---

① 阎国忠：《走出古典——中国当代美学论争述评》，安徽教育出版社1997年版，第410页。

② 阎国忠：《走出古典——中国当代美学论争述评》，安徽教育出版社1997年版，第265页。

③ 阎国忠：《走出古典——中国当代美学论争述评》，安徽教育出版社1997年版，第3页。

学"的一种特性、一种存在方式,也是"学术"的一种特性、一种存在方式。争论赋予学术以生命,学术在争论中深化和发展;而学术是民族精神的结晶,争论赋予民族精神以活力,从而使民族精神也在争论中不断深化和升华。"学术述评"是以往学术争论的总结,也是新的学术争论的开始,它可以把学术争论引入更高的层次,引向更新的境界。

第十一章 诗歌风格史的学术方法

——以《唐诗风貌》为中心的思考

❖❖❖

风格史研究经历了从艺术风格史到文学风格史的学术变迁;中国诗歌风格史始于两汉"十五国风"观念的形成和阐释,此后经历了从传统风格论到现代风格史的发展进程;《唐诗风貌》以其对风格学和风格史研究方法的自觉探索和成功运用,为进一步拓展和深化这一领域,深入展开中国诗歌风格史研究,提供了成功的学术范例。

一、风格史的学术变迁

文学史的现代学术体系,是由创作史、作品史、接受史构成的三元多维结构①。风格史是作品史的一个分支。关于作品史的形态和任务,法国文学史家朗松曾有独到的论述。在《文学史方法》一文中,朗松对如何取得一部文学作品的确实而完整的知识的"主要步骤"作了精细分析,进而写道:

> 通过同样的手段,从对一部作品的知识,进而到同一作家的其他作品,再到其他作家的作品。然后将各作品按其内容与形式的相似性予以归并。通过形式的相似性而编制各类型史;通过思想感情的相似而编制思想史与伦理思潮史;通过不同类型和不同精神的作品中某些色彩与技巧的并存而编制鉴赏趣味断代史。②

在这里,朗松按作品群的结构形式和结构要素的相似性予以归并,区分出作品史的三种形态:一是以作品群的形式相似性为对象的"各类型史",即文体史;二是以作品的思想感情的相似性为对象的"思想史与伦理思潮史",即主题史;三

---

① 陈文忠:《文学史的三元结构与多维形态》,《安徽师范大学学报》2006年第4期。
② 朗松:《方法、批评及文学史——郎松文论选》,徐继曾译,中国社会科学出版社1992年版,第19页。

是以作品群的色彩与技巧的相似性为对象的"鉴赏趣味史",即趣味史或风格史。

风格是作品的结构整体所显现的艺术风貌和艺术感诉力,从艺术发生看,风格则是审美意识和审美情趣的物化形态;换言之,就作品本文而言是艺术风格,就创作主体而言便是审美情趣。因此,朗松所谓由作品群的"色彩与技巧的相似性而编制鉴赏趣味史",从艺术作品本身看就是研究作品的风格史。与此相联系,通过风格史的研究,可以从一个侧面展示和认识不同时代审美趣味和审美风尚的特点和变迁。卡尔·曼海姆说:"艺术史已相当确定地表明,艺术形式可根据其风格而确定其时期,因为每种形式只在特定的历史条件下才有可能,并且它还揭示出那个时代的特征。"①卡尔·曼海姆的话,道出了风格史研究的学术意义之所在。

风格史的研究始于艺术史。在西方,一部造型艺术史,往往就是一部艺术风格的变迁史。作为欧洲艺术史之父,温克尔曼认为,艺术史就是风格史,因为艺术史的目的就在于叙述不同民族不同时代不同艺术家的风格变迁史。在《古代艺术史》中,温克尔曼按照意大利学者斯卡里格尔的意见,把古希腊造型艺术的发展分为四个时期,并对不同时期的风格特征做了经典性的概括。他写道:

> 希腊人的艺术发展和他们的诗一样,分成四个主要阶段:远古的风格发展到菲狄亚斯以前为止;因他和同时代艺术家的努力,艺术取得了繁荣,这种风格可以称之为伟大的和崇高的;从普拉克西特列斯到留西波斯和阿匹列斯,艺术达到了很可观的典雅和魅力,而这种风格自然可以称作是精致的;在这些艺术家和他们的画派之后,经过一段时间,在众多的模仿者手中,艺术开始衰退,我们把这第三种风格称作是"模仿性的",它一直延续到暂时还没有逐渐转向完全衰落的时候为止。②

温克尔曼认为,古希腊造型艺术的四个时期形成四种风格,即"远古风格"、"崇高风格"、"精致风格"和"模仿风格";这一过程也是古希腊艺术由发展、繁荣、逐渐转向完全衰落的过程。无独有偶,唐代艺术家张彦远,在《历代名画记》这部"中国画史"中,几乎以同样的思路,概述了上古至唐代绘画风格的变迁:

> 上古之画,迹简意澹而雅正,顾陆之流是也。中古之画,细密精致而臻丽

---

① 卡尔·曼海姆:《意识形态与乌托邦》,黎鸣、李书崇译,商务印书馆2000年版,第276页。
② 温克尔曼:《论古代艺术》,邵大箴译,中国人民大学出版社1989年版,第201页。

展、郑之流是也。近代之画，焕烂而求备。今人之画，错乱而无旨，众工之迹是也。

四个时期四种风格，由简淡而精致，由新创而模仿，由鼎盛而衰落。

文学风格史的研究直接受到艺术风格史影响。沃尔夫林的《艺术风格学》是西方艺术风格史理论的经典之作，现代西方文学风格史的研究，就始于沃尔夫林艺术风格史概念的移植。韦勒克受到艺术风格史的启发，在《文学理论》和《批评的概念》等著作中，建构了一套现代西方最系统的文学风格史理论。在阐述古典主义的审美风格时，韦勒克写道："我认为，古典主义像文艺复兴、浪漫主义，巴洛克和现实主义之类的术语一样，在外延价值和内涵上无论怎样不稳定，有多少歧义，都凝聚着思想，形成了文学史上的不同时期和影响深远的风格，并成为历史编写不可或缺的工具。"①西方如此，中国的文学风格史研究同样如此。前人对唐诗四个时期诗风的变迁，就作过类似四期画风的辨析。如明人周复俊《评点唐音序》曰："大率唐诗初焉，怀胎浑沦；继焉，风格温厚；中焉，气韵宏逸；至晚唐，体质清弱无神，其渐销薄矣。"周氏借用张氏四期画风的思路，以简约的词句概括了四唐诗风的特质及盛衰正变的转化过程。

二、诗歌风格史的学术进程

中国是诗的国度，诗是三千年中国文学的主潮。一代诗歌表现一代之情怀，一代诗歌也有一代之风貌。诗歌风貌或诗歌风格史研究，应是中国诗学研究的基本课题。

从中国诗学史看，对诗歌风貌的认识和关注，当始于两汉"十五国风"观念的形成和提出。"国风"之"风"，内涵极为丰富，它当是"风土"之"风"、"风俗"之"风"，也是"风声"之"风"、"风气"之"风"、"风貌"之"风"。钱穆释"风"曰："风者，风声、风气。凡语言、歌唱，有声气、有腔调，皆风也。孔疏曰：《地理志》云：民有刚柔缓急，音声不同；系水土之风气，故谓之风。此解风字义甚得之。"②因此之故，风气、风势、风骨和风貌成为中国诗学的核心概念，诗歌的风骨和风貌也成为诗评家说诗的核心话题。

---

① 韦勒克：《文学思潮和文学运动的概念》，刘象愚编译，中国社会科学出版社1987年版，第68页。
② 钱穆：《中国学术思想史论丛》（卷一），安徽教育出版社2004年版，第99页。

此后,中国古代诗学对各时代诗歌风格均有深入的研究和精辟的概括,提出了一系列属于风格史范畴的概念。如元嘉体、永明体和齐梁体,元和体、西崑体和元祐体,以及汉魏风骨、盛唐气象和宋人意趣等等。但传统的诗歌风格史研究似有两个问题:一是诗论家着眼于对特定历史阶段诗歌风格特点的概括,缺乏自觉的风格史意识,更未提供真正意义上的风格史著作。钟嵘《诗品》是传统诗学中最具有风格史意味的论著,但它是"三品"考论诗艺,而不是历史地考察诗风。二是对历代诗风的概括,长于"总体的感觉判断"和"形象化的描述",缺乏系统的理论分析和严密的逻辑论证,显得模糊玄秘,也难以索解。单就诗人风格批评而言,从钟嵘《诗品》起始,到北宋蔡條《蔡百纳诗评》论"唐宋十四家诗风",再到南宋敖陶孙《敖器之诗话》论魏晋唐宋"二十八家诗风",把"形象化描述"的风格批评发挥到极致。如《敖器之诗话》曰:

> 魏武帝如幽燕老将,气韵沉雄。曹子建如三河少年,风流自赏。鲍明远如饥鹰独出,奇矫无前。谢康乐如东海扬帆,风日流丽。陶彭泽如绛云在霄,舒卷自如。王右丞如秋水芙蕖,倚风卖笑。韦苏州如园客独茧,暗合音徽。孟浩然如洞庭始波,木叶微脱。杜牧之如铜丸走坂,骏马注坡。白乐天如山东父老课农桑,言言皆实⋯⋯柳子厚如高秋独眺,霁晚孤吹。李义山如百宝流苏,千丝铁网,绮密瑰研,要非适用。本朝苏东坡如屈注天潢,倒连沧海,变眩百怪,终归雄浑。欧公如四湖八琏,止可施之宗庙。荆公如邓艾缒兵入蜀,要以嶮绝为功。山谷如陶弘景祗诏入宫,析理谈玄,而松风之梦故在⋯⋯独唐杜工部,如周公制作,后世莫能拟议。①

或拟之于人格,或拟之于物象,如天女散花,满目锦绣。这种以"人化"或"物化"为特点的"形象化风格批评",成为一种学术传统,一直延续至今。

从某种意义上说,古代诗学实质就是诗歌风格学。20世纪以来,古代诗学的风格史资源日益受到现代学者的关注,并在风格史理论和断代风格史研究方面取得了一定的成就,实现了从传统风格论到现代风格史的创造性转换。台湾学者柯庆明的长篇论文《试论汉诗、唐诗、宋诗的美感特质》属于前者,缪钺的《论宋诗》和余恕诚的《唐诗风貌》属于后者。柯庆明在文中认为,风格史研究必须具备两个条件:"一方面似乎更宜就作品的本身,依其时代先后,透过对比分析来加以研究;一方面实在亦需要暂时地忽略其与整体的'历史'的关连,而先构设出一套

---

① 王大鹏等编选:《中国历代诗话选》(二),岳麓书社1985年版,第784页。

美感类型的理论";而基于当前风格史理论的相对匮乏,柯文的"最主要兴趣,正在是否可以尝试为中国诗歌构设出一种足以描述其风格发展的美感范畴与类型的理论来。"①应当说,柯庆明关于汉诗、唐诗和宋诗的美感特质和风格要素的分析,对于"完整地探讨中国诗歌美感规范和实际风格的历史发展",是具有较强的理论启示意义的。

缪钺的古典文学研究,气度韵致,与众不同,篇篇是精品,篇篇耐咀嚼,充溢哲理诗趣,具有恒久魅力。其《论宋诗》一篇,是现代学术史上断代风格史的经典之作。全篇文思精湛,识见卓异,笔墨馨逸,句句益人神智,处处令人陶醉,几乎不觉其为气度磅礴,涵盖一代一体文学的大著述。篇首一段,在比较中论述唐宋诗风的审美特质,满口馨香,为人传诵:

> 唐诗以韵胜,故浑雅,而贵蕴藉空灵;宋诗以意胜,故精能,而贵深析透辟。唐诗之美在情词,故丰腴;宋诗之美在气骨,故瘦劲。唐诗如芍药海棠,秾华繁采;宋诗如寒梅秋菊,幽韵冷香。唐诗如啖荔枝,一颗入口,则甘芳盈颊;宋诗如食橄榄,初觉生涩,而回味隽永。譬诸修园林,唐诗则如叠石凿池,筑亭辟馆;宋诗则如亭馆之中,饰以绮疏雕槛,水石之侧,植以异卉名葩。譬诸游山水,唐诗则如高峰远望,意气浩然;宋诗则如曲涧寻幽,情景冷峭。唐诗之弊为肤廓平滑,宋时之弊为生涩枯淡。虽唐诗之中,亦有下开宋派者,宋诗之中,亦有酷肖唐人者;然论其大较,故如此矣。②

诗分唐宋,论者众矣!然而,向来论唐宋诗风之特质,罕有如此识解卓越晶莹,笔墨精洁馨逸,而又淋漓尽致。不过,仅有这段文字,似与传统的"形象化风格批评"无异,缪钺先生的现代学术意识在于,在宏观的诗性描述之后,进而从"内容"和"技巧"两大方面,对宋诗风格做了深入精细的分析。他指出:"就内容论,宋诗较唐诗更为广阔。就技巧论,宋诗较唐诗更为精细";接着,"兹分用事、对偶、句法、用韵、声调诸端"③,在与唐诗的比较中,对构成宋诗风格的艺术技巧逐一作了分析。一篇《论宋诗》,可视为一部"宋诗风格史"的导论。

唐诗作为诗国的高潮和诗歌艺术的最高成就,它所特具的精神气象和审美风貌,自殷璠《河岳英灵集序》提出"声律风骨兼备"说之后,为历代唐诗研究者所

---

① 柯庆明:《中国文学的美感》,河北教育出版社2001年版,第169页。

② 缪钺:《诗词散论》,上海古籍出版社1982年版,第36页。

③ 缪钺:《诗词散论》,上海古籍出版社1982年版,第38页。

关注。自明代高棅《唐诗品汇》确立"四唐"之说,诗评家争相以丽词妙喻,描绘四唐诗歌的风貌特征。除上述明代周复俊《评点唐音序》论四唐诗风的演变外,如胡应麟《诗薮》以诗为喻,曰:"盛唐句如'海日生残夜,江春入旧年',中唐句如'风兼残雪起,河带断冰流',晚唐句如'鸡声茅店月,人迹板桥霜',皆形容景物,妙绝千古,而盛、中、晚界限斩然。"近人钟秀《观我生斋诗话》有曰:"初唐首开风气,似太璞未雕;盛唐雕矣而未巧;中唐巧矣而未纤;晚唐则纤者杂出矣。"这种"立象以尽意"的"意象批评"或"人化批评",充满了联翩的意象和华丽的辞藻,也提供了丰富的想象空间。

　　然而,传统诗评家多长于直观印象的描述,缺乏尽其条理的学理分析,更缺少对唐诗风貌社会文化成因的深入研究。闻一多的《唐诗杂论》和林庚的《唐诗综论》,对唐诗风貌、四唐诗风以及"盛唐气象"的精辟论述,以现代学术思维把这一课题的研究推向新的学术高度,同时也把对唐诗风貌和唐诗风格史作系统考察的学术任务留给了后人。

三、《唐诗风貌》的风格史意义

　　余恕诚的《唐诗风貌》[①]一书,是在一系列曾引起学界广泛关注的专题论文基础上,进一步拓展、加深、提炼而成的专著。从总论性的"唐诗对时代的反映及其所表现的生活美和精神美"开篇,到"主要诗体的艺术风貌"结束,分别论析了唐诗总体风貌、初盛中晚各阶段风貌以及四唐代表性诗歌群体和诗体类型的风貌特征,对深微复杂的风貌成因作了深入的阐释;时代文化精神的剖析与诗歌艺术的解读融成一片,成为涵盖唐诗风貌多方面表现的文化纵览和坚实而鲜活的唐诗风貌演变史。但必须指出,本书并不满足于唐诗风貌的感性描述,而是一部从学理上探寻唐诗风貌成因的著作。著者具有自觉的方法论意识和高远的学术目标,旨在通过"唐诗艺术的文化学阐释",引向对"唐代文化精神的吸取与借鉴"。《弁言》明确写道:

　　　（本书）努力在诗歌风貌与社会生活之间,探寻其中介,对社会的文化背景、时代心理、诗人的情感体验予以注意。重点结合唐代文学精神对形成有

---

① 余恕诚:《唐诗风貌》,安徽大学出版社1997年版;中华书局2010年修订再版。

关风貌特征的原因进行深入探讨,以见唐诗所取得的伟大成就,与我们民族在特定社会历史条件下,所具备的积极健康的精神气质密切相关,从某种意义上可以说是对唐诗艺术的文化学阐释,进而把对唐诗的审美,引向对唐代文化精神的吸取与借鉴。①

同时还应指出,本书虽旨在对唐诗风貌作学理探寻,但高度警惕以空洞的理论取代坚实的史料、以抽象的概念遮蔽鲜活的诗史的危险。著者在长期的学术研究中,一贯重视文本研读与文献考证,恪守"有一份材料说一分话"的学术原则,始终认为没有新材料或对材料的新认识,就不可能有新学问,主张一切新理论、新方法必须有坚实的材料作依据。因而《唐诗风貌》是在极为扎实的微观专题研究基础上的宏观理论概括。

本书对"唐诗风貌"的精彩描述和深入研究,体现出理论与实证、深思敏悟与严谨扎实相统一的鲜明特点,从而使本课题的研究达到了前人所尚未达到的高度和深度;同时以其对风格学和风格史研究方法的自觉探索和成功运用,为进一步拓展和深化这一学术领域,深入展开历代诗歌风貌演变史的研究,提供了一个成功的学术范例。在我看来,《唐诗风貌》所具有的这一双重学术意义,主要表现在三个方面。

(一)考察诗人群体,展示风貌特征。明代高棅曾向研习唐诗者提出取诗隐名而能辨识四唐格调的要求。他在《唐诗品汇总序》中写道:"今试以数十百篇之诗,隐其姓名,以示学者,须要识得何者为初唐,何者为盛唐,何者为中唐、为晚唐。"唐诗之所以为"唐诗",就在于它具有不同于其他时代的总体风貌特征,又有表现于各个阶段乃至各个方面的多姿多彩的风貌特色。诗歌风貌史或风格史作为诗学和诗歌史研究的独特学术形态,首先就是要准确把握并生动展示特定阶段多样而又统一的诗歌风貌特征。《唐诗风貌》对"唐诗风貌"的把握和描述是多层次的:首先是唐诗以"风神情韵"擅长的总体风貌,即第二章"地域、民族和唐诗刚健的特质",从"壮阔的面貌、强劲的骨力、解放的气质"诸方面,深入阐释了唐诗"阳刚之美"的风貌特征及其社会文化成因;其次是初、盛、中、晚四唐诗歌的不同风貌,这构成了全书的基本框架,也是全书的主体;再次是诸阶段诗歌流派或诗人群体以及重要诗体诗类的风貌。

唐诗总体风貌寓于诸阶段风貌之中,诸阶段风貌又不同程度地体现出总体

---

① 余恕诚:《唐诗风貌》,安徽大学出版社1997年版,第1页。

风貌。因此,如何避免传统诗评对四唐诗风华丽而空洞的描述,准确而又具体地展示出唐诗诸阶段风貌特征及其演化逻辑是问题的关键。诗人是诗史的主体,四唐诸阶段的诗歌风貌是通过各时期代表性大诗人及其影响下的诗人群体显现出来的。据此,本书把考察各个时期代表性大诗人与诗人群体的风貌特征及其与总体风貌的关系,作为论述的重点。初唐诗歌是走向盛唐诗歌高潮的一个漫长的准备过程,著者通过对宫廷诗人和宫廷以外诗人两大群体及其关系的考察,阐述了初唐诗歌由"敷饰六朝锦色"到"寻求气骨性情"的演化过程;通过辨析韩孟与元白两大群体思想作风的分野,进而探究中唐在多元局面中所表现的通之于儒学政教的雄桀奇崛与具有俊才达士通脱自在的两种主导诗风;通过对李商隐为代表的诗人群体和追随贾岛的诗人群体的考察,展现晚唐尚绮艳与尚穷僻的不同诗风以及在抒情方式上双方都更加贴近个体的共同创作趋向。作者在诗人群体划分与性质论定上,是颇费心力的。初唐宫廷内外两个群体之分,晚唐绮艳诗人与穷僻诗人之分,边塞诗人中入幕文士与未入幕文士之分,均是通过深入辨析得出的卓识新见,道前人之所未道。随着研究对象与范围的变化,对于群体的划分又相应转换视角。第四章总论盛唐风貌,则根据"盛世尚同,而衰世尚异"的规律性现象,把盛唐时期作为一个具有时代统一性的大群体看待,集中论述"雄壮浑厚"的美学风格,揭示最具盛唐气象的一代诗歌风貌,对跟总体风貌关系不大的盛唐内部具体群落分布,则不在此章内涉及。同时,把盛唐时期的李白与杜甫、王维与孟浩然、高适与岑参,按表现政治主题、山水主题和边塞主题,视为从不同方面体现"雄壮浑厚"风貌的不同群体,在第七、八、九章分别加以论述,把严羽"笔力雄壮,气象浑厚"的诗学概括,落到了诗史的实处。

正由于从作为创作主体的大诗人及诗人群体入手,而不是脱离诗人具体生动的实际创作从现成的概念的释义入手,以各时期风格鲜明的诗人和诗人群体作为坚实的支点,遂使本书成为一部鲜活的唐诗风貌演变史,而不是枯燥的概念解说史。

(二)深入创作情境,揭示风貌成因。在准确生动地展示风貌特征的同时,本书更着力于风貌成因的探讨。从基本要素讲,诗歌风貌的形成离不开创作主体与社会状况两大方面。在主体方面,基于古代诗歌创作实际和传统诗学精神,本书特别强调诗人的"性情"、"诗人的心理状态"、诗人的"胸襟气质"的直接作用。叶燮《原诗》有曰:"诗是心声,不可违心而出,亦不能违心而出。"传统抒情诗是心声的审美表现,情感的艺术结晶,所谓"哀乐之心感,而歌咏之声发",诗歌风貌总是逼肖诗人的气质、性分,诗境与心境总是契合而相通;同时,诗人对前辈的艺术成就可能有精深领会,但将艺术精髓化入自己的创作时,总会随自身的性分和体验而有变化。比如,初唐诗歌经过近一个世纪的缓慢演进方出现盛唐诗歌的高潮,对于盛唐诗歌繁荣的原因,前人与时贤已从多方面进行过分析探讨,仿佛已再也难以深入发掘。本书第三章《初唐诗坛的建设与期待》从创作主体精神风貌的角度入手,认为关键的原因是在初唐思想文化背景下,诗人的"性情"还未充分发展,因而纵使四杰、陈子昂已提出风骨兴寄并有所建设,但仍必须等到开元之世,从各方面为诗人性情的健康发展与高扬提供最佳思想文化土壤与气候,方能出现大潮涌起、群星灿烂的局面。这是本书从主体"性情"入手,论析其影响诗歌风貌的成功范例,不但揭示出初唐经过长期徘徊才得以进入盛唐的根本原因,也揭示了盛唐气象内涵的一个本质方面。叶燮《原诗》论伟大作品的产生:"曰理、曰事、曰情,此三言者足以穷尽万有之变态;……曰才、曰胆、曰识、曰力,此四言者所以穷尽此心之神明。……以在我之四,衡在物之三,合而为作者之文章";歌德论希腊艺术繁荣的原因:"随着时代和艺术的进展,艺术家们自己的人格已陶冶得很伟大,他们是凭着自己的伟大人格去对待自然的。"①总之,要创造出雄伟的风格,首先要有雄伟的人格,要创造出刚健的风格,首先要有刚健的"性情"。本书阐述的性情说,为中西哲人揭示的艺术规律提供了一个独特而生动的实例,也为诗史研究提供了一个重要的视角。恰如本书作者所说:"诗史研究是一项复杂的系统工程,这项工程中不可缺少的一环是必须深入探寻各个时期民族性情特征,以及影响于性情的多方面因素。"②

就社会现实与诗歌风貌关系而言,后者必然要受特定的社会条件的制约和影响。但诗歌创作是微妙的创造性精神活动,笼统地谈论社会影响,不深入诗人特定的创作情境,很难对风貌的复杂成因作出真切的阐释。正如英国著名艺术史家贡布里奇所说:"虽然我们都觉得任何一个社会的艺术和它的文化之间必然有着种种联系,但是要解释或确切地指出这些联系却 殊非易事"③;为了解决这一困难,对"艺术和它的文化之间必然有着种种联系"做出科学具体的分析,贡布里

---

① 爱克曼辑录:《歌德谈话录》,朱光潜译,人民文学出版社1982年版,第174页。

② 余恕诚:《唐诗风貌》,安徽大学出版社1997年版,第60页。

③ 贡布里奇:《理想与偶像——价值在历史和艺术中的地位》,范景中等译,上海人民美术出版社1989年版,第1页。

奇借用卡尔·波普尔在《社会科学的逻辑》中提出的"情景逻辑"[①]的理论,主张"把情境逻辑的工具用于时尚、风格和趣味史"的研究,取得了瞩目的成就。与此相应,为解决风貌成因研究中这一学术难题,本书在《弁言》中明确提出了"探寻中介"的原则:即"努力在诗歌风貌与社会生活之间,探寻其中介,对社会的文化背景、时代心理、诗人的情感体验予以注意。"[②]本书研究唐诗风貌的"探寻中介"方法,与贡布里奇艺术史研究中的"情景逻辑"颇有一致之处。在对不同诗人和诗人群体的具体论析中,本书"探寻中介"的具体做法,是对由三个层面构成的创作情境作层层考察:即由总体的文化背景到诗人的生活环境,再由诗人特定的生活环境进入具体个别的创作情境,从而较为确切地揭示了诗歌风貌与社会文化背景之间的复杂联系。如第二章从地域文化、民族交融、时代精神诸方面揭示了刚健壮阔的唐诗风貌特具的社会文化成因。这一形成唐诗风貌刚健特质的极为重要的社会文化条件,即成为贯穿全书的宏观背景。至于在论析"四唐"各时期与各诗人群体风貌时,对诗人的特定生活环境和具体创作情境,则有更深细具体的考察。诚如余恕诚教授所说:诗人的创作是在一定历史条件下进行的,而"这些历史条件论其充分完满的程度,在具体到某些人的时候,又总是相对地存在差异"[③]盛唐边塞诗中的战士之歌和军幕文士之歌各具特色,即由于岑参、高适是边帅幕府中的文士,而另外一些诗人并未进入幕府。论析中唐韩孟与元白两大进士集团的诗歌风貌,既阐明了当时科举、文学、政治三位一体的政治文化格局给诗歌创作的巨大影响,促成了"士人的普遍文学化"及"文人与诗歌的政治化",又深入到两大进士集团内部,对同一群体中不同诗人的情境逻辑作更深细的辨析。在涉及一些诗人不同时期风貌演变时,"中介探寻"则表现为尤其细致的历时性与动态性的考察。如述及杜甫在肃、代之际政治心理变化与相应创作表现时,分析了"夔州诗作为杜甫创作的第二高潮,是代宗朝杜甫与朝廷关系经过曲折发展,以羁臣穷老身份怀着对政治的积极参与态度创作出来的",当时的杜甫"既不能置身于朝廷,又不能置国事于度外";认为杜甫"正是在这样一种独特的

---

① 卡尔·波普尔论"情景逻辑":"这就在于,详尽地分析行动的人们的情境,以便从情境中解释行动,而不必借助心理学,使最初像是心理学因素的东西,如愿望、动机、回忆、联想等,都变为情境因素,把一个有这样或那样愿望的人变为一个处于追求这样或那样目标的情境的人,把一个有这样或那样回忆或者联想的人,变为一个处于用这种或那种理论或者这样或那样的信息装备起来的情境的人。"(转引自贡布里奇《理想与偶像——价值在历史和艺术中的地位》,范景中等译,上海人民美术出版社1989年版,第94页。)

② 余恕诚:《唐诗风貌》,安徽大学出版社1997年版,第1页。

③ 余恕诚:《唐诗风貌》,安徽大学出版社1997年版,第181页。

处境和心态基础上,完成了他一系列情思浩茫的优秀诗篇"①。这种"探寻中介环节,考察创作情境"的研究思路,逐层深入,贴近心灵,避免了机械排列外部因素,笼统归诸时代背景的简单浮泛之弊,不失为一种有益的方法。

本书"探寻中介"的"文化学阐释"方法,令人想起丹纳"一个体系四个阶段"的理论。在总结"艺术品的产生"规律时,丹纳写道:"首先是总的形势;其次是总的形势产生特殊倾向与特殊才能;其次是这些倾向与才能占了优势以后造成一个中心人物;最后是声音、形式、色彩或语言,把中心人物变成形象,或者肯定中心人物的倾向与才能:这是一个体系的四个阶段。"②丹纳是19世纪"历史文化学派"的集大成者,他的"艺术哲学"或"艺术史哲学",被视为实证主义的"环境决定论"。而从丹纳"一个体系四个阶段"的理论看,他并不是一个简单的"环境决定论"者,相反,他清楚地看到"环境"与"艺术品"之间诸多"阶段"和"环节",在探寻"艺术品的产生"根源时,也非常重视对包括风俗概况、时代精神、政治制度、宗教信仰、审美趣味等等诸中介"环节"和"阶段"的论析。对于运用文化学方法研究风格史的学者,丹纳"一个体系四个阶段"的理论体系和本书"探寻中介"的学术思路,都是值得重视和借鉴的。

(三)拓展思维空间,深化诗学理论。一部《全唐诗》,是唐代将近三百年唐人精神风貌的缩影。唐诗的创作、发展和精神风貌同唐代社会的历史和现实有着最广泛的联系。在"唐诗艺术的文化学阐释"中,作者不仅有层次地系统考察了经济、政治和各种文化思潮与唐诗的联系,而且深入分析了唐代不同时期的科举考试制度以及边塞幕府对唐诗的深刻影响,这已经拓展了唐诗研究的领域;而作者关于民族精神变迁和地域文化差异影响唐诗风貌的论述,更为值得重视。前者是作溯源之论,注目于魏晋到隋唐民族大融合过程所带来的胡汉诸民族精神文化的摩荡和融合及雄强之气的灌注,从而揭示了唐诗阳刚之美的民族精神之源;后者是作横向观照,揭示出北方贞刚之气与江左绮靡之风的对立斗争互渗互融及流动变化,从而阐明了唐诗不同时期、不同地域风貌特征的文化地域根源。书中的这一部分,写成发表于20世纪80年代中期,当时金克木先生刚发表《文艺的地域研究设想》③,本书作者已在唐诗研究中付诸实践了。这再次表明:方法是对象的延伸物,只要真正深入到研究对象之中,方法便会不期而至。

---

① 余恕诚:《唐诗风貌》,安徽大学出版社1997年版,第145页。

② 丹纳:《艺术哲学》,傅雷译,人民文学出版社1981年版,第65页。

③ 金克木:《文艺的地域研究设想》,《读书》1986年第4期。

同时,唐诗的巨大成就、独特风貌和复杂成因,本身就包含和提出了大量诗学问题,只要对这一诗史现象能作出科学解释,也必然能在诗学理论上有新的创获。本书作者既以一代诗歌作品为研究对象,又具有诗学理论探索的自觉意识。于是,把科学的诗史结论提升为普遍的诗学原理,成为《唐诗风貌》又一显著特色。第一章关于优秀作品具有指向健康生活的审美回归力,第二章关于民族精神的交融摩荡与诗歌气质的变化,第三章关于诗人性情胸襟与作品的魅力价值,第九章关于唐代边塞诗可分为战士之歌与军幕文士之歌的观点,第十章关于叙情长篇这一新体制的重新发现和理论阐释,等等,都在诗史沉思之中给人一种深一层的理性启悟。而第七章《政治对李杜诗歌创作的正面推动作用》关于政治与文艺的关系、政治对诗歌创作正面推动作用的深刻思考和富有说服力的论述,无疑是对当代文艺学的一大贡献。这主要包含三个理论层面:一是分析了政治影响于诗人创作的四种情况;二是进而把政治对文学的影响区分为消极阻碍和正面推动两种性质,而不是简单地把政治视为扼杀艺术的消极力量;三是创造性地提出了"高层政治体验"对诗人的重大影响问题。诗人的"高层政治体验"对诗歌创作的积极影响,是一个全新的理论命题。联系中国历史上"士人的普遍文学化"和"文人与诗歌的政治化"的历史现实,联系中国诗史上那些意境高远、气魄宏大的诗人们的创作与经历去体会,真感到这一命题意味隽永而令人击节。理论是历史的抽象,只有深入诗史演进过程的最深处,方能探得诗学理论的骊珠。

应当看到,与西方艺术风格史相比,中国诗歌风格史的研究远为落后。问题在于,文学风格史研究不易措手。在一座收藏齐全、安放有序的造型艺术博物馆中,各时期作品的艺术风格,一目了然而尽收眼底。然而,文学风格难以直观而文学作品浩若烟海,置身再理想的文学博物馆,各种文体、各个时期的文学风格,难以像艺术博物馆中那样直观而深刻,非长年遨游书海且有敏锐的感悟力和高度的概括力而不能。这充分表明,文学风格史的研究,对学者具有更高的要求。

《唐诗风貌》是以唐诗为对象进行诗歌风貌研究的第一部系统化的专著。在我看来,它既具有唐诗学的意义,又超出了唐诗学的范畴;它所致力的诗歌风貌研究的学术探索,它所建构的诗歌风貌研究的学术范式,将为深入展开中国诗歌风格史研究提供有益的参照。

第十二章　为接受史辩护

——《中唐元和诗歌传播接受史的文化学考察》的学术意义

❧

　　尚永亮教授主持完成的《中唐元和诗歌传播接受史的文化学考察》（武汉大学出版社2010年11月版，以下简称《考察》），堪称近30年唐诗接受史研究的一部力作，它以适度的研究对象、坚实的文献史料、开阔的文化视野和深入的学理分析，为我们展示了中唐元和诗歌迄今近1200年波澜壮阔的接受史，揭示了起伏不定的接受史背后复杂的社会文化原因，极大地超越了当下接受史研究中常见的简单化、平面化现象，发挥了接受史在古典文学研究中独特的学术作用，取得了一系列耳目一新的学术成果。《考察》为唐诗接受史提供了一个成功的学术范例，也为古典文学接受史提供了一个可资借鉴的学术模式。

　　一百余万言的《考察》，是一部厚实而有深度的著作，也是一部兴味盎然、令人振奋的著作。细读这部著作，可以感受中唐元和诗歌的"第二种辉煌"，获得接受史研究的方法论启示，也引发了我对接受史问题的进一步思考。

一、两点思考

　　先谈两点思考：一是接受史的学术地位，接受史与创作史是文学史的两翼；二是接受史的学术价值，接受史承担多重学术任务而任重道远。

　　接受史与创作史，相对又相连。二者的关系，打个比方：创作史是作家的"生前史"，也是作品生命的诞生史；接受史则是作家的"身后史"，也是作品生命的延续史。从这个意义上说，接受史与创作史应是文学史的两翼，既前后相续，又相对独立。传统的文学史研究，侧重作家生前的创作史，今天则还应以更自觉的学术意识关注作家身后的接受史。这是作家独特的精神生命的本质决定的：纯粹的自然生命只有有限的生前史，精神生命既有生前史，更有身后史。一位作家精神生命的生前史和身后史是一种辩证关系：生前史是身后史的基础，身后史则是生前史的升华和延续,身后史的长度既能见出生前史的厚度,也能反观生前史的深度。对一位把"文章"视为"不朽之盛事"的作家,身后史的关注绝不亚于生前史的珍视。曹植所谓"年寿有尽,文章无穷,寄身翰墨,声名传后"。同样,唐诗作为唐人精神生命的产物也有两部历史、两种辉煌。如果说唐诗创作史是唐诗的"生前史",那么唐诗接受史则是唐诗的"身后史"。近300年唐诗创作史的辉煌已结束于千年之前,而超越1300年唐诗接受史的辉煌仍将延续下去。历史的辩证法还提醒我们,现在左右着过去,后人支配着传统,文本是流动不居的①;换言之,1300年前完成的唐诗创作史并非凝固不变,它在1300年来无数的"接受者"手中发生着种种变化。从这个意义上说,我们今天所能看到的唐诗,并非1300年前原初的唐诗,而是1300年来经无数接受者重新整理、编辑、选择、评点的唐诗;它已远远不是"唐诗创作史"的原初面貌,而是复杂的"唐诗接受史"的再创造结果。今天每一个唐诗的编者、读者和研究者,何尝不像1300年来唐诗的选家和评点家一样,以自己的方式参与着唐诗的再创造、延续着唐诗的接受史?对于一位经典作家来说,文学史的"历史连续性"不可能是生前有限的创作史,只能是身后无限的接受史;那么,一个流派、一个时代、一种文类,又何尝不是呢?这是我认为接受史和创作史应是文学史两翼的原因,也是为接受史辩护、为《考察》感到振奋的原因。

　　接受史的学术地位不可取代,接受史的学术价值同样不可忽视。根据接受方式和接受效应的不同,不妨把接受史区分为经典阐释史、创作影响史和审美效果史等不同层面。所谓阐释史,既是经典的形成史,也是经典的重读史和精读史。作家和作品的经典地位在阐释中得到确立,作品的意义也在阐释中不断丰富和累积。接受史视野中的经典细读,远比传统的文本细读更合理、更有趣、也

---

　　① 钱锺书:"我以为史学的难关不在将来而在过去,因为,说句离奇的话,过去也时时刻刻在变换的。我们不仅把将来理想化了来满足现在的需要,我们也把过去理想化了来满足现在的需要。"(《旁观者》,《钱锺书集·写在人生边上的边上》,生活·读书·新知三联书店2001年版,第282页)宇文所安:"针对重写文学史所提出的第三个建议,是我们应该在多大程度上承认我们在对传统中国文学的接受当中,被前人对传统的过滤所左右支配……现在我们看到的文学史是被一批具有很强的文化与政治动机的知识分子所过滤和左右过的。"(《瓠落的文学史》,《他山的石头记——宇文所安自选集》,田晓菲译,江苏人民出版社2003年版,第17—18页。)田晓菲:"对作品与作者之间关系的传统看法,在手抄本文化的情况中不仅不再适用,而且是一种幻象。读者并不只是被动地阐释作品,而是亲自对作品进行塑造,并用自己参与创造的文本'证明'他们的诠释……每一个抄本和版本,都是一场独一无二的具有历史性和时间性的表演,参与表演的有抄写者、编辑者、评点者、刻板者和藏书家,他们一个个在文本上留下了他们的痕迹,从而改变了文本。"(《尘几录——陶渊明与手抄本文化研究》中华书局2007年版,第18—21页。)

更精彩。关于影响史，布鲁姆有句名言："诗的历史是诗的影响史。"①这是有道理的。人类文明五千年，自然生命一百年，自然生命是重复，文化生命是重叠。如果说五千年的哲学史是百年人生问题的反思史，那么五千年的文学史则是百年人生情怀的咏叹史。因此，一部文学史实质是一组生命母题的嬗变史，一部中国诗歌史也可以说是一组《诗经》母题的影响史。从审美效果看，接受史是民族性格的塑造史。人性的形成来自影响，接受者在与经典的审美对话中获得心灵的陶冶、精神的升华。因此，单纯关注创作史，唐诗研究最终只能是一种对过去了的历史的赞颂；同时关注接受史，唐诗研究才会面对现实走向未来获得永恒的生命活力。辉煌的唐诗接受史是唐人雄浑诗魂的传递史，更是唐诗对民族心灵的塑造史；通过唐诗接受史多方面、多角度的深入研究，就可能让唐诗的风神情韵更有效地进入现代人的生活，滋养现代人的心灵。从文化影响看，对传播接受史的研究可以重现中华文化对世界文明的历史影响和历史贡献。人类文化是以亚欧大陆两端为重心组合而成的文化。所谓东方与西方，就是中国与西欧。中国是亚洲文化的核心大国，长期以来对周边和世界产生了广泛和深刻的影响。当年，法国人通过"比较文学"的影响研究，展示了"法兰西文化的骄傲"；今天，我们应当通过中国文学在海外的"传播接受史"研究，重现中国文学的历史辉煌和中华文化对世界文明的历史贡献。接受史，任重而道远！

二、三点启示

尚永亮教授主持完成的《中唐元和诗歌传播接受史的文化学考察》，为任重而道远的接受史提供了一个成功的学术范例，它对唐诗接受史研究至少有三点启示。

首先，这是一部"唐诗断代接受史"的开创之作，也为文学"断代接受史"研究提供了一个成功的学术范例。

中外接受史研究现状显示，迄今为止的成果主要集中在经典作家和经典作品两个方面。德国学者也承认，接受史方法在处理单个作品、单个作家和单个问题上，要比总述一个流派、一个时代、甚至一部文学史用得更为广泛。文学阅读是面对具体的作家作品的，接受史也是围绕具体的作家作品延续的。因此，用接

---

① 哈罗德·布鲁姆：《影响的焦虑》，徐文博译，生活·读书·新知三联书店1989年版，第3页。

受史方法处理单个作品和单个作家就显得比较容易。但是，接受史研究的深化必须拓展自己的领域。《考察》从作家作品接受史到"唐诗断代接受史"，正是为了拓展接受史领域，并有意识地接受这一挑战。在富于理论色彩、对全书的学术构思和学术方法作精彩阐述的《导论》中，作者指出：目前的唐诗接受史虽已涉及不少著名诗人，"但总体看来还缺乏系统性和深入度，选题范围既需要向其他诗人进一步拓展，也需要由个体向群体转变，尤其需要向重要时期的重要作家和重要群体转变，以期获得研究范围和研究深度的整体突破。"①正是出于这种考虑，《考察》选择了"中唐时期的元和诗人群"作为研究对象。

同时，《考察》之所以选择"中唐时期的元和诗人群"，还在于"中唐，特别是中唐的元和时期，是唐代诗史乃至中国诗史上极堪注意的一个时期"，起着承上启下、继往开来的作用，有"古今百代之中"之称；而包括韩孟、元白、刘柳等在内的"元和诗人群"，其创作规模、艺术成就和历史影响堪与包括王孟、高岑、李杜等在内的"盛唐诗人群"相媲美。《考察》的经验告诉我们，无论作家、作品、流派、或诗人群，只有具有真正的重要性和经典性，才具有研究价值。

确定对象后，如何有序地描述"中唐元和诗歌"迄今近1200多年的接受历程，深入分析各个接受阶段的特点和意义，这是一个全新的课题；断代接受史没有先例，庞大诗人群的接受史也没有先例。《考察》面对这一时期庞大的诗人群，采用了先整后分，突出重心，以历史上形成的"诗人群"或"诗派"为中心对象，多线索并行推进的研究思路和撰写体例。具体地说，首先把元和诗人分为三个群体，"一是韩孟诗派，二是元白诗派，三是以刘禹锡、柳宗元为代表的贬谪诗人"；然后，"按中晚唐、两宋、金元、明清、近现代诸大时段，描述其在传播接受过程中的不同变化和情形，揭示传播接受史的某些特点和规律"。《考察》的这一学术思路是成功的：首先具有可操作性，它使"断代群体接受史"的描述有了可能；其次具有合理性，历史是"英雄"创造的，接受史也是"英雄"创造的，任何时代的接受史实质上都是一位或几位经典作家的接受史。按照这一思路，是否可以续写"盛唐诗歌接受史"、"晚唐诗歌接受史"？若要撰写"唐宋词接受史"，这一学术思路和学术范式是否有参考意义呢？

其次，《考察》不仅提供了一个"断代接受史"可资参考的学术范式，而且努力向深度开掘，多角度、多层次地对"中唐元和诗歌传播接受史"进行多元的"文化学考察"，发挥了接受史在文学史研究中独特的学术作用。

---

① 尚永亮等：《中唐元和诗歌传播接受史的文化学考察》，武汉大学出版社2010年版，第4页。

《考察》作者意识到,接受史研究实质包含两个层次:一是文献学意义上的接受文本或接受史料的系统整理,二是批评学、阐释学意义上的接受过程的审美文化阐释;而一部众声喧哗的接受史实质是一个文化史事件,在这一众声喧哗的文化史事件背后,必然包含丰富复杂的精神意蕴:诗学的、美学的、人生的、哲学的、政治文化的等等。正是基于这种认识,《考察》的着力点不是铺排接受史料,而是"运用接受学、文化学、比较学、心理学和定量分析方法,对其诗歌在后世传播接受之升沉起伏等不同情形予以系统考察,希望从中发现一些尚未被人注意的方面,并总结某些规律性的东西。"①

于是,《考察》不仅按五个时段为我们展示了"中唐元和诗歌"迄今近1200多年波澜壮阔的接受历程,而且让我们看到了接受史背后的问题和意义、原因和规律。哈佛教授宇文所安谈到"重写文学史"的建议时说过这样一句话:我们在讨论一个"重要作家"的时候,"应该明确指出是什么人在什么时候根据什么标准把他定义为'重要作家'的";其实这是考察经典作家接受史的一条基本原则。《考察》自觉遵循这一原则,对三个诗派"重要诗人"接受史的描述,抓住各自的特点,有起有结,有升有降,有缘有委,曲尽幽微,为之展示出一部立体的、多姿多彩的"身后史"。其中,对各自的接受史上重大问题的深入探讨,尤为精见纷陈而兴味盎然。依次如:"贾岛现象"的社会文化原因、"元和体"诗的传播接受和内涵阐释、欧阳修和梅尧臣对韩孟的群体接受、"白俗"论及其在两宋的流变、道德评判与元稹诗歌在宋代的接受、从柳诗接受主流看苏轼"第一读者"的地位和影响、从元好问论诗绝句看谢、柳诗风的异同、明清诗评家对韩孟诗派个体特色的探析及其接受境遇以及从"事件评价"和"人物接受"两方面反思"政治家刘柳在明清时期的接受转机"等等,尤为印象深刻而多发前人所未发。

一位西方历史学家曾说:当一个历史事件发生之后,对这个历史事件的记忆和叙说,便开始了这个历史事件的新的历史过程。接受史研究便是要探寻这个"新的历史过程"的原因和意义;这是传统创作史所难以承担的。应当指出,《考察》所探讨的不少问题,前人并非毫无察觉,相反有的问题曾经过反复讨论,如"元和体"、"贾岛现象"、"元轻白俗"等等。但是,以前的学者大多持绝对主义立场,坚信自己找到或发现的意义是本义、原意、唯一的意义。而从接受史角度看,就可以由绝对主义走向"透视主义",承认理解的历史性和意义的多样性,进而发现背后的社会心理和审美趣味的深层原因。

---

① 尚永亮等:《中唐元和诗歌传播接受史的文化学考察》,武汉大学出版社2010年版,第4页。

在研究方法上,《考察》从接受对象与接受主体双向对话的特点出发,广泛采用了艺术文本与接受文本"双重文本分析"、社会心理与接受心理"双重心理分析"、创作群体与接受群体、经典作家与经典作品"双重比较分析"等多种方法,为丰富接受史研究方法作了有益的尝试。此外值得注意的是,《考察》第五编"选本与元和诗考察"把"计量分析"方法有效运用于接受史研究。审美是个体心理现象,具有极大的主观性和偶然性;另一方面,一切个人都有一个共同的心灵,杜牧所谓"一人之心千万人之心也"。因此,"计量分析"与"审美分析",并非水火不相容。《考察》运用"计量分析"至少有两方面意义:一是有助于认识作家作品经典化的过程和经典地位的确立;二是有助于考察经典接受的普遍性和经典的"光荣周期"的曲线。

再次,《考察》给我们的学术启示除了以"诗人群"为中心的三线并行论述结构、接受现象背后的多元"文化学考察",还有一个重要方面就是对接受史理论与方法的丰富与发展。

只有把握创作史的规律才能写好创作史;同样,只有搞清接受史的规律才能写好接受史。尚永亮教授的古典文学研究,兼擅文献学和阐释学,尤以学理思考和逻辑思辨见长。他在研究这一课题时,首先对中国诗歌接受史的特点和规律作了深入的思考,提出了诸多符合中国诗歌接受史特点的概念,采用了一系列符合中国诗歌接受史规律的方法。如"第一读者"与"第二读者","个体接受"与"群体接受","事件评价"与"人物接受",接受者的"审美态度"与"道德态度",研究者的"多元考察"与"双重阐释"等等。中国与西方的文学接受史有一个重要差别,西方除古希腊罗马外,包括英法德在内的大多数民族国家只有近千年或数百年的文学史和接受史,中国则至少有三千年的文学史,也有三千年的接受史;《考察》在"第一读者"的基础上提出"第二读者"的概念,显然有助于我们深入考察漫长的接受史,考察漫长的接受过程中接受主体的多样性和复杂性。中国是诗国,诗是中国人的宗教,唱和酬答则是中国文人最常见的精神交往方式;《考察》基于这一事实提出了"群体接受"的概念,并进而研究了"群体接受"的多种方法和独特意义,这不仅使我们对群体的"唱和酬答"获得了一种新的认识,这一概念对中国文学接受史也具有普遍的方法论意义。中国古代诗人并非现代意义的"专业作家",他们大多首先是官员、大臣、政治家,他们对"功业"的重视胜于"诗文";因此,接受史研究不应忽视与他们的诗歌创作密切相关的"事件评价"与"人物接受",这不仅扩大了接受史考察的范围,更有助于对其诗歌的"光荣周期"和复杂影响的认识。至于接受者的"审美态度"与"道德态度"及其复杂变化,更是考察中国诗歌接受史不可或缺的阐释视野,从《诗经》的"诗作经读"到"诗作诗读"、从《长恨歌》的"乐天诗中为最下"到"古今长歌第一"等等,无不是这一接受态度变化的反映。此外,接受史不是接受者的"独白史",更不是评点资料的"排列史",接受史本质上是接受主体与接受对象的多元审美对话史,因此对接受史作多层次的"双重阐释",是接受史最基本的阐释原则,也是接受史由平面走向立体的有效方法。

传统的文学史基本上是创作史,传统的文学理论也基本上是文本分析和文学发展史理论。20世纪海外对中国影响最大的四本文艺理论著作,二三十年代是厨川白村的《苦闷的象征》和丹纳的《艺术哲学》,五六十年代是季摩菲耶夫的《文学理论》,八十年代以来则是韦勒克、沃伦的《文学理论》,这四本书无一不是文艺创作、文本分析和文学史研究的理论。尧斯的《挑战的文学史》是一篇接受美学的宣言,也提出了"读者文学史"的假设,但并没有提出"读者文学史"方案,更无法想象中国的文学接受史应当如何撰写。中国文学接受史的理论与方法,只有靠中国学者在研究实践中自己发现,自我建构。在这一点上,《考察》已作出了出色的贡献和示范。

接受史与创作史是文学史的两翼,但创作史无疑是接受史的前提。因此,只有深入创作史,才可能写好接受史。尚永亮教授此前的大量研究成果表明,他首先是一位学有专攻的创作史研究者。这一前提必须充分强调,有志于"接受史"研究的青年学者,也应首先深入"创作史"。

说不尽的唐诗,说不尽的唐诗接受史。即便"中唐元和诗歌"的接受史,《考察》也无意穷尽所有的问题,如元和诗歌传播接受的地域分布及各时代的差异、元和诗歌对古典抒情诗学的贡献、元和诗歌与元和诗人对宋人及民族精神性格的独特影响,等等。《考察》称得上是一部"中唐元和诗歌传播接受史"的奠基性著作,它让我们看到了中唐元和诗歌的"第二种辉煌",也为我们提供了一个接受史的成功范式,更为接受史作了一次精彩的学术辩护。

扬誉即埋没,显示即遮蔽。把百万余言的著作概括为有限的几点,是危险和不负责任的。贤明的读者会有不同的收获,也会有不同的发现和评价。

第二部
走向至善之路

第十三章 生命的尊严与价值

——关于"生命的一次性"的若干思考

❖

缘起：一个哲学家的生与死

生命自诞生之日起,便开始了生死同行的旅程。但真正促使我思考"生命的一次性"的问题,是在阅读《死亡的尊严与生命的尊严》一书之时,深切体验了我所崇敬的一位哲学家的"生"与"死"。这位哲学家,就是已故著名海外华人学者傅伟勋先生。

傅先生是一位挚爱美好人生的学者,一位热爱祖国、热爱中华文化的哲学家。他 1933 年 11 月生于台湾,受的是日本和美国的教育,英文、日文和德文都极好,在台湾和美国的多所大学讲授西方哲学和中国哲学。他把自己的"哲学探寻之路"概括为"从西方哲学到中国儒道和禅佛教"的历程,先后出版了《西洋哲学史》、《从西方哲学到禅佛教》、《批判的继承与创造的发展》、《从创造的诠释学到大乘佛学》等等。他综合中西哲学提出了"生命的十大层面与价值取向"的见解,极富创造性,也极有价值;他为促进海峡两岸之间非政治性的交流,率先提出了"文化中国与中国文化"的概念,此后这一概念得到了海内外华人的共鸣和响应;他也是当年在台湾报刊上正式和正面介绍大陆学术情况的第一人。傅先生是一位具有广泛世界影响的学者,也是一位为海内外华人学界公认的具有真性情和崇高文化境界的哲学家。

1988 年底,他被确诊得了淋巴腺癌。在这生死攸关的极限境况中,傅先生以哲学家特有的生死智慧和顽强毅力,在两次开刀及 50 多次电疗后短短几个月内,完成了《死亡的尊严与生命的尊严》一书。这是一位不平凡的人以自己不平凡的生命经历所撰写的一本不平凡的书,是一位生命垂危的哲学家以渊博的知识和对生死的深刻体验"向死而生"的思想结晶。如果说他以前的哲学著作是对"生命的思考",那么这本书则是对"死亡的思考"。在这本书中,傅先生结合自己的生命体验,对怎样理解生命的尊严与死亡的尊严,怎样挚爱这美好的人生,怎样告别这美好的人生,作了精辟的阐述。本书自1993年在台湾出版后,立即在世界范围内引起强烈反响。迄今,《死亡的尊严与生命的尊严》已成为现代生死学的经典著作。傅先生经过与癌症的"八年抗战",不幸于1996年逝世。

前年夏天,我的一位极为亲近的长辈也被确诊为晚期癌症。在这一非常情境中,我重读了《死亡的尊严与生命的尊严》,脑海中顿时闪现出"生命的一次性"这句话,并常常令我陷入深深的沉思。

俗话说,"人生一世",这里的"一",既指"一世"的长度,也指"一次"的数量。生命是一次性的,只有一次,没有两次,更没有三次。人总有一死。"生命的一次性",这是一个冷峻的话题,也是一个近乎残酷的问题。然而,这是"生命的真相",是生命存在的本质之所在,也是一切哲学家思考人生问题的事实基础和逻辑前提。

青春蓬勃的大学生,美好的生命之舟正开始扬帆起航。我以为,此时倘能清醒认识"生命的一次性"的真相,深刻认识"生命的一次性"的真义,对于挚爱这美好的人生,善待这尊贵的生命,从容规划、顺利航行这不平凡的人生旅程,具有积极的精神意义;对于实现生命的价值、创造生命的奇迹,更能成为一种强大的心灵动力。

一、"生命的一次性"的哲学探讨

米兰·昆德拉在《不能承受的生命之轻》中有段名言:"人只能活一次,我们无法验证决定的对错,因为,在任何情况下,我们只能做一次决定。上天不会赋予我们第二次、第三次、第四次生命以供比较不同的决定。"[①]"生命的一次性"是生命的真相。谈到"生命的一次性",就意味着承认生命的有限性,承认生命必然结束而不再复还,承认人人都要告别这美好的生命。这对渴望生命的人来说是"不祥的",也是"不吉利的"。因此,常人往往回避这个问题。

常人回避"生命的一次性",哲人却沉思"生命的一次性"。只是,中西文化对"生命的一次性"的态度和思考有所不同。如果说中国古人刻意淡化,那么西方

---

① 米兰·昆德拉:《不能承受的生命之轻》,董强译,上海译文出版社2003年版,第264页。

哲人则直接面对。

中国哲人："未知生，焉知死？"

先秦形成的"实用理性"和"乐感文化"，使中国成为一个不信鬼神，避谈死亡，强调乐生，追求长生的民族。直至今天，"死"依然是一个忌讳的词，一个力求回避的问题。

儒家哲学对生命一次性的真相，就持"存而不论"的态度。《论语·先进》："季路问事鬼神。子曰：'未能事人，焉能事鬼？'曰：'敢问死。'曰：'未知生，焉知死？'"这是儒家关于生死问题的一段最著名对话。正如李泽厚《论语今读》所说："此章极有名，解说丰硕。总之，足显中国之实用理性，不作无益无用之思辨和讨论。所谓'无益、无用'指与人事关系而言。重在此人生此人世。即我所谓'一个世界'观是也。联系'不语怪力乱神'、'祭如在'、'敬鬼神而远之'等章节，孔子对超乎此世此生的问题、对象，采取颇为一贯的'存而不论'的实用态度，既不肯定，也不否定。"[①]

在"避生死，求长生"观念的影响下，帝王对不朽的追求，便是寻求"长生不死之药"；民众对不朽的追求，则是"盖房子，生儿子"。当代中国人对长生不老，依然充满了极大的渴求。于是，伴随着"畸形养生学"的盛行，张悟本的"悟本堂"和李一道长的"缙云观"，一时间成为人们顶礼膜拜的圣地。

西方哲人："向死而生"、"绝地逢生"。

西方人从古希腊以来，在哲学上就相当坚定地认为，"人"族是"会死的"，只有"神"族才是"不死的"。然而，古希腊的文化传统，对"人是会死的"这个问题相对地缺少哲学思考，因而长期被"搁置"了起来。基督教开发了"生"、"死"的宗教方面的意义，但又创造出"两个世界"，以宗教的方式掩盖"死"的真相。直到海德格尔，对"人是会死的"这个问题的深层次的哲学意义，才被揭示了出来，并提出了"向死而生"、"提前进入死亡的状态"等冷峻而严肃的命题。

"探究哲理就是学习死亡。"这是古罗马哲学家西塞罗的名言。蒙田作了这样的阐释："西塞罗说，探究哲理就是为死亡作思想准备，因为研究和沉思从某种意义上说可使我们的心灵脱离躯体，心灵忙忙碌碌，但与躯体毫无关系，这有点像是在学习死亡，与死亡很相似；抑或因为人类的一切智慧和思考都归结为一点：教会我们不要惧怕死亡。"[②]贺拉斯诗曰："把照亮你的每一天当作最后一天，

① 李泽厚：《论语今读》，生活·读书·新知三联书店2008年版，第323页。

② 《蒙田随笔集》（上卷），潘丽珍等译，译林出版社1996年版，第88页。

赞美他赐给你意外的恩惠和时间。"卢克来修诗曰："这一刻就要消逝,一去永不复返。"

蒙田是文艺复兴时期法国最重要的人文主义作家,也是一位人类情感的冷峻的观察家。他的《探究哲理就是学习死亡》一文,既梳理了古希腊以来的"死亡观念",也阐述了自己的"死亡哲学"。他冷峻地指出:"每一天都在向死亡迈进,而最后一天则到达终点";同时他又写道:"谁教会人死亡,就是教会人生活",因此,"对死亡的熟思也就是对自由的熟思。谁学会了死亡,谁就不再有被奴役的心灵,就能无视一切束缚和强制";而"勇敢的丰功伟绩主要是蔑视死亡,这使我们的生活恬然安逸,纯洁温馨,否则,其他一切快乐都会暗淡无光。"①

歌德有句格言:"时代在前进,但人人都得从头开始。"为什么"人人都得从头开始"?因为"每个人的生命都是一次性的",没有第二次、第三次;因此,每个人的生命,都是从头开始,也"都得从头开始",而不是接着以前的生命开始。

叔本华认为,人的每一天都是一个生命过程:"每一天都是一次短暂的生命:万物苏醒、获得一次新生,每一个清晨都是一次初始,尔后,万物都要静止安息,睡眠如同一次短暂的死亡。"②于是,在这位冷峻的哲学家看来,死亡可能有两种:永恒的死亡,一生一次;短暂的死亡,一天一次。

综上所述,面对生命的真相,中西文化采取决然不同的两种态度:中国的乐感文化极力回避,西方的理性哲人则坦然面对。《老子》曰:"出生入死。"有"生"必有"死"。因为惧怕死而回避谈论死,是"自欺欺人",是"掩耳盗铃",也是一种消极的生存态度,最终只能以"醉生梦死"的方式对待生活。

面对"生命的一次性",真正积极的态度是:直面它,反思它,超越它!

二、"生命的一次性"的致思途径

关于"生命的一次性"的思考,可以从两个层面展开:一是"生命一次性"问题的致思途径;二是"生命一次性"命题的哲学内涵。

面对"生命的一次性"这一生命的真相,有两种不同的致思途径,即直指生命终点的"死亡哲学"和关注生命过程的"生命哲学"。我是从"生命哲学"的角度来

---

① 《蒙田随笔集》(上卷),潘丽珍等译,译林出版社1996年版,第88—102页。
② 《叔本华论说文集》,范进等译,商务印书馆2000年版,第144页。

思考"生命的一次性"问题的,是从"生命哲学"的角度来思考生命的尊严和生命的价值的。

(一)"生命哲学"的两大课题:"生"与"死"的双重思考。

"生命的一次性"意味着"生死的一体性"。因此,完整的"生命哲学",既应当思考"生",也应当思考"死";既包含"生命哲学",也包含"死亡哲学"。于是面对"生命的一次性"这一"生命的真相",便有两种不同的致思途径:一种是直指生命终点的"死亡哲学",一种是关注生命过程的"生命哲学"。

"死亡哲学",让人"提前进入死亡的状态",直面死亡,思考死亡,学习死亡,最终坦然地告别美好的人生,获得"死亡的尊严"。

"生命哲学",要人"向死而生",感恩生命,珍惜生命,创造生命的价值,最终超越有限而走向无限,获得"生命的尊严"。

(二)"生命哲学"的两大使命:"生"与"死"的双重智慧。

生命是一个过程,是一个多姿多彩的漫长过程。每一个生命都要经历幼年、少年、青年、壮年、老年不同的过程。在生命的不同阶段,在生命的起点和生命的终点,这两种哲学承担不同的使命。

在生命的起点,应当思考生命哲学,从而获得生命的智慧,从容应对人生,创造生命的价值,超越生命的有限性。

在生命的终点,应当思考死亡哲学,认清生命的自然规律,坦然面对死亡,有尊严地告别美好的人生。

(三)"生命哲学"的意义:生命的尊严与生命的价值。

面对青年大学生,面对青春的生命,今天谈论"生命的真相",思考"生命的一次性",不是指向"死"的"死亡哲学",而是指向"生"的"生命哲学"——思考生命的真谛和生命的意义,思考生命的创造和生命的超越。同时,"生命的规划"基于对"生命的真相"的深刻了解,"生命的一次性"的命题,可以激发我们对生命全过程作深入思考,并严肃慎重地做出生命的规划。

三、"生命的一次性"的七重启示

那么,从"生命哲学"的角度看,"生命的一次性"意味着什么?对于我们认识生命的本质和生命的真谛有什么启示?从"生命哲学"的角度出发,从"生命的诞生"到"生命的创造",从"生命的告别"到"生命的超越","生命的一次性"的命题至少包含七层含义,具有七重启示。清醒而深刻认识"生命的一次性"的真义,对于我们珍惜和挚爱这美好的人生,具有积极的意义,对于我们创造生命的价值和生命的奇迹,更可以成为内在的心灵动力。

1.生命的一次性与生命诞生的偶然性——感恩生命

从生命的诞生看,"生命的一次性"意味着生命诞生的偶然性。我们获得的生命不是命定的,不是必然的;而是上天赋予的,是父母所赐的。生命的诞生是极其偶然的,应以感恩的心对待生命。父母对我们没有任何亏欠,父母是我们生命的创造者,是我们最大的恩人。天大地大,不如父母的恩情大。我们应当感恩生命,感恩父母。

感恩父母,这是对生命的创造者的感恩!古训强调"孝",认为"百善孝为先","孝弟也者,其为仁之本与!"其最深刻的意义就在于此。在一篇《向爱投降》的文章中,"一个对母亲大吼者""忏悔"道:"我是妈妈怀胎十月生养的孩子,就算身高已超过她很多,就算知识可能比她丰富,只要我承认我所拥有的一切都来自于她,就明白自己根本没有资格指使她可以做什么,不可以做什么。"

如何感恩?"记下幼小心灵中感觉到的点滴幸福"。请看美国洛杉矶郊县三个黑人小孩对妈妈的"感恩之语":"路边的野花开得真漂亮";"昨天的比萨饼很好吃";"昨天妈妈给我讲了一个很有意思的故事"。这些简单的句子"震动"了一位中国人,这位国人感叹道:他们写给妈妈的感谢信,记录的是他们幼小心灵中感觉很幸福的一点一滴,"感恩的心"就这样在幼小的心灵中扎下根来。

2.生命的一次性与生命存在的珍贵性——敬畏生命

从生命的存在看,"生命的一次性"意味着生命存在的珍贵性。人的生命只有一次,没有第二次,更没有第三次。人的生命是一次性的,生命的长度又是有限的,我们应以向死而生的心珍惜生命,敬畏生命。

珍视生命而不轻视生命。日本诗人小林一茶有一首题为《苍蝇》的俳句:"不要打哪,苍蝇搓他的手,搓他的脚呢。"佛家"众生平等"精神得到了极富人道和诗意的诠释。读过这首小诗,以后再看到正在"搓他的手"、"搓他的脚"的"苍蝇",我对生命有了一种新的敬畏。

珍惜生命而不浪费生命。唐寅《七十词》有曰:"前十年幼小,后十年衰老。中间只有五十年,一半又在夜里过了。算来只有二十五年,在世受尽多少奔波烦恼。"这首"七十人生的算术题",把"一寸光阴一寸金,寸金难买寸光阴"的生命真谛,阐释得淋漓尽致。

珍爱生命而不糟蹋生命:糟蹋生命有两种不过的方式,一是践踏他人的生命,无视他人生命的尊严而侵犯人权;二是糟蹋自我的生命,无视自己生命的尊严而犯罪犯法。前者是可恶的,后者是可悲的。

3.生命的一次性与人生经验的累积性——充实生命

从生命的经验看,"生命的一次性"决定了体验的当下性,决定了每一个生命都是从"无知"开始的。每一个生命诞生之始,既没有过去,也没有未来,只有当下的即时体验,一万年前是如此,一万年后依然如此。每一个人的生命史都从生命诞生的第一天开始书写,每一个人的生命经验都是一天一天累积起来的。因此,通过学习而充实生命,这是每一个生命的首要使命,也是生命由"自然向人生成"的唯一途径。

生命的一次性和体验的当下性,决定了人生"明天"的茫然性。每一个人对自己的"明天"都是未知的。人生下来就这么一次,人永远不可能拥有前世生活的经验重新开始另一种生活。生命的每一天都只有一次,每一天都是做人的开始。人走出儿童时代时,不知青年时代是什么样子,结婚时不知道结了婚是什么样子,甚至步入老年时,也还不知道往哪里走:即使是一个饱经风霜的老人,对于他的明天,仍然是一无所知的孩子。

生命经验的空白性决定了教育的重复性。教师面对的学生都是"无知"的新生命。因此,教育的本质永远是坚守传统与与时俱进的统一。"生命一次性"和"生命重复性",决定了教育的重复性,决定了"老生常谈"和"经典重读"的必要性。卡西尔说:"伦理世界绝不是被给予的,而是永远在制造之中。"[①]没有经典,我们会停止思考;每一个人的精神生命,每一个人的精神家园,正是由一部部经典构筑起来的。

4.生命的一次性与人性本质的相似性——人类同行

从人性的本质看,"生命的一次性"意味着人性的相似性和人类本质的相通性。每一个生命都有相通的人性本质,每一个人都经历相似的人生阶段,既是人类生命的相似性,也是古今生命的相似性。因此,古代智慧与现代人生有着密切的关系,东方文化与西方文化可以相互交融。在生命的历程中,既要以古鉴今,也要人类携手。人类不应"互恨",而应"互爱"。

关于古今生命的相似性,谢灵运诗曰:"谁谓古今殊,异代可同调。"关于人类

---

① 恩斯特·卡西尔:《人论》,甘阳译,上海译文出版社1985年版,第77页。

本性的普遍性,钱锺书说:"东海西海,心理攸同;南学北学,道术未裂。"人生经验具有相通性,歌德曾说:"凡是值得思考的事情,没有不是被人思考过的;我们必须做的只是试图重新加以思考而已。"站在中国人的立场看,在二十五个漫长的世纪里,凡是西方哲学家所曾涉及的主要问题,中国的思想家们无不思考过。

时间流逝,人性永恒;历史变迁,传统长存;古今一体,四海一家。现代文明与古代智慧,须臾不可分离。有道是:人类文明五千年,自然生命一百年;自然生命是重复,文化生命是重叠。/太阳永远从东方升起,生命永远从婴儿开始。/五千年的哲学史,是百年人生问题的反思史;五千年的文学史,是百年人生情怀的咏叹史。/五千年的人类文化,一百年的生命长度。/以个体百年生活史,理解五千年人类哲学史;以个体百年情感史,体验五千年人类文学史。

5.生命的一次性与生命旅程的独特性——创造生命

从生命的个体看,"生命的一次性"意味着每一个人的生命旅程都是独一无二的,都是与众不同的。蒙田说得好:"生命本无好坏,是好是坏全在你自己。"[1]换言之,生命本无意义,意义全在于你的赋予。每个人都无权虚度这独一无二的生命,而应努力创造出自己生命的价值。古希腊哲人说,一个未经反思的生命是没有意义的;同样,一个不去创造生命价值的人生也是没有意义的。

每一个生命都有不同的生命经历。每一个生命都像一棵生命之树,每一棵生命之树都会开出不同的生命之花,也应当开出不同的生命之花。父母赋予我们生命,是期望我们创造出生命的价值,而不是让我们去虚度生命年华的。当年,日本的"少年武士"有一种坚定信念:"唯有名誉,而不是财富或知识,才是青年追求的目标。许多少年在跨越他父亲房子的门槛时,内心就发誓:除非在世上成了名,否则就决不再跨进这个门槛。"[2]少年武士的这种"精神",难道过时了吗?

生命的长度是有限的,生命的厚度是无限的。每个人的生命的长度各不相同,有的长,有的短。蒙田说得好:"生命的用途不在于长短,而在于如何使用。"有的人活得很长,却几乎没活过;有的人活得很短,生命的光芒却像一颗恒星。人的生命是不能用尺子来度量的。认识到生命的一次性,可以使我们更自觉地创造生命的业绩,实现生命的价值,让有限的生命长度,获得无限的生命厚度。

6.生命的一次性与生死过程的同一性——善待生命

从生与死的关系看,"生命的一次性"意味着生死过程的同一性。正如蒙田

---

① 《蒙田随笔集》(上卷),潘丽珍等译,译林出版社1996年版,第102页。

② 新渡户稻造:《武士道》,张俊彦译,商务印书馆1993年版,第50页。

所说："每一天都在向死亡迈进，而最后一天则到达终点。"这既需要我们直面生死，更需要我们善待生命。

　　所谓"直面生死"，就是由"未知生，焉知死"，转变为"未知死，焉知生"。这是一种观念的转变，一种生命态度的转变，由回避生死到直面生死——"向死而生"，"提前进入死亡的状态"。这种生命态度的转变是必要的，是积极的。"生命的尊严"包含"死亡的尊严"，"生活的品质"包含"死亡的品质"。事实上，无论你愿意不愿意、自觉不自觉，我们每一个人都是"向死而生"的"无畏的勇士"。吾有诗曰："人，无畏的勇士，走在'坟'的路上，谈笑风生，昂然前行，没有一个退缩者。"

　　如何"善待生命"？既要善待自己的生命，也要善待他人的生命。无论善待自己，还是善待他人，既应善待生命的整体，也要善待生命的全体。换言之，从摇篮到墓地，生命的每一种情感都应当得到尊重；从帝王到乞丐，生命的每一个个体都应当具有尊严。这是一种人道主义，一种具有普世情怀的高尚的人道主义。

　　7.自然生命的有限性与精神生命的无限性——超越生命

　　从生命的理想看，自然生命的有限性与精神生命的无限性是辩证统一的。"生命的一次性"意味着自然生命的有限性。面对自然生命的有限性，有三种不同的人生态度：一种是生命的虚无主义者；一种是生命的现世主义者；一种是生命的理想主义者。从生命的理想看，人类的一切智慧都力图超越自然生命的有限性，追求精神生命的无限性。

　　虚无主义者认定人生目的的虚无性。叔本华可为代表："我们却是坦率地承认：在彻底取消意志之后所剩下来的，对于那些通身还是意志的人们当然是'无'。不过反过来看，对于那些意志已倒戈而否定了它自己的人们，则我们这个如此非常真实的世界，包括所有的恒星和银河系在内，也就是——'无'。"[1]在他看来，每一个生命都是一个悲剧，每一个生命终将"一无所有"。

　　现世主义者追求享受人生的当下性。所谓人生几何，对酒当歌，及时行乐，莫负春光。杜秋娘《金缕衣》诗曰："劝君莫惜金缕衣，劝君惜取少年时。花开堪折直须折，莫待无花空折枝。"人生一世就在于追求快乐，快乐是生命最终的目的。不过，赫拉克利特说得好："如果幸福在于肉体的快感，那么就应该说，牛找到草料的时候，是最幸福的。"

　　理想主义者认同精神生命的无限性而追求人生境界的超越性：让有限化为

---

①　叔本华：《作为意志和表象的世界》，石冲白译，商务印书馆1982年版，第564页。

无限,让暂时化为永恒,让毁灭变为不朽。伟大的理想主义者的生命具有两部历史,生前史和身后史;生前史是有限的,身后史则是无限的。

如何延续这美好人生?如何超越这有限的生命?人生真正的"不朽之盛事",只能是"精神的不朽"。巴尔扎克和爱因斯坦的两段精彩论述,具有异曲同工之妙。巴尔扎克说:"有思想的人,才是有至高无上权力的人。国王左右民族不过一朝一代,艺术家的影响却可延续几个世纪。他可以使事物改观,可以发起一定规模的革命。他能左右全球并塑造一个世界。"①爱因斯坦说:"对于政治的甚至宗教的领袖来说,他们所作的究竟是好事多还是坏事多,往往很难有定论。因此我非常真诚地相信,一个人为人民最好的服务,是让他们去做某种提高思想境界的工作,并且由此间接地提高他们的思想境界。这尤其适用于大艺术家,在较小的程度上也适用于科学家。"②

个体的一切努力,生命的一切智慧,都是为了化有限为无限,化瞬间为永恒,让有限的个体生命为无限的人类事业做出一份贡献。如何实现自我的有限生命的无限超越,静心揣摩巴尔扎克和爱因斯坦这两位哲人的生命总结,或许可以给我们某种心灵的启示。

结语:"生命的一次性"与人生选择

美国诗人佛洛斯特有一首著名的警句诗《一条没有走过的路》:

> 在黄叶林中我看见有两条分岔的路;
> 　可惜我不能同时走这两条路。

为什么"我不能同时走这两条路"?因为"人只有一次生命",没有第二次生命。我们不可能回到过去,重走第二条生命之路。人生只有一次选择,只有无法重复的一次选择。这也是人生常常彷徨在的"十字路口"的原因所在。

2500年前,苏格拉底在苹果林中,给他的学生上了生动的一课。一天,苏格拉底把他的学生带到一片苹果林,要大家从这头走到那一头,挑选一只最大最好的苹果,不许遗漏,不许走回头路。苏格拉底等在另一头,但是每一个学生都是

---

① 巴尔扎克:《巴尔扎克论文艺》,艾珉、黄晋凯选编,袁树仁等译,人民文学出版社2003年版,第4页。
② 《爱因斯坦文集》,第三卷,许良英、赵中立、张宣三编译,商务印书馆2009年版,第49页。

空手而回。有的是看到一只很大很好的苹果，却想着下面还会有更大更好的；有的是看到一只又大又好的，就马上摘下，可是后来又发现更好的。他们要求老师再让他们选择一次。苏格拉底说："这就是人生，人生就是一次无法重复的选择。""人生就是一次无法重复的选择"，这是生命的真相，也是亘古不变的生命现实。

佛洛斯的警句诗和苏格拉底的故事启示我们：人的一生会有无数次的选择和规划，而最重要的选择和规划，是起步之时对自己生命的全盘规划。在生命之初，就认识到"生命的一次性"的真相，认识生命的珍贵和尊严，从长远的眼光在整体上规划自己生命，就可以更好地实现生命的价值，完成人生的使命，真正做到珍惜生命，笑对生命，无愧生命！

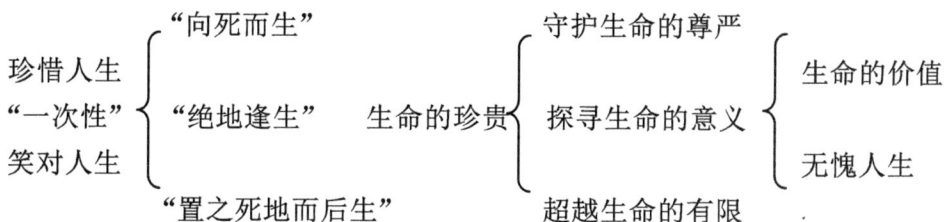

珍惜人生
"一次性"　{ "向死而生"　"绝地逢生"　"置之死地而后生" }　生命的珍贵　{ 守护生命的尊严　探寻生命的意义　超越生命的有限 }　{ 生命的价值　无愧人生 }
笑对人生

今天是娱乐化和"娱乐至死"[①]的时代，是"赵本山"和"小沈阳"的时代，是盛行"壹周立波秀"和种种"达人秀"的时代，是一个"喜剧加闹剧"的时代。然而，"生命的一次性"则是一个冷峻的问题，是一个严肃的问题，是一个"喜剧时代"的"悲剧问题"。然而，"生命"本身是珍贵的，是严肃的，是冷峻的。因此，只有清醒地认识生命的真相，严肃地对待自己的生命，才能不虚度人生，实现生命的价值，创造出生命的业绩，创造出生命的奇迹。

---

① 美国学者尼尔·波兹曼"媒介文化批判三部曲"：《童年的消逝》(1982)、《娱乐至死》(1985)、《技术垄断：文化向技术投降》(1992)；《娱乐至死》是其中最著名的一部。

第十四章　"无限完善是人的使命！"

❖❖❖

一切诚念终当相遇！

让我们从德国哲学家费希特说起，从年轻而窘困的费希特，在"哥尼斯堡之王"康德的帮助下，一举成名的传奇经历说起。

费希特（1762——1814）出生于萨克森的拉麦兰。他出身寒微，父亲是个穷织工，童年时曾在家牧鹅以协助生计。少年费希特聪颖好学，才华出众，得到一位好心贵族的资助才得以完成学业。他先后在耶拿大学和莱比锡大学研习神学和法学，毕业后先当家庭教师，后来回母校耶拿大学任哲学教授。而从"学生"到"家庭教师"再到"大学教授"，这是包括康德、黑格尔在内的许多德国哲学家，共同的学术经历和人生经历。

费希特从家庭教师到耶拿教授，除了自己杰出的哲学才华，离不开康德的帮助。1790年，他到莱比锡当家庭教师，同意为一个学生辅导康德哲学。但接下这一工作不久，他便表示，自己已经"完全投入到康德哲学里；起初是环境使然，我必须讲解一堂《纯粹理性批判》的课；在我认识《纯粹理性批判》以后，则是衷心喜欢它"。[①]于是，他辞掉了莱比锡的工作，到哥尼斯堡拜访康德。到了哥尼斯堡以后，他首先参观这个壮观的城市，第二天早晨便去找康德。他没有得到特别的接待，像其他有学问的访客一样，留下来听康德讲课。这显然不能满足费希特的愿望，他希望能与康德做更深入的交流。由于他不知道如何安排下次的访问，于是突发奇想，决定撰写一本关于《一切天启之批判》的书。主意既定，一鼓作气，在六个星期之后，费希特完成了这本书，并将它题献给康德。

费希特把手稿呈现给康德，请求予以批评，并询问如果康德认为他的文字值得付梓，是否可以帮助他找到出版商。康德喜欢这个青年的谦虚态度，允诺在可能的范围内试看看。康德放下手头工作，及时阅读手稿，当他读到第三节时，就认为书稿完全可以出版。当天晚上，康德散步时，遇到他的朋友博罗夫斯基，劈

---

① 曼弗雷德·库恩：《康德传》，黄添盛译，上海人民出版社2008年版，第403页。

头就说："您得帮助我，赶快帮我让一个穷苦的年轻人得到名声与金钱。您的内兄（出版商哈通先生）务必要同意，请说服他出版这份手稿。"①博罗夫斯基也是一个爱惜人才的人，出版事宜很快谈妥。费希特的哲学处女作很快出版了，但书商没有把费希特的名字印上去，大家最初都以为是康德的著作。康德马上声明这是年轻的费希特的著作，出版商的疏忽成就了费希特，这样就使他一举成名。其后，费希特被聘为耶拿大学的教授。当然，费希特并没有从此把康德作为自己崇拜的"偶像"，他自己也没有从此止步于康德的"粉丝"。相反，不久他从一个正统的康德哲学的追随者而成为康德哲学的批评者。他提出了自己的哲学体系，发表了《一切科学知识的基础》以及其他有关"知识学"的论著。他的书引起康德的不满，康德在杂志上发表公开信，批评费希特歪曲了自己的学说。不过，这是后话了。

说到这里，费希特与本文有什么关系呢？本文的标题，"无限完善是人的使命"，正是费希特一举成名，任职耶拿大学后，首次讲演中的一个中心论题。

1794年5月，32岁的费希特在耶拿大学作了《论学者的使命》的公开讲演。这个连续五次的讲演，以其崭新的内容，独创的精神，演讲者滔滔不绝的辩才，对自由事业的高度热忱，以极大的魅力吸引了大学的全部年轻人。第一讲是5月23日作的。他在5月24日发给妻子的信中写道："耶拿最大的大学教室都太窄小了；整个前厅和院子拥挤不堪；桌子和长凳上站满了人，一个挤着一个……所有听众都赞同我的讲演。"②听讲的有五百多位学员。他的影响超出了大学讲坛，一些知名学者力求和他交往，一些大学教授希望了解他的体系。当时住在魏玛的歌德和维兰德，都对费希特表示过特别的关切。在一个小小的大学城里说的话，顿时传遍了整个德国知识界，得到公众的广泛支持。

在这一系列讲演中，费希特从当时已经形成的知识学体系出发，依次论述了"自在的人的使命"、"社会的人的使命"，并进而论述了"学者的使命"。他认为自在的人是孤立的人，这时候，人还没有结合成为一个社会。社会是由有理性的人结合而成，作为社会的人就是按照理性而行动，社会的意向就是理性的人的基本意向。进而，费希特明确提出了"社会的人的使命"。他说：

> ……无限完善是人的使命。人的生存目的，就在于道德的日益自我完

---

① 曼弗雷德·库恩：《康德传》，黄添盛译，上海人民出版社2008年版，第403页。

② 费希特：《论学者的使命人的使命》，梁志学、沈真译，商务印书馆2003年版，第58页。

善,就在于把自己周围的一切弄得合乎感性;如果从社会方面来看人,人的生存目的还在于把人周围的一切弄得更合乎道德,从而使人本身日益幸福。①

在费希特看来,除非人变成上帝,人的最终目标是必定不能达到的,达到最终目标的道路必定是无限的。但是,人能够而且应该日益接近这个目标;无限地接近这个目标,就是他作为人的真正使命。只有朝着无限完善的目标前行,人本身才可能日益幸福。因为,费希特坚定地认为:"只有善的东西才是造福的。没有伦理就不可能有幸福。"②有德者才有福,善德是幸福的前提;福德一致,这正是古希腊以来西方哲人的共同观点。

"无限完善是人的使命",当我反复吟诵这句哲理性的格言时,心头不时闪现中国先贤与之相通的另一句名言,那就是"止于至善是大学之道"。君不闻《大学》首章有曰:

> 大学之道,在明明德,在亲民,在止于至善。

朱熹《大学章句》释曰:"言明明德、新民,皆当止于至善之地而不迁。"根据朱熹的解释,若把此章宗旨凝缩成一个命题,就是"止于至善是大学之道"。而"止于至善",就是"无限完善",二者的含义和精神是完全一致的。

西方哲学家说:"无限完善是人的使命";中国先贤说:"止于至善是大学之道"。东西方哲人的"诚念"在此相遇了,东西方哲人的"智慧"殊途同归了。真所谓,"东海西海,心理攸同;南学北学,道术未裂"。

"无限完善是人的使命"和"止于至善是大学之道",东西哲人心灵契合的两个命题,合而观之,至少包含三层意思。

一是"人的使命":每一个人都有自己的使命,每一个来到人世间的人都负有神圣的使命。人是天地之心,人是万物的尺度,人是最终的目的。生命的珍贵和生命的价值,天然地赋予人以神圣的使命。一个真正的人绝不能推卸天赋的使命。

二是"无限完善":"无限完善"是人的使命,"止于至善"是人的使命。这是心灵的完善,人格的完善,道德的至善。不是"无限欲望","无限贪婪","无度挥霍";那是肉体性生存,动物性生存,本能性生存。"无限完善"是人的使命,"无限

---

① 费希特:《论学者的使命 人的使命》,梁志学、沈真译,商务印书馆2003年版,第12页。

② 费希特:《论学者的使命 人的使命》,梁志学、沈真译,商务印书馆2003年版,第11页。

欲望"是动物的本能。

三是"大学之道"："大学之道"是止于至善，"教育之道"是无限完善。人的生命是自然生命和文化生命的统一；而在"自然向人生成"的过程中，在"止于至善"的过程中，人是需要教育的。"大学之道"，就是止于至善；"教育之道"，就是无限完善。"无限完善"和"止于至善"，既是人的使命，也是教育的使命，从而也是教师的使命和学者的使命。

费希特正是从"人的使命"出发，进而论述"学者的使命"的。在费希特看来，"学者的使命"并不高于"人的使命"；"学者的使命"只是借助自己的学识，帮助每一个具有"真理感"的人，获得真理，承认真理，从而无限接近地走向"无限完善"的目标。费希特向耶拿大学五百位年青的听众，向五百位未来的学者，自豪地宣称：

> 所有的人都有真理感，当然，仅仅有真理感还不够，它还必须予于阐明、检验和澄清，而这正是学者的任务。对于非学者来说，给他指明他所必需的一切真理，这是不够的；但是，经过别人指点，他承认真理，即使没有深刻的根据，也往往就够了。学者同样也可以指望这种真理感。因此，就我们迄今所阐明的学者概念来说，就学者的使命来说，学者就是人类的教师。[①]

让我们的目光转向历史深处。古希腊德尔福阿波罗神庙门楣上镌刻着一句名言："认识你自己！"中国的孔子则说："古之学者为己，今之学者为人。"孔子显然强调"为己之学"。而"为己之学"，就为了"认识你自己"；"认识你自己"，就是走向"无限完善"。蒙田曾说："世界上最重要的事情就是认识自我。"可见，在"认识你自己"和"为己之学"这两句更古老的格言中，已经包含了"无限完善是人的使命"的思想；同时，这也成为中西哲人思考的核心问题，成为中西哲学探究的最高目标。

那么，在中西哲人看来，走向"无限完善"，是怎样的一个历程？达到"止于至善"，又是怎样的一种境界？

最早描述这一心灵历程的，是两位伟大的人文学者，两位伟大的"人类的教师"：西方的柏拉图，和东方的孔子。

《会饮篇》是柏拉图最伟大的对话之一。在《会饮篇》中，他借苏格拉底之口，雄辩地描述了一个人从感知"美的形体"到观照"美的本体"的"美的阶梯"：

① 费希特：《论学者的使命人的使命》，梁志学、沈真译，商务印书馆2003年版，第43页。

先从人世间个别的美的事物开始，逐渐提升到最高境界的美，好像升梯，逐步上进：从一个美形体到两个美形体，从两个美形体到全体的美形体；再从美的形体到美的行为制度，从美的行为制度到美的学问知识，最后再从各种美的学问知识一直到只以美自身为对象的那种学问，认识美的真正本质。①

这一"美的历程"可以分为四个阶段：第一阶段：是有形领域中的美，即美的形体或感性的形体美；第二阶段：是伦理政治领域中的美，即善的美或道德美；第三阶段：是数理学科中理智的美，即真的美或知识美；第四阶段：是凝神观照美本身进入精神最高境界，即真善美的统一的"绝对美"。

在古希腊，"美"和"善"是一致的。美就是善，善就是美；走向"绝对之美"，就是走向"无限完善"；能够观照"绝对美"的人，就是"第一等人"。柏拉图进而用辉煌灿烂的词句，描写了"第一等人"所达到的心灵境界：

> 这时他凭临美的汪洋大海，凝神观照，心中起无限欣喜，于是孕育无量数的优美崇高的道理，得到丰富的哲学收获。如此精力弥满之后，他终于一旦豁然贯通唯一的涵盖一切的学问，以美为对象的学问。②

柏拉图对"美的阶梯"的描述，富于哲理和诗情，更带有神秘主义色彩；他把观照美的本体的"无限欣喜"叫做"神仙福分"。因此，与其说这是对美和善的观照，不如说是对神和上帝的观照。从柏拉图到新柏拉图主义，从新柏拉图主义再到基督教神学，之所以前后一贯，其根源就在于此。

孔子对"止于至善"心灵历程的描述，则具有东方鲜明的实用理性色彩。那就是孔子关于生命境界"六阶段"的著名论述。孔子的这段名言，不妨把它排列成一首诗来读：

> 子曰：
> 吾十有五而志于学，
> 三十而立，
> 四十而不惑，
> 五十而知天命，
> 六十而耳顺，

---

① 柏拉图：《文艺对话集》，朱光潜译，人民文学出版社1982年版，第273页。
② 柏拉图：《文艺对话集》，朱光潜译，人民文学出版社1982年版，第272页。

七十而从心所欲不踰矩。

年龄是心灵的向导！在孔子看来，作为人的使命，"止于至善"或"无限完善"，是人一生的事；而在不同的年龄阶段，会具有不同的生命境界。实践出真知，经验生智慧，孔子的描述，是符合一般的认识规律和生命成长规律的。康德就表达过与孔子相似的见解。他说："人达到完善地运用自己理性的年龄，在技巧方面（实现他所追求的目的的技能）可规定为二十岁左右，在精明方面，（利用别人实现他的目的），可规定为四十岁左右，最后，在智慧方面可规定为六十岁左右；但在这个最后阶段，智慧更多地是以否定的态度洞见到前两个阶段的一切愚蠢。"①古罗马的贺拉斯和17世纪法国的布瓦洛，都留下了著名的"年龄诗"，他们都把人生分为"青年"、"中年"和"老年"三个阶段。康德也把人生分为三个年龄阶段，这看来是遵循了欧洲的传统。

据我看来，在走向"从心所欲不踰矩"的自由境界过程中，有三个年龄阶段，似乎特别关键。

首先是"吾十有五而志于学"的第一阶段。这一阶段的关键，在一个"志"字；这是"立志"的"志"，"志向"的"志"，"意志"的"志"。一个"十有五"的青年，只有坚定地立下"志于学"的"志向"，并具有坚忍不拔的"意志"，才可能在人生路上走向"无限完善"，才可能不停顿地追求"至善之境"。有"志"者，事竟成；无"志"者，一事无成。

其次是"四十而不惑"的第三阶段。"不惑"者，成熟之谓也。这是"理性"的成熟，也是"品格"的成熟。理性的成熟，是会"深思熟虑"地处理人生的事务；品格的成熟，是具有了"明辨是非"的道德价值标准。康德关于人的品格在四十岁定型的论述，可以与孔子的"四十而不惑"，相互照明。康德说："一个人在思想上意识到的某种品格，绝不是天生的，而是必须习得的。我们可以假定，品格的奠立像是某种再生，对自己的庄严承诺，这个蜕变的时刻像个新纪元一样，是一生难忘的。经由教育、模仿、开导而得到的坚定而持久的原则，并非渐渐形成的，而是对本能长久的摇摆感到厌烦以后突然引爆的。或许很少人30岁以前便尝试过这样的革命，而40岁以前便坚定不移的人，更是少之又少。想要一点点地塑造一个更美好的人格，是徒劳无功的尝试；因为当我们在追求一个印象时，另一个也就跟着消失；品格的确立却意味着人生历程里的内在原则绝对的统一性。"②康德的

---

① 康德：《实用人类学》，邓晓芒译，上海人民出版社2002年版，第94页。

② 《康德著作全集》，第7卷，李秋零译，中国人民大学出版社2008年版，第288—289页。

道德心理学也就是品格心理学。在康德看来，只有当我们有了品格以后，我们才有道德价值；而塑造道德意义下的性格，是我们的责任。

再次是"五十而知天命"的第四阶段。所谓"天命"，歧解纷纷，概而言之，当含二意：一是"天道"，即最高的智慧，"知天命"就是认识了最高的智慧；二是"上天"给你下达的"命令"，是"天"规定了你的"使命"，这是一个比人自己立下的使命更为有力的"使命"，故称"天命"。在孔子看来，在人的生命的历程中，50岁是最为重要的年龄阶段。每一个人各有各的天分，各有各的机遇。世界上的事，并不是你想做什么就可以做什么，即使你的想法是对的，也不一定能做成。你立身在世，所能做的事，只是去努力完成"天"交给你的任务，"天"赋予你的使命。所谓"知天命"，就是"天"提示你，该做些什么，不该做些什么；能做些什么，不能做些什么；一个人的"天职"是什么，50岁的人生经验给你"定了位"。但是，"知天命"不是智慧的终结，更不是生命的终结，"定了位"也不等于"到了位"，你只有继续努力才能使"到位"，所以50岁是一个"开始"，而不是终结。我们固然不能说"人生从50岁开始"，但却可以说，"真正智慧的人生从50岁开始"，"人生真正的事业从50岁开始"。于是，到了60岁，开始"耳顺"了，到了70岁，终于进入"随心所欲而不逾矩"的自由境界。

马斯洛的"人类动机理论"，把人的"需要层次"，由低而高分为五个层级，即：生理的，安全的，归属的，自尊的，自我实现的。这是一个"生命需要"逐步提高的过程，也是一个"生命境界"不断升华的过程。年龄是心灵的向导，现代人格心理学与儒家生命境界论，不妨相互阐释，相互照明。

那么，在中西哲人看来，通过长期的历练和修为，达到"止于至善"或"无限完善"的生命境界，又是怎样的一种境界呢？

康德《实践理性批判》"结论"的开篇，有一段为人传诵的名言：

> 有两种东西，我们愈是经常不断地思考它们，它们愈是使我们的心灵充满永远新鲜、日益强烈的赞叹与敬畏：位我上者灿烂的星空，道德律令在我心中。[①]

这段话描述了康德心目中的"至善之境"："灿烂的星空"，是与人相对立的大宇宙自然律的象征，它茫茫无际，神秘奥妙，但人可以凭自己的知性，凭不倦的探索，掌握它的必然律。这是人向外的探索，这个探索，是庄严的责任，是无穷尽的

---

① 康德：《实践理性批判》，邓晓芒译、杨祖陶校，人民出版社2003年版，第220页。

使命;"道德律令在我心中",是被掌握了的先天原则,人掌握道德律化为自我之法则、自由自觉的选择,这就是自由意志。这是指人这个小宇宙的人律,探求并树立这个人律比探求自然律更为伟大,更为神奇。这是人向自身心灵的内向探索。二者的联接,便是人与自然的和谐,整个宇宙的和谐。这是西方式的天人合一境界,也是最高的道德境界,最高的审美境界。

如果说,康德的"位我上者灿烂的星空,道德律令在我心中",是西方哲人对崇高的"至善之境"的哲理表达;那么,张载的"横渠四句教",则是中国圣人对"至善之境"的诗意描述:

> 为天地立心,
> 为生民立命,
> 为往圣继绝学,
> 为万世开太平。①

冯友兰《新原人》认为,人的精神境界可能有四种:自然境界,功利境界,道德境界,天地境界。天地境界最高。天地境界就是"至善之境"。而天地境界的"详细的内容,张载已经在四句话中说清楚了"②。首先,张载四句简要说出了人的特点,即"人之所以为人"的标准,人的精神境界的内容;其次,这四句中四个"为"字的主词,可能是张载本人,可能是哲学家,也包括每一个大写的"人"。马一浮先生抗战期间给浙大学生讲《横渠四句教》,特别强调:"昔张横渠先生有四句话,今教诸生立志,特为拈出,希望竖起脊梁,猛着精彩,以此立志,方能堂堂的做一个人。须知人人有此责任,人人具此力量,切莫自己诿卸,自己菲薄,此便是'仁以为己任'的榜样。"③

当时,马一浮深感"此语伟大",写信给丰子恺,请作曲家萧而化为《横渠四句教》谱了一部"四部合唱"。子曰:"兴于诗,立于礼,成于乐。"先生深谙孔子"始于美育,终于美育"的教化之道。马一浮在信中写道:"顷来泰和,为浙大诸生讲横渠四句教,颇觉此语伟大,与佛氏四弘誓愿相等。……吾国固有特殊之文化,为世界任何民族所不及。今后生只习于现代浅薄之理论,无有向上精神。如何可望复兴?"丰子恺对横渠四句所发扬的"向上精神",同样深为感佩。在《横渠四句教附说》中,他写道:"马先生以四句教教浙大学生,真可谓'寻坠绪之茫茫,挽狂

---

① 这四句话有异文,参阅冯友兰《中国现代哲学史》(广东人民出版社1999年,第246页)。

② 冯友兰:《中国现代哲学史》,广东人民出版社1999年版,第245页。

③ 马一浮:《泰和宜山会语》,载吴光编:《马一浮卷》,中国人民大学出版社2015年版,第4页。

澜于既倒'。这与我民族'为正义、人道、和平而抗战'之旨正相符合,而意义更为高大深远。这是最根本的救世之道。"①

然而,在工具理性占统治地位的现代社会,以物质利益为第一追求的现代人类,无论是康德的"灿烂星空"和"道德律令",还是横渠的"四句教",对于这种崇高的"至善之境",虽然"人人有此责任,人人具此力量",但并非"人人自觉追求",甚至还无法理解。正如丰子恺所说:"这四句教的意义至高至大。'只习于现代浅薄之理论'的后生看了,非但不能理解,或且笑为迂腐。"其实,非但"后生",那些"只习于现代浅薄之理论"的"先生",同样"非但不能理解,或且笑为迂腐"。高唱科学主义的胡适,终其一生,既持此见。晚年胡适对胡颂平说过这样一段话:

> 前几天,高平子的孙儿来,他引张载的"为天地立心,为生民立命,为往圣继绝学,为万世开太平"的四句空洞的话。我问他"怎么叫'为天地立心'?你解说给我听。我对他说,你的祖父是学天文的,你不应该再引这些不可解的话。"②

在胡适看来,"与佛氏四弘誓愿相等"的"横渠四句教",只是"四句空洞的话"!这是多么令人震惊和诧异!一个只有被实用主义的"物"填满心胸的人,才会认为先贤教诲的"至善之道"只是一些"空洞的话"。胡适的这段话,足以视为中国现代思想史上唯科学主义与伦理主义尖锐对立的严重事件。

与胡适相反,现代"自然科学"的大师爱因斯坦,愈到晚年,愈强调"人文学科"的价值和意义。1952年10月,爱因斯坦在一份"把'人文学科'作为重要的东西推荐给大家"的声明中说:

> 用专业知识教育人是不够的。通过专业教育,他可以成为一种有用的机器,但不能成为一个和谐发展的人。要使学生对价值有所理解并且产生热烈的感情,那是基本的。他必须获得对美和道德上的善有鲜明的辨别力。否则,他——连同他的专业知识——就更像一只受过很好训练的狗,而不像一个和谐发展的人。③

爱因斯坦的这则"声明",虽然有点尖锐刺耳,但足以令人深长思之。

---

① 《丰子恺文集》,第5卷,浙江文艺出版社、浙江教育出版社1992年版,第659—660页。

② 胡颂平编著:《胡适之先生晚年谈话录》,新星出版社2006年版,第59—60页。

③ 《爱因斯坦文集》,第三卷,许良英、赵中立、张宣三编译,商务印书馆2009年版,第358页。

　　"无限完善"是人的使命，"止于至善"是大学之道，社会发展和个人努力的目的，就是成就"一个和谐发展的人"，成就一个既能用天文望远镜观察银河星系，又能以哲学的智慧仰望灿烂星空的人。因为，人是天地之心，人是万物的尺度，人是最终目的。

　　人是意义的动物。人是要有一点超越精神的。在"止于至善"的正道上，古人与今人，圣人与常人，一切诚念终当相遇！

第十五章 "维特"为什么那样烦恼？

❧

> 人生问题的哲学解决不等于个体解决；个体的人生困惑只能在生活磨砺中自我解决。
>
> ——题记

一、"维特热"与青春的烦恼

最近，两位学生关于"人生烦恼"的倾诉，时时回旋在我的耳边。一位在来信中写道："萧瑟的校园，冷漠的人群，单调的读书生活，日复一日，年复一年。离开校园，不知路在何方。老师啊，你经常给我们谈论人生的意义。人生的意义究竟何在啊？希望您以自己的人生经验和人生智慧告诉我。"记得这是一个文静礼貌的学生，上课坐在窗边，专注地听课，沉思，做笔记，见面以微笑致意。想不到她会提出如此严肃沉重的问题。

一位在她的文章中写道："我在寝室的门上贴了三首诗，两首歌德的《流浪者之夜歌》，一首尼采的《流浪人》。我尤为喜爱歌德在1776年写的那首：'你降自苍穹/来抚慰人间的忧伤与创痛；/把灵芝底仙芬/加倍熏陶那加倍苦闷的魂；/唉！我已倦于扰攘和奔波！/何苦这无端的哀乐？/甘美的和平啊！/来，唉！请来临照我心窝！'我爱这流浪之诗，我爱诗中忧伤的流浪人。这契合我的生存现状，也契合了我的心灵感受。流浪是我的生命本质，忧伤是我的心灵伴侣。"

一个直接提问，一个借诗言志。烦恼苦闷、孤独忧伤的心情，却是一样的。这令我回想起四十年前阅读《少年维特之烦恼》的自己，联想起九十年前翻译《少年维特之烦恼》的郭沫若，更联想起二百四十年前创作《少年维特之烦恼》的歌德。

"绿蒂呵，绿蒂呵！——我已经完了！我神志昏乱，八天来一直糊里糊涂，眼睛里满是泪水。我到哪儿都不自在，又到哪儿都感到自在。我无所希望，无所欲求。看起来，我真该走了。"这就是烦恼、忧郁、感伤，被痛苦和绝望久久控制了的维特与绿蒂的诀别之言。

十九世纪初前后，心灵的"忧郁"和"感伤"，成为欧洲青年的一种流行病，一种所谓的"时代病"或"世纪病"。这种病不是哪一个人或哪一个国家所独有的，它是一场由一个民族传到另一个民族的精神病态，就像中世纪传遍整个欧洲的宗教狂热一样。描写这种时代病的作品，法国有卢梭的《新爱洛绮思》和夏多布里昂的《勒内》，英国有拜伦的《恰尔德·哈洛尔德游记》，德国有歌德的《少年维特之烦恼》。歌德的《少年维特之烦恼》影响最大，流传最广。丹麦著名文学史家勃兰兑斯在评述这一文学潮流时写道："这本书包含了《新爱洛绮思》的一切优点，却没有它的任何缺点；它激动了千千万万人的心，在整整一代人中引起了强烈的热情和对死亡那种病态的向往，在不少情况下引起了歇斯底里的伤感、懒散、绝望和自杀，以致荣幸地被慈父般的丹麦政府宣布为'不合宗教'而加以禁止。这本书就是《维特》。"[1]

当年的歌德，就是一个"烦恼的维特"。歌德的《流浪者之夜歌》，是《少年维特之烦恼》同时期的作品；《少年维特之烦恼》所描写的"不幸的爱情"，是以歌德自己"不幸的爱情"为原型的；《少年维特之烦恼》不妨就是"少年歌德之烦恼"。1772年，歌德离开家乡法兰克福来到韦茨拉尔，按照父亲的意愿在帝国最高法院工作。这时他认识并爱上了夏洛蒂，这是一位"足以引起人人喜爱的一流的女子"。但是夏洛蒂已与歌德的朋友雷斯特纳订婚，这使歌德非常苦恼，于是不辞而别。不久歌德遇到一位从前认识并有好感的姑娘，但这位姑娘不久与商人布伦塔诺订婚。布伦塔诺出于虚荣禁止任何人与他的未婚妻接触，这使歌德更加痛苦。恰在此时，歌德又听到他的朋友耶路撒冷因爱上一个已婚夫人，爱情无法实现，在绝望中自杀身亡的消息。这件事给了歌德极大的震动，忧伤的心灵陷入更深的苦恼。他不禁联想到自己不幸的爱情，压抑的情感如火山喷发，于是奋笔疾书，在四个礼拜中，"像个梦游者似的"写成了《少年维特之烦恼》。

当然，《少年维特之烦恼》并非"少年歌德之烦恼"的简单模仿。这篇描写炽热而不幸的爱情故事的小说，其重要意义在于表现的不仅是一个孤立的感情和痛苦，而是整个时代的感情、憧憬和痛苦。因此，小说出版后轰动一时，像一段火

---

① 勃兰兑斯：《十九世纪文学主流》，第1分册，张道真译，人民文学出版社1980年版，第22页。

药线引爆了"一个埋藏着猛烈的炸药的地雷坑",并"激动了千千万万人的心,在整整一代人中引起了强烈的热情",在整个欧洲掀起了一股"维特热"。

《少年维特之烦恼》既是时代的产物,又与时代无关。艾克曼在与歌德谈到《维特》时说得好:"因为每个时代都有那么多的不期然而然的愁苦,那么多的隐藏的不满和对人生的厌恶,就某些个别人物来说,那么多对世界的不满情绪,那么多个性和市民社会制度的冲突。"正因为如此,歌德接着说:"假如一个人在他的生平不经过觉得《维特》就是为他自己写得那么一个阶段,那到很可惜了。"①确实,"维特的烦恼"与一般世界文化过程无关,他只涉及每个个别的人,每个人生来就有的自由本能。

20世纪20年代,郭沫若首次把《少年维特之烦恼》译成中文。郭沫若之所以翻译此书,就因为"与歌德思想有种种共鸣之点"。其实,当时"与歌德思想有种种共鸣之点"的并非郭沫若一人。《少年维特之烦恼》传入中国后,随即在当时中国青年中出现了一股"维特热"。《三叶集》的出版,就是一例。宗白华在回忆同郭沫若、田汉青年时期的友谊及《三叶集》的成书时说:"我们和当时的青年一样,受到时代潮流的冲击,感到旧中国太令人窒息了,我们苦闷、探索、反抗,在信中谈人生,谈事业,谈哲学,谈诗歌和戏剧,谈婚姻和恋爱问题……互相倾诉心中的不平,追求着美好的理想,自我解剖,彼此鼓励。我们的心像火一样热烈,像水晶一样透明。"②由三人书札整理而成的《三叶集》,就是三人"苦闷、探索、反抗"的精神结晶,从中可以看到当时青年人裸露的灵魂和坦荡的胸襟。所以田汉把《三叶集》称为中国的"少年维特之烦恼"。

在当时的"维特热"中,"烦恼"的又岂止只是中国的男青年。从庐隐的《或人的悲哀》和《海滨故人》、丁玲的《梦珂》和《莎菲女士的日记》以及《两地书》中许广平,当时中国的女青年同样充满了"烦恼"、"苦闷"和"悲哀"。《两地书》就是以许广平的"苦闷"开篇的:"苦闷之果是最难尝的,虽然嚼过苦果之后有一点回甘,然而苦的成分太重了,也容易抹煞甘的部分。……苦闷之不能免掉,或者就如疾病之不能免掉一样,但疾病是不会时时刻刻在身边的——除非毕生抱病。——而苦闷则总比爱人还来得亲密,总是时刻地不招即来,挥之不去。先生,可有甚么法子能在苦药中加点糖分,令人不觉得苦辛的苦辛?"③

---

① 爱克曼辑录:《歌德谈话录》,朱光潜译,人民文学出版社1978年版,第18—19页。

② 《宗白华全集》,第1卷,安徽教育出版社1994年版,第316页。

③ 《鲁迅全集》,第11卷,人民文学出版社2005年版,第12页。

"少年维特"充满烦恼，青春的生命充满烦恼，这是一个世界性的问题，也是一个永恒的青春问题。毋怪中外文艺作品中的青年形象，大多是"烦恼的青年"，大多是"幽思的人"。从莎士比亚的"忧郁王子"到卢梭的"新爱洛绮思"，从歌德的"少年维特"到拜伦的"哈洛尔德"，再从《三叶集》中的郭沫若到《两地书》中的许广平等等，无不如此。其实，从感叹"贫士失职而志不平"的宋玉，到唐代"无题"诗中的李商隐，再到曹雪芹笔下被爱情、理想、人生问题困扰的"贾宝玉"，他们何尝不是古代中国的"烦恼维特"？

罗丹的主要作品可以分为两组，以男性为主题的算一组，以女性为主题的算一组，两组之间有互相对应的，加以比较是很有意味的事。《思想者》和《思》就是互相对应的一组。《思想者》是男像：他被无数生命的问题所纠缠、困苦，凝止在那里，作深深的沉思；《思》是女像：一方洁白的大理石上浮现起一个低头凝想的少女头，面貌细腻温柔而迷蒙。少女的思想似乎不是"提问题"、"求解答"、"怀疑"、"计划"，而是"等待"、"梦幻"、"企慕"、"遐想"。然而，无论是沉思的《思想者》，还是哀婉的《思》，无论是全身肌肉紧张的男像，还是面貌神秀俊美的女像，他们都有困惑在胸，都有烦恼在心。

俗话说："烦成人，不烦不成人。"现实生活中的人，几乎没有一天没有烦恼，没有一天不遇到困惑。青年人正当感觉敏锐，情感丰富，志向高远之时，同时又处于人生尚无着落，生命游移漂浮的阶段，烦恼苦闷的感受会比一般的人更深刻，更强烈。

烦恼使人生变得黯淡，苦闷使心智受到压抑。对于一个生命来说，没有什么比获得人生意义而心灵宁静更重要的事情。宁静之心境，这是人类灵魂最高的幸福：在宁静中，你的思想情绪在它自身安住；在宁静中，你的性灵生活在默默地生息；在宁静中，你的精神心智在潜移默运中充实自己；在宁静中，你的人格各部交融互渗，凝而为一，不断升华。

因此，必须超越苦闷，战胜烦恼；而要战胜烦恼，必须先认识烦恼。

二、"烦闷唯有在心魂觉醒的时候才能感到"

"维特"为什么那么烦恼？"青春的烦恼"到底是消极的还是积极的？法国作家法朗士有一句名言："唯一可以使人类的思想感到诱惑便是烦闷。绝对不感到烦躁的心灵令我厌恶而且愤怒。"在法朗士看来,青春的烦恼并不是一件坏事,相反它是青春的生命走向新阶段和新创造的内在动因。

烦恼的产生主要有两方面原因:从主观方面看,烦恼唯有在人类心魂觉醒的时候才能感到。烦闷的人是心灵失掉了均衡,正在热烈地寻找新的均衡。他们的欲望无穷,追求无限,不以一时的成功为满足。真正在烦恼苦闷中煎熬的人,决不以一种简单的答案自满,他们要认识得更透彻,更深刻,更全面;从客观方面看,青春的烦恼往往产生于个体与群体未能融合,理想与现实未能调和,主观与客观未能结合而出现的矛盾冲突。因此,烦恼的人永远悲苦地睁大着眼睛,一面忍受煎熬,一面远望前方,积极地寻找着克服冲突,超越困境的途径。

一个时代有一个时代的"维特",一个时代有一个时代的"烦恼"。就我的教学经验和有限观察看,现代青年和大学生的烦恼大致有以下几种。

其一,少小离家与心灵孤独的烦恼。人的一生可以说是由"离家"、"成家"、"回家"构成的三部曲。少年离家,义无反顾,带着理想和憧憬出发,对未来充满浪漫想象和无限期待。尤其是经过十年寒窗苦的大一新生,对大学生活充满了新鲜、好奇、激情、期待。然而一旦进入校园,便与家庭失去了直接的联系,生活上得不到家庭的照顾,情感上得不到家庭的温暖。进了校园,按当下的教育体制和课程安排,既与教师没有往来,与同学的交往也极为有限,心灵的交流更谈不上。满怀理想"离家"的学生,一下子变成了"失巢"的孤雁。虽然身处繁华的都市和喧嚣的人群之中,实际上每个人的内心都是孤独的,寂寞的,终日独行踽踽,茫茫不知所之。由中秋到深秋,望着满目萧瑟的校园,陈子昂的《登幽州台歌》不禁会油然而生:"前不见古人,后不见来者;念天地之悠悠,独怆然而涕下。"稍改数字,或许更合新生的心境:"前不见亲人,后不见友人;念校园之无情,独怆然而涕下。"

1936年,朱光潜先生曾猛烈批判过"大学授课方式的机械化"。他指出:"教育是一种人性的接触,没有情谊做基础,无论制度如何完美,设备如何周到,决难收完美的效果";然而,"现在学校制度最大的毛病就在缺乏情谊的基础与人格的熏陶,而这个毛病的原因则大半在授课方式的机械化。"以致,师生之间"没有一点人性的温热的接触",彼此相见如路人,授课听课同买卖。[1]施之今日,可谓一针见血,切中时弊。面对少小离家而心灵孤独的烦恼学生,师生之间"情谊的基础与人格的熏陶",是多么迫切,多么重要!

---

[1]《朱光潜全集》,第8卷,安徽教育出版社1992年版,第471页。

其二,天外有天与失去自信的烦恼。我曾与一位大四学生有一次交谈,这是一位志向明确又全面发展的优秀生。在回顾近四年大学生活时,这位学生坦承,刚入学后不久,曾一度陷入极大的烦闷与苦恼之中。原因是突然发现自己处处不如人,中学时代原有的交际、文艺、校园活动和学习成绩方面的长处,在班级和大学校园里,显得相形见绌,自豪感荡然无存,自信心受到极大的打击。高考是选拔性考试,能进入大学的都是中学时代比较优秀的学生,尤其是进入各级各类"名牌大学"的学生。他们曾长期是父母的骄傲,是家族的骄傲,是老师的骄傲,也是同学眼中的被羡慕者。然而,山外有山,天外有天。进入大学这个新环境后,马上会在新的舞台上各显春秋,各见高下。这对阅历丰富、心智成熟的成人来说不会有太大影响。但对"争强好胜"、长期具有优越感和荣誉感的青年学生,却往往一时难以适应而会陷入精神危机。

"会当凌绝顶,一览众山小。"荣誉和胜利在任何时候都是心高志大的青年人的立身之本。亚里士多德在谈论"青年人的性格"时写道:"他们由于爱荣誉,不能忍受轻慢,一旦认为受了害,他们就会发怒。他们爱荣誉,更爱胜利,因为年轻人好占优势,而胜利正是一种优势。他们爱荣誉和胜利,胜于爱金钱。"[①]但是在任何群体中,出头露面、风光无限的人,总是有限的少数,大多数人都默默无闻,平平淡淡。因此对大一新生来说,在新的环境中由于"天外有天"而失去荣誉、失去自信的烦恼,是一个颇为普遍而不可轻视的问题。

其三,价值颠倒与理想幻灭的烦恼。大学生是一个民族一个时代,最富于生气、最富于理想、最富于高尚目标的群体。无论什么时代,青年人读大学,都是来寻求人生希望,追求崇高目标,实现人生理想的。然而,这是一个平庸的时代,是一个"常人"的时代,一个"娱乐至死"的时代。大学由精英教育变成了大众教育,文化由精英文化变成了大众文化。大学的大众教育可以坚守精英理想,但无孔不入的大众文化弥漫在大学校园和大学生的日常生活之中。严肃与崇高是精英文化的首要品格,表现"知其不可为而为之"的生命冲突和崇高理想的悲剧是精英文化中"艺术皇冠上的珍珠"。大众文化则与之相反,它以一种"亲民"的姿态宣扬"艺术民主",公开宣称"我就是一个小市民",竭力迎合"常人"的庸常价值观。于是,追求崇高变成了"躲避崇高",英雄崇拜变成了"明星崇拜",严肃的悲剧变成了滑稽的戏剧。"丑角"当道,"搞笑"风行。有些学生禁不起诱惑,或群起"偷菜",或游戏"后宫"。面对这一切,满腔激情、满怀理想的青年学生,怎能不产

---

① 亚里士多德:《修辞学》,罗念生译,人民文学出版社1986年版,第97—99页。

生"理想幻灭的烦恼"?

时代变得凡俗,趣味变得低俗。但学生的心中,道义仍在,激情犹存,向往崇高、追求理想的志向未变。一位未署名的学生在元旦问候中写道:"我常和同学说,我每上你的一次课,就觉得自己的心灵得到了一次洗礼,那种感觉真的很神奇。但愿毕业前还能有机会听夫子'传道'。""师者,所以传道、受业、解惑也",这是华夏民族古老而富于生命力的文化传统,也是华夏民族长盛不衰的文化保证。面对充满幻灭感的学生,大学教师似乎既要授谋生之业,更应传新民之道,解人生之惑。

其四,职业难找与身在何方的烦恼。"毕业了,我们的工作在哪里?"这是2006年四月《南方周末》发表的一篇"2006年大学生寻职深度观察"。向我推荐这篇文章的是当时一位正在四处找工作的研究生。他从外地给我打电话:"老师啊,'毕业了,我们的工作在哪里?'你怎么还安心在书房里读书做学问?"这是一位性格直率不拘常礼的学生,显然是他多次找工作失败后在向我发牢骚。但从此也令我开始关注大学生和研究生的工作问题。如果说五年前研究生的求职难还与自己较高的期待有关,那么时至今日且莫说本科生,就是硕士生或博士生,自愿"降格以求",也难以轻易找到满意的工作。考上大学,寄托了全家人的希望;大学毕业,却连工作都找不到,这怎能不使学生心生烦恼?比之以上的种种烦恼,职业难找与身在何方的烦恼,是一种更现实、更忧心的烦恼。这种烦恼,几乎从进入大学的第一天开始,一直要伴随到走出校门找到工作为止。

当年,舆论把大学生抛向五彩云端;如今,社会并未铺好迎接他们的红地毯。尽管政府高度重视大学生就业,层层成立了"就业指导"机构,但要让每个学生都找到自己满意的工作,在可预见的将来是不现实的。从另一方面看,中国的大学生又并非完全没有工作岗位。在基层、在乡村、在崛起的中部、在大开发的西部,有大量工作等待有志向的青年去施展才华。因此,在大学教育大众化的今天,毕业生的烦恼与其说是"就业难的烦恼",不如说是"改变就业观念难的烦恼"。

此外,专业学习的烦恼,同学交往的烦恼,青春躁动的烦恼,初恋失恋的烦恼,赤贫的双手与"车子、房子、位子"一无所有的烦恼,以及生命的一次性的形而上烦恼等等。正是剪不断,理还乱,是离愁,别是一般滋味在心头。

三、"生命的过程就是自我解惑的过程"

哲学是人生智慧，学哲学就是学智慧。青年人遇到人生问题，常去请教哲学家。青年王国维的哲学之旅，就是为了解决自己的人生困惑。经过近十年的哲学研究，王国维的结论却是："哲学上之说，大都可爱者不可信，可信者不可爱；……知其可信而不能爱，觉其可爱而不能信，此近二三年中最大之烦闷。"①越学反而越烦闷。学哲学看来不是解决烦恼的唯一途径。

一个哲学体系就是一种人生方案。但是，人生问题的哲学解决不等于个体解决；个体的人生困惑只能在生活的磨砺中自我解决。米兰•昆德拉说："对于我们所有人来说，人的伟大在于他扛起命运，就像用肩膀顶住天穹的巨神阿特拉斯一样。贝多芬的英雄，是托起形而上之重担的健将。"②确实，生命的过程是充满困惑和自我解惑的过程，也是自我担当、自我解惑、自我完善和自我创造的过程。古人说："不是一番寒彻骨，怎得梅花扑鼻香？"尼采说："人是须自己超越的。"讲的都是这个道理。在我看来，慎独静思，叩问历史，觉悟超越，付诸实践，是走向自我解惑，走向自我完善的有效途径。

慎独：与孤独为伴。自我解惑，首先要学会"与孤独为伴"。独思的时间，独处的空间，闲暇方能出智慧；智慧洞察人生，智慧消除烦恼。清华大学原校长梅贻琦，把大学生"独思"的重要性，作过透彻的发挥："仰观宇宙之大，俯察品类之盛，而自审其一人之生应有之地位，非有闲暇不为也。纵观历史之悠久，文教之累积，横索人我关系之复杂，社会问题之繁变，而思对此悠久与累积者如何承袭撷取而有所发明，对复杂繁变者宜如何应对而知所排解，非有闲暇不为也；人生莫非学问也，能自作观察、欣赏、沉思、体会者，斯得之。""慎独"是修炼，使人在群体的沉溺和喧嚣中，保持清醒；"慎独"可沉思，在心灵的仰观俯察中，体悟存在的真谛。我歌颂"孤独境界"，原因就在于此："在人群中，你生活于当下的时代/在孤独时，你生活于所有的世纪；/在热闹时，你只是芸芸众生中的渺小一员，/在孤独中，你开始面对苍茫的宇宙和伟大的心灵；/孤独孕育着无限，/你的孤独永远不会使你感到寂寞。/善处孤独，你会走向创造，/追求热闹，你只能收获平庸。"

---

① 刘刚强编：《王国维美论文选》，湖南人民出版社1987年版，第161页。

② 米兰•昆德拉：《不能承受的生命之轻》，许钧译，上海译文出版社2004年版，第40页。

览史：与历史为友。孤独使人深沉，读史使人明智。有了"独思的时间"，就应与历史为友。烦恼产生于现实与理想的矛盾，产生于当下与"未来"的距离。何谓"未来"？"未来"者，尚未到来也。因此，"未来"我们无法去询问，只能去询问历史。历史不是死亡的过去，它曾是无数前人经历的"未来"，累积了无数前人关于"未来"的希望与理想、经验与智慧。爱默生对"历史"的阐释时常回响在我的耳边：一切个人都有一个共同的心灵。每一个人都是一个通向同一以及同一的一切的入海口。历史记载了这一颗普遍心灵的所有工作。每一个人都是普遍心灵的又一次转世再现。因此，一个个时刻应接受一个个世纪的教训，而一个个世纪也可以用一个个时刻来解释。这是爱默生的历史观，也是我的历史观：人类文明五千年，自然生命一百年，自然生命是重复，文化生命是重叠；五千年的哲学史，是百年人生问题的反思史；五千年的文学史，是百年人生情怀的咏叹史。正因为如此，古代哲人强调历史："如果你对出生之前的事情一无所知，就意味着你永远是幼稚的人"（西塞罗）；现代教育家也强调历史："历史是教育的核心"，"每一个教师都必须是历史教师"（波兹曼）。历史蕴含着现实，历史预示着未来，历史的智慧帮助我们超越现实的烦恼，历史的贤哲提供我们人生选择的典范。

践行：与理想同行。法国哲学家帕斯卡说得好："好的格言随处可见，就差付之实践。"在当下的信息时代，年青的大学生尤其不缺少"言"，不缺少"名言"、"格言"、网络世界中的"流行语言"；缺少的是"行"，缺少"践行"、"躬行"、言行合一的"身体力行"。空言导致空虚，空虚生出烦恼。要消除心灵的烦恼，就要有一个充实的精神世界；而充实的精神世界，唯有来源于目标明确的人生追求，来源于境界高远的人生理想。以高远的理想追求消除心灵的烦恼痛苦，这不是大话、空话，哄人话，而是真话、实话、良心话。中国古人"立功、立德、立言"的"三不朽"，几乎道尽了人类个体追求的全部内涵和永恒目标。尽管今天似乎进入了金钱统治的物化时代，进入了众神狂欢的娱乐时代。但是，一方面，任何时代不可能没有精神理想，任何个人也不会没有人生追求；另一方面，理想追求是一个多层次的动态概念，在人生的不同时期有不同的内涵，在同一时期的不同阶段又有不同的追求。倘若大一有理想，大二有目标，大三有计划，大四就有收获；相反，如果大一游戏人生，大二恋爱人生，大三迷茫人生，大四就会烦恼人生。

孤独孕育着无限，历史预示着未来，力行创造出成就。让青春的生命与理想同行，让高远的理想付诸践行，就能化空虚为充实，化焦虑为从容，化烦恼为菩提。

第十六章　每一个沉默的学生都是
一座沸腾的火山！

在学校里，教师的最大权力是评判学生；面对教师的评判，学生的最后权利是保持沉默。于是，大学校园师生之间的关系便"渐行渐远"。在一些大学教师的眼中，校园里来来往往的学生只是一群"沉默的大多数"，学生也渐渐习惯于当一个"沉默的无名氏"。然而，在我迄今40年的教学生涯中，据我与所相遇的学生的交往，我常常由衷感慨：每一个沉默的学生都是一个诗意的精灵！每一个沉默的学生都是一座沸腾的火山！

一、一个沉默的学生

这是一个真实的故事。

多年前，一个冬日的下午，夕阳西下，寒意渐起，我给研究生讲完了本学期最后一堂课。课堂上阐述了自己觉得颇有心得的见解。令我颇感意外的是，教室里极为安静，安静得有点沉闷。听课的研究生对我今天的问题，似乎并没有引起我所期待的心灵共鸣和活跃思维。

我有点失望，便极力克制内心的不满，以平静的语气说了一句抱怨的话："今天的问题，我们的心灵还没有相遇。在这个学术气氛越来越淡薄的年代，我有点感到莫名的悲凉。"记得一位西方教育家曾说过这样一句话：只有当学生的心境提升到与教师同样的水平，教育才真正开始。当时，我确实认为听课的学生缺乏与我相同的心境和水平，因此我的学术思考和学术论题才没有产生期待的效应。

说完，我便离开了教室。当我再次回到教室，只见空荡荡的教室里还坐着一位学生，她站起来礼貌地说："老师，能把您的联系方式留给我吗？我写了一点东西，想请您指教。"这是一位由外校考进来的学生。我习惯性地说了声"好的"，给她留了电话和邮箱地址，便乘校车离开了寒风瑟瑟的新校区。

晚上,打开电脑,我收到了这位学生的一封邮件和一个邮包。直接呈现在我眼前的是一封邮件,足足有一千多字,我刚开始阅读这封邮件,便后悔起下午的"抱怨"。

> 陈老师:您好!
>
> 天气突然冷了,您给我们的课也结束了。最后一刻您依然习惯地展示了您独特的笑意,那么意味深长,那么不可言传。那就是您看我们时候的心呢。
>
> 今天下午谈到"问题相遇"时,您那么坦率而无奈地说着"悲凉",我坐在下面也感觉很"悲凉"。就是那一刻,我想跟您说几句话,说几句激情昂扬的话。即便黑格尔说过"激情是一种空洞的主观形式",何况我认为激情还不是一种空洞的主观形式呢。所有的形式都是依附在内容上的,我们心里有了某些东西,我们的表情才跟着应和起来。就像您的笑,您可能认为我们并不能全部理解您内心的无奈,您的良心,您的一切努力。
>
> ············
>
> 说了半天,我还没自报家门呢。我就是今天下午问您要邮箱的那孩子,今年文艺学专业的新生。想着您下午跟我说话时的表情和话语呢。"你写的?"质疑的语气,"好啊。"若有所思的缓慢的回答。那时我就在心里补白了我感觉到的您没有说出的话:"你还能写什么东西,即使写了也不是什么好东西,以我对学生的了解。还要给我看,勇气可嘉,真是初生牛犊不怕虎啊。"
>
> 我写的确实也不是什么好东西,我心里很明白。但即便被您嘲笑,我想这也没关系,如果您嘲笑了我,这不正是使我不断向前的一个动力吗?我想我的自尊不容许自己一直处在被嘲笑的位置上。所有的轻蔑都只能是暂时的,否则我无法心安理得地活下去。也许我们一生都活得没有出路,但我想此刻却不能使自己失去希望,哪怕希望很渺茫。所以才有了问您要邮箱的插曲……
>
> 写作,是我热爱的活动,也是陪伴我的最好的朋友。那些文字都是过去的生活体验,今天壮着胆子拿出来给您看,期待您的批评……

"我想我的自尊不容许自己一直处在被嘲笑的位置上。所有的轻蔑都只能是暂时的,否则我无法心安理得地活下去。"读到这里,我立刻意识到今天下午的"抱怨"是愚蠢的,是心胸狭隘的,是一个真正的教师所不应有的。学生表情的沉默并不意味内心思维的停滞;"你在桥上看风景,看风景的人在看你"。如果你提出的是真正有启发性的问题,沉默的学生已经藏入内心并激发他的思考。只要是良种,一定会发芽。培根说:"演说的结尾比开始更重要。"我真担心那句"抱怨"会抵消我一学期讲课所付出的努力,更担心在学生的心中对我讲授的课程留下消极的阴影。

我急切地打开邮包,逐一阅读,原来是这个学生近年在报纸杂志发表的文字,有诗歌,有散文,也有学术论文,共三万多字。这三万多字的诗文与论文,尽管绝非字字珠玑,但那流畅的文字,敏锐的感觉,新颖的见解,字里行间焕发的勃勃生气和超越流俗的境界,令我刮目相看,暗生佩服。每一个人身上都有一口泉眼,不断喷涌出生命、活力、激情。而当你认识到年轻人有多么巨大的能量需要爆发时,你就不会为他们的出人意料的创造力而感到惊讶。

"啊!一个沉默的学生原来是一座沸腾的火山!不,每一个沉默的学生都是一座沸腾的火山!"我情不自禁地从心中涌出了这句话,并以这句话开头,诚恳地给这位学生回了邮件。

二、一群诗意的精灵

再转入本科课堂,这也是一个真实的故事。

事情起于我读钱锺书《说"回家"》后的一点感悟。《说"回家"》是一篇隽永的哲学随笔,钱先生发现,中外思想家都喜欢用"回家"一词来形容"思辨得到结论,心灵的追求达到目的"的境界。他写道:

> 中国古代思想家,尤其是道家和禅宗,每逢思辨得到结论,心灵的追求达到目的,就把"回家"作为比喻,例如"归根复本"、"自家田地"、"穷子认家门"等等。……这个比喻在西洋神秘主义里也是个基本概念。新柏拉图派大师泼洛克勒斯(Proclus)把探讨真理的历程分为三个阶段:家居,外出,回家。……中西比喻的相同,并非偶然。道家,禅宗,新柏拉图派都是唯心的,主张反求诸己,发明本心。这当然跟走遍天下以后,回向本家,有点相像。①

阅读这段文字时,我心中想的不是中西唯心派哲学思辨的异同问题,而是被"探讨真理的历程分为三个阶段:家居,外出,回家"这句话所吸引。我边读边想,认为比喻基于喻体:首先应当有"人生的历程分为三个阶段,家居,外出,回家"的生活现实,然后才有"探讨真理的历程分为三个阶段:家居,外出,回家"的哲学比喻。对!人生的历程,就是三个阶段:家居—外出—回家!

---

① 钱锺书:《写在人生边上的边上》,生活・读书・新知三联书店2001年版,第128—129页。

第二天课前,我以"人生三部曲:离家—成家—回家"为题,在黑板上写了一段文字:

十六离家:义无反顾,带着憧憬出发;
三十成家:为一颗流浪的心,找一个停泊的港湾;
六十回家:备尝人生的艰辛,西风瘦马,夕阳西下。

我经常用这种方式与学生交流人生感受和学习体会,学生们幽默地称之为"陈子语录"。上面第一句,就是有意针对眼前这些刚"飞"出家门不久的"大二学生"说的。我边写边想,隐隐感到在我读过的唐诗里,有不少诗篇就是抒发"人生三阶段"的体验和心境的。于是我转身对学生说:"谢灵运曾说'谁谓古今殊,异代可同调',唐诗宋词也可以为我们抒情。你们正在上唐代文学课,中文系的才子才女们,谁能给我来一个'唐诗版'的人生三部曲?"这算是一个挑战。说完我就开始讲我的"灰色理论"了。

第二次我去上课,正准备利用"课前十分钟"发表我的最新感悟。抬头,黑板上已经写了一篇"唐诗版"的"人生三部曲":

十六离家:"仰天大笑出门去,我辈岂是蓬蒿人"(李白《南陵别儿童入京》);
三十成家:"三十年来世上行,也曾狂走趁浮名"(元稹《放言五首》其五);
六十回家:"儿童相见不相识,笑问客从何处来"(贺知章《回乡偶书》)。

读完,都是"妇孺皆知"的唐人名句,但组合得非常得当,而且比我的"现代版"更昂扬;尤其元稹的"三十年来世上行,也曾狂走趁浮名",似乎更能体现出这一代学生走上社会后,对荣辱沉浮满不在乎的潇洒心态。

满堂沉默的学生,是一座沸腾的火山。我继续向学生挑战:"才子、才女们,这算是'唐诗七言版'。你们再来一篇'唐诗五言版'的吧!"

再下周我去上课时,黑板上果然已经写满了一篇"唐诗五言版·人生三部曲":

十六离家:"会当凌绝顶,一览众山小"(杜甫《望岳》);
三十成家:"男儿生当世,及壮当封侯"(杜甫《后出塞五首》其一);
六十回家:"莫道桑榆晚,微霞尚满天"(刘禹锡《酬乐天咏老见示》)。

　　课堂上沉默的学生,是一群诗意的精灵。"六十回家",他们没有用更为人熟悉的李商隐的"夕阳无限好,只是近黄昏",或许还是为了照顾的我这个"小老头"的情绪,免得引起我的伤感。

　　这次无意间的"集唐诗"活动,不仅让我感受到学生的朝气和才情,而且启发我对古典诗歌的现代价值作了新的思考:唐诗能为我们抒情,确实!为青年的青春抒情,为壮年的事业抒情,为老年的达观抒情;为我们的惜别抒情,为我们的友谊抒情,为我们的忧伤抒情。三百年唐诗史,一部百年人生情怀的咏叹史! 其实,三千年文学史,何尝不是一部百年人生情怀的咏叹史? 情理交融,诗哲合一。如果说三千年文学史是百年人生情怀的咏叹史,那么三千年哲学史便是百年人生问题的反思史。

三、一座沸腾的火山

　　法国思想家儒贝尔有句名言:"与年轻人去打交道吧,他们什么都懂。"不过,他的前辈布瓦洛的看法则并不如此肯定,在著名的"论年龄诗"中,布瓦洛写道:"青年人经常总是浮动中见其躁急,他接受坏影响既迅速而又容易,说话则海阔天空、欲望则瞬息万变,听批评不肯低头,乐起来有似疯癫。"[①]青春是无价的,青春意味着朝气,青春意味着希望,青春意味着无限的可能;同时,青春也是有代价的,青春意味着困惑,青春意味着迷茫,青春意味着幼稚的盲目。因此,我所谓"每一个沉默的学生都是一座沸腾的火山",绝不是说"每一个沉默的学生都是一个成熟的天才"。

　　只有先成为学生的心灵之友,才能成为学生的精神之师。在与年青生命的交往中,你会深切感受到青春的复杂性和心灵需求的多样性。在这座青春的"沸腾的火山"中,有他们的"人生困惑",有他们的"求知渴望",有他们的"苛刻评判",也有他们的"理想追求"。青春的"沸腾的火山",既时时喷发出才情和灵感,也深深潜藏着躁动和不安。

　　课堂上,每一个沉默的学生都有强烈的求知之心。眼睛是心灵的窗户,课堂上学生闪光的眼睛,闪耀出求知的渴望,表现出求知的满足,也包含着领悟的喜悦。开放的中国,价值取向的多元化和人生选择的多样化成为趋势,学生上大学

---

　　① 布瓦洛:《诗的艺术》,任典译,人民文学出版社2010年版,第53页

的动机也是多种多样的。不过无论动机如何多样,学生到大学里来是接受"高等教育"的。大学虽然进入了大众教育的时代,学生仍期待得到精英教育的质量。因此,在课堂上,每一个沉默的学生都有一颗强烈的求知之心。他们希望能听到真正的"大学教师"的课,听到真正的"大学教授"的课,在神圣的知识殿堂里得到学问的长进和心灵的陶冶。

学者必有师,古今无异。师者,"传道、受业、解惑也"。如果说"传道"需要境界,"解惑"需要智慧,那么"授业"则是教师最基本的职责。每一个教师都应当像一个真正的"大学教师"那样讲好自己的课程,让学生有一种坐在"大学课堂"里的神圣感觉。在我的课堂上,随着课程的进展,闪亮的眼睛会越来越多。我为能点亮学生的眼睛感到极大的满足。

然而,似乎并非所有课程都能满足学生的求知渴望。十多年前,一个学生在课程论文结尾留下了一句话:"走进这门课的教室,我终于有了坐在大学课堂里的感觉。"十多年后,另一个学生在课程作业的结尾留下了相似的话:"坐在这门课的教室里,让我真正感受到进入大学教授的课堂。"表扬意味着批评,肯定意味着否定。每一个沉默的学生成为教师最苛刻的裁判。再听听"必修课选逃,选修课必逃"的顺口溜、看看上课时间不少教室"宾朋寥落"的景象,学生对不少课程的失望之情已不难想见。造成这种状况的原因是多方面的,有些或许主要还不在教师。不过,学生的留言确实表明他们具有强烈的求知之心,学生之所以"弃师而去",显然是因为一些教师的"授业",远远未能满足他们的求知之心。

这是一个"信息爆炸"的时代,公共信息唾手可得。学生走进教室不是来听"公共信息"的,他是来听"独到见解"的。只有教师的深刻思想和独到见解,才能吸引这些自由的精灵。当教师的讲课沉闷乏味时,这些躁动的精灵便自由飞翔了。以科研促进教学是大学的特点,也是大学教师的使命。现在几乎每个大学教师都有自己的"科研课题",有不少还承担着"重大课题"。教师应当让学生乐观地相信,重大课题产生重大成果,进而推动教学的重大进步,以满足学生的求知之心,以精英化教育的水准升华大众化教育的境界。

校园里,每一个沉默的学生都是一个困惑的灵魂。西哲有云:城市越大,市民越孤独;同样,校园越大,学生越孤独。孤独由于困惑,困惑加深了孤独。孤独而又困惑的学生,初出家门,远离父母,无不希望自己的老师,既能成为"授业之师",又能成为"人生之师",解答自己的人生困惑。

多年以前,一个学生在给我的邮件中迷茫地写道:"老师啊,请你以自己的人生经历告诉我,人生的意义究竟在哪里?"我知道,这是一个靠窗而坐的女生,瘦弱而文静,专注而若有所思。这么一个小小年纪的学生,怎么会提出如此沉重的问题?其实,具有这种"人生困惑"的学生绝非她一人,此后经常有学生向我如此提问,相信也经常有学生向其他老师如此提问。

其实,求学为解惑,解惑方求知。学生希望教师为自己"解惑",是再自然不过的事了。然而,教师的"课堂授业"与学生的"心灵困惑",常常风马牛不相及。这似乎是各地大学的普遍现象,现在是如此,过去也是如此。著名学者孟祥森回忆大学生活时写道:"一九五七年,我考入台大哲学系,充满了对人生的困惑与对解答的渴求。课目表上排的课都对我有极大的诱惑力,诸如人生哲学、历史哲学、形而上学、西方哲学史、中国哲学史、印度哲学史等等,我是多么渴望着能从这些课堂上求得我问题的解答,解除我初发生命的饥渴。但我上课的时间不及一学期就整个泄了气下来。老师所讲的课似乎跟我心中的疑问完全风马牛不相及。"①

坦率地说,教师不能满意地解答学生的人生困惑,不能怪教师也不能怪课程。首先,课程有自己的知识体系和学科规律,教师有自己的教学任务和经历局限。因此,即使精于"人生哲学"的教师,也难以解答每一个学生的"人生困惑"。其次,一个哲学体系是一套人生方案,然而每一个人的人生困惑都来自各自生命的底层。因此,人生问题的哲学解决不等于个体解决,个体的人生困惑只能在生命的探索中逐步地自我解决。再次,大学生不是中学生,大学对他们不应提供保姆式的照顾,他们应该也必然会自我寻找生命的意义和人生的目标。

尽管如此,教师绝不能推卸自己为学生"解惑"的职责和使命。实际上,学生对教师的期待,除了知识的"授业"还有心灵的"解惑",对大学低年级学生而言,"解惑"或许比"授业"更重要。因此,只有正面回应了学生的问题,教师才算履行了自己的职责,才能赢得学生内心的尊敬。

对未来,每一个沉默的学生都是执着的寻梦者。追逐梦想是青春的特权,每一个学生上大学,无不"带着憧憬出发","带着梦想出发"。尽管"知识改变命运"的说法有简单化之嫌,但毋庸讳言,当今中国青年依然只有靠"知识改变命运"。学生的理想有大小高下的不同,大学的使命就是升华学生的理想,为学生的理想插上翅膀,让朴素的理想飞得更高更远。纽曼论"大学的理想"说得好:"大学不是产生诗人的地方,但是一个大学如果不能激起年轻人一些诗心的回荡,不能激

① 贺照田编选:《殷海光学记》,上海三联书店2004年版,第260页。

发年轻人一些对人类问题的思索,那么这个大学就缺少了感染力和大学精神是无可置疑的。"每一个预见圣火的人必须自己找寻点燃它的道路。一个教师只能在年轻人身上看到理想的形成,在旁边鼓励他,跟他说所走的路是正确的。

于是,如何守护和激励学生对理想的坚定追求,就成为大学和大学教师必须考虑的重要问题。一言以蔽之,大学要有文化氛围,教师要有文化理想;文化品位决定学校的风格,文化氛围影响学生的品格。金耀基先生说得好:"文化生活常决定大学的风格,常影响学生的气质品格。文化生活简单地说就是生活得有文化。这里所用的'文化'一词,是指一种有文学气质、有文化情调、有生命意义的生活方式。在这种文化生活里,华贵而不可有铜臭,简朴清素而不可'辣挞'无礼数。"①大学校园应以"一堵围墙、一种氛围、一部经典、一片宁静"的文化情调,陶冶心灵,守护理想。

然而,当今人们似乎普遍认为,今日的大学不再是"象牙之塔",早已走向"十字街头"。于是,有些教师或者出于对学生的关心,或者干脆以过来人的腔调,在课堂上讲一些现实的处世之道。然而,据我的观察,学生在课堂上或许听得兴致勃勃,在课堂下则会窃窃私语。每个学生都清楚地知道,上大学是来学"好"的,不是来学"坏"的。某些学生的追求或许并不崇高,但他绝不会容忍教师的庸俗。一个人的言行是他的灵魂的镜子。对于教师,每一个沉默的学生,都是一个苛刻的裁判,既是学问的裁判,也是人格的裁判。

"大学之道,在明明德,在亲民,在止于至善。"在缺乏宗教传统和普遍缺乏宗教信仰的中国,"大学"已成为现代人文精神制度性建设和孕育的母体,也是国人最后一块心灵庇护所。当然,月有阴晴圆缺,心忧喜怒哀乐,教师也是人,教师也承受着生活的压力和工作的压力,不可能时时生活在"崇高"里。但是,一旦走上讲台,就应坚守底线,正面示人。我的原则是:即使自己阴天,也要给学生光明;即使自己现实,也要让学生超越。这是对学生负责,也是对民族未来负责。

四、一座情谊的桥梁

活跃躁动的青春心灵,对教师提出多方面的要求:学生强烈的求知之心,要求教师具有广博的学识和深刻的见解;学生迷茫的人生困惑,要求教师予以同情

---

① 金耀基:《大学之理念》(增订版),生活·读书·新知三联书店2008年版,第17页。

的理解和睿智的指点;学生美好的理想追求,需要教师给予持续的鼓励和切实的助力。对于当代大学生来说,一个理想的大学教师,既要有"奇里斯玛"式的权威品质,又要有与学生平等信任的情谊基础。

台湾学者刘福增说得好:"一个大学,固然需要很多合格的教师来工作。但是,一个大学如果要不平庸,必须要有一些在知识、思想、智慧和理念上,具有撼动性的人来激励。一个文明的开创也是如此。"①所谓"在知识、思想、智慧和理念上,具有撼动性的人",就类似马克斯·韦伯所说的"奇里斯玛"式的权威。"奇里斯玛"(chrisma)本义是"神圣的天赋",来自早期基督教的语汇,指得到神助的人物;他登高一呼,万众景从。后来韦伯在界定"权威"(authcrity)的不同形态时,用来指称一种在社会不同行业中具有创造力的人物的特殊资质;在大学里,就是那种"在知识、思想、智慧和理念上,具有撼动性"的教师。

一般人在遵循已成轨迹的日常生活中,并不有意去接触对生活意义能给予启示的"奇里斯玛"。但是,每个人内在的生命都有要求接触"奇里斯玛"的动机与倾向。在这种接触中,人们感到自己有限的生命获得了相当程度的扩大,而日常的平凡生活也得到了相当程度的超越。青年学生正处于人生的十字路口,他们的内在生命更具有要求接触"奇里斯玛"的动机与倾向,并希望这样的"精神导师"带领他们走出困惑迷茫的人生丛林。爱因斯坦说:"我绝对深信,世界上的财富并不能帮助人类进步,即使它是掌握在那些对这事业最热城的人手里也如此。只有伟大而纯洁的人物榜样,才能引导我们具有高尚的思想和行为。"②一个真正的大学教师,应当勇于承担起"奇里斯玛"的文化使命,为学生树立一个"伟大而纯洁的人物榜样"。一个不平庸而具有魅力的大学,就是因为具有众多的"在知识、思想、智慧和理念上具有撼动性"的"奇里斯玛"式的精神权威和人物榜样,给学生以智慧,给学生以信仰,给学生以力量,从而成为学生终生向往的精神殿堂。

情感是心灵的纽带,信任是交流的基础。不管教师的名声多大,在这个"上帝已死"的年代,高傲的大学生是不会盲目崇拜任何人的。要想赢得青年学子的心,除了你在"知识、思想、智慧和理念上"具有撼动性,还必须在"渐行渐远"的师生之间建立起情谊的纽带。因为,真正有效的教育是以"情谊"为基础的。朱光潜说得好:

① 贺照田编选:《殷海光学记》,上海三联书店2004年版,第374页。

② 《爱因斯坦文集》(增订本),第3卷,许良英等编译,商务印书馆2009版,第50页。

　　教育是一种人性的接触，没有情谊做基础，无论制度如何完密，设备如何周到，决难收完美的效果。现在学校制度最大的毛病就在缺乏情谊的基础与人格的熏陶，而这个毛病的原因则大半在授课方式的机械化。①

　　1936年，朱光潜发表了《论大学教育方式的机械化》一文，对当时大学"授课方式的机械化"作了严厉批判。他写道：就学生说，闻铃上课，闻铃下课，在课室以外把讲义课本略加涉猎，对付过去考试，便算毕业了事；就教师说，同样闻铃上课，闻铃下课，在课室以外对于所授课程略加准备，有时甚至把用过十年二十年的讲义匆匆翻一遍，到课堂上敷衍过去了事。这种机械化授课方式的弊端，首要是师生之间不能发生亲切的关系，没有一点人性的温暖，除课堂上"相视无语"的有限时间，师生之间"视如路人"。正是针对这种弊端，朱光潜强调："大学不应该只是一种高等知识贩卖所，大学教育应该包含人格熏陶在内。应该有情谊做基础。"

　　八十年过去了，"大学教育方式的机械化"非但没有改观，随着电子手段引入课堂，教学设备越来越先进，"机械化"程度越来越高，而人性化的接触则越来越少，师生的情谊也越来越薄。学生们忧伤地感叹，"如今的大学完全成了一个没有人情味儿的自助性社会"。这是不能不让人忧虑的事情，也是不能不正视的问题。因为，这关系到教学的成效，也关系到教育的成败！

　　康德说，人是自然的最后的目的。借言之，学生是学校的最后的目的。为了实现教育的目的，完成教育的使命，我们必须在师生之间重建情谊的纽带，重架情谊的桥梁。刘福增先生说："一个教授，如果能够以他的知识、思想、智慧和理念来愉悦学生，不但可使青年学子们有一个快乐而丰富的大学生活，而且让他们在离开大学以后，常常有一个难忘的甜美和充实的大学回忆。"②事实上，大学生对大学的回忆，是对大学校园的回忆，是对大学同学的回忆，更是对大学课堂的回忆，是对"奇里斯玛"式的大学教师的回忆。

　　每一个沉默的学生都是一个诗意的精灵，每一个沉默的学生都是一座沸腾的火山。然而，要让这座"沸腾的火山"喷发出诗意和才情，实现高远的理想目标，不仅需要教师的学识和智慧，同样需要师生之间温热的情谊，使校园成为一个人情的乐园。

---

① 《朱光潜全集》，第8卷，安徽教育出版社1987年版，第471—472页。
② 殷夏君璐等著，《殷海光学记》，贺照田编选，上海三联书店2004年版，第372—373页。

第十七章 知识与幸福

——关于知识价值的三个命题

◆◆◆

　　大学是知识的殿堂,大学生充满求知的渴望。那么,知识的价值何在?求知的目的何为?换句话说,为什么要上大学?寒窗求知能给我们带来什么?这是当下每一个大学生不断追问自己的问题,也是越来越为之困惑的问题。

　　关于知识的价值,现在流行的说法是,"知识改变命运,读书追求幸福"。其实,几千年前,中西哲人对知识的价值就作过深入思考,提出过许多精辟见解。其中,最具代表性的是苏格拉底的"美德就是知识"和培根的"知识就是力量"。

　　从苏格拉底的"美德就是知识"、到培根的"知识就是力量"、再到当下的"知识改变命运",这三个命题不仅具有鲜明的时代色彩,而且清楚地区分了知识的不同类型,揭示了知识的不同价值。若能正确理解这三个命题的丰富内涵,或许能破解我们关于知识价值的困惑;若能将这三个命题作为一个整体掌握,或许能帮我们在求知的路上走得更远,在追求幸福的路上走得更顺。

一、"美德就是知识"

　　西方有两只"牛虻",是我们比较熟悉的:一是爱尔兰女作家伏尼契长篇小说《牛虻》中的男主角范里斯·列瓦雷士,一是古希腊自称为"雅典牛虻"的苏格拉底。其实,列瓦雷士的"牛虻"称号就来自苏格拉底,但各自的使命不同:列瓦雷士作为"意大利牛虻",是为建立一个统一和独立的共和国而战;苏格拉底作为"雅典牛虻",是为了"刺激"这一头"伟大而高贵的牲口"活跃起来,使雅典成为人人向往美德、具有高贵心灵的理想国。在法庭"申辩"中,70岁的苏格拉底置生死度外,依然不忘揭露金钱名位的罪恶,呼唤智慧真理的美德:

　　　　雅典人啊!我尊敬你们,并且爱你们;只要我还有生命和气力,我将永不停止哲学的实践,教诲、劝勉我所遇到的任何一个人,照我的方式对他说:你,我的朋友,伟大、强盛而且智慧的城市雅典的一个公民,像你这样只注意金钱名位,而不注意智慧、真理和改进你的心灵,你不觉得差耻吗?……不论老少,都不要老想着你们的人身或财产,而首先并且主要地要注意到心灵的最大程度的改善。我告诉你们美德并不是用金钱能买来的,却是从美德产生出金钱及人的其他一切公的方面和私的方面的好东西。这就是我的教义。①

苏格拉底关于"美德即知识"或"知识即美德"的命题,就是在这样的精神背景下提出来的。

世界由两样东西构成,即"人"与"物",或"人"与"自然";人类的知识也可以分为两类,即"人的知识"和"物的知识"。在苏格拉底之前,智者派的知识内容主要关注自然,探寻自然事物背后的原因。苏格拉底强调应当"认识你自己",认为"未经思考的人生是没有价值的人生"。因此,对人最有用的知识,莫过于关于人类自身的知识,研究人类精神的自我灵魂和崇高美德,才是哲学的真正使命,才能使人过一种幸福的生活;所谓"从美德才能产生出金钱及人的其他一切公的方面和私的方面的好东西"。美德是幸福的基础。

那么,如何理解"美德就是知识"的命题?这个命题是《美诺篇》中苏格拉底与美诺讨论美德的本质时提出来的。"美德即知识",既强调了"美德"与"知识"的必然联系,又蕴含了"知识"与"美德"的辩证关系。细读《美诺篇》及柏拉图早期对话录,似乎可以获得三点启示。

首先,从美德的本质看,知识是美德的基础,美德以知识为前提。"知识即美德,无知即罪恶",这是苏格拉底理性主义道德哲学的基本出发点。苏格拉底从"正确的思想必然导致善的行为,错误的思想必然导致恶的后果"的原则出发,认为一切美德都离不开知识,知识是美德的基础。在他看来,美德如一棵大树,枝叶虽然繁茂,主干则是知识;美德是知识的结果,邪恶源于无知。基于这种理性主义道德论,苏格拉底称赞欧蒂德谟"宁愿得到智慧的宝库而不要金银宝库"的行为,是真正懂得了"金子和银子都不能使人更好些,而智慧却会使人实有美德"的人生真谛。苏格拉底的这一观点在西方产生了深远的影响。20世纪英国作家洛根•史密斯有句名言:"未开垦的头脑不像未开垦的土地那样开满鲜花,那里面

---

① 北京大学哲学系外国哲学史教研室编译:《古希腊罗马哲学》,商务印书馆1961年版,第148—149页。

长满罪恶之莠草，还住满丑陋不堪的癞蛤蟆。"①这句"牛津格言"，对"无知即罪恶"作了触目惊心的发挥。

中国圣哲同样强调知识与道德的内在联系。孔子确认仁智统一，仁是一种道德原则，智便是一种知识内容。《大学》论"修身次第"有曰："物格而后知至，知至而后意诚，意诚而后心正，心正而后身修，身修而后家齐，家齐而后国治，国治而后天下平。"儒家这种从"格物致知"出发的修身论，与苏格拉底美德以知识为基础的理论，有异曲同工之妙。清人涨潮《幽梦影》有一则描写"美人"的妙语："所谓美人者，以花为貌，以鸟为声，以月为神，以柳为态，以玉为骨，以冰雪为肤，以秋水为姿，以诗词为心，吾无间然矣。"中国文化中的"美人"，可以是"美貌之人"，也可以是"美德之人"。"美人"以"诗词为心"，令人想起苏轼"腹有诗书气自华"的名句，同样暗含了美德以知识为基础的思想。

其次，从知识的性质看，知识是美德的知识，而不是自然的知识。"向善"和"行善"，必须以"知善"为前提。这是苏格拉底理性主义道德论的依据，也是其伦理主义知识论的根源。英国学者泰勒说得好："苏格拉底把它与美德等同起来的那种知识，不是任何一种或每一种能够称之为知识的东西；它肯定是今天叫做'道德价值'的知识，即认识什么是善的知识。"②从柏拉图早期对话录看，苏格拉底所谈论的知识确实大多属于"道德价值"或"善的知识"。如《游叙弗伦篇》谈虔敬、《克里托篇》谈义务、《拉凯斯篇》谈勇敢、《吕西斯篇》谈友谊以及《美诺篇》谈美德等等。在苏格拉底看来，所有的人都希望幸福，但大多数人因不了解幸福的真谛而得不到幸福。于是，正确区分"真正的幸福"和"误认的幸福"，就显得非常重要。要真正理解幸福的真谛，只有理性的灵魂才行；而理性的灵魂就是具有善的知识的灵魂，是具有正确判断善恶能力的灵魂。善的知识是人的幸福之本。人一旦获得了善的知识，就会自觉地向善和行善，就会成为一个德性的人，成为一个真正幸福的人。

中国哲人对德性之知的重视，与苏格拉底对"美德的知识"或"善的知识"的强调基本一致。中国哲人把知识分为德性之知和闻见之知，闻见之知指向经验领域中的事实，德性之知则是指道德认识与价值信念。传统中国，"大学何为"？《四书》开宗明义："大学之道，在明明德，在亲民，在止于至善。"孔子以仁爱为核

---

① 洛根·史密斯：《事后的思索》，载格罗斯编：《牛津格言集》，王怡宁译，汉语大词典出版社1991年版，第339页。

② A.E. 泰勒：《苏格拉底传》，赵继铨、李真译，商务印书馆2004年版，第92页。

心的教育思想,以"六经"为内容的教材体系,传授的就是"止于至善"的德性之知或善的知识。经过"诗"、"书"、"礼"、"乐"的教化,一个人就会成为心灵高尚、情趣高雅、智慧通达之人。且看:"其为人也,温柔敦厚而不愚,则深于《诗》者也;疏通知远而不诬,则深于《书》者也;广博易良而不奢,则深于《乐》者也;絜静精微而不贼,则深于《易》者也;恭俭庄敬而不烦,则深于《礼》者也;属辞比事而不乱,则深于《春秋》者也。"(《礼记·经解》)相比而言,如果说苏格拉底的善的知识尚处于倡导阶段,那么孔子的仁爱教育已形成一套完整的体系。

最后,从美德的形成看,美德由教育而来,哲学家则是"精神助产士"。苏格拉底认为美德就是知识,知识是可教的,所以美德由教育而来。但是,美德的知识不同于匠人的"技艺",是不能直接传授的,不能从外面灌输给人的心灵。美德的知识和一般的精神理念一样,是人的心灵先天具有的。但先天具有并非现成就是,必须通过一系列的引导、启发,也就是经过"教育"才能获得。苏格拉底认为,哲学家的任务不是臆造和传授知识真理,而应当成为一个"精神助产士",通过高超的"精神助产术"去为人接生先天具有的思想。在《泰阿泰德篇》中,苏格拉底深情地对青年朋友说:

> 我给你们讲这许多的原因,亲爱的朋友,是因为我相信——你自己也相信——你孕育着一些事物,正处于阵痛之中,到我这里来吧,记住我是一个产婆的儿子,并且我自己也会助产术……我的助产术与他们的助产术大致相似,不同的是,我的实施对象是男人而不是女人;我照料他们分娩时的灵魂,而不是他们的身体。①

苏格拉底的所谓"精神助产术",就是通过对话、诘问、论辩的种种启发方式,把人们先天具有的、潜在的"美德的知识"诱发出来,帮助人们发现自己内心的善的知识以达到认识自己、实现美德的目的。"认识你自己"是人生最高境界,而"精神助产术"是帮助人们"认识你自己"的基本途径。

其实,孔子的"不愤不启,不悱不发,举一隅而以三隅反"的"启发式教育",与苏格拉底的"精神助产术",也有异曲同工之妙。确实,美德的知识不是工匠的技艺,它无法依赖他人的传授,只能依靠自己的觉悟。如果美德可以传授,圣人就可以批量生产了。

总之,苏格拉底"美德即知识"的命题,既强调了"美德"与"知识"的必然联

---

① 苗力田主编:《古希腊哲学》,中国人民大学出版社1989年版,第211—212页。

系,又蕴含了"知识"与"美德"的辩证关系。从"知识是美德的基础"看,苏格拉底的道德哲学是理性主义的道德哲学;从"美德是知识的目的"看,苏格拉底的知识论是伦理主义的知识论。按照苏格拉底伦理主义的知识论,知识与幸福的关系就成为"知识——美德——幸福"的关系;换言之,知识涵养美德,美德决定幸福。

二、"知识就是力量"

希腊哲人说:"认识你自己!"近代哲人说:"改造这世界!"为了改造这世界,我们先得认识这世界。认识"物的世界",需要"物的理论"。于是,西方近代的学术文化改变了苏格拉底道德哲学的传统,发展了建立在经验基础上的自然科学。培根的"知识就是力量",就是在这种背景下提出来的。

培根(1561—1626)略与莎士比亚(1564—1616)同时,是英国16、17世纪之际著名哲学家,经验主义哲学奠基人。与莎翁不同,培根一生走的是"学而优则仕"的道路。他幼而颖悟,好学深思,12岁进入牛津大学;毕业后开始从政,先后担任过副检察长、检察长等要职,曾为掌玺大臣,并任大法官,又先后被封为维鲁兰男爵和圣奥本斯子爵。正当他官场得意之时,1621年被控受贿而去官,并被拘禁于伦敦塔中,幸好4天后国王下令释放。从此培根退而隐居,专门从事著述,直到逝世。培根说:"顺境的美德是节制:逆境的美德是坚忍。这后一种是较为伟大的一种德性。"[1]晚年的培根,即以逆境中的坚忍从事学术研究。从学术成就和学术影响看,这可算是他一生中最光荣的时代。培根的著作主要有《学术的进展》(1605)、《新工具》(1620)、《新大西岛》(1624)等等。

西方思想界公认,"知识就是力量"这句格言为培根首创。英国哲学史家罗素写道:"一般认为他是'知识就是力量'这句格言的创造者;虽然以前讲过同样话的也许还有人在,他却从新的着重点来讲这格言。"[2]但究竟出自何处,却众说纷纭。中国读者最熟悉的是培根以毕生心血写成的《论说文集》(1597—1625,三易其稿)。其中《论学问》有段名言:"史鉴使人明智;诗歌使人巧慧;数学使人精细;博物使人深沉;伦理之学使人庄重;逻辑与修辞使人善辩。'学问变化气

---

① 培根:《培根论说文集》,水天同译,商务印书馆1984年版,第19页。

② 罗素:《西方哲学史》(下卷),马元德译,商务印书馆2006年版,第62页。

质'。"①从语气、语势和逻辑看,"知识就是力量"已经呼之欲出,但并不见于此文。

中国有学者把《新工具》中的两句话作为"知识就是力量"的出处。全增嘏主编的《西方哲学史》有曰:"培根坚信以掌握自然界的发展规律为内容的人的知识本身就是一种巨大的力量。他提出:'人的知识和人的力量结合为一';'达到人的力量的道路和达到人的知识的道路是紧挨着的,而且几乎是一样的'②。上面两句话,通常被后人表达为'知识就是力量'。"③这就是说,培根有"知识就是力量"的思想,但并没有直接说过"知识就是力量"的话,这句格言是一位不知名的后人对培根思想的创造性概括。培根的《新工具》确实从强调"知识就是力量"开篇,但在格言的首创权问题上,中国学者比罗素还后退了一步。

"知识就是力量",究竟是否培根首创?踏破铁鞋无觅处,得来全不费工夫。近读美国学者威尔•杜兰(Will Durant)《世界文明史》,第七卷《理性开始时代》论及《新工具》"人类的知识与人类的力量结合为一"这段话时,威尔•杜兰加了这样一个"注":"著名的成语'知识就是力量'并未出现在培根现存的著作中;但在他的《Meditations Sacrae》(《沉思录》)的片断中,他写道'ipsa scientia protestas est'——'知识本身便是一种力量'。当然,这种思想贯串了培根的所有著作。"④原来如此!培根的这个《沉思录》没有公开发表,因此人们只知道培根说过"知识就是力量",至于在哪里说的,便不甚了了了。

培根的时代是"理性开始的时代",是从"迷信"到"科学"的时代,从"荣耀归于上帝"到"知识就是力量"的时代。道理很简单,社会生活的进步推动着科学技术的发展。当时,"商业和工业的迅速扩张,迫使科学随同发展……人类必须以带竞争性的准确与速度来考虑和计划,测度与设计各种事务;他们要求观察和记录的工具,要求利用对数、解析几何、微积分、机械学、显微镜、望远镜、统计方法、航海指引、天文学设备等科学方法来处理事务,而致使当时整个西欧的社会生存均致力于追求这些需要。"⑤培根的哲学就是这个时代的产物。

培根哲学上的最大贡献,就在于提出了经验论的一系列原则,制定了系统的归纳逻辑,强调实验对认识的作用。培根认为,人的知识只有通过感性经验从客

---

① 培根:《培根论说文集》,水天同译,商务印书馆1984年版,第180页。

② 见北京大学哲学系外国哲学史教研室编译:《十六——十八世纪西欧各国哲学》,商务印书馆1975年版,第9、47页;培根:《新工具》,许宝騤译,商务印书馆1984年版,译文略异。

③ 全增嘏主编:《西方哲学史》(上册),上海人民出版社1983年版,第451—452页。

④ 威尔•杜兰:《世界文明史》,第7卷,幼狮文化公司译,东方出版社1998年版,第137页。

⑤ 威尔•杜兰:《世界文明史》,第7卷,幼狮文化公司译,东方出版社1998年版,第128页

观外界获得。如何从感性知识上升为理性知识,培根有个"蜂酿蜜"的名喻:蜜蜂采蜜,原料来自花圃、田间的花丛,蜜蜂采集到花粉后,必须经过自己的加工制作,才能酿造出香甜可口的蜂蜜。人的认识也一样,原料只能通过感官从外界获得,但这还不等于已经获得真正的知识,人还必须通过自己的大脑,把这些从外界获得的材料,"加以改变和消化而保存在理智中",这样才能形成真正的知识。

培根还十分重视科学实验对认识的作用。他认为实验和经验不同,经验是自然形成的,而实验则是由人控制的。人通过科学实验,往往能够获得比经验更深刻的知识。培根的死可以说就是死于一次科学实验。1626年4月初的一个下雪天,天气非常之冷。培根在回家的路上买了一只鸡,把它杀了,亲自用手拿血塞满了鸡的肚子,要看看寒冷是否能延迟腐化。他刚做完了这件事,就觉得浑身发冷,这时他简直不能回家,所以就被抬到爱伦德爵士家中。在爱伦德爵士家中一个星期之后,培根就很平和地离开了这个世界。培根不仅是一个倡导科学实验的哲学家,也是一个执着于科学实验的科学家。

在知识形态学上,培根不仅考虑到科学知识的差异性,还相信它们本质的统一性。他把知识体系比作一棵"知识之树"。《崇学论》论"科学的统一性",他说:"各门知识就像相会在树干上的一棵树的诸多树枝一样——这树干在它自身分出树枝之前,要完整连续地生长一段——它们应被当作毋宁是标明分野而不是划分开、分割开的片段。"[1]无独有偶,与培根一样被视为欧洲近代哲学开端的法国哲学家笛卡尔,也有"知识之树"的隐喻。他在《哲学原理》中认为:整个哲学犹如一棵树,其中形而上学是根,物理学是干,其他各种科学都是由树干生长出来的分枝,分支归结为三个主要部分,即医药、力学和伦理学。等等。

从"知识就是力量",到"知识之树"的成长,知识取代上帝,成为人们最崇拜的对象。培根以来的世界近代史,科学知识和科学技术极大地推动了生产力的发展,推动了社会的进步,丰富了人们的物质生活,改变了人类的交往方式。"知识"成为新时代的福音,给人类带来了实实在在的福祉。四百年来,"知识就是力量",一路凯歌。

然而,就在2011年,西方的"知识就是力量",遭遇了东方的"知识不是力量"的挑战。知名媒体人南桥于2011年出版了《知识不是力量》一书,直接挑战"知识就是力量"。且听南桥先生的妙语:"网络时代,知识容易得到,见识却未必容易产生";"学生离知识的仓库多远?一根网线而已";"知道而无见识,徒增谈资,于

---

① 索利:《英国哲学史》,段德智译,山东人民出版社1996年版,第24页。

世无益,又有什么意思呢?"果然切中时弊而发人深省。

网络时代,"知识不是力量"!那么培根的"知识就是力量",是否原本就是一个误会?培根时代"知识就是力量"的口号是伟大的,网络时代"知识不是力量"的警示是深刻的。二者的区别在于,前者是就人类知识的原创者而言,后者是就经典常识的接受者而言。

从牛顿到爱因斯坦、从诺贝尔到居里夫人,这些人类知识的伟大原创者,当年以他们的智慧、毅力、聪明、才学,在艰苦的科学研究中发现知识,创造知识,造福人类。今天,这些原创知识已化为教科书中的经典常识,成为年青的知识接受者学习、记忆、考试的对象。活跃的心灵智慧变成了消极的记忆对象。对于当年的知识原创者来说,"知识就是力量";对于今天的知识接受者来说,就可能"知识不是力量"了!

那么,对于今天的知识接受者,如何重新让知识化为力量?知识原创者的经历告诉我们:记忆的知识不是力量,心灵的智慧才是力量;只有把前辈的知识重新转化为心灵的智慧,才有力量去创造新的知识,造福今天的人类。奥地利诗人霍夫曼斯塔尔说得好:"知道如何活用知识最重要,知道知识的来龙去脉次之,拥有知识再次之。"[①]一切知识的终极目的就是懂得应当怎么做,空空的脑袋塞进再多的知识也没有多大的用。

网络时代"知识不是力量"的警世之语,使我们对知识与幸福的关系增添了新的认识,那就是"知识——智慧——幸福":客观的知识转化为主体的智慧,主体的智慧创造人类的幸福。知识与幸福的关系不是直接的;没有智慧,知识不可能直接变成幸福。

三、"知识改变命运"

"知识改变命运"是"知识就是力量"的必然延伸,也是"知识就是力量"的现代版。不过它已对"知识就是力量"这个古典命题,作了中国特色的现代阐释和现代表述。简言之,掌握知识直接与个人命运挂钩,直接与个人幸福挂钩,对科学主义的知识论作了功利主义的阐释。

"知识改变命运"为何人首创?今已难觅出处。不过三十年前,在"为中华崛

---

① 约翰·格罗斯:《牛津格言集》,王怡宁译,汉语大词典出版社1991年版,第341页。

起而读书"的背景下，这句话像一阵春风，一时吹遍大江南北。三十年来，它成为最著名的校园励志语，最常见的励志演讲题，也是教师最常出的励志作文题。

当年有一个电视片，以一对亲姐妹的不同命运来诠释"知识改变命运"的道理，以唤起人们对知识的向往。对比强烈的画面，久久挥之不去：一面是春意盎然的大学校园里，捧着毕业证书即将到大城市去工作的妹妹，一脸幸福灿烂的笑容；一面是生活艰辛的贫困山区，挑着一对水桶艰难地跋涉在崎岖山路上的姐姐，一脸漠然无望的表情。画面的含义非常清楚：妹妹已经被"知识"改变了命运；姐姐则依旧生活在被"幸福"遗忘的角落。

看过这个电视片，我始终有两点疑惑：一是那位善良的姐姐或许为了心爱的妹妹，主动把升学的机会让了出来，自己默默地挑起家庭的生活重担，现在怎么忍心用妹妹的"幸福"来嘲笑姐姐的"不幸"？二是我们的媒体人怎么能对"知识改变命运"做如此功利主义的诠释？怎么能狭隘地理解为"知识改变个人命运"、"读书获取个人幸福"？其实，即便无可非议，也未必人人都能称心如意。

"毕业了，我们的工作在哪里？"严峻的现实不久就粉碎了浅薄的许诺。当年"知识能改变命运"的肯定，在当下"城里"和"城外"的年轻人的心中，打下了种种不同的问号：在已进入"城里"的大学生心中，它变成了"知识能改变命运吗"的疑问；在未进入"城里"的准大学生心中，它变成了"知识还能改变命运吗"的询问；在"毕业了，我们的工作在哪里"的毕业生中，它变成了"知识不能改变命运"的否定。仅仅三十年，坚定的肯定语，变成了疑窦丛生的三重奏。

"知识改变命运"，究竟应当如何理解？必须对这一命题的狭隘功利主义理解进行超功利的升华。

首先，"知识改变命运"，"知识"是前提。没有系统全面的专业知识，绝不可能创造真正的奇迹。最近，媒体在宣传一位"淘宝大学"副院长的一句"名言"："创业是最好的教育"；而"创业教育"的模式是："一栋楼+两根线+制度=成功"。记者这样描写上课的情景："教室里，老师在上面讲课，学生则猫在电脑后，座位旁还散落着时下流行的打底裤、针织帽等网购热卖品。他们正通过淘宝旺旺和顾客谈价格、接单子，生意热火朝天，键盘声不绝于耳……。"这是课堂还是商场？这些是学生还是商人？这种"创业教育"的模式，或许对某些学校是合适的。但是，若把这样的"创业教育"推向全国，绝不是中国大学的福音，将会是一种灾难。任何时候我们都必须对"耸人听闻"的媒体语言保持警惕。其实，这位"淘宝大学"副院长，对自己的学校、自己的学生、自己的教育模式，是有着非常清醒的认识和界限的。

其次,"知识改变命运",改变谁的命运? 改变什么样的命运? 我们绝不能把它理解为"知识改变个人的命运","读书获取个人的幸福"。这种狭隘的功利主义的知识功能论,不仅有悖常理,也不可能给个人带来真正长久永恒的幸福。准确地理解"知识改变命运",它应当包含两层意思:一是从终极意义上说,人类的知识最终是用来改变民族的命运,改变人类的命运,个人则从改变民族和人类命运的过程中获得自己的幸福;从知识个体来说,不是直接改变个人的物质命运,而是用来改变主体的精神命运,即培根所谓"学问变化气质",苏轼所谓"腹有诗书气自华"。物质命运的改变,既要有个人努力,更有赖外部条件;精神命运的改变,主动权完全掌握自己手里。人的灵魂的改变,是最根本的改变,教育的根本目标,就是"自然向人生成"。这不是空泛的大道理,而是千古不朽的哲理。看看我们的周围,曾有多少急于用"知识"去谋取"幸福"的聪明人,聪明反被聪明误!

最后,知识怎样才能改变命运? 怎样才能在改变民族和人类的命运同时,以令人尊敬而又有尊严的方式改变个人的命运? 网络时代"知识不是力量"的警示告诉我们,必须有两个前提:一是知识必须化为智慧;二是知识须由德性指引。

其一,知识诚可贵,智慧价更高。知识和智慧不同。在为人们改善生活提供强有力支持的同时,知识也能用同样强有力的手段,有意无意地摧毁生活。最关键的是,知识本身不会对古希腊人的问题"认识你自己"和"何为美好生活"做出解答。知识不会产生正确的判断、无畏的勇气、高尚的情操和宽容的胸怀。何谓智慧? 亚里士多德说"智慧就是寻找原因和原理的知识";现代人说"智慧就是指具有产生新思想的思维能力"。回到大学校园,对于教师,平庸的教师把智慧简化为知识,优秀的教师把知识升华为智慧;对于学生,只是死记硬背的是知识,能够灵活运用的是智慧。知识是静的,智慧是动的;知识是记的,智慧是用的。学者是对已经发生的事情进行研究的人,智者则是能对将要发生的事作出预知的人。怎样才能化知识为智慧? 悠闲出智慧,虚静生灵感。朱光潜说得好:只有"以出世的精神,做入世的事业",才能真正成就一番事业;同样,只有先成为"为知识而知识"的"傻瓜",才能"化知识为智慧",成为一个渊博的智者。如果一心想的是"知识改变命运,读书追求幸福",那么这颗被焦虑挟持的心,永远不可能成为一颗智慧的心。

其二,知识诚可贵,美德不可少。知识还必须以德性为基础,必须由道德情操来指引。科学知识是中性的,科学力量是一面双刃剑。英国哲学家柯林伍德在反思近代自然科学对欧洲社会的影响时,说过一段发人深省的话:"科学以其神圣的中立性,把新成就的巨大力量一视同仁地交给或善或恶、或智或愚的芸芸众生。随着自然科学的节节胜利,对人类事务的失控不仅在越来越广的范围内造成了破坏,其后果也日益严重,以至于可能毁灭文明世界中一切优秀合理的东西。因为恶人总是在善人之先操起破坏的工具,傻瓜也总是先于聪明人。我好像看到,自然科学的力量正在把欧洲变成人面兽心的野蛮之地。"[①]柯林伍德认为,自17世纪以来,人类控制自然事务的能力的巨大提高却没有相应地增进控制人类事务的能力;相反,控制自然事务的能力的上升与控制人类事务的能力的下降形成了正比。到了21世纪的今天,这种灾难性的"野蛮"现象愈演愈烈。于是,强调知识的道德基础的知识伦理学应运而生,苏格拉底的"美德就是知识,知识就是美德"的命题也获得了新的含义。

至此,关于知识价值的三个命题,可以变成一个合题,即"知识——智慧与美德——幸福":知识升华为智慧,知识由美德来指引,才能为人类创造幸福,为自己带来幸福。这种幸福是长久的幸福,也是最高尚的幸福。这样的"知识—幸福"观,是以科学主义和伦理主义为基础的"知识—幸福"观,也是能给我们带来真正幸福的"知识—幸福"观。难道不是吗?

---

① 柯林伍德:《柯林伍德自传》,陈静译,北京大学出版社2005年版,第87页。

第十八章　幸福人生"五步曲"

❖

　　"幸福"是一个人见人爱的字眼,追求幸福是人们一生的向往,也是天经地义的生命欲望。英国社会改革家欧文阐述他的"新社会观"时指出:"人生来就具有谋求幸福的欲望,这种欲望是他一切行为的基本原因,是终身都有的。"①人生的目的是追求幸福,人生的意义是获得幸福;追求幸福和享受幸福,是人生终极目标和终极意义之所在。

　　走在都市的立交桥上,你若能放慢脚步,纵目静观大千世界,就会发现无论男女老少,个个步履匆忙,直奔前面的目标而去,对眼前的风景视而不见。每个人都在为明天而忙碌,都在为未来而奋斗。为明天、为未来,就是为希望,就是为了明天和未来的幸福。

　　那么,幸福人生是可以从容把握的吗?是可以按照一定步骤从容实现的吗?在我看来似乎是可以的,而且只需"五步"。不过在传授"幸福秘诀"之前,先应弄清幸福的真谛。

　　何谓幸福?一盏灯火,照亮一片生活,也是对幸福的一种诠释。无论幸福如何多样,幸福的感受都是一样的,那就是快乐,一种洋溢身心的快乐;心灵的快乐是幸福的主观体验形式。人的幸福感不是肉体的快感,而是灵魂的欣愉,人生的美感。真正的幸福不在于掌握权力,也不在于占有黄金,它的居处是在我们的灵魂之中。希腊哲人赫拉克利特有句妙语:"如果幸福在于肉体的快感,那么就应该说,牛找到草料的时候,是最幸福的。"

　　华夏民族是一个乐观的民族,中国人对人生幸福充满了乐观情调。在我看来,《论语》开篇描述的三种情境,就是孔子心目中三种幸福情境:

　　　　学而时习之,不亦说乎?
　　　　有朋自远方来,不亦乐乎?

---

　　① 欧文:《新社会观》,《欧文选集》(上卷),柯象峰等译,商务印书馆1981年版。

人不知而不愠,不亦君子乎?

在孔子看来,学而能时时温习,是一种精神的愉悦;有朋友从远方来,是一种相聚的快乐;不为人理解而无怨言,更是一种君子的境界。这样的幸福,是一种内在的幸福,一种精神的幸福,一种君子的幸福。

现代幸福论认为,人的幸福感有强弱之分,有高低之分,也有久暂之分。幸福越低级就越强烈,因而也就越短暂;越高级就越淡泊,因而也就越持久。美酒佳肴之福是低级的,其体验可谓强烈,然而极其短暂,酒足饭饱之后就荡然无存了。正如赫拉克利特所说,一个干燥的灵魂是最智慧的,也是最高贵的;而当一个人酒醉之时,就由一个孩童引领,踉跄蹒跚,不知去向何方,因为他有着潮湿的灵魂。相反,创造发明或著书立说之福是高级的,它比美酒佳肴淡泊得多,但也持久的多,甚至可以快慰一生。身为王公贵胄的曹植都认为:"年寿有时而尽,荣乐止乎其身,二者必至之常期,未若文章之无穷。"(《典论·论文》)人生不排斥一切正当的幸福,但应努力追求高级而持久的幸福。

什么样的幸福最有价值,最为持久?在我看来,事业成功和实现自我的快乐应当是最有价值、也最为持久的幸福,这种幸福感可以绵延不绝,终生享用。人生与事业密不可分。一个碌碌无为、无所事事的人,怎么会有真正的幸福?如果说心灵的快乐是幸福的主观体验形式,那么事业的成功则是幸福的客观现实基础。因此,全面地看,幸福是一种源于生活的完满、事业的成功、人生充满意义而获得的一种心灵快乐。快乐的人生是幸福的,痛苦的人生是不幸的,有意义的人生是幸福的,无意义的人生是不幸的;而人生的快乐和人生的意义,来源于事业的成功,来源于创造的成功。一言以蔽之,成功的人生是幸福的,失败的人生是不幸的。

从这个意义上说,幸福就是成功,幸福感就是成功感,幸福的秘诀也就是成功的秘诀。我所说的"幸福人生五步曲",实质也就是"事业成功五步曲"。

法国思想家巴雷斯说得好:"不应设想强迫人们遵守一种会给他们带来幸福的法则,而是为他们提示一种包含幸福的精神状态。"①没有带来幸福的万能法则,只有追求幸福的顽强精神。幸福的人生,基于事业的成功;成功的事业,有一条走向成功的精神之路。走向成功、走向幸福的精神之路,可以分为"五步":这就是兴趣、意志、职业、事业和使命。兴趣是成功的起点,意志是成功的精神保

---

① 让·德·维莱编:《世界名人思想词典》,施康强等译,重庆出版社1992年版,第36页。

证,职业是成功的现实保证,事业心是职业的创造性升华,使命感使人生进入自由之境,享受到人生最高的幸福。

一、兴趣:幸福的起点

兴趣是成功的起点,也是幸福的起点。《人民日报海外版》2009年11月27日刊登了"大卫与著名画家陈丹青的对话",其中有这样一段问答:

> 大　卫:只受过正规的小学教育,但你今天取得了相当的成就,有什么独门秘籍?
>
> 陈丹青:不要夸大我的"成就",我只是名字被媒体夸大了。受过小学教育而能做成一些事情的人太多了,受了大学教育而一事无成的人也太多了。你的问题暗示学历与成就应是正比,不是这样的。要说获取成就的独门秘籍,我相信就是去做,保持做。还有,热爱你做的事——不管什么事情。

在陈丹青看来,成功与学历并无直接关系,只受过正规小学教育的陈丹青,获得成功的"独门秘籍",就在于"热爱所做的事",对自己的事业始终怀着浓郁的兴趣:"去做,保持做"!

对于一个成功者来说,兴趣很重要,对于一个大学生来说,专业兴趣更重要。兴趣是激情,兴趣是动力,兴趣会激发丰富的创造性想象。只有对专业具有发自内心的强烈兴趣,才会在专业学习中发挥出最大的创造力。当今各个领域中的佼佼者,回顾一下他们的学生时代,可以发现他们无不对自己的学业抱有浓厚的兴趣,故能倾尽全力,乐此不疲,最终成就卓著,享受成功的快乐。

一个缺乏专业兴趣的学生要想获得学业的成功,进而获得职业和事业的成功,那是不可想象的。不过,今天的大学校园中,对自己的专业缺乏兴趣的学生并不少见。没有兴趣怎么办?只有一条路,必须培养兴趣。俗话说,书山有路勤为径,学海无涯苦作舟。专业学习是艰苦的,专业才能的形成更是艰难的。没有兴趣,面对书山学海,将寸步难行。

如何培养兴趣?有一种有效的方法,这就是在"兴奋点"中形成自己的"兴趣点"。兴奋是情绪的、激动的,兴趣是知性的、冷静;兴奋是浅表的、短暂的,兴趣是智慧的、投入的。然而,兴奋是兴趣的前奏,兴趣是兴奋的升华。

兴趣是最好的老师,兴趣是成功的起点。如果你正为自己缺乏专业兴趣而苦恼,那么你就应当在课堂上、在阅读中、在与老师和同学的交流中,努力注意捕捉自己兴奋点,进而将其升华为自己的兴趣点。

五彩缤纷的生活,是我们兴奋和兴趣的源泉,只要你认清了专业与生活的关系,认清了专业对生活的意义,你就会对自己的专业产生兴趣;专业辉煌的历史,是我们兴奋和兴趣的源泉,只要你了解了专业悠久的传统,认识了学科史上开疆拓土的杰出人物,你就会对自己的专业产生兴趣;专业丰富的知识和真理的价值,更是我们兴奋和兴趣的源泉,只要你进入了知识的殿堂,领略了真理的魅力,你就会对自己的专业产生兴趣。

真正的学识属于人类可能取得的成就中最高的成就之一。一个人若能选择一个有价值的专业,洞悉其所有的真相并精通其周边学科的基本面貌,还有什么比这个更加令人欢欣鼓舞,更为幸福呢?

二、意志:幸福的精神保证

兴趣是兴奋的升华,但兴趣作为一种心理现象,毕竟感性多于理性,情绪多于沉思,暂时多于持久。而走向成功的道路是崎岖不平的,寂寞孤独的,可能忍受的困难和打击常常是超乎想象的。如果对自己的专业和学业只是一种兴趣,只有一时的兴趣,一旦遇到困难和挫折,就会丧失兴趣而轻易放弃,索然无趣而半途而废。

有志者,事竟成。在走向成功的路上,兴趣必须要有意志相伴。兴奋要升华为兴趣,兴趣还要转化为志趣。"志趣"者,意志支撑的兴趣。意志是一种自觉地确定目的并支配其行动以实现预定目的的心理过程,它具有自觉性、果断性、自制性和坚韧性等特点。一个有心修炼和提升自己意志力的人,将获得无比巨大的力量,这种力量不仅能够控制一个人的精神世界,而且能让人的心智达到前所未有的高度。意志力是一把能够开启人的洞察力和征服力的神奇钥匙。

兴趣是幸福的起点,意志则伴随你走向成功和幸福的终点。罗素-康维尔牧师有一段广为流传的名言:

> 古往今来,对于成功秘诀的谈论实在太多了。但其实,成功并没有什么秘诀。成功的声音一直在芸芸众生的耳边萦绕,只是没有人理会她罢了。而她反复述说的就是一个词——意志力。任何一个人,只要听见了她的声音并

且用心去体会,就会获得足够的能量去攀越生命的巅峰。

只要给予意志力以支配生命的自由,那么你就会勇往直前。有兴趣无意志,最多只是一个票友;有兴趣有意志,方可成为一个名角。意志坚强的人自己创造历史,缺乏意志的人看别人创造历史。历史上具有大成就的人,都是极具意志力、极为努力的人。曹雪芹创作《红楼梦》,"披阅十载,增删五次";托尔斯泰撰写《战争与和平》,七易其稿,历时六年;达·芬奇创作《蒙娜丽莎》,整整五个春秋;达尔文构思《物种起源》二十余年方成书;马克思撰写《资本论》四十余载未定稿;歌德写作《浮士德》竟花了六十年光阴。

坚强的意志是克服困难的利器,是事业获得成功的精神保证;具有强大意志力的人,即使面对着毁灭性的打击,依然能傲然挺立。司马迁为实现父亲撰写《史记》的遗愿,先是广泛搜集材料,"南游江淮,上会稽,探禹穴,窥九疑,浮于沅湘;北涉汶泗,讲业齐鲁之都,观孔子之遗风,乡射邹峄";在撰写过程中,因李陵案受牵连,受"腐刑",下"蚕室",遭受宫刑之痛、失意之苦,依然忍辱负重,"隐忍苟活",最后终于留下了被誉为"史家之绝唱,无韵之离骚"的伟大史著。试想,倘无超人的毅力和顽强的意志,这一切如何可能?

司马迁式的意志力,不只是一种传统的人格精神,也是现代的人生幸福所不可缺少。现代教育家罗家伦说得好:"真正的快乐,不是天上掉下来的,而是从挣扎中产生的。在挣扎的过程中,自然有痛苦,却也有快乐,等到成功以后,则甜蜜的回忆,更是最大的快乐。"[①]当司马迁写完《太史公自序》的最后一个字,他内心深处那种"从挣扎中产生的"的满足感,那种如释重负的轻松感,那种既痛苦又快乐的成就感,今人依然不难体会。

在当今"众神狂欢"的大众传媒时代,电视和网络不断推出的各路明星,让人觉得成功是那般容易,快乐和幸福只在举手之间。其实,真正的明星之路无不伴随着寂寞和汗水,广告式的幸福许诺是资本和商人联手合谋的幻觉。人们的一切成功和一切幸福,都是以顽强的意志,坚强的决心,不屈不挠追求的结果。古人如此,今人如此,伟人如此,凡人如此,学者的学问如此,学生的学业同样如此。

---

① 罗家伦:《中国人的品格》,中国工人出版社2010年版。

三、职业：幸福的现实保证

"三十而立"，通俗的理解就是"成家立业"。我们大多数人都必须在三十岁之前寻得一个职业，领取一份薪水，否则就得求亲靠友过日子，甚至成为一个"啃老族"。从学业到职业，开始进入人生的第二阶段，人生的幸福也由学业的幸福转变为职业的幸福。如果说意志是幸福的精神保证，那么职业则是幸福的现实保证。

职业给予我们的幸福是多样的：从职业与个性角度看，一份最适合自己个性、自己最感兴趣的职业能带来最大的快乐和幸福；从职业与经济收入角度看，一份职位稳定，收入可观的职业能带来最大的快乐和幸福；从职业与个人抱负角度看，一份能学以致用、发挥专长、施展个人抱负的职业能带来最大的快乐和幸福；从职业与社会影响角度看，一份能获得社会尊重、产生社会影响、具有社会地位的职业能带来最大的快乐和幸福。

一个理想的社会，能让每一个人有一项适合于他的才性的职业，能让每一个年轻人有一项适合他的年龄的职业。而职业给予我们的各种幸福中，最主要的不是收入和财富。生活的幸福度原本是一个心理学术语，它的本意是指人们对生活满足的程度。研究发现，影响职业幸福感的重要因素是成就感、挑战性、对工作的热爱、人际关系状况、工作环境、管理制度和文化氛围等等。据研究统计，只有大约15%的幸福感与收入、财产或其他财政因素有关，而近90%的幸福感来自诸如生活态度、自我控制以及人际关系。没有金钱是万万不能的，有了金钱也不是无所不能的。收入和财富仅仅是能够带来幸福的很小的因素之一，人们的幸福度的高低，很大程度上取决于很多和绝对财富无关的因素。

谈到职业幸福，我想说一下自己。我是一个教师，我对教师的职业情有独钟：书房里，青灯摊书，实在是一种难以言喻的快乐；讲台上，纵论天下，实在是一种难以言喻的快乐；撰述时，思接千载，实在是一种难以言喻的快乐。但是，我作为教师的幸福，却是被旁人发现的。

这位"教师幸福"的发现者，就是我当年曾经也是教师的同学。教师节的早晨，我收到这位多年前转行当公务员的同学的短信，这是一则诗意而感伤的短信：

离开了讲台,才发现满腹诗书无人可诉;离开了教室,才发现一片丹心无处安放;离开了学校,才发现心灵开始孤寂梦想开始沦落;离开了教育,才发现目标变得摇曳奋斗变得虚伪。我怀念和你在一起的日子,怀念和学生们在一起的时光。所以在今天这个属于你而背弃了我的日子,以我的真实感受来唤起你对从事这份职业可能丢掉的自豪感,希望你还有机会做老师的日子天天快乐,希望你真正意识到虚名浮世中,你所从事的是最崇高的职业。祝福你,我的朋友!

这是我所收到的最有才华的短信之一。读完这条短信,我往日自娱自乐的快乐感顿时转化无比自豪的幸福感;同时,我又惋惜这位满腹学问的同学,将会在终日虚与委蛇地应付中浪费他的后半生。

从此我越来越重视自己的职业,也越来越陶醉于自己的职业。我曾用四句话概括了我对教师职业的理解:"教学是一门艺术,教师是一位演员,学生是一群专业的听众,讲台是一个智慧的舞台。"俗话说,艺无止境。教师作为一个特殊的演员,要在这个知识和智慧的舞台上"长袖善舞",是必须要花一番心血。但这是完全值得的,因为当教师的人是幸福的:

教师的名字会有一批又一批年青的生命铭记;

教师的精神生命会有一批又一批年青的生命延续。

社会应当让教师这个职业成为一个幸福的职业。一个没有幸福感的教师,无法让学生获得学习的幸福,也无法让学生感受人生的幸福。教师自己要成为一个充满幸福感的人,这是自己的需要,更是教育的需要。

四、事业:职业的创造性升华

学校走向社会的第一步,首先成为一个称职的人:一个称职的员工,一个称职的职员,一个称职的教师。要在职业中取得更大的成功,获得更大的幸福,必须进一步把谋生的职业视为一种终生的事业。

从学业到职业,是人的社会身份的转变,从职业到事业,则是人的精神境界的转变。职业是社会分工,事业是自我实现;职业是功利的,事业是超越的;职业是被动的,事业是主动的;职业是一时的,事业是终生的;职业是机械的,事业是创造的。

一个诗人、一个学者与一个工匠、一个鞋匠,他们之间的区别不在于从事的职业,而在于对待职业的态度:他们之中的杰出者无不把职业视为事业,视为生命之所依托;于是对手中的作品,倾注全副精力切之磋之,琢之磨之。仅仅把工作视为谋生的职业,日复一日,就可能"做一天和尚撞一天钟",既不会有创造的冲动,也难以在工作中享受到创造的幸福。只有把职业作为事业,才会激发出工作的激情,激发出的创造激情,在创造性的工作中收获创造的成果,享受创造的欢乐,享受创造的幸福。

创造是欢乐的源泉,创造也是幸福的源泉。在创造中获得的幸福,是一种享用不尽的心灵幸福。在《约翰·克利斯朵夫》中,罗曼·罗兰曾用富于诗意的语言,热情赞美创造的欢乐,创造的幸福:

> 创造的欢乐,神明的欢乐!惟有创造才是欢乐。惟有创造的生灵才是生灵。其余的尽是与生命无关而在地下漂浮的影子。人生所有的欢乐是创造的欢乐;爱情,天才,行动,——全靠创造这一团火进射出来。

这是创造的颂歌,欢乐的颂歌,也是幸福的颂歌。

中国古人有"三不朽"之说,这是人生所期望获得的三种最伟大的成功,也是人生所期望获得三种最恒久的创造性幸福。从现代幸福论看,"立言"是在学问方面获得的创造性幸福,如作家、学者、科学家、思想家等等,这种幸福也是创造性的精神幸福;"立功"是在事业方面获得的创造性幸福,如政治家、军事家、企业家、能工巧匠等等,这种幸福或是创造性的社会幸福,或是创造性的物质幸福,或是二者兼而有之;"立德"是道德人格方面的创造性幸福,如道德完善、品行高尚、成圣成贤、成为慈善家等等,这种幸福则是创造性的社会幸福。

成就一番事业,就要有一颗事业心。现今的"跳槽风"却是"事业心"最大的杀手。在各类职场上,"跳槽"已成为一种时髦,成为一种风潮。每到金九银十跳槽月,职场上的"风吹草动"就分外强烈。跳槽,被大多数人认可,并被视为追求个人发展的一个不错的途径。有些具有一定学历资本的人,甚至把接到猎头电话的多少作为衡定自己价码的标准。"你跳了吗?"一时成了"年轻才俊"们见面的问候语。

跳槽的成功者也有自己的幸福:职位越跳越好,薪水越跳越高,地位越跳越显眼,一时颇有"春风得意马蹄疾,一日看遍长安花"的幸福感。然而,跳槽的幸福像跳槽一样,来得快,也去得快;更令人担忧的是,在跳槽者的心中,职业仅仅是一种谋取实利的手段,他对自己的工作不可能再有献身精神,更难以具有创造的激情。

法国思想家帕斯卡尔说:"人的一生由爱情开始,由抱负告终是幸福的。"[1]有"抱负"就是有"事业心",这是一种高尚的情操,一种可贵的道德精神。不朽的功业只有具有恒久的事业心的人才可能取得,创造性的幸福也只有具有热忱的事业心的人才能享受。

五、使命:进入生命的自由之境

"使命"者,"使者所奉之命":在传统中国,是指使者奉"君王之命";在中世纪的西方,是指使者奉"上帝之命"。今天,"使命"喻指人们肩负的具有重大意义的任务和责任;使命感则是指一个人对自己的职业所负有的社会责任、道德义务和人类意义的深刻感知和发自内心的认同。

每个人都有自己的使命,这种使命将伴随你的出生而降临到你的身上,将伴随你的职业而赋予不同的内涵。政治家有政治家的治国使命,企业家有企业家的创业使命,学者有学者的文化使命,教师有教师的育人使命。"先天下之忧而忧,后天下之乐而乐";"为天地立心,为生民立命,为往圣继绝学,为万世开太平"!这是中国优秀知识分子对自己肩负的神圣使命的经典表述。

一个人的大学时代,最容易具有使命感,也最容易以天下为己任。大学是一个培育普遍理念和崇高理想的地方,尊严、自由、公正、平等的理念,对纯洁而有朝气的大学生极具启发和刺激作用。当他们的理想与所接触到的现实发生冲突时,往往难以容忍而采取不妥协的激烈态度;所谓"书生意气,挥斥方遒;指点江山,激扬文字,粪土当年万户侯"。这可以视为大学生的"无限责任观"。不过,在当今的"常人时代",有些曾经富于使命感的人又最容易丧失使命感。有不少年轻人,在大学时代,曾经热血沸腾,慷慨激昂,肩担道德的十字架,大有"我不入地狱,谁入地狱"的气概。但一旦离开大学,踏入社会,便不止"壮气蒿莱,金剑沉埋",甚至对时代的问题不闻不问,对社会的是非也患了冷漠症,麻木不仁。这可称为年轻人的"看破红尘观"。

无论是"无限责任",还是"看破红尘",都说明学生时代的使命感未经实践的磨砺,具有一时的情绪性和不确定性。使命感是一种崇高的精神品格,它是随着

---

① 让·德·维莱编:《世界名人思想词典》,施康强等译,重庆出版社1992年版,第340页。

人生阅历的丰富,人生境界的提升,逐渐形成,逐渐升华的。我认为,《论语•为政》的一段名言,就描述了使命感形成的渐进性:

> 吾十有五而志于学,三十而立,四十而不惑,五十而知天命,六十而耳顺,七十而从心所欲不逾矩。

在孔子看来,人的"精神自我"的形成,可分为七个阶段:"十有五而志于学",立志向学,精神生命的开始;"三十而立",既是"成家立业",又是"精神独立";"四十而不惑",洞察人间百态,从容应对人生;"五十而知天命","天命"者,"使命"也,五十而知"天降的使命";"六十而耳顺",阅尽人生,宠辱不惊;"七十而从心所欲不逾矩",进入生命的自由之境。孔子四十字的"精神历程论",堪与黑格尔的《精神现象学》媲美。黑格尔如此宣告:"精神现象学把不同的精神形态作为一条道路上的许多停靠站包揽在自身之内,通过这条道路,精神成为纯粹知识或绝对精神。"①"纯粹知识或绝对精神"是黑格尔哲学的最高境界,也可以说是生命主体的最高境界。因此,一部《精神现象学》,就是一个自我实现、自我完善的曲折历程。

为使命活着的人是幸福的:他有一个目标,有一个理想,有一个追求,他的生命与为之献身的人们连成一片,他成为一个崇高的"精神自我",他的人生进入了生命的自由之境,他所享受的幸福也是人生的最高幸福。正如美国哲学家威廉•詹姆士所说:"整个社会自我,比整个物质自我高。我们为名誉、为朋友、为然诺、为信义,应该胜过我们为自己愉快、为自己发财。至于精神自我,更属高尚得不可以道理计、宝贵到不可以金钱数。"②

在西方的宗教和艺术中,地狱的景象常被恐怖地呈现出来,幸福的天堂只有入口处是用清晰的笔调描绘的。在他们看来,真正的幸福似乎只有在彼岸世界才能得到。索福克勒斯《俄狄浦斯王》中的歌队长有句著名台词:

> 当我们等着瞧那最末的日子的时候,不要说一个人是幸福的,在他还没有跨过生命的界限,还没有得到痛苦的解脱之前。

这句台词,源于古希腊"七贤"之一、梭伦的"生前谁都不要说自己幸福"这句话。从现代幸福论看,这句话只承认结果的幸福而否定过程的幸福。其实,真正的人生幸福,是过程幸福和结果幸福的完美统一,也是成功路上的幸福和

---

① 黑格尔:《精神现象学》,先刚译,人民出版社2013年版,第505页。

② 威廉•詹姆士:《宗教经验之种种》,唐钺译,商务印书馆2011年版,第76—120页。

成功后幸福的完美统一。从这个意义上说,亚里士多德的一句名言是值得我们玩味的:"一个人不可能只在一瞬间幸福,而是享有幸福需要终生的时间。"①

"兴趣和热爱是伟大行为的两翼。"这是德国诗人荷尔德林给黑格尔的赠言。只要真正以兴趣和意志对待学业,以事业心和使命感对待职业,我们的一生就会有幸福相伴,不仅能享受成功路上的幸福,而且能享受成功之后的幸福。

① 转引自科林伍德:《历史的观念》,何兆武、张文杰、陈新译,北京大学出版社2010年版,第210页。

第十九章 "一切职业中都有艺术家"

一个春日的中午，已是古稀之年的法国艺术大师罗丹，在两个学生的陪同下，离开国家美术协会的沙龙，漫步来到巴黎爱丽舍田园大街，进入附近一家经常光顾的朴素幽静的菜馆，共进午餐。

罗丹的这两个学生，也早已是成名的艺术家，一位是优秀的雕塑家布尔德尔，一位是优秀的胸像雕塑家德斯比欧。布尔德尔的名气更大，他与罗丹及师弟马约尔，曾被誉为欧洲雕刻的"三大支柱"。今日师生相聚，心情格外愉快；他们一边品尝盘中的美味，一边继续沙龙中的话题。不过，当话题转到艺术的功能和艺术家的作用时，一种寂寞失落之情，不禁涌上布尔德尔的心头。或许是向老师诉苦，或许是向老师求教，布尔德尔直言不讳地倾吐了埋藏心底的困惑和忧伤："我们生活的世纪，对于艺术家来说真是个不幸的世纪。现在常有人说，你们这些搞艺术的，实在是一些无用之人。的的确确，我们毫无用处。我的父亲是锯匠，当我想起他时，我自言道：这个人是在做社会所需要的工作。但是我们，对于人类做出什么贡献呢？我们不过是集市上娱乐群众的江湖术士、卖艺者和怪诞的人罢了。"

罗丹静静地听着布尔德尔的不平之言，脸上始终带着微笑。罗丹极为了解自己的学生，了解他们献身艺术的志向和真诚，深知布尔德尔这番"世界用不着我们"的话，并非真的认为艺术无用，只是对功利主义社会偏见的一种不满。

艺术的有用无用、艺术在什么意义上对人生有用，西方自柏拉图以来，哲学家和美学家们一直争论不休，要一般常人作出明确回答，自然是不太可能的。回顾自己的艺术人生，罗丹有一个坚定的信念：凡是带给人们幸福的东西，便可称之为有用；只有人人都愉快地从事自己的事业，世界才会有真正的幸福。然而，在日渐被机器控制、被资本操纵的现代社会，大多数人都以厌恶的心情对待自己的工作，只有艺术家，只有那些真正的艺术家，才是唯一能够愉快地从事自己职业的人。从这个意义上说,艺术家留下了伟大的人生榜样,艺术家也是最有用的人。想到这里,老年罗丹对他的两位学生说了这样一段话:

> 如果工作对人类不是人生的强索的代价,而是人生的目的,人类将是多么幸福!为了使这种神奇的变革能够实现,希望所有的人都变成艺术家。因为,我认为艺术家这个词的最广泛的涵义,是指那些对自己所从事的职业感到愉快的人,是以自由的心灵从事创造的人。所以希望一切职业中都有许多艺术家。

确实,真正的艺术家对社会的贡献是双重的:他们既创造出伟大的艺术作品,丰富人们的精神生活,又培育自由的艺术精神,提供伟大的人生榜样。当人们都具有真正的艺术家的灵魂,人人都自由、愉快并创造性地从事自己的工作,人生才真正是幸福的,人类才可能不断地进步。

罗丹有句名言:艺术家的德性只是智慧、专注、真诚和意志。这可以说是罗丹对艺术灵魂或艺术精神精辟阐释。艺术家的这种精神品质,常令人肃然起敬而心向往之。罗丹同时代的法国艺术大师、欧洲后期印象画派的代表塞尚,就是这样的一位艺术家。塞尚认为:"画画并不意味着盲目地去复制现实,它意味着寻求各种关系的和谐。"从塞尚开始,西方画家从追求真实地描画自然,开始转向表现自我,并开始出现形形色色的形式主义流派,形成现代绘画的潮流。因此,塞尚也有"现代绘画之父"之称

塞尚曾花了一年的时间画一棵树。有人问他,为什么一棵树要画一年。他回答说:树在春天、夏天、秋天、冬天,都有不一样的姿态,不一样的神采。如果不先观察一年,怎么知道它真实的生命是什么样子?因此,塞尚足足花了一年的时间,精心观察这棵树的四季神态,然后才下笔作画。

塞尚画的树确实和一般的树不一样,这绝非是"盲目地复制现实",而是传神地表现出了"各种关系的和谐"。这棵树有神经、有血管,以及各种生命的结构,甚至连树根都可以看到。虽然看起来树干不像树干,树叶不像树叶,但是却让人感觉到这棵树的活泼泼的生命:在春天欣赏这幅画,会觉得它就像春天的树木,充满新嫩朝气;在夏天观看,则会觉得这棵树在盛夏中,恣意伸展;秋天和冬天亦各有风采。塞尚的这幅画把树的整个生命完全展现出来了,成为一件真正的艺术作品。

中国古代伟大的文学理论家刘勰论艺术创作有一句名言:"目既往还,心亦

吐纳;情往似赠,兴来如答。"(《文心雕龙·物色》)意思是说,艺术家面对创作对象,眼睛既然反复地观察,内心也有所感受而要倾吐。用感情来看景物,如同把自我投赠给对象;景物兴起创作的兴会,如同对象对自我的酬答。塞尚在创作过程中,以真正艺术家的智慧、专注、真诚和意志,与他面对的这棵树真正达到物我融合、彼此相忘的境界,然后以独特的艺术形式将此境界表现出来,终于成就了一幅杰出的作品。南宋词人辛弃疾曾写下"我见青山多妩媚,料青山见我应如是"的名句,他在创作中同样以真正艺术家的智慧、专注、真诚、意志,与表现对象达到物我融合、彼此相忘的境界,所以他的词作无不"如春云浮空,卷舒起灭,随所变态,无非可观"。

伟大的艺术家的心灵,好比一架精美而响亮的琴,每个时代的憧憬和理想,在琴上发出颤动的声音,通过艺术家的心,扩散到所有人的心。

当然,罗丹的愿望并不是要人人都从事艺术创作,而是"希望一切职业中都有许多艺术家"。在人类的各种职业中,大多数人并不从事艺术创造,却同样具有艺术家的纯粹创造精神,达到艺术家的超然审美境界,成为这一领域中具有艺术精神的真正艺术家。

此刻,我想到的首先是古代那位解牛的庖丁。庄子笔下那位替文惠君解牛的庖丁,不就是一位具有艺术精神、达到艺术境界的艺术家吗?且看他的解牛过程:"庖丁为文惠君解牛,手之所触,肩之所倚,足之所履,膝之所踦,砉然响然,奏刀騞然,莫不中音;合于《桑林》之舞,乃中《经音》之会。文惠君曰:'嘻,善哉!技盖至此乎?'庖丁释刀对曰:'臣之所好者道也,进乎技矣。'"庖丁的解牛过程,成了一个充满节奏感和愉悦感的艺术活动:庖丁的手所触及的,足所踩到的,膝所抵住的,划然响声,进刀割解发出哗啦啦响声,没有不合于音乐的;细心体会,甚至合于《桑林》乐章的舞步,合于《经音》乐章的韵律。毋怪文惠君发出这样的感叹:"啊!妙极了!宰牛的技术怎么会达到如此神妙的地步?"庖丁的回答更妙:"我所爱好的是道,对解牛之道的追求,已经远远超过了解牛的技术了。""技进乎道",就是以艺术精神从事日常劳作,从而使技术性的生产活动上升到审美性的艺术性活动。

中国的儒家哲学和道家哲学,实质上都是一种人生哲学,是华夏先民数千年人生智慧的结晶。儒家和道家无不倡导人生的艺术化,实质上也就是主张要以艺术精神对待人生,希望在"一切职业中都有真正的艺术家"。

"游"与"道",是庄子美学中的两个核心概念,"游"是一种艺术精神,"道"是一种艺术境界。对于"游"的精神状态，庄子在《逍遥游》中作了最精彩的描绘；对于"游"的精神内涵，庄子《达生》"梓庆削木为鐻"的故事作了生动的描述：

> 梓庆削木为鐻，鐻成，见者惊犹鬼神。鲁侯见而问焉，曰："子何术以为焉？"对曰："臣工人，何术之有！虽然，有一焉。臣将为鐻，未尝敢以耗气也，必斋以静心。斋三日，而不敢怀庆赏爵禄；斋五日，不敢怀非誉巧拙；斋七日，辄然忘吾有四肢形体也。当是时也，无公朝，其巧专而外滑消；然后入山林，观天性；形躯至矣，然后成见鐻，然后加手焉；不然则以。则以天合天，器之所以疑神者，其由是与！"

这位削木作鐻的木工真可以说是一位真正的艺术家，一位寻常职业中具有艺术精神的真正艺术家。在削木作鐻之前，这位木匠居然要虔诚地"斋戒七日"，直至心中做到"不敢怀庆赏爵禄"，"不敢怀非誉巧拙"，"辄然忘吾有四肢形体"；换言之，在作鐻之前，彻底地摈除功名、富贵、成败、利害的考虑，以忘我的精神投身于作鐻的工作之中，然后"以天合天"，以主体的自然合树木的自然，顺乎天然，最终创造出惊天地、泣鬼神的作品。

这是庄子的寓言，还是历史的真实？我宁可相信这是一则具有历史真实性的故事。灿烂的中华文明，不正是由古代"一切职业中的艺术家"创造出来的？梓庆斋戒七日"削木作鐻"的故事，也可以说是华夏先民以忘我的精神投身工作、以艺术家的态度对待人生的最佳写照。

道家强调"游"，儒家也强调"游"；道家的"游"是一种艺术精神，儒家的"游"也是一种艺术精神。如果说道家的"游"侧重于日常的实践生活，那么儒家的"游"更侧重于日常的教育生活。

《论语·述而》："子曰：'志于道，据以德，依于仁，游于艺。'"通常这被认为是孔子的教学总纲。何谓"游"？朱熹注为"玩物适情之谓"，可能并不充分。"艺"者，六艺也；"游"者，畅游也。因此，应当是因熟练掌握礼、乐、射、御、书、数六种技艺，有如鱼之在水，十分自在；亦即通过技艺的熟练掌握，获得自由，体悟至道，愉悦心灵。这可以说是一种"为科学而科学，为艺术而艺术"的快乐，也可以说是一种"以技术为艺术，化人生为艺术"的快乐。

看来，"希望一切职业中都有许多真正的艺术家"，不仅中西贤哲是相通的，中国的儒道也是相同的。

艺术是人类文明的最高成果，艺术精神是人类精神的最高境界。人类的艺术就是审美的人以艺术精神投身生活的结晶。人类艺术史上所有的艺术门类，无不直接源于人类的日常生活。例如，建筑和园林，是人的居所的审美延伸；雕塑和舞蹈，是人的身体的审美延伸；服装和纹饰，是人的仪容的审美延伸；绘画艺术，是人的表情的审美延伸；声乐和器乐，是人的声音的审美延伸；诗歌和散文，是人的语言的审美延伸；古代戏剧和现代影视，则是人的全面生活的审美延伸。只要人类永葆艺术精神，永远以艺术精神投身于我们的职业，就能不断在日常生活中创造出新的艺术形式，不断丰富人类的艺术之宫。

如果说艺术是日常人生的审美升华，那么人生则是一种广义的艺术活动。每个人的生命史就是他自己的作品。每一部生命的作品可以是艺术的，也可能是非艺术的；正如同是一块顽石，一个人能把它雕成一座伟大的雕像，另一个人却不能使顽石成器。这里的区别全在于一个人有没有艺术的精神，能不能以艺术的精神投身于自己的职业，能不能以艺术的精神投身于自己生命史的创造。不论一个人是否直接从事艺术创作，具有艺术精神的人就是一位艺术家，他的生命史就是一部艺术品。罗丹如此，塞尚如此，解牛的庖丁、作鐻的梓庆、巧匠鲁班和神医华佗，同样如此。

布尔德尔的忧伤，其实是不必要的；布尔德尔的困惑所引发的罗丹思考和议论，却是极其珍贵的。"一切职业中都应有真正的艺术家"，这既是罗丹对自己的艺术人生的总结，也是他对自己的学生和后人的一种期望。

当然，人生问题的哲学解决，并不等于人生问题的个体解决。个体的人生困惑，还得靠每个人在人生实践中逐步解决；自我的生命篇章，也得靠每个人在生命历程中慢慢创造。

第二十章　一生与青年为友的美学家

朱光潜的第一本著作是 1928 年出版的《给青年的十二封信》，最后一本著作是 1980 年出版的《谈美书简》。从《给青年的十二封信》到《谈美书简》，从二十八岁的青年到八十三的长者，从青年"朋友"到青年"朋友们"，朱光潜一生为青年写信，一生与青年为友。当年，夏丏尊在《给青年的十二封信》的《序》中这样写道：

> 这十二封信，实是作者远从海外送给国内青年的很好的礼物。作者曾在国内担任中等教师有年，他那笃热的情感，温文的态度，丰富的学殖，无一不使和他接近的青年感服。他的赴欧洲，目的也就在谋中等教育的改进。作者实是一个终身愿与青年为友的志士。信中首称"朋友"，末署"你的朋友"，在深知作者的性行的我来看，这称呼是笔有真实的感情的，决不只是通常的习用套语。①

"一个终身愿与青年为友的志士"，这是真正的"深知作者性行"的"知心者"之言，道出了朱光潜一生学问的出发点。

美是青春的色彩，美学是青春的学问。从中学教师和青年的朋友，到大学教师和著名美学家，朱光潜的学术生涯，始于写信，终于书简；朱光潜的美学动机，始于青年，终于青年。朱光潜是一个终生愿与青年为友的美学家，朱光潜的美学是青年的心灵美学。青年是朱光潜研究的对象，对话的对象，也是理想的读者对象。正确把握朱光潜的美学对象和美学动机，可以对朱光潜亲切的美学风格、独特的美学理想和始终一贯的美学情结，获到更深刻的认识和理解。

---

① 《朱光潜全集》，第 1 卷，安徽教育出版社 1987 年版，第 77 页。

一、美学动机：“消除烦闷与超脱现实”

朱光潜和宗白华，并称为20世纪中国“美学双峰”。《悲剧心理学》（1927—1933）、《文艺心理学》（1931—1936）和《谈美》（1932），则是朱光潜美学前期的“美学三书”，也是奠定其美学地位、学术影响极为深广的“美学三书”。但是，在出版了美学三书、赢得了美学家的声誉后，朱光潜却说：“从前我决没有梦想到我有一天会走到美学的路上去”①。莫非“无心插柳柳成荫，一不小心成名家”？朱光潜究竟是如何走上美学之路的？此后为何又在美学的路上不倦探索、孜孜以求？朱光潜在《文艺心理学》的“作者自白”中有一段为人熟悉的话：

> 我原来的兴趣中心第一是文学，其次是心理学，第三是哲学。因为喜欢文学，我被逼到研究批评的标准、艺术与人生、艺术与自然、内容与形式、语文与思想诸问题；因为喜欢心理学，我被逼到研究想象与情感的关系、创造和欣赏的心理活动以及趣味上的个别的差异；因为喜欢哲学，我被逼到研究康德、黑格尔和克罗齐诸人讨论美学的著作。这么一来，美学便成为我所喜欢的几种学问的联络线索了。②

人类的一切事物都有研究的价值。不过，一个人研究一种学问，原因或动机不外两种：一种是那种学问对于他有直接的实用意义，如教育心理学之于教师；一种是它虽没有直接的实用价值，但它的问题引起广泛的好奇心，人们研究它以一探究竟。根据朱光潜的“自白”，他走上美学之路纯粹是出于自己的学问兴趣和探索精神，纯粹是自己喜欢文学、心理学和哲学的必然结果，似乎别无其他目的。

那么，朱光潜走上美学之路，果然纯粹出于学术好奇心，别无深层动机和文化目的吗？回顾此前朱光潜的生活经历和学术思想，可以发现：朱光潜之所以走上美学之路，进而以美学为自己的终身事业，与他当年深深体验到的“青年的烦闷”，从而为青年“消除烦闷”，倡导“超脱现实”的人生态度和“艺术慰情”的审美观念密切相关。换言之，他是从“青年研究”走向“美学探索”的。

① 《朱光潜全集》，第1卷，安徽教育出版社1987年版，第200页。
② 《朱光潜全集》，第1卷，安徽教育出版社1987年版，第200页。

人生难以一帆风顺，一路锦绣，无不充满曲折坎坷，生发无数烦闷苦恼。正如朱光潜所说："人生是最繁复而诡秘的，悲字乐字都不足以概其全。愚者拙者混混沌沌地过去，反倒觉庸庸多厚福。具有湛思慧解的人总不免苦多乐少。"①青年更是免不掉烦闷苦恼的时期。每个时代都有那么多的不期然而然的愁苦，那么多的隐藏的不满和对人生的厌恶；对青年来说，更有那么多对世界的不满情绪，那么多的理想愿望和现实社会的冲突。对于20世纪二、三十年代的中国青年来说，更是如此。他们身处新旧交替，民族内忧外患，看不到个人前途，作为"弱国的子民"，烦闷苦恼和悲观绝望之情更是盘旋心胸，无以解脱。当时，郭沫若翻译的《少年维特之烦恼》顺势出版，它像一把野火，顿时点燃了青年心中潜藏的烦闷苦恼，引起广泛的心灵共鸣。

240年前的德国，"《维特》出版了，'维特热'的流行日渐猖獗了。'生的苦闷'的怨男怨女，以手枪自杀者相随继。"②90年前的中国，郭译《少年维特之烦恼》出版了，"维特热"同样日渐流行起来了。因"生的苦闷"而自杀的青年，也绝非个别。

1926年春夏之际，远在欧洲的朱光潜得到了一个痛心的消息：他去欧洲前在吴淞公学时的一位学生夏孟刚，于当年4月12日服氰化钾自杀了。这是一位朱光潜曾寄予厚望的学生：

> 孟刚在我所教的学生中品学最好，而我属望于他也最殷，他平时沉静寡言语，但偶有议论，语语都来自衷曲，而见解也非一般青年所能及。那时他很喜欢读托尔斯泰，他的思想，带有很深的托氏人生观的印痕。我有一个时期，也受过托尔斯泰的熏沐。我自惭根性浅薄，有些地方不能如孟刚之彻底深入。③

然而就是这位"品学最好"、令朱光潜"自惭根性浅薄"的夏孟刚，因绝望而自

---

① 《朱光潜全集》，第1卷，安徽教育出版社1987年版，第77页。

② 郭沫若：《文艺论集》，人民文学出版社1979年版，第189页。

③ 《朱光潜全集》，第1卷，安徽教育出版社1987年版，第73页。

杀了。①

　　苦恼烦闷而竟至于自杀，那是一种怎样的苦闷啊！夏孟刚的自杀，正是当年"烦闷青年"的一个缩影和极端表现。夏孟刚的自杀有远因也有近因，有社会原因也有个人原因；而在朱光潜看来，烦闷苦恼而无以解脱则是直接原因。生的自由倘若被环境剥夺了，死的自由是谁也不能否认的。但是，担负民族未来的青年普遍感到"生的苦闷"，甚至要以自杀的极端行为表达内心痛苦和绝望之情，这无论如何都是令人痛心和惋惜的，更令人对民族前途感到深深忧虑。

　　从20世纪20年代初开始，"青年烦闷的解救"已成为当时有识之士热议的话题。朱光潜是最初参与这一问题讨论的学者之一。从1923年的《消除烦闷与超脱现实》、到1926年的《悼夏孟刚》、再到1928年《给青年的十二封信》的出版，朱光潜思考和写作的中心，就是关于青年的心理病象、如何提高青年的精神修养、消除烦闷保持心灵健康、从而成为担负民族重任的理想青年的问题。

　　如何消除"青年的烦闷"，化悲观为乐观，化消极为积极？不同的人士有不同的"解救之法"。1923年，王光祈在《学生杂志》的《学生生活号》上发表了《中国人之生活颠倒》一文，对青年烦闷的原因作了透辟的分析，并提出了消除烦闷的方法。王光祈认为：人生的各个时期有各个时期的欲望与嗜好，这种生命的欲望与嗜好应当有机会予以满足和得到自由发展，免得斫伤生机。因之，假使每个人都能"及时行乐"，不致有过失之感，人生便可以没有烦闷苦恼了。在王光祈看来，欧洲人无论男女老幼都及时行乐，所以他们的生活最为愉快而没有烦恼。简言之，王光祈试图用"享乐主义"的人生观来解救或取代"悲观主义"的人生观。

　　王光祈的"解救之法"，显然是经不起追问的。朱光潜在随后发表的《消除烦闷与超脱现实》中作了三点分析。首先，若研究欧洲近代文学，就会发现欧洲人心窝里也还有许多忧愁愤懑。否则何以会有歌德的《少年维特之烦恼》和"维特热"的猖獗流行？其次，欲望跟着理想走，是一件随时伸缩不可餍足的东西。欲望不餍足，就是失望的代名词；失望又可以说是烦闷的代名词。失望便烦闷。因此，"今天行乐便种下明天烦闷的种子"。再次，要想在现实界通过"及时行乐"以消除烦闷，既要"顾及当然"，也要"顾及可然"。事实上，"当然"不等于"可然"，主

――――――

　　① 夏孟刚又名夏侠，是当时上海江湾立达学院理科一年级学生。他的自杀在当时社会上引起极大反响，除朱光潜外，郑振铎在当月的《文学周报》上发表了《青年的自杀》一文专论此事。郑文沉痛地写道："我们的青年，你们要做一朵被摘被毁的鲜花，不要消极的做一朵自萎的枯花，枯在枝头"；并鼓励青年："事情决不至如你们所想象的那样的可怕，那样的无希望。只要鼓足了勇气走去，走去，走去，光明终于是你们的！"（《郑振铎全集》，第3卷，花山文艺出版社1998年版，第62—63页。）

观理想的"当然"往往受到现实"可然"的制约。烦闷就产生于不能调和理想和现实的冲突。换言之,烦闷的根源就是人们太执着于受环境的因果律支配的现实界,他们的精神不能超脱现实。

据此,朱光潜提出了他的"解救之道":要想"消除烦闷",就应"超脱现实",超越限制的"现实界",进入自由的"精神界"。精神的世界是自由的世界,举凡一切维系人类生活的,有价值的,有终极意义的,都是精神性的。朱光潜写道:

> 一个人如果只能在现实界活动,现实如果顺遂,他自然可以快乐;但是现实如果使他的活动不成功,而他又没有别条路可以去求慰安,他自然要失望悲观。但是,倘若他的精神能够超脱现实,现实的困难当然不能屈服他的精神,那么,他自然可以坚持到底和环境奋斗了。[①]

这是朱光潜"超脱人生观"的最初表述。他进而指出:实现"超脱现实"有三种方法,即"宗教信仰"、"艺术慰情"和"保存孩子气";同时,一个人"超脱现实在精神界求慰安",至少有双重意义,"就积极方面说,超脱现实,就是养精蓄锐,为征服环境的预备。就消极方面说,超脱现实,就是消愁遣闷,把乐观,热心,毅力都保持住,不让环境征服。"[②]换言之,"超脱现实"不是"逃离现实",而是以超脱现实的精神,突破现实的困境,战胜现实的困难。

如果说在《消除烦闷与超脱现实》中,朱光潜对"青年烦闷"的理解是普泛的、有距离的;那么在《悼夏孟刚》中,他对"青年烦闷"的体验则是深切的、刻骨铭心的。面对于悲观绝望竟至自杀的"烦闷青年",朱光潜提出了"绝我而不绝世"和"以出世的精神,做入世的事业"的著名观点。一个人悲观绝望,不外乎"绝世"和"绝我"两条路。在现实中可能有三种表现:一是"绝世而兼绝我",这就是自杀;二是"绝世而不绝我",这可能是玩世或逃世;三是"绝我而不绝世",这就是"舍己为群"。朱光潜对"舍己为群"的"绝我而不绝世"作了这样的阐释:

> 所谓"绝我",其精神类自杀,把涉及我的一切忧苦欢乐的观念一刀斩断。所谓"不绝世",其目的在改造,在革命,在把现在世界换过面孔,使罪恶苦痛,无自而生。……我自己不幸而为奴隶,我所以不惜粉身碎骨,努力打破这个奴隶制度,为他人争自由,这就是绝我而不绝世的态度。持这个态度最

---

① 《朱光潜全集》,第8卷,安徽教育出版社1987年版,第91页。

② 《朱光潜全集》,第8卷,安徽教育出版社1987年版,第95页。

显明的要算释迦牟尼，他一身都是"以出世的精神，做入世的事业"。[①]

从《消除烦闷与超脱现实》"以超脱现实的精神去战胜现实的困难"，到《悼夏孟刚》"以出世的精神，做入世的事业"，二者是一脉相承的。而"以出世的精神，做入世的事业"，也成为朱光潜终身信奉的人生理想的经典表述。这种"超脱人生观"，用当今的话说，就是既要有"仰望星空"的情怀，又要有"脚踏实地"的行动。

审美的本质就在于超越性和非功利性。朱光潜在《消除烦闷与超脱现实》和《悼夏孟刚》中表述的超脱人生观，正是其最初的超脱审美观的思想基础；作为"超脱现实"三种方法的"宗教信仰"、"艺术慰情"和"保存孩子气"，正是其最初的超脱审美观的具体内涵；而倡导超脱人生观和超脱审美观的最终目的，就是消除青年烦闷，培育超越精神，走向积极人生。

从"消除烦闷"到"超脱人生观"再到"超脱审美观"，三者的内在逻辑必然性显而易见；而从"超脱人生观"到"超脱审美观"，正是朱光潜走上美学之路的深层动因之所在。

其实，把审美和艺术作为青年修养的途径，一方面是受到了席勒审美教育学说的影响，另一方面也是当时中国学者的普遍见解。早在1920年，宗白华在《青年烦闷的解救法》中，就把"唯美的眼光"作为解救烦闷的首要方法。宗白华指出，所谓"唯美的眼光"，就是"一种超小己的艺术人生观"，"这种艺术人生观就是把'人生生活'当作一种'艺术'看待，使他优美、丰富、有条理、有意义"；具有这种艺术人生观，"消极方面可以减少小己的烦闷和痛苦，而积极的方面，又可以替社会提倡艺术的教育和艺术的创造"[②]。朱光潜的"超脱人生观"与宗白华的"艺术人生观"，何其相似！

从朱光潜的学术道路看，"青年问题"和"美学研究"从此成为他关注的两大重心，并构成其学术体系互为映照的两翼[③]。因关注青年问题而走上美学之路，

---

① 《朱光潜全集》，第1卷，安徽教育出版社1987年版，第75—76页。

② 《宗白华全集》，第1卷，安徽教育出版社1994年版，第194—195页。

③ 朱光潜把自己的美学历程分为"解放前"和"解放后"两个时期，其主要美学著作均出版在美学研究的前期。对青年问题的关注则贯穿美学前期的始终，大致可以分为三个阶段：从1923年发表《消除烦闷与超脱现实》到《给青年的十二封信》出版的20世纪20年代为第一阶段；以《谈美——给青年的第十三封信》和《给〈申报周刊〉的青年读者》系列文章为代表的20世纪30年代为第二阶段；以《谈修养》及《谈理想青年》等系列文章为代表的20世纪40年代为第三阶段。这三个阶段关注的问题，既有一致性，也有时代差异性；著作数量虽少于美学，但起始早而延续长。

以审美情怀来培育理想青年，成为他美学研究的特色和终极目标；这也体现在朱光潜当时著作的命名和内容的构成上。1928年朱光潜出版了他的处女作《给青年的十二封信》，1932年出版的第一本美学著作《谈美》则称为给青年的"第十三封信"；而1943年出版的《谈修养》一书，始于"一番语重心长的话——给现代中国青年"，终于"谈美感教育"，从"青年问题"到"美学研究"的意图体现得更为鲜明。

关注现实人生，指向人生审美化，是20世纪中国美学的"集体情结"①。然而，由关注"青年问题"而走上"美学研究"，则是朱光潜美学动机的独特之处②。事实上，只有把握朱光潜"消除烦闷"的美学动机，其培育"理想青年"的美学理想和以"美感经验"为中心的美学情结才能得到更深理解。

二、美学理想："理想青年"的培育

朱光潜提出"以出世的精神，做入世的事业"的超脱人生观和人生理想，饱含双重意图和目的：始于"青年烦恼"的解脱，终于"理想青年"的培育；从消极方面说是解脱青年的烦恼，从积极方面说则是为了培育理想青年。美的理想即人的理想。而培养"理想青年"，正是朱光潜美学理想或审美人生理想的根本所在。从1928年的《给青年的十二封信》到1943年的《谈修养》，朱光潜讨论青年修养的专著和论文始终贯穿着这一中心，阐述着他的审美人生理想。

夏丏尊在《给青年的十二封信》的《序》中，对朱光潜"十二封信"的"一贯出发点"作了这样的概括：

> 各信以青年们所正在关心或应该关心的事项为话题，作者虽随了各话题抒述意见，统观全体，却似乎也有一贯的出发点可寻。就是劝青年眼光要深沉，要从根本上做功夫，要顾到自己，勿随了世俗图近利。③

在《谈修养》"自序"中，朱光潜对全书的意图和宗旨又作了这样的概括：

---

① 参阅陈文忠：《美学领域里的中国学人》，安徽教育出版社2001年版；《20世纪中国美学的集体情结》，《中国美学研究》，第一辑，上海三联书店2006年版。

② 不过，这一点远未被学界充分认识。如最近出版的《朱光潜人生九论》（人民文学出版社2011年版）一书，所收文章包括《给青年的十二封信》、《谈修养》及朱光潜历年"给青年读者"或针对青年的问题所写的文章；然而"论人生"的一般性书名，遮盖了"论青年"的特殊性问题，尽管这些文章不乏普遍的人生启示。

③《朱光潜全集》，第1卷，安徽教育出版社1987年版，第77—78页。

这些年来我在学校里教书任职,和青年接触机会多。关于修养的许多实际问题引起在这本小册子里所发表的一些感想。问题自身有些联络,我的感想也随之有些联络。万变不离其宗,谈来谈去,都归结到做人的道理。①

总之,朱光潜以超脱人生观或审美人生观为基础的青年修养理论,"万变不离其宗"的"一贯的出发点",就是阐述"做人的道理",培育"理想的青年"。

朱光潜与当时教育界和知识界的有识之士一样,经过沉痛的反思,达成一个共识:"我们事事不如人,归根究竟,还是我们的人不如人"②;"我个人深切地感觉到,中国社会所以腐浊,实由我们人的质料太差,学问、品格、才力,件件都经不起衡量。要把中国社会变好,第一须先把人的质料变好。"③总之,要改变国家民族的命运,首先必须改变人,改变人的质料,升华人的精神品质。然而"社会所属望最殷的青年",当时是一种什么状况呢?当时展现在国人面前的是一个"很可伤心的现象",一部无以摆脱的生命沉沦的"悲惨的三部曲":

时光向前疾驶,毫不留情去等待人,一转眼青年变成中年老年,一不留意便陷到许多中年和老年人的厄运。这厄运是一部悲惨的三部曲。第一部是悬一个很高的理想,要改造社会;第二部是发见理想与事实的冲突,意志与社会恶势力相持不下;第三部便是理想消灭,意志向事实投降,没有改革社会,反被社会腐化。给它们一个简题,这是"追求"、"彷徨"和"堕落"。④

"青年们,这是一条死路!"朱光潜沉痛地说:"在你们天真烂漫的头脑里,它的危险性也许还没有得到深切的了解,你们或许以为自己决不会走上这条路。但是我相信:如果你们没有彻底的觉悟,不拿出强毅的意志力,不下艰苦卓绝的功夫,不作脚踏实地的准备,你们是不成问题地仍走上这条路。"⑤天真烂漫的青年若想打破"悲惨的三部曲",就必须"觉悟"、"立志"、成为"理想青年",这可以说是朱光潜提出的"光明的三部曲"。

什么样的青年才是"理想青年"?从《给青年的十三封信》到《谈修养》、从《消除烦闷与超脱现实》到《谈理想的青年——回答一位青年朋友的询问》,朱光潜关

① 《朱光潜全集》,第4卷,安徽教育出版社1987年版,第4页。

② 《朱光潜全集》,第4卷,安徽教育出版社1987年版,第12页。

③ 《朱光潜全集》,第4卷,安徽教育出版社1987年版,第40页。

④ 《朱光潜全集》,第4卷,安徽教育出版社1987年版,第8—9页。

⑤ 《朱光潜全集》,第4卷,安徽教育出版社1987年版,第9页。

于"理想青年"或审美人生的观念,经过较长一个时期的思考,有一个不断自觉、逐渐明确的过程。

在《给青年的十三封信》中,朱光潜认为,一个有为的青年,应当超越"十字街头",具有"超效率"观念,确立"多元宇宙"。

首先,应当超越"十字街头"。自厨川白村的《出了象牙之塔》和《走向十字街头》传入中国,"走向十字街头"成为一个时髦口号。从文化传播看,"走向十字街头"有其积极意义。如把哲学从天上搬到地下,让文学艺术走向民众。但是,朱光潜清醒地看到了"十字街头"的"另一副面孔",并指出其存在的两大问题:其一,"十字街头的空气中究竟含有许多腐败剂,学术思想出了象牙之塔到了十字街头以后,一般化的结果不免流为俗化(vulgarized)。昨日的殉道者,今日或成为市场偶像,而真纯面目便不免因之污损了。到了市场而不成为偶像,成偶像而不至于破落,都是很难的事。"其二,"十字街头上握有最大权威的是习俗。习俗有两种,一为传说(Tradition),一为时尚(Fashion)。……传说尊旧,时尚趋新,新旧虽不同,而盲从附和,不假思索,则根本无二致。"十字街头的叫嚣,十字街头的尘粪,十字街头的挤眉弄眼,处处引诱青年汩没自我。据此,朱光潜告诫青年:"我们要能于叫嚣中:以冷静态度,灼见世弊;以深沉思考,规划方略;以坚强意志,征服障碍。"①总之,有为的青年要清醒地坚守自我,不要汩没在十字街头的叫嚣之中。当年切中时弊,今日发人深省!

其次,应当具有"超效率"的观念。"超效率"就是超功利,超越急功近利。这是朱光潜"在卢佛尔宫所得的一个感想"。1927年夏天,朱光潜在卢佛尔宫摩挲《蒙娜•丽莎》肖像。突然一个法国导游领着一群四五十个男女的美国人蜂拥而来,不到三分钟又蜂拥而去了。朱光潜由此想到,中世纪人想看《蒙娜•丽莎》须和作者或他的弟子有交谊,真能欣赏他,才能侥幸一饱眼福,现在卢佛尔宫好比十字街头,任人来任人去了。这似乎是科学进步、交通发达、"高效率"的成就。然而在文化建设上,在人生观念上,这种急功近利的"高效率"未必就是好事。朱光潜坚信,如果在美国人所谓"效率"以外,还有其他标准可估定人生价值,现代文化就会少含有若干危机。于是针对"太贪容易,太肤浅粗疏,太不能深入,太不能耐苦"的青年的毛病,朱光潜大声疾呼:"假如我的十二封信对于现代青年能发生毫末的影响,我尤其虔心默祝这封信所宣传的'超效率'的估定价值的标准能

---

① 《朱光潜全集》,第1卷,安徽教育出版社1987年版,第22—25页。

引入个个读者的心孔里去。"①朱光潜倡导的"超效率"观念，与本雅明对"机械复制时代的艺术"的反思，颇有相与契合之处；夏丏尊在"序言"中，则对此作了特别的发挥和强调。

再次，应当确立"多元宇宙"。什么叫做"多元宇宙"？人生是多方面的，每方面如果发展到极点，都自有其特殊宇宙和特殊价值标准。所谓"多元宇宙"，就是指多元的价值标准或价值体系。现代青年应当在心灵中确立健全多元的价值体系，以此作为人生追求的目标和人生评价的标准。"多元宇宙"基本有三方面构成：一是"道德的宇宙"，善恶便是"道德的宇宙"中的价值标准；二是"科学的宇宙"，真伪便是"科学的宇宙"中的价值标准；三是"美术的宇宙"，美丑便是"美术的宇宙"中的价值标准。在三个宇宙中，如果能登峰造极，就能实现伟大的自我，创造科学的奇迹，进入纯美的境界。朱光潜是为"辩护恋爱"而提出"多元宇宙"的。在他看来，恋爱也可自成一个宇宙。在"恋爱的宇宙"里，"恋爱至上"；我们只能问某人之爱某人是否真纯，不能问某人之爱某人是否应该。然而在现实中，"道德的宇宙"里真正的圣贤少，"科学的宇宙"里绝对的真理不易得，"美术的宇宙"里完美的作家寥寥，"恋爱的宇宙"里真正的恋人不多见。因此，确立"多元宇宙"，追求高远境界，对于青年来说多么迫切和重要。

从超越"十字街头"，到"超效率"观念，再到确立"多元宇宙"，对于青年来说，这是精神境界不断攀登、不断提升的过程；对于朱光潜来说，这是其理想青年观不断构建、不断完善的过程。但就以真善美为内容的"多元宇宙"观来说，虽然理论上颇为完备却实属老生常谈，确实"很有些青年人的稚气"。朱光潜关于"理想青年"的成熟思想，在15年后的《谈修养》和《谈理想的青年》中，作了更完整的表述。

1941年，在《谈修养》的开篇，"一番语重心长的话——给现代中国青年"中，朱光潜对"现代中国青年"提出了四点要求："现在要抬高国家民族的地位，我们每个人必须培养健全的身体、优良的品格、高深的学术和熟练的技能，把自己造成社会中一个有力的分子。"②要求颇为明确，看法依然泛泛。"语重心长"的开篇之作，对"现代青年"关切有余，对"理想青年"尚思虑不足。

1943年发表的《谈理想的青年》一文，朱光潜依然认为"理想青年"应当具备四个条件，但具体内容与上述四点有很大区别。在回答"一个青年应该悬什么样

---

① 《朱光潜全集》，第1卷，安徽教育出版社1987年版，第56页。
② 《朱光潜全集》，第4卷，安徽教育出版社1987年版，第12页。

一个标准"时,他以四类人物为喻,提出并阐述了"理想青年"的四大条件。要义如下:

> 第一是运动选手的体格。一个身体羸弱的人不能是一个快活的人,也不能是一个心地慈祥的人。健全精神宿于健全身体。身体不健全而希望精神健全,那是奇迹。

> 其次是科学家的头脑。会尊重事实,会搜集事实,会见出事实中间的关系,这就是科学家的本领。要社会一切合理化,要人生合理化,必须人人都明理,都能以科学家的头脑去应付人生的困难。

> 第三是宗教家的热忱。宗教家大半盛于社会紊乱的时代,他们看到人类罪孽痛苦,心中起极大的悲悯,于是发下志愿,要把人类从水深火热中拯救出来,虽然牺牲了自己,也在所不惜。古往今来许多成大事业者虽不必都是宗教家,却大半有宗教家的热忱。

> 最后是艺术家的胸襟。艺术是欣赏,在人生世相中抓住新鲜有趣的一面而流连玩索;艺术也是创造,根据而又超出现实世界,刻绘许多可能的意象世界出来,以供流连玩索。有艺术家的胸襟,才能彻底认识人生的价值,有丰富的精神生活,随处可以吸收深厚的生命力。①

健美的体格、健全的理性、宗教的热忱和艺术的情怀,"理想青年"的这四个条件,代表了朱光潜关于"理想青年"最成熟的思考,也体现了朱光潜自己的审美的人生追求和超脱的人生理想。

首先,这是朱光潜数十年关于"理想青年"思考的总结和概括。在《消除烦闷与超脱现实》中,他曾提出"宗教信仰"、"美术慰情"和"保存孩子气"三种超脱方法;显然,前后二者的手段与结果、途径与目标是有内在联系的。此后,关于宗教家的热忱、艺术家的胸襟和科学家的头脑的等话语,反复出现在谈论青年修养的论文著作中。1949年1月发表的《我要向青年说的》,是目前所知朱光潜在共和国之前的最后一篇文章;在这个新旧交替的特殊时刻,朱光潜再次语重心长地对青年说:"人类如果不向毁灭路上走,就要抛弃毁灭之神的两大工具:人类劣根性中所潜伏的自私和愚昧所造成的偏见。因此,我以为青年们如果想尽他们的时代的使命,第一要有宗教家的悲悯心肠,其次要养成科学家的冷静的客观的缜密的头脑。"②在四个条件中,朱光潜特别强调了"宗教家的悲悯心肠"和"科学家的缜

---

① 《朱光潜全集》,第9卷,安徽教育出版社1987年版,第157—161页。

② 《朱光潜全集》,第9卷,安徽教育出版社1987年版,第533—534页。

密头脑"。而"宗教家的悲悯心肠"和"科学家的缜密头脑",正是"以出世的精神,做入世的事业"的前提。

其次,这也是朱光潜自身的人生理想和人格精神的体现。在《谈修养》的"自序"中,朱光潜阐述全书的"中心思想",有一段未被重视而极为重要的"自白":

> 我的先天的资禀与后天的陶冶所组成的人格是一个完整的有机体,我的每篇文章都是这有机体所放射的花花絮絮。我个性就是这些文章的中心。如果向旁人检讨自己不是一桩罪过,我可以说:我大体上欢喜冷静、沉着、稳重、刚毅,以出世精神做入世事业,尊崇理性和意志,却也不菲薄情感和想象。我的思想就抱着这个中心旋转,我不另找玄学或形而上学的基础。我信赖我的四十余年的积蓄,不向主义铸造者举债。①

这段文字是朱光潜极为重要的"学术自白",有助于认识朱光潜的学术原则、学术理想和学术个性。至少包含三层意思。

其一,先哲所谓"修辞立其诚","文如其人";是太阳就会放射光芒,是月亮就会给人以荫凉。"我的每篇文章都是这有机体所放射的花花絮絮。我个性就是这些文章的中心",亦即所谓诗品出于人品,文品出于人品;而"以我手,写我心",正是朱光潜始终的学术原则。在《给青年的十二封信》的"代跋"中他就说过:"我所要说的话,都是由体验我自己的生活,先感到(feel)而后想到(think)的。换句话说,我的理都是由我的情产生出来的,我的思想是从心出发而后再经过脑加以整理的。"②朱光潜曾明确指出:"教育重人格感化,必须是一个具体的人格才真正有感化力"③。因此,道德与文章的统一,是前贤的追求,学问与人生的统一,则是朱光潜的目标。

其二,"我大体上欢喜冷静、沉着、稳重、刚毅,以出世精神做入世事业,尊崇理性和意志,却也不菲薄情感和想象";这一段对自我人格的自我概括,与朱光潜所期待的"理想青年"的人格精神完全一致。1980年,朱光潜在《纪念弘一法师》一文中再次重申:"我自己在少年时代曾提出'以出世精神做入世事业'作为自己的人生理想。"④因此可以说,朱光潜关于"理想青年"的标准,正是其人格精神和

---

① 《朱光潜全集》,第4卷,安徽教育出版社1987年版,第4—5页。

② 《朱光潜全集》,第1卷,安徽教育出版社1987年版,第81页。

③ 《朱光潜全集》,第4卷,安徽教育出版社1987年版,第99页。

④ 《朱光潜全集》,第10卷,安徽教育出版社1987年版,第525页。

人生理想的写照。

其三,"平易亲切"是朱光潜学术风格最鲜明的特点。读其文章,文字通俗易懂,语气亲切诚恳,议论切理餍心,随处现身说法。而"我不另找玄学或形而上学的基础。我信赖我的四十余年的积蓄,不向主义铸造者举债",正是其学术个性和学术风格形成的原因。

朱光潜是一位一生与青年为友的美学家,"青年问题"和"美学研究"是其学术研究不可分割的两翼。《文艺心理学》是朱光潜的美学代表作,中国现代美学史研究者,大多依据《文艺心理学》评论朱光潜美学体系的得失。如有学者就认为,《文艺心理学》"美感经验——美——艺术"的理论模式存在明显的缺陷,即"局限于艺术,缺乏美育部分,即缺乏一种效应落实"[①]。我以为,单就《文艺心理学》"全文"看,这一判断似有一定道理;若就朱光潜"全人"看,这一判断就不免片面了。且不说作为《文艺心理学》"缩写本"的《谈美》最后"落实"到"人生的艺术化",从朱光潜"走上美学之路"的全过程看,美育或"理想青年"的培育,既是其美学的起点,也是其美学的目标。

三、美学情结:"美感经验"与"怡情养性"

何谓"美学情结"? 一位严肃的美学家形成他的美学问题,提出他的美学主张,都不是轻易之举,无不调动他的全部学养,经历艰苦的求索,包含热烈的追求和冷静的深思,难解的烦恼与成功的欢欣,一旦豁然开朗,便成精神信仰。这包含着观念、情感和意志的学说和主张,成为一种精神情结,盘旋心胸而终生相守。

"美感经验"是朱光潜美学研究的核心,也成为朱光潜盘旋心胸的美学情结。从《文艺心理学》对"美感经验"的精细分析[②],到1950年自我辩护性的《关于美感问题》,再到首次发表于1962年再次发表于1983年具有学术总结性的《美感

---

① 杨恩寰主编:《美学引论》,人民出版社2005年版,第27页。

② 朱光潜的"美感经验"理论,拙作《美学领域中的中国学人》(安徽教育出版社2001年版)论朱光潜美学一章有较详细评述,可参阅。

问题》①,可以说朱光潜的美学研究,"始于美感经验,终于美感问题"。《美感问题》的结尾,朱光潜写道:"美感问题要牵涉到美学领域里所有的基本问题,不能孤立地看待。这些问题都是有长久历史的老问题,大半还没有一致的意见,足见它们是复杂的,困难的。它们都还有待于进一步深入的研究。"②朱光潜之于"美感问题",真可谓情有独钟而终身相守。

为什么"美感经验"或"美感问题"成为朱光潜盘旋心胸而终生相守的美学情结?《文艺心理学》开宗明义:"近代美学所侧重的问题是:'在美感经验中我们的心理活动是什么?'至于一般人所喜欢问的'什么样的事物才能算是美'的问题还在其次。"③据此,人们大都从西方近代美学研究由"自上而下"到"自下而上"的学术转向、朱光潜从心理学走向美学的学术背景来解释。

而据我看来,除了西方的美学潮流和个人的学术背景之外,还有一个更重要的内在原因,那就是在朱光潜看来,"美感经验"与"理想青年"和"完美人格"的培育有密切关系,也是"人心净化,人生美化"最根本最有效的途径。

《谈美》的"开场话",便是朱光潜的"美感功能论",深入阐明了"美感经验"研究的理论目的。它至少包含三层意思。

首先,"人心之坏,在于'未能免俗','俗'无非是缺乏美感的修养";因此,完美人格的培育,不是依靠道德家的"道德教训",必须从"怡情养性"做起:"我坚信情感比理智重要,要洗刷人心,并非几句道德家言所可了事,一定要从'怡情养性'做起,一定要于饱食暖衣、高官厚禄等等之外,别有较高尚、较纯洁的企求。要求人心净化,先要求人生美化。"④

其次,因为现实世界是个密密无缝的利害世界,美感的世界才是一个超利害的理想世界。"美感的世界纯粹是意象世界,超乎利害关系而独立。在创造或是欣赏艺术时,人都是从有利害关系的实用世界搬家到绝无利害关系的理想世界里去"。朱光潜进而"现身说法":"我时常领略到能免俗的趣味,这大半是在玩味一首诗、一幅画或是一片自然风景的时候。我能领略到这种趣味,自信颇得力于

① 1982年,朱光潜在《〈美感问题〉作者题记》中写道:"此文的目的显然有两个:一是对批判讨论中所引起的一些基本问题我个人作一次小结;二是对自己在动手写的《西方美学史》进行初步的规划。"(《朱光潜全集》,第10卷,安徽教育出版社1987年版,第642页)可见"美感问题"也是潜藏于《西方美学史》中的核心问题;《西方美学史》"结束语"中"形象思维:从认识角度和实践角度来看",实质就是"美感问题"。

②《朱光潜全集》,第10卷,安徽教育出版社1987年版,第364页。

③《朱光潜全集》,第1卷,安徽教育出版社1987年版,第205页。

④《朱光潜全集》,第1卷,安徽教育出版社1987年版,第6页。

美学的研究。"①

最后,《文艺心理学》是"美感经验"的学理研究,《谈美》则以培育青年的"美感修养"为最终目的。朱光潜解释说:"在写这封信之前,我曾经费过一年的光阴写了一部《文艺心理学》……在那部书里我向专门研究美学的人说话,免不了引经据典,带有几分掉书囊的气味";而"在这封信里我只有一个很单纯的目的,就是研究如何'免俗'……假如你看过之后,看到一首诗、一幅画或是一片自然风景的时候,比较从前感觉到较浓厚的趣味,懂得像什么样的经验才是美感的,然后再以美感的态度推到人生世相方面去,我的心愿就算达到了。"②《谈美》最后一章"'慢慢走,欣赏啊!'——人生艺术化",便是对"开场白"的回应和重申。

关于《文艺心理学》与《谈美》的关系以及《谈美》最后一章在朱光潜美学体系中的地位,朱自清在《〈谈美〉序》中有一段重要论述:"孟实先生还写了一部大书,《文艺心理学》。但这本小册子并非节略;它自成一个完整的有机体;有些处是那部大书所不详的;有些是那里面没有的。——'人生艺术化'一章是著名的例子;这是孟实先生自己最重要的理论。……孟实先生引读者由艺术走入人生,又将人生纳入艺术之中。这种'宏远的眼界和豁达的胸襟',值得学者深思。"③朱自清指出"人生艺术化"一章"这是孟实先生自己最重要的理论",可谓慧眼独具,也可以启发我们对朱光潜美学体系和美学动机更全面深入的认识。

首先,加上"人生艺术化"这一"孟实先生自己最重要的理论","美感经验——美——艺术"的理论模式就得到了"效应落实",由"三段论"变成"美感经验——美——艺术——人生艺术化"的"四段论";这也是现代"美学原理"普遍采用的理论模式。

其次,从《文艺心理学》开篇的"美感经验"的分析,到《谈美》卒章的"人生艺术化",既有逻辑的必然性又有明确的动机和明的;那就是"美感经验"的学理分析,是其倡导"美感修养"提供理论依据。没有理论依据,难以令人信服;这也是"美感经验"成为朱光潜"美学情结"的根源之所在。

那么,为什么要求"人心净化",先要求"人生美化";要"洗刷人心",一定要从"怡情养性"做起?这个主张源于朱光潜一个根深蒂固的观念:"我坚信情感比理

① 《朱光潜全集》,第1卷,安徽教育出版社1987年版,第6—7页。
② 《朱光潜全集》,第1卷,安徽教育出版社1987年版,第6—7页。
③ 《朱光潜全集》,第1卷,安徽教育出版社1987年版,第100页。

智更重要。"①这是朱光潜特有的"以情为本"的"情本体"观念。这一观念的形成和提出，与青年朱光潜的心理学背景密切相关，并从此成为其终生信守的学术理念。

青年朱光潜的学术起步，便是"文学和心理学问的'跨党'分子"②。他是我国介绍弗洛伊德学说的第一人；他的第一篇学术论文就是《弗洛伊德的隐意识说与心理分析》。在1921年发表的这篇论文中，他从弗洛伊德隐意识宣泄和文艺的功能出发，指出了审美和文艺对隐意识的"陶淑作用"："我国美育本太欠缺。一般人视饮食男女外，别无较高尚的生活目的，实在是社会上卑鄙龌龊一个主因。文艺是陶淑隐意识的无上至宝；宗教也可使普通人有较高尚的生活目的。我愿教育家稍稍注意此点。"③这是朱光潜重视情感陶冶观念的最初萌芽。

1923年发表的《消除烦闷与超脱现实》中，朱光潜首次明确提出了情感胜于理智，教育以陶冶情感为本的主张。他在分析人类行为的心理根源时写道：

> 人类行为大部分都受感情支配。事前并不很揣摩为什么要这样做。事后追维，才找出一些理由来解释庇护自己的以往举动。……在理论上，吾人生活当然受理性支配，但在实际上，吾人生活是不受理性支配的。因为无意识和感情在那儿默化潜移，意识的防范实在鞭长不及马腹。所以想养成道德的习惯，与其锻炼理智，不如陶冶情感。④

这可以说是朱光潜"以情为本"的"情本体"观念的最初明确表述。此后，这一基于近代心理学的"情本体"观念不断向美学、伦理学和教育学延展。

在《给青年的十二封信》的"谈情与理"专章中，朱光潜对"情感比理智更重要"的观点作了更深入系统的阐述，并进而提出了"问心的道德胜于问理的道德"⑤的重要命题：

> 纯任理智的人纵然也说道德，可是他们的道德是问理的道德（morality according to principle）而不是问心的道德（morality according to heart）。问理

① 《朱光潜全集》，第2卷，安徽教育出版社1987年版，第6页。

② 高觉敷：《变态心理学派别·序》，《朱光潜全集》，第1卷，安徽教育出版社1987年版，第193页。

③ 《朱光潜全集》，第8卷，安徽教育出版社1993年版，第8页。

④ 《朱光潜全集》，第8卷，安徽教育出版社1993年版，第91—92页。

⑤ 朱光潜的"问心的道德"和"问理的道德"与李泽厚的"宗教性道德"和"社会性道德"，有某种近似，亦可互为补充。参阅李泽厚：《历史本体论》，生活·读书·新知三联书店2002年版；《哲学纲要》，北京大学出版社2011年版。

的道德迫于外力，问心的道德激于衷情，问理而不问心的道德，只能给人类以束缚而不能给人类以幸福。……孔子讲道德注重仁字，孟子讲道德注重义字，仁比义更有价值，是孔门学者所公认的。仁就是问心的道德，义就是问理的道德。……一言以蔽之，仁胜于义，问心的道德胜于问理的道德，所以情感的生活胜于理智的生活。①

在1936年发表的《论大学教育方式的机械化》中，朱光潜针对当时大学师生之间"没有一点人性的温热的接触"的弊端，指出成功的教育必须以"情谊"作基础，必须建立在师生"情谊的基础"之上：

> 教育是一种人性的接触，没有情谊做基础，无论制度如何完密，设备如何周到，决难收完美的效果。现在学校制度最大的毛病就在缺乏情谊的基础与人格的熏陶，而这个毛病的原因则大半在授课方式的机械化。②

在1943年发表的《音乐与教育》中，朱光潜在分析了音乐的"感化"功能后，更明确提出了"德育须从美育上做起"的主张：

> 感动是暂时的，感化是久远的。音乐由感动至感化，因为他的和谐浸润到整个身心，成为固定的模型（Pattern），习惯成为自然，身心的活动也就处处不违背和谐的原则。……谈到究竟，德育须从美育上做起。道德必由真性情的流露，美育怡情养性，使性情的和谐流露为行为的端正，是从根本上做起。惟有这种修养的结果，善与美才能一致。③

从"情感胜于理智"到"问心的道德胜于问理的道德"、从"情谊的基础与人格的熏陶"再到"德育须从美育上做起"，朱光潜的"情本体"观念从心理学扩展到美学、伦理学和教育学诸领域，对情感陶冶的重要性和优先性作了系统全面的阐述。

弗洛伊德墓碑上有句名言："理性的力量是微弱的"。这是这位心理学大师以毕生心血凝聚成的留给人类的赠言；它既有心理学依据，也为人类行为所证明。理性的力量是微弱的，本能的力量是强的，如果人人都能按照道德家的箴言行事，那么圣人就可以批量生产了。事实上，人的情感的冲动，远胜于理智的审

---

① 《朱光潜全集》，第1卷，安徽教育出版社1987年版，第44—46页。
② 《朱光潜全集》，第8卷，安徽教育出版社1993年版，第471页。
③ 《朱光潜全集》，第9卷，安徽教育出版社1993年版，第144页。

慎。因此在人性的培育中,怡情养性优先于道德教训,道德升华始于情感陶冶,纯正的情趣是理想人格的基础。

这提示我们,有必要对朱光潜美论的核心范畴作新的思考。什么是"美"?朱光潜说:"美不仅在物,亦不仅在心,它在心与物的关系上面;它是心借物的形象来表现情趣。……创造是表现情趣于意象,可以说是情趣的意象化;欣赏是因意象而见情趣,可以说是意象的情趣化。美就是情趣意象化或意象情趣化时心中所觉到的'恰好'的快感。"①据此,有学者认为应当把朱光潜的美学观概括为"美在意象"②。其实,从"美是心借物的形象来表现情趣"的短语看,重心在"情趣"而不在"形象";再者,"意象"未必有"情趣",而"情趣"则必然依托于"意象";最后,联系朱光潜一贯的以情为本的"情本体"观念,与其说"美在意象"不如说"美在情趣"。细读朱光潜的文艺美学著作,从《谈美》到《文艺心理学》、从《诗论》到《谈文学》,"情趣"始终是朱光潜美学思想的核心范畴。

教育是"自然向人生成"。美育则是"自然情感"向"审美情感"的生成。因而,审美教育就是情感教育。苏珊·朗格说得好:"艺术教育就是情感教育,一个忽视艺术教育的社会就等于是使自己的情感陷入无形式的混乱状态,而一个产生低劣艺术的社会就等于使自己的情感解体。"③朱光潜的"美感论"以"美育论"为指归,"美感经验"的研究旨在"怡情养性"和"纯正趣味"的形成。那么,怎样"怡情养性"?怎样"化性为情"?怎样把粗鄙的"自然本性"转化为纯正的"审美情趣"?这是朱光潜更为关心的问题,也是反复阐述的问题。

朱光潜的"美育途径论",大致可分前后两个时期:前期以《给青年的十二封信》和《谈美》为代表,着重对青年作循循善诱的正面引导,提出了以空灵的心境"领略静趣"、"纯正趣味"的养成从读诗入手、以"看戏"和"演戏"的态度看待人生以及"以出世的精神做入世的事业"等著名观点;后期以《流行文学三弊》和《刊物消毒》等论文为代表,侧重对"流行文学"的陈腐、虚伪、油滑和"黄色刊物"的低级趣味作沉痛反思和深刻批判;前者醒人,后者警世。尤其是1948年发表的《刊物消毒》一文,六十多年前的警世之言,今天读来依然切中时弊,发人深省。

文章首先展现了一幅20世纪40年代中国"流行文化"的斑驳图景:"你如果

---

① 《朱光潜全集》,第1卷,安徽教育出版社1987年版,第346—347页。

② 叶朗《从朱光潜"接着讲"——纪念朱光潜、宗白华诞辰一百周年》一文曰:"参加那场讨论的学者和朱先生自己都把这一理论概括为'美是主客观的统一'的理论。但是照我看来,如果更准确一点,这一理论应概括成为'美在意象'的理论。"(《胸中之竹》,安徽教育出版社1998年版,第267页)

③ 苏珊·朗格:《艺术问题》,滕守尧、朱疆源译,中国社会科学出版社1983年版,第69页。

在国内作一次旅行,你可以看见轮船上、火车上、飞机上、旅馆里、码头上、车站上,处处都是这些印着电影明星乃至于妓女照片的红红绿绿的小型刊物。我说'红红绿绿的',本是事实,不过据说它们的通行的台衔是'黄色刊物'。……这些刊物的内容是家喻户晓的。总之不外是影星妓女以至于学府校花名门闺秀的桃色新闻,贪官污吏的劣迹,社会里层的奸盗邪淫的黑幕,以及把这一切乌烟瘴气杂烩在一起的章回小说。"①

此类"流行文化"的大肆泛滥,既与出版界的唯利是图有关,也与社会风气败坏和民族精神堕落有关:"凡是刊物如果不沾染它们的一点色彩,就行不通,卖不掉";这样的刊物迎合了人们"低等的欲望",满足了"猪滚污泥的瘾"②,与文化的人文使命完全背道而驰。

此类"流行文化"的危害何在?"它在生命的源头下毒,把一切生命毒得一干二净。……它是精神食粮中的吗啡鸦片烟。像吗啡鸦片烟一样,它刺激你,麻醉你,弄得你黄疲刮瘦,瘫软无能;弄得你骨髓精血里都深藏它的毒素,遗传给你的子子孙孙。"③

这篇文章一反朱光潜温柔敦厚、娓娓而谈的行文风格,充满了愤激之情和痛斥之语。因为:这种"黄色文化"是"在生命的源头下毒","这种黄色刊物一日不扑灭,中国人就一日不能成为一个纯洁的健康的民族"。④每当读到朱光潜的"警世之语",回想今日"国内旅行"的见闻,常有世事轮回的悲感;如果进入今日的"电子新媒体",更是有过之而无不及,不免令人黯然神伤。

1937年5月,朱光潜在主编的《文学杂志》的"发刊词"中,郑重提出了"理想的文艺刊物"应负的"四大文化使命",即"四个应该":

> 一种宽大自由而严肃的文艺刊物对于现代中国新文艺运动应该负有什么样的使命呢?它应该认清时代的弊病和需要,尽一部分纠正和向导的责任;它应该集合全国作家作分途探险的工作,使人人在自由发展个性之中,仍意识到彼此都望着开发新文艺一个公同目标;它应该时常回顾到已占有的领域,给以冷静严正的估价,看成功何在,失败何在,作前进努力的借鉴;同时,它应该是新风气的传播者,在读者群众中养成爱好纯正文艺的趣味与

---

① 《朱光潜全集》,第9卷,安徽教育出版社1987年版,第321页。

② 《朱光潜全集》,第9卷,安徽教育出版社1987年版,第322页。

③ 《朱光潜全集》,第9卷,安徽教育出版社1987年版,第322页。

④ 《朱光潜全集》,第9卷,安徽教育出版社1987年版,第322页。

热诚。 ①

归根到底，"理想文艺的刊物"应该成为"新风气的传播者"，应当承担起在青年中"养成爱好纯正文艺的趣味与热诚"的使命。

艺术的创造与欣赏是"怡情养性"最主要的途径。然而，并非所有冠以"艺术"名义的作品都具有美育功能；只有"纯正的文艺"才能养成"严正的趣味"，只有"高雅的艺术"才能陶冶"优雅的情趣"。朱光潜论述美育的途径，反复强调以空灵的心境"领略静趣"、"纯正趣味"的养成须从"读诗"入手、"在玩味一首诗、一幅画或是一片自然风景时领略免俗的趣味"等等，其原因就在于此。"万物静观皆自得"，从容的心境得力于"静的修养"。

教育是青春的事业，美学是青春的学问。朱光潜作为一位一身与青年为友的美学家，六十年的美学生涯，始于"青年烦闷"的超脱，终于"理想青年"的培育。把握这一核心，不仅有助于全面认识其以"青年问题"与"美学问题"为两翼的学术体系，也有助于认识其完整的美学思想和亲切的美学风格。而从学术动机和学术情结的追问入手，从发生学角度揭示学术体系和学术思想形成的主体动因，是学术研究中不可或缺的视角和方法。

---

① 《朱光潜全集》，第3卷，安徽教育出版社1987年版，第438页。

第二十一章 "让思想流动起来"[①]
——谈谈课堂教学的艺术

❖❖❖

引 言

多年前，一位同学在课程论文上的一段留言，谈论她听课的感受和感想，至今读来，仍令我感慨不已。她最后这样写道：

> ……思想的起承转合，胜于知识的碎片。作为已经具备一定知识储备的大学生，知识的碎片我们可以自主地从书本中获得，甚至更为系统、更能深入自我的内心。但课堂上老师思想的起承转合，却能让我们陪他一起舞蹈，带领我们参与其中，感觉到自己真正是学习的主人，而不是接收知识碎片的机器。只有真正深入到学生内心的东西，才能够真正成为学生自己的东西；只有真正调动学生思考的思想，才会真正成为学生自己的思想。有的老师常常把简单的知识高深化，用知识的碎片封堵我们的心；有的老师则善于通过思想的起承转合，让思想流动起来，在思辨的舞蹈中征服我们的心。

每一个沉默的学生都是一个苛刻的裁判！这段洋溢着学理与诗情的话，是这位"苛刻的裁判"长期听课经验的体会，也表达了她对理想的课堂教学的期待。现今大学生，与教师关系渐行渐远，师生之间很少有正面交流，更难得对教师作正面评价。这位同学或许为保持作为学生的尊严感和独立性，用的是第三人称。但从一个学期的课堂反应、课后交流和学生眼神，我知道，最后一句话表达了这位同学对我讲课的正面评价。"让思想流动起来，在思辨的舞蹈中征服我们的心"，读到这句话，我真有"先获我心"之感。这不正是我长期追求的教学效

---

① 本文是在讲演稿基础上整理而成。

果吗? 此后,这段留言一直鞭策着我反思和改进教学方法,自觉追求一种"让思想流动起来"的教学境界。

教室是一个静止的空间。在这个静止的空间里,为了"让思想流动起来",在"思辨的舞蹈"中"征服"学生,我在备课和讲授中,是花了一些心思的。不过,说来实在"卑之无甚高论"。我的基本原则是"基于教材而又超越教材",这是常情常理。具体做法不妨概括为五个方面:课前,让学生行动起来;备课,发掘已知背后的未知;教案,把知识纳入逻辑框架;讲课,让时间流动起来;听课,让师生互动起来。

一、课前:让学生行动起来

课堂上要让思想流动起来,上课前必须让学生先行动起来。学生如何行动? 一个再简单不过如今却难以达到的要求:通读教材,认真预习。

为什么要求学生课前通读教材? 这源于我多次失败的教训。我的专业是文艺学,在近四十年的课堂教学中,讲授包括本科生的基础课、选学课以及研究生课程,大致有七、八门;但常年主讲的课程则是"文学理论"或"文学概论"。我国高校尤其是师范院校,汉语文学系的课程体系大致由"语言""文学""写作"三大部分构成。"文学理论"在课程体系中处于核心基础地位。如下图:

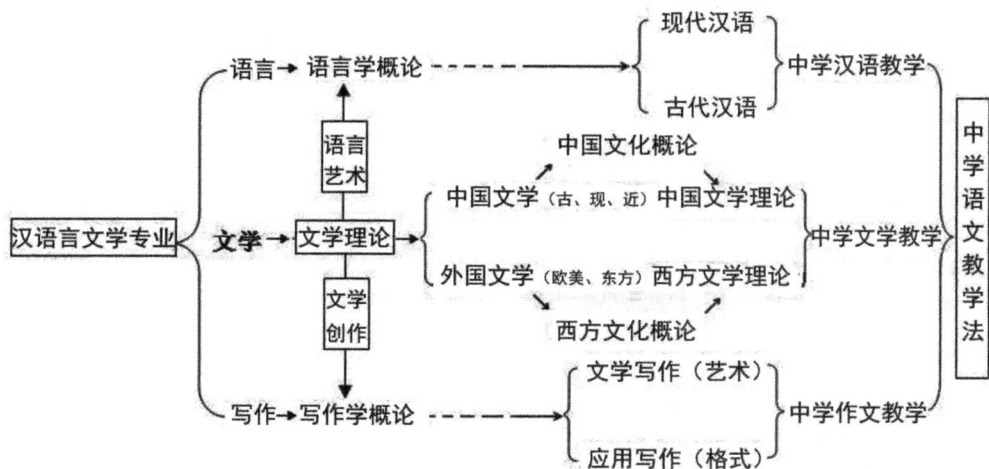

　　据此表,"文学理论"课,向上与"语言"相连,向下与"写作"相通,居中又是中外文学的方法论基础。一方面,文学理论在文学院课程体系中的地位极为重要;另一方面,被学生简称或戏称为"文概"或"文丐"的文学理论,又是所有课程中最抽象、最枯燥、也是最难讲的一门课。吸取以往的经验教训,最初上课,我力求条理清晰,生动有趣,课堂效果似乎不错。但一学期下来,征求学生意见,普遍的反应是:课堂上讲得很好,课后我们都忘了。再深入一调查,原来学生基本不读教材!记笔记、考笔记、忘笔记,成为文学理论课的常态。

　　面对教材内容茫然无知的学生,课堂上不可能有师生互动,更不可能有"思想的流动",教学效果必然大打折扣。为了改变被动的教学状况,我便要求学生认真预习,通读教材。具体地说有三方面考虑。一是全面了解课程的知识体系。科学性、系统性和全面性,这是教材编写的基本原则。要想全面了解一门学科内容,读教材比听讲课更有效。西哲有云:当教授窘得脸色发白时,教材已表达得一清二楚。二是有助于训练学生的思维能力。在语言文学系的课程体系中,"文学理论"最具哲理性和思辨性,因而也是训练学生思维最有效的课程。恩格斯说得好:我们只能通过哲学学习思维。[①]确实,我们只能在哲学中学习哲学,在理论中学习理论,在思维中训练思维。三是形成学生的"前理解",为课堂上主动听课打下基础。知识的获得与个人的"前理解"密切关系。可以这样说:你所学到的,是你心中已有的;你所理解的,是以你的前理解为基础的。因此,有了预习的"前理解",听课便会双倍的清楚;没有预习的"前理解",听课就会双倍的糊涂。正是在这个意义上,美国思想家爱默生曾说:"只有学生提高到了与你同样的状态,具有了同样的理论,你才可以教育他们;于是开始输血了;于是你就是他,他就是你了;于是才有了教育。"[②]这段初读似乎不可理喻的话,仔细想想实是蕴涵丰富智慧的至理名言。

　　一个本科生如果能够认真仔细地通读四年的全部教材,他会打下多么扎实的基础,累积多么系统全面的知识!在电子媒体环境中成长起来的当代大学生,要求他们系统读书是困难的事,系统读教材更是困难的事,系统阅读枯燥的理论教材则是难上加难的事。针对这种现状,我不只要求学生通读教材,也指导学生如

---

　　① 恩格斯《自然辩证法》:"理论思维无非是能力方面的一种生来就有的素质。这种才能需要发展和培养,而为了进行这种培养,除了学习以往的哲学,直到现在还没有别的办法。"(《马克思恩格斯选集》,第4卷,人民出版社1995年版,第284页。

　　② 爱默生:《爱默生演讲录》,孙宜学译,中国人民大学出版社2010年版,第308页。

何有效地通读教材。具体读法有二。

一是快速通读。这是一位英国学者的经验。对于"如何阅读艰深的书",英国学者阿德勒说过一段极富启发性的话,他说:"第一次读一本难书的时候,要毫不停顿把它读完,注意你所能了解的部分,不要因你无法立刻领悟的部分而停顿。照这个方法继续读下去,你第二次再读的时候(不要间隔太久)更有机会了解它。"①中国史学家吕思勉有同样的经验,他在介绍"读旧史入手的方法"时说:"初读求速不求甚解。若读书必要一字一句都能解说,然后读下去,则终身将无读完一部书之日,更不必说第二部了。"②中西两位学者的经验,不免令人联想起陶渊明的一句名言:"好读书,不求甚解。"易言之,初读艰深的书,不妨不求甚解。对中文系本科生来说,"文学理论"便是一本艰深的"难书",阿德勒和吕思勉的读书法,解决了学生通读教材的拦路虎,学生的反应可谓"欢欣鼓舞"。如何"快速通读"? 我进一步提出要求,即采用细读、泛读、粗读三种方式,一周内通读教材。具体地说:"细读"全书目录、每编提要、每章前言,"泛读"每一章的章、节、目、点,"粗读"每一章中你感兴趣的某一节,一周后交一篇《文学理论》阅读印象"。第一次布置作业,我真有一点担心。然而,一周后交给我的作业,出乎我意料的成功。只要方法得当,学生的潜力和积极性是无穷的。

二是逐章细读。只有解剖了论著的思维结构,才能把握著作的思想精髓。细读必须做读书笔记,我对细读教材的"读书笔记"提出三项要求:一是在逐章细读的基础上,每章整理出一个"概念范畴体系表";二是根据"概念范畴体系表",叙述每一章的内在理路;三是从阅读实感出发,谈一点收获,或作一点批判。为什么要逐章细读? 既为学生知识掌握,也为教师课堂讲授。就学生知识掌握而言,我经常跟学生讲:从课堂上听来的,像沙漠中的雨,很快就会蒸发得无影无踪;从阅读中读来的,会成为一眼心灵的泉,将会不断喷涌出思想的灵感。就教师课堂讲授而言,有了学生细读教材的基础,不仅不会出现"课堂听讲投入,课后依旧不懂"的现象,而且教师可以在课堂上对重点和难点作深层次的探讨。

---

① 转引自韦政通:《中国的智慧》,吉林人民出版社2005年版,第111页。

② 吕思勉:《为学十六法》,中华书局2007年版,第79页。

二、备课：发掘已知背后的未知

"基于教材而又超越教材"，这是我备课的基本原则，其实这是教学的常识和常规，而我对这条原则真正认识，也是缘于当年失败的教训。

20世纪80年代初，刚留校任教不久，一是不满于当时教条式的"文学概论"教材，二是受到当时思想解放思潮的激发，三是读了一些刚引入的欧美文艺学美学著作，便一心想着建构自己的"理论体系"。于是，第一次获得独立开课的资格，就大胆地向学生宣称："不用颁发的教材，听我讲新的理论。"以我当时的学养，结果可想而知。学期未半，就有学生在校报上发表文章，不点名地批评"某些青年教师"抛开教材、自说自话的"狂妄"做法。现在回想起来，当时我的"理论体系"，实质上并没有多少新思想。

"抛开教材，自说自话"，之所以失败，原因很简单：你不提供替代性教材，学生不知道你葫芦里卖的是什么药；教师讲课一周一次，学生没有教材做凭据，无法预习，难以复习，失去了主动学习的可能；没有教材，学生缺乏评判讲授效果的依据，课堂上的学生完全成了被动的听讲者。

成熟严谨的大学教材是经典常识的结晶。一个学科的知识体系和学术传统，通过体现学术共识的大学教材，一代代传递下去。因此，教材内容是本科生必备的知识，也是学生由学习走向创造的基础。人文学科不同于自然科学，更强调教师的主体性和创造性，但也必须基于经典常识，尊重学术传统，谨守学术规范。总结这次教训，我便回归常识，确立了基于教材而又超越教材的教学原则。

在备课中，"基于教材而又超越教材"，包含相互关联的两个方面："基于教材"，即备课坚持从教材出发；"超越教材"，即不断发掘已知背后的未知。

首先是"基于教材"。教材是严肃的学术著作，是经典常识的结晶。成熟的大学教材应为学生提供本学科权威的知识体系。因此，备课应当基于教材，坚持从教材出发。具体做法，大致有二。

一是按照教材的体例线索准备讲稿。在当下本科教学的课堂上，讲课切忌脱离教材，另搞一套。教师相互听课，是相互学习的良好机会。有时听青年教师上课，有的教师一上来就向学生宣布：一不要看教材，二不要记笔记，只要听自己讲授即可。这几乎重复了我当年同样的错误。结果是，课堂上学生无所适从，一学期下来，学生普遍反映无所收获。没有规矩，不成方圆。当今的大学生，刚从"应试教育"的中学课堂里走出来，对大学课程缺乏知识准备，对大学的学习方式也有一个适应过程，大学教师必须"因材施教"，逐步提高。

二是教师在课堂上，应给学生讲清楚教材上的重点、难点和特点。学生细读教材，不可能取代教师讲授教材，教师应在学生细读的基础上，着重讲授教材上的重点、难点和特点等深层次的问题。"文学理论"是一门逻辑性很强的知识体系，章与章之间具有较为严密的内在联系。我在课堂上处理教材时，主要做三件事：一是梳理每一章的理论思路，二是讲授每一章的重点和难点，三是讲清章与章之间的内在联系和逻辑过渡。这样，通过部分与整体、整体与部分的"循环阐释"，有助于学生逐步深化对整个知识体系的把握。理论，只有作为一个整体把握，它的每个部分才有意义。

其次是"超越教材"。大学课堂是学术探索的地方，是把结论变成问题的地方，教师讲课绝不能照本宣科，既要从教材出发，又必须超越教材。所谓"超越教材"，它同样包含两层意思：一是进行"从已知到未知"的深度探索，二是充实前沿成果，提出学术见解。

其一，进行"从已知到未知"的深度探索。这与人文学科的特点密切相关。文科与理科的课堂教学有一个重要差别：理科是"从未知到已知"，教师不讲，学生不知道，因此比较容易征服课堂；文科是"从已知到未知"，教师不讲，学生也看得懂，因此不太容易征服课堂。教师只有发掘"已知背后的未知"，让学生有意想不到的收获，才能取得理想的教学效果。

"三千年哲学史，百年人生问题的反思史"。生命的一次性和重复性与人生境遇的普遍相似性，决定论人文学科问题的恒常性，亦即所谓"老生常谈"。然而，虽是"老生常谈"，又必须"常谈常新"，才能适应社会和时代发展的需要，适应学科发展的需要，满足一代代"新生"的需要。怎样做到"常谈常新"？发现和发掘"已知背后的未知"，是"超越教材"的基本方式之一，也是文科教师学术研究和课堂教学的基本职责。

如何发掘"已知背后的未知"？"从已知到未知"具有广阔的探索空间，至少有五条思路：一是从局部的已知到整体的未知，这是量的扩大；二是从经验的已知到学理的未知，这是质的深化；三是从理论的已知到运用的未知，这是能力培养；四是从现实的已知到历史的未知，这是深入传统；五是从本国的已知到他国的未知，这是文化比较。当然，只有教师认识到已知背后的种种未知，才能引导学生探索已知背后的无限未知。

"熟知并非真知",这是黑格尔是名言。他写道:"一般说来,熟知的东西所以不是真正知道了的东西,正因为它是熟知的。有一种最习以为常的自欺欺人的事情,就是在认识的时候假定某种东西已经熟知了,因而就这样不去管它了。这样的知识,既不知道它是怎么来的,因而无论怎样说来说去,都不能离开原地而前进一步。"①阅读人文学科的著作和教材,学生文字上的"熟知",并非意味深层内涵的"真知"。教师揭示"已知背后的未知"的过程,就是使学生"化熟知为真知"的过程。

其二,充实前沿成果,提出学术见解。如果说做"从已知到未知"的深度探索,是基于教材而又超越教材;那么"充实前沿成果,提出学术见解",则是对教材内容的深化、拓展和知识更新。

费希特把"成熟的学者"分为两类,一类是从事著作的学者,一类是从事言教的学者。在他看来,学者承担双重职责:学者犹如时代的文库,首先是知识的保管者;其次,学者还应该发展人类共同体的知识:或者是修正错误的知识,因为这同样是扩充知识;或者是进一步从迄今已知的东西作出推论。总之,"每一个时代的知识都应当提高,为了提高知识,才有了学者阶层。"②大学教师作为"从事言教的学者","保管知识"和"发展知识"的双重职责兼而有之。

在教学中,我除努力发掘"已知背后的未知",在教材基础上作深度探索外,又尽可能充实前沿成果,提出学术见解,力求使大学课堂成为既传递知识又发展知识的场所。具体做法大致有三:一是及时吸收学界的前沿成果充实教学;二是把自己发表的学术成果转化为教学内容;三是把教材上的结论变成学术问题,所谓"不疑处有疑",以自己的学术思考激活课堂教学。上述三个方面,学生最感兴趣、最具挑战性的,是同教师一起进行学术思考,同教师一起解决学术问题。那些未有定论的问题,激活了学生的学术思维,引发了学生的学术兴趣,有的被学生写成文章发表,有的则成为毕业论文的选题。

---

① 黑格尔:《精神现象学》(上卷),贺麟译,商务印书馆1982年版,第20页。

② 费希特:《伦理学体系》,梁志学、李理译,商务印书馆2010年版,第362页。

三、教案：把知识纳入逻辑框架

备课包含两个方面：一是讲授内容的准备，二是讲授方式的准备。"基于教材而又超越教材"的原则，首先体现在讲授内容的准备中；而在讲授方式的上，我力求"把知识纳入逻辑框架"之中。

为什么要把知识纳入有序的逻辑框架？一言以蔽之，"讲课"不同于"讲演"。古罗马朗吉努斯留下一部《论崇高》，这是一部伟大的"讲演术"或"雄辩术"著作。他认为，"崇高风格"是"雄辩"或"讲演"的最高境界："崇高的语言对听众的效果不是说服，而是狂喜。一切使人惊叹的东西无往而不使仅仅讲得有理、说得悦耳的东西黯然失色。"[①]如果说"讲演"追求"狂喜"的崇高境界，那么"讲课"则追求"说服"的学理境界。我对二者区别，作了如下概括：

> 讲演是一次性的，追求当下效应；
> 讲课是长时段的，追求知识系统。
> 讲演照顾不同的听众，不妨带表演性；
> 讲课面对求知的学生，必须有学理性。
> 讲演追求趣味性，可以即兴发挥；
> 讲课追求科学性，不能随心所欲。

西方具有悠久的演说传统，同时形成了悠久的演说理论。西塞罗是古罗马伟大的演说家，也是伟大的演说学家。他在《论公共演讲的理论》一书中写道："演讲者应当拥有开题（invention）、布局（arrangement）、文体（style）、记忆（memory）、表达（delivery）的能力。……所有这些能力我们都可以通过三种途径获得：理论、模仿、实践。所谓理论指的是一套规则，能够提供一种确定的方法和讲话的秩序。所谓模仿推动着我们按照某种研究过的方法去获得某些讲话模式的有效性。所谓实践就是勤奋地进行训练，从中获取经验。"[②]由此可见，"一次性"的演说，虽然追求令人"狂喜"的当下效应，但也有"开题""布局"等种种规则，不可能完全随心所欲。而在"长时段"的，以"说服"为特点的，追求学理境界的课堂教学中，更应当遵循课堂规律，重视听课心理，不能漫无边际，随性发挥。只有把知

---

① 伍蠡甫主编：《西方文论选》（上），上海译文出版社1979年版，第122页。
② 《西塞罗全集·修辞学卷》，王晓朝译，人民出版社2007年版，第3—4页。

识纳入有序的逻辑框架,教师才可能有条不紊,娓娓道来,从容完成教学任务;学生则可以循序渐进,步步深入,轻松听完教师讲授。

当然,教师有不同的个性,讲课有不同的风格。有的教师追求滴水不漏的严谨性,讲稿就是著作,著作就是讲稿;教师上课就是念讲稿,学生记下来便是好文章。这种"念讲稿"式的讲课,在以往"名教授"中不乏其人,他们的讲稿也大多成了传世名著。但是,从学生听课的角度看,"念讲稿"式的讲课,毕竟单调乏味,难免令人昏昏欲睡。

如何"把知识纳入逻辑框架"?我的体会是,教师撰写讲稿,应当向电影导演学习:电影导演把"文学剧本"转化为"分镜头剧本",教师则应当把"论著式讲稿"变成"讲授性讲稿"。我所理解的"讲授性讲稿",就是教师可以从容不迫,娓娓道来,条理清晰,逐层深入,师生对话,张弛有度。具体说来,大致有如下几个特点:

(1)自成一体的逻辑框架:谁给知识创造了体系,谁就能让知识传播开去。

课堂讲授的每一部分内容,都应把它纳入自成一体的逻辑框架之中,使之成为知识整体的有机组成部分,而不是可有可无的东西。知识的逻辑框架,有助于引导学生迅速进入听课情境,并通过逻辑的力量保持学生听课的专注度。

(2)层次清楚的系统标题:标题是思想的眼睛。课堂讲授的每一部分内容,都应分出条理清晰的层次,每一个层次力求提炼出言简意赅的标题。这样,教师便于讲授,学生也便于理解,课程内容的逻辑进程,也可以通过系统标题,一步步地显示出来。

(3)简明扼要的理论阐释:人是借助警句进行思考的。对核心命题和重要观点的阐释,应简明扼要。简明扼要的理论阐述,以便学生当时做笔记,也便于课后的复习思考。滔滔不绝的长篇大论,教师讲得痛快,学生难免如坠五里雾中。一则警句就是一个命题,一个命题的展开就是一篇论文。言简意赅的名言警句,对学生更有启发性。

(4)典型范例的详细分析:只有详尽的例子才能提供明晰的观念。抽象说理一箩筐,不如详细分析一个恰当的例子更令人豁然开朗。爱默生说:"人只有靠'做'来教,除此别无他法。"[①]在课堂教学中,范例的详尽分析,绝非可有可无的,它是理论的具体运用,也是教师能力的实际展示,因而也就是教师"靠'做'来教"的重要方式。

我所理解的"讲授性讲稿",大体是由自成一体的逻辑框架、层次清楚的系统

---

① 爱默生:《爱默生演讲录》,孙宜学译,中国人民大学出版社2004年版,第308页。

标题、简明扼要的理论阐释、典型范例的详细分析诸部分构成,从而做到整体与局部、知识与逻辑、学理与实例的有机结合。

四、讲课:让时间流动起来

一部逻辑严密、层次清楚、有理有据、张弛有度的"讲授性讲稿",为成功的课堂讲授提供了良好的基础。但是,乐谱不等于音乐,文学剧本不等于舞台艺术,"讲授性讲稿"也不等于实际讲课效果。如何在"讲授性讲稿"的基础上,创造出授受相互默契、师生双方满意的课堂效果,真正让时间流动起来,让思想流动起来,教师在课堂教学中,还是要费一点心思的。

教学活动通常是在教室里进行的。"教室"是一个特殊场所,是一个静态的空间,是一个有纪律约束的静态空间。学生走进教室,就意味着动态的生命进入了静态的空间,此后的五十分钟将失去自由。如何让静态的空间活跃起来,让失去自由的学生行动起来,让五十分钟充满有韵律的动感,这是教师成功讲好一堂课的关键。黑格尔《精神哲学》谈"时间的两种感觉"的一段话,给了我极大的启示。在谈到"直观"的时间感觉时,黑格尔写道:

> 在我们直观许多东西时,时间在直观中对我们就变短,而当缺乏给予的材料迫使我们去沉思我们无内容的主观性时,时间则相反地变长……当时间充满一种不断交替的内容时,我们就觉得它短,相反地,当时间的千篇一律性不为任何东西所打断时,我们就觉得它长。①

借言之,要让静态的空间动起来,化课堂的沉闷为心灵的活跃,就必须让学生"直观"许多东西,使课堂"充满一种不断交替的内容",用"不断交替"的内容,取代"千篇一律"的空洞。首先是讲课的内容要流动起来,然后是师生的思想交流起来,最后是静态的空间也就流动起来了。换言之,所谓"让思想流动起来"、"让时间流动起来",实质上是"让讲课的内容流动起来"。只有讲课的内容按照课程自身的知识逻辑和学生听课的心理逻辑流动了起来,师生的思想自然流动起来了,静态空间的五十分钟时间也就会在不知不觉之间变得短了。这样的课堂,教师讲起来轻松,学生听起来也不会感到吃力。

---

① 黑格尔:《精神哲学——哲学全书·第三部分》,杨祖陶译,人民出版社2006年版,第268页。

那么，如何在"讲授性讲稿"的基础上，让讲课的内容流动起来，让课堂通过"不断交替"的内容产生一种起承转合的动感？不同风格的教师，会有不同的做法。我的做法大体如下。

第一，通过有层次的标题展示课程内容的逻辑进程。据我的经验教训，课堂教学有两大忌：一忌写一个大标题讲半天；二忌投放密密麻麻的电子讲稿。写一个标题讲半天，就变成黑格尔所批评的那样，"当缺乏给予的材料迫使我们去沉思我们无内容的主观性时，时间则相反地变长"，课堂沉闷而乏味；投放密密麻麻的电子讲稿，实质是变相的让学生抄书，而大学课堂是一个充满探索精神的地方，相对静止的"课件教学"只能起辅助作用，尤其是理论性的人文学科。

我的做法有二，即"未讲先写"与"边讲边写"。所谓"未讲先写"，即开始上课，先写标题，然后再讲，醒目的标题有助于以最快速度把学生引入听课情境；所谓"边讲边写"，即随着讲授内容的步步深入，通过有层次的标题展示课程内容的逻辑进程。为此，我迄今为止近40岁的课堂教学，一直是一块黑板，一支粉笔。尽管制作精致的PPT也可以做到"未讲先写、边讲边写"，但似乎总不如传统的黑板粉笔方便自如。而且，从教师的"讲"到学生的"听"、从教师的"授"到学生的"受"之间，有一个"理解"的过程，"边讲边写"的板书，可以为学生的理解留下必要的间隙。

第二，通过精心设计的板书展示思维过程的起承转合。文学理论作为理论学科，在内容上是系统论述文学和文学活动的本质规律，在形式上则表现为由一整套具有内在联系的概念、范畴和命题构成的逻辑体系。同所有的科学理论体系一样，概念、范畴、命题是文学理论最基本的构成要素，也是文学理论教学的主要内容和基本任务。清晰而又充分地展示出抽象的概念、范畴、命题的丰富内涵，这是理论课教学的重点所在，也是难点所在。

我的做法是，尽可能化抽象为直观，通过精心设计的板书，展示抽象概念的丰富内涵，展示思维过程的起承转合。在课堂上用"粉笔"调动学生的思维，让学生同教师一起思考。教师一边讲，一边写，学生一边听，一边记；教师讲完，写完，学生听完，记完。教师与学生，始终一起活动。学生留言所谓"思想的起承转合胜于知识的碎片；课堂上，老师思想的起承转合，让我们陪他一起舞蹈"，大致便是对这种教学情境的描述。

西哲有云："河流是前进着的路"。借言之，教师讲授的起承转合，使课堂成为流动着的河！

第三,通过认真准备的学术提问带领学生共同进行学术探索。要让时间流动起来,最好的方式莫过于师生共同进行学术探索,共同面对问题,思考问题,探讨问题,解决问题。师生共同参与的学术探索,是一个充满乐趣的精神探险过程。这里有问题的困惑,思考的紧张,问答的刺激,问题解决的豁然开朗。此刻,不仅时间在流动,思想在流动,学生的思维在流动中深化,学生的知识在运用中升华。在课堂教学中,学生最感兴趣、最具挑战性的,就是同教师一起进行学术思考,同教师一起解决学术问题。

我的做法是,通过认真准备的学术提问带领学生共同进行学术探索。因为,在课堂探索中,教师是演员,更是导演;只有经过认真的准备,教师胸有成竹,才可能在有限的教学时间中完成"提出问题,思考问题,探讨问题,解决问题"的整个过程。课堂上师生共同参与的学术探索,实质是教师认真准备后的学术演习。

第四,通过重点范例的分析调节课堂气氛让学生作适当休息。大学教师给学生讲课,大都每周一次,最多每周两次。学生听课则上午四节,下午四节,晚上有时还有二至三节;而且,日复一日,月复一月,年复一年。教师讲课不容易,学生听课更疲惫。澎湃的青春生命,囚禁在拘束的教室里,如果教师讲课枯燥乏味,那种"度日如年"的感觉,是可以感同身受的。教师都从学生过来,我们都能体会做学生的滋味。为了振奋学生的听课精神,也为了提高讲课效果,课堂尽可能有张有弛,生动活泼。

我的做法是,通过重点范例的分析调节课堂气氛让学生作适当休息。写文章要求有理有据,讲课同样要求有理有据。范例分析是课堂教学不可或缺的内容。课堂举例有两种方式,即枚举法与剖析法。枚举法,一路点过去,虽信息丰富,但有面无点,似蜻蜓点水,难以深入,更难以生动;剖析法,抓住范例,深入分析,教师有叙述,有议论,有幽默,学生有笔记,有沉思,有笑声,既深化了问题,也活跃了气氛。丹纳所谓"只有详尽的例子才能提供明晰的观念"[1],我深感这条原则在教学中的重要意义。

教师的范例分析,具有多重的示范意义,不只可以调节课堂气氛,更重要的是可以深化论题,引发思考,同时也可以为学生提供范例分析的方法。所以,在大多数情况下,我的范例分析也通过精心设计的板书,边讲边写,要求学生边听边记。

记得有位学生,在课程论文的留言中,曾说过这样一句话:"陈老师手中的粉

---

[1] 丹纳:《艺术哲学》,傅雷译,人民文学出版社1981年版,第87页。

笔,像一根小小的魔棍,编织出知识的图画,引导我们进入思辨的胜境。"学生的诗意,言之过实。但有一点是真的,那就是我讲课40年,始终"粉笔"不离手,从未使用过"多媒体"。当然,最近几年我也有使用多媒体的时候,但不是讲课,而是讲演。我对"多媒体"的看法是,它有长处,也有缺陷:它的长处是,能化抽象为直观,化枯燥为生动,给许多学科的教学提供了极大的方便;它的缺陷是,把动态的思想凝固在静态的画面之中,静止,沉闷,学生容易疲劳。因此我认为,"多媒体"并不适合所有课程的教学,尤其不适合理论性课程的教学。就我的经验而言,要让时间流动起来,让思想流动起来,粉笔更自由,更自如,更灵动。

五、听课:让师生互动起来

教师自认为讲得好,或许不一定真正有效。只有师与生之间在高度默契的状态下达到心灵的交流互动,才可能产生双方真正满意的教学效果。

怎样让师生的心灵互动起来? 情谊是人际交往的基础,也是师生互动的基础。教育以情谊为基础,冷漠的师生关系不可能具有心灵的互动,也不可能产生理想的教育效果。20世纪30年代,朱光潜谈到当时大学教育的弊端时指出:

> 教育是一种人性的接触,没有情谊做基础,无论制度如何完密,设备如何周到,决难收完美的效果。现在学校制度最大的毛病就在缺乏情谊的基础与人格的熏陶,而这个毛病的原因则大半在授课方式的机械化。[1]

朱光潜所说的"授课方式的机械化",并不是指今天使用"多媒体"的机械化,而是指师生之间没有情谊基础、机械授课的"机械化":教师"闻铃上课,闻铃下课,在课室以外对于所授功课略加预备,有时甚至于把用过十年二十年的讲义匆匆地翻一遍,到课堂上把话匣子再开一遍,一点钟敷衍过去了,也就算是完事大吉[2]。70年过去了,这种"机械化的授课方式"似乎没有改观;相反,由于"多媒体"的不适当使用,实际上越发加剧了。

师生建立真诚的情谊,主动权在教师。教师善意的微笑,会温暖学生的心。然而,当下中国大学,教师行使的权力是评判学生;面对教师的评判,学生的最后

---

[1]《朱光潜全集》,第8卷,安徽教育出版社1983年版,第471页。

[2]《朱光潜全集》,第8卷,安徽教育出版社1983年版,第468页。

权利是保持沉默。于是,大学校园师生之间的关系便"渐行渐远"。在一些大学教师的眼中,校园里来来往往的学生只是一群"沉默的大多数",学生也渐渐习惯于当一个"沉默的无名氏"。在我迄今40年的教学生涯中,据我与所相遇学生的交往,我常常由衷感慨:每一个沉默的学生都是一个诗意的精灵,每一个沉默的学生都是一座沸腾的火山,每一个沉默的学生又都是一个苛刻的裁判,教师学术的裁判和人格的裁判。

要建立师生的真诚情谊,教师必须转变态度,以平等的眼光看待学生,以真诚的态度对待学生,以敬业的精神奉献学生。我这样要求自己:即使自己是阴天,也要给学生阳光。教师应以精神的阳光,照耀学生的学问之途,照耀学生的人生之途!

为了让师生平等互动,开学第一堂课,我一般都会向学生讲明我所谓的"课堂四听":即听知识,听思想,听方法,听境界。

一听知识:课程形成完整的知识体系。开学第一堂课,我便要求并指导学生记课堂笔记,"写在纸上,记在心里";同时,通过课堂笔记可以检验讲课内容的逻辑性、完整性和系统性。

二听思想:课堂提出教师的见解和思考。文科不只是讲知识,更重要是讲思考,讲智慧。在讲课中,我会有意识地把自己的学术思考和人生思考,适时适当地融入教学之中。见解和思考的融入,力求做到自然贴切,润物无声。

三听方法:适时交代讲课思路和学术方法。教师的讲课实质包含两个方面,即讲授的"内容"和内容的"讲授",学生一般只注意前者而忽略后者。我在讲课中便有意识地结合实例作学术方法的引导,包括讲授方法、思维方法和研究方法。知识固重要,方法价更高;听到的知识是死的,学到的方法是活的。

四听境界:教师在课堂教学中所体现的学术境界和人生境界。教育离不开典范。一个名副其实的大学教授,是学术的典范,也是人格的典范,方堪称师表。在任何情况下,教师都应当努力提升学生,而不是俯首迎合学生。教师有高标准的期待,学生就会有高境界的追求。

提出"课堂四听",是我对学生的一种承诺,也是为了引导学生如何主动听课,如何客观评价教师的讲课。学生明确了四听原则,则掌握了听课的主动权,可以在更高的层次上与教师实现精神默契与心灵互动,从而产生双方真正满意的教学效果。

记得,一个学生曾在我的一门选修课的课程论文结尾,写过这样一句话:"陈老师曾说：一个被悲剧震撼过的灵魂，即使堕落也不可能那么心安理得了；我想稍微修改一下：一个被陈老师的课堂熏陶过的学生，即使逃课也不可能那么心安理得了。"在这个"必修课选逃，选修课必逃"的年头，学生对我的选修课有这样的评价，表明我的教学效果基本得到了学生的肯定。

结　语

最后我必须强调：教学水平的提高是个过程，教学境界的追求永无止境；任何人不可能一蹴而就，任何人不可能一日成圣。

年龄是心灵的向导。子曰："吾十有五而志于学，三十而立，四十而不惑，无而知天命，六十而耳顺，七十而从心所欲，不逾矩。"这是一个人文化生命的六个阶段，也是一个人生命境界的六个层次。教师的教学水平，同样伴随着教学年龄的增加，有一个逐步提高的过程：这是教师自身不断探索的过程；这是师生情谊不断加深的过程；这是内容和形式不断融合的过程；这也是教学语言不断锤炼的过程。

大学教师应当重视学术研究，这是毋庸置疑的；大学教师应当像重视学术研究一样重视课堂教学，这同样是毋庸置疑的。"教授"这个词，是个名词，更是一个动词，他承担着"传道、受业、解惑"的使命。精深的学术研究与精彩的课堂教学，应视为一个合格的大学教师必备的双重职业素养和职业才能。

俗话说，"艺无止境"。一切领域中都有真正的艺术家，教学也是一种艺术。大学教师作为一个特殊的演员，要在大学讲台这个知识和智慧的舞台上"长袖善舞"，同样是要花一番心血的。然而，这是值得的！

教师的职业是神圣的，当教师的人是幸福的——

教师的名字有一批又一批年青的生命铭记，

教师的精神有一批又一批年青的生命延续！

后　记

收在本书中的文章,写作的动机,来自我教学中的困惑,写作的灵感,来自我与学生的交往。

2004年深秋的一个下午,我把自己指导的研究生召集到设在"田家炳教育书院"的教研室,郑重其事对他们说:"请你们记下下面五句话,这是我近30年读书生活的小结,近10年研究生教学的反思,也是你们成为人文学者的必由之路。"这五句话,就是我在本书第二章《走向学者之路》中概括的的"学术五步曲":

> 一、进入一个领域:确立学术基地,获得学者身份;
> 二、抓住一位大家:突出学术重心,形成学术专长;
> 三、精读一部经典:训练学术思维,发现学术问题;
> 四、钻透一个问题:形成学术课题,力求学术创新;
> 五、形成双重能力:思辨能力与写作能力。

直到本世纪初,中国高校人文学科的研究生教育,基本上采用"师傅带徒弟"的做法,没有系统的课程,更没有规范化的培养方法。这对学术经验丰富,学术成就卓著的老教授来说,丝毫不成问题,学术已经在他们身上获得了生命,他们的一言一行、一文一著,对学生无不是最好的教材,最好的典范。然而,对于缺乏学术积累和教学经验的导师来说,不能不说是一个巨大的挑战。如何在短短的三年里,让年青的本科生进入学术之门,一直令我迷茫困惑,苦无良策。直至我认真细读了本院孙文光教授从美国带回推荐给我的一篇文章,即美国耶鲁大学著名华裔女教授孙康宜发表在《世界日报》上的"学术自述"——《叩问经典的学旅》,方若有所悟。孙康宜教授以文情并茂的文笔,生动而又具体地叙述了从大学学士论文到成为耶鲁教授的学术旅程。这一旅程,就是在特定的学术领域中"叩问经典的学旅",是一步步地"走向学者之旅"。以此为契机,我广泛研读了20

思路,把全书合成一个整体。这令我豁然开朗,人文学者的终极使命,不正是"自然人化,止于至善"吗!

校完全书,发现有几段重复的引文和重复的论述。当初各章大都独立成篇,独立发表,为保持文思完整,未做删改。重复不等于重要,但也透露了著者取资借鉴的重点。

感谢安徽师大,感谢安徽师大出版社,感谢安徽师大文学院,感谢安徽师大文学院温文尔雅、知书达理的可爱学生!

陈文忠

2016年1月18日

上海浦东"碧云居"